KB131150

독일은 왜 잘하는가

독일은 왜 잘하는가
성숙하고 부강한 나라의 비밀

존 캠프너 지음
박세연 옮김

일러두기
• 이 책의 각주는 모두 옮긴이주이다.

전쟁 당시 독일의 최악의 모습을 그들만의 시선으로
바라보았던 돌아가신 부모님, 베티와 프레드에게

차례

들어가며
: 그들과 우리

2021년 1월, 독일은 150살이 되었다. 하지만 독일 국민은 그 이정표를 굳이 기념하려 들지 않았다. 비스마르크 시대에서 히틀러 정권에 이르기까지 독일은 군국주의와 전쟁, 홀로코스트, 그리고 분열과 동의어였다. 역사상 어느 국가도 그렇게 짧은 기간 안에 그토록 엄청난 피해를 세상에 입히지 않았다.

하지만 다음의 두 기념일은 달랐다. 우선 2019년 11월에는 수백만 명의 독일인이 베를린 장벽 붕괴 30주년을 축하했다. 다음으로 2020년 10월에는 통일 30주년을 축하했다. 현대 독일 역사의 절반은 공포와 전쟁, 그리고 독재의 시간이었다. 나머지 절반은 속죄와 안정, 성숙이라는 놀라운 시간이었다. 어떤 나라도 그 짧은 시간 안에 그렇게 많은 것을 이룩하지는 못했다.

현대 민주주의가 통제 불능의 미국 대통령과 막강한 중국, 복수심에 불타는 러시아에 의해 큰 타격을 받았던 것만큼, 오늘날 많은 국가가 권위주의 정치에 무릎을 꿇었음에도 독일이라는 나라만큼은 품위와 안정을 위한 방어벽 뒤에서 자기 자리를 굳건히 지키고 있다.

이는 또 다른 독일이다. 나는 바로 그러한 독일의 이야기를 하고자 한다.

과거를 기억하는 사람들은 독일을 도덕적·정치적 차원에서 등대와 같은 국가라고 생각하지 않는다. 나는 독일 사회와 다른 사회를, 특히 내 나라인 영국의 사회를 다양한 측면에서 비교해 보고자 한다. 이러한 비교는 처칠과 블리츠 정신*을 여전히 고수하는 이들의 심기를 틀림없이 불편하게 만들 것이다. 우선 독일 헌법은 견고하다. 정치 논쟁은 보다 성숙하며, 경제는 전후 세대의 많은 기간 동안 따라올 나라가 없었다.

어떤 다른 나라가 그렇게 적은 충격으로 가엾은 동포를 과감히 끌어안을 수 있었을까? 어떤 다른 나라가 세계에서 가장 절박한 처지에 놓인 100만 명이 넘는 난민을 받아들일 수 있었을까?

독일은 지금 많은 문제에 직면하고 있다. 난민 유입은 문화적 분열을 일으키고 있다. 기성 정당에 대한 신뢰도는 떨어지고 있다. 특히 동부 지역의 많은 사람들이 극단주의자의 맹목적인 슬로건에 관심을 보이고 있다. 경제는 수출에

* Blitz Spirit. 제2차 세계 대전의 공포와 좌절을 이겨 낸 영국의 정신을 일컫는 말.

대한(특히 중국에 대한) 과도한 의존과 인구 고령화, 사회 기반 시설의 악화로 억눌려 있다.

다음으로 독일은 또 다른 위기를 겪고 있다. 2020년 초 코로나19가 유럽 대륙을 강타했다. 이로 인해 수십만 명이 목숨을 잃었다. 경제는 무너졌으며, 수백만의 인구가 삶의 터전과 생계 수단을 잃었다. 전 세계 수많은 사람들(무슨 일을 하고 있든 간에)이 기존의 우선순위를 새롭게 바라보고, 정부와 사회의 역할에 대해 다시 생각하게 되었다. 언젠가 삶은 정상을 회복하겠지만, 이제 우리에겐 이러한 질문이 남았다. 새로운 표준new normal이란 무엇인가?

독일의 자신감과 신뢰는 어디서 나오는가? 하나의 국가(혹은 기관이나 개인)를 평가하는 기준은 그들이 직면한 어려움이 아니라, 그들이 어떻게 그 어려움을 극복하는가이다. 이 점에서 독일은 세계의 부러움을 사고 있다. 그들은 다른 국가가 따라오기 힘든 성숙함의 단계에 도달했다. 독일이 그럴 수 있었던 것은 타고난 기질 때문이 아니었다. 그들은 힘들게 그 방법을 배웠다.

코로나 바이러스는 리더십에 대한 궁극적인 시험 무대가 되었다. 15년간 총리로 재임했던 앙겔라 메르켈Angela Merkel은 그 도전에 맞섰다. 때로는 공감을 드러내며, 때로는 고집스럽게 메르켈은 국민들이 감내해야만 하는 희생과 정부가 추진하고자 하는 비상사태법에 대해 자세히 설명했다. 이는 독일의 역사에 비춰 볼 때 대단히 민감한 사안이다. 메르켈은 시민들에게 정부와 과학자들이 무엇을 알고 있으며 무엇을 모르는지를 소상히 밝혔다. 그녀는 결코 속이지 않았다. 자만하지도 않았다. 그녀가 내려야 했던 선택의 상당 부분은 현대 독일의 가치에 상반되는 것이었다. 가령 국경 봉쇄는 유럽 대륙을 자유롭게 여행한다는 원대한 꿈이 얼마나 쉽게 끝날 수 있는지 보여 주었다. 개인 정보를 정부에 넘기기를 두려워하는 사람들은 자신의 동선을 추적당하는 데 동의하라는 서명을 요구받았다. 하지만 메르켈에게는 다른 선택지가 없었다.

다른 한편으로, 영국은 위기에 어떻게 대처해야 하는지에 관한 나쁜 사례를 보여 주었다. 최근에 당선된 총리의 호언장담은 그의 행정부의 역량과는 어울리지 않았다. 보리스 존슨은 문제의 심각성을 재빨리 알아차리지 못했다. 전염병이 2015년 국가 전략 방위 및 안보 검토에서 최고의 위험 중 하나로 선정되었음에도, 준비는 거의 이뤄지지 않았다. 자유주의와 영국 예외주의가 혼합된 상태에서, 존슨은 시대에 뒤떨어진 선한 의지로 영국은 이를 극복할 것이라고 선언했다. 이탈리아에서 코로나 바이러스의 비극적인 확산을 목격하고 난 뒤에도 사회적 제한은 느리게 이뤄졌다. 또한 영국은 검사와 개인용 보호 장비 준비에서도 어려움을 겪었다. 어쨌든 영국은 방법적 차원에서 구체적인 부분에 집중해야 하는 상황에 대처하는 역량을 제대로 갖추지 못한 지도자를 선택할 수밖에 없었다. 존슨은 진실에 대한 일관성 없는 태도와 과장된 허풍을 적극적으로 활용해 권력의 자리에 올랐다.

안타깝지만 놀랍지 않게도 많은 사람이 목숨을 잃었다. 요양원은 죽음의 덫이 되었다. 2020년 5월까지 영국은 유럽에서 불명예스럽게도 최고 사망자 수를 기록했다. 많은 인구를 대상으로 검사를 실시했던 독일은 높은 확진자 수를 기록했다. 하지만 전체 인구 대비 사망률은 고령화 추세에도 불구하고 영국과 (그리고 유럽 대부분의 국가와) 비교할 때 대단히 낮았다.

영국의 비극은 한 번에 하나씩 오지 않았다. 일부 실수는 특히 의료 분야의 의사결정과 관련된 것이었다. 그러나 문제의 대부분은 정부 조직 안에 깊숙이 뿌리내리고 있었다. 독일은 실용주의와 〈냉철함〉의 정신으로 존경받던 한 나라가 유사 처칠주의의 자기 망상으로 빠져드는 모습을 지켜보면서 경악을 금치 못했다. 내가 이야기를 나눠 본 독일인들은 대부분 영국이 최근에 겪은 어려움에 대해 슬픔과 동정을 표시했다. 그들의 논의는 항상 이런 질문으로 시작되었다. 「영국 친구들이여, 대체 무슨 일이 일어난 건가?」 그들은 영국이 언젠가 다시 분별력을 되찾기를 바랐다.

전후 독일연방공화국(서독)은 총 여덟 명의 지도자가 이끌었다. 그들 대부분 꽤 뛰어난 인물이었다. 우선 콘라트 아데나워Konrad Adenauer는 민주주의 기반을 다지고, 대서양 간의 동맹을 구축했다. 빌리 브란트Willy Brandt는 냉전이 한창인 무렵에 긴장 완화에 기여했다. 헬무트 콜Helmut Kohl은 강력한 의지와 노련한 수완으로 통일에 박차를 가했다. 다음으로 게르하르트 슈뢰더Gerhard Schröder는 당에 큰 부담을 안기면서까지 급진적 경제 개혁을 추진했다. 그리고 2005년, 앙겔라 메르켈이 총리 자리에 올랐다. 그녀는 많은 측면에서 독일 사회의 구심점 역할을 했다. 재임 기간으로는 이미 아데나워를 추월했다. 2021년 12월까지 자리를 지킨다면, 콜의 기록을 넘어서 현대 독일에서 최장수 총리로 이름을 올리게 될 것이다.* 내가 처음 메르켈을 만났을 때, 그녀는 동독에서 최초이자 유일하게 민주적 방식으로 선출된 총리인 로타어 데메지에르Lothar de Maizière의 드러나지 않는 고문이었다. 나는 만남의 장소로 유명한 동베를린 의회 건물인 공화국궁에서 그녀와 커피를 마셨다. 그때 총체적인 혼돈 상황에서 그녀가 보여 준 침착함과 절제에 강한 인상을 받았다. 그때 그녀를 알아봤더라면…….

우리는 네 번의 기간을 기준으로 전후 독일의 정체성을 확인해 볼 수 있다. 1949년, 1968년, 1989년, 2015년을 말한다. 나는 이러한 위대한 시기가 삶의 다양한 영역에 미친 영향을 연도별이 아닌 주제별로 들여다보고자 한다. 각각의 시기는 독일 사회에 뚜렷한 자취를 남겼다. 그리고 독일을 오늘날의 모습으로 만들었다. 1945년부터 1949년까지

* 앙겔라 메르켈 총리는 결국 2021년 12월 7일에 퇴임하여 독일 최장수 총리라는 타이틀을 얻었다.

독일 사회는 비탄에 빠진 점령당한 땅을 복구해야 했다. 전쟁은 많은 곳을 폐허로 만들었고, 거의 모든 지역과 도시에 엄청난 피해를 입혔다. 수백만 인구가 떠돌이 신세가 되었다. 전면적인 패배의 트라우마는 국가적 의식을 지배했다. 이러한 상황에서 연합국, 특히 미국은 독일이 다시 일어설 수 있도록 도왔다.

독일에서 모든 공적 삶의 중심에는 〈기본법Grundgesetz〉이 자리하고 있다. 독일 기본법은 전후 재건과 재활의 과정에서 성취한 위대한 결과물 중 하나다. 기본법은 탄탄한 기반을 갖추고 있으며, 시대의 변화에 따라 수정될 여지를 두고 있다. 실제로 근간이 되는 원칙은 그대로 남겨 둔 채, 60회 이상 수정이 이뤄졌다. 다른 국가의 헌법과 비교할 때, 독일 기본법은 대단히 훌륭한 역사를 거쳤다. 미국 헌법은 18세기에나 어울릴 법한 조항(가령 총기 소지 권리를 인정하는 수정 헌법 제2조)에 발목이 잡혀 있다. 독일과 같은 시기에 모습을 드러낸 프랑스 제4공화국은 12년밖에 지속되지 못했다. 스페인의 1978년 포스트프랑코 헌법은 중앙정부와 카탈루냐 사이의 논쟁에 갇혀 제대로 기능하지 못하고 있다. 전후 이탈리아와 벨기에는 효율적인 정부를 구축하는 과정에서 많은 어려움을 겪고 있다. 영국은 해결할 수 있다는 자신감으로 어떻게든 버텨 나가고 있다.

전후 서독의 정치 시스템 구축은 자유 민주주의가 거둔 위대한 승리 중 하나다. 그 과정에서 영국도 나름의 기여를 했다. 독일 헌법은 대단히 성공적인 결과물로서, 독일인들은 이를 대단히 자랑스러워한다.

그렇다면 영국은 왜 당혹스러울 만치 낡은 정치적 시스템으로 스스로를 계속 힘들게 할까? 왜 독일과 비슷한 것을 만들어 낼 생각을 하지 못하는 걸까?

독일은 성공적으로 경제를 새롭게 구축했다. 그러나 전쟁이 끝난 직후에는 속죄와 역사적 인식을 찾아보기 힘들었다. 독일의 젊은 세대가 과거 역사와 관련해서 부모 세대에 맞섰던 것은 두 번째 주요 시기인 1968년의 혁명이 일어나고 나서였다. 독일의 젊은이들은 침묵과 반쪽짜리 진실, 그리고 거짓말을 더 이상 받아들이려 하지 않았다. 그들은 기성세대가 느끼는, 혹은 애써 외면하려고 했던 두려움에 대한 대답을 원했다. 그러나 몇 년 후 1968년 정신은 적군파의 테러와 함께 폭력적이고 추한 모습으로 변질되고 말았다. 독일 사회는 다시 한번 혼란에 빠졌다. 그러나 또 다른 심연을 목격한 독일인들은 이를 이겨 냈고, 이후 민주주의 체제는 더욱 강화되었다.

세 번째 중요한 시기는 마땅히 베를린 장벽 붕괴와 통일이다. 베를린에서 이 엄청난 사건이 일어나기 얼마 전, 콜은 동독 지도자 에리히 호네커Erich Honecker를 본으로 초청해서 군사적 예우를 갖춰 환영했다. 독일민주공화국(동독)은 마침내 그들이 원했던 인정을 받았다. 하지만 군국주의 체제는 허물어지기 시작했다. 1989년과 1990년의 극적인 시기에, 나는 『텔레그래프』의 특파원 자격으로 동독에 머물고 있었다. 당시 라이프치히와 동베를린에서 시민 활동가들, 그리고 개혁을 요구하는 교회 모임과 함께했던 기억이 떠오른다. 그때 집회 장소 밖에서는 경찰과 군 병력이 발포 대기하고 있었다. 이들 시위는 천안문 항쟁 직후에 시작되었다. 그다음에 벌어진 일은 필연적인 흐름은 아니었다. 상황은 평화적으로 끝나지 않을 수도 있었다. 통일은 운명이 아니었다.

통일과 더불어 독일은 역사상 처음으로 분명한 국경을 확립한 안정된 국가로 거듭났다.

이후로 많은 이들은 그 과정에서 발생한 잘못에 대해 논의하기 시작했다. 동독 경제의 더 많은 부분을 보존할 수 있지 않았을까? 너무 급속도로 통일을 추진한 것은 아니었을까? 서독 사람들은 오만하고 무감했던 것일까? 왜 좀 더 자유로운 여성의 역할과 같은 동독 사회의 몇몇 장점을 새로운 국가 시스템에 반영하지 않았던 걸까? 이는 마땅히 던져야 할 질문일 것이다. 그럼에도 나는 부수적 피해를 거의 발생시키지 않고서 독일이 해냈던 일을 다른 어떤 국가가 할 수 있었으리라고는 생각하지 않는다.

네 번째 격변은 2015년 난민 위기 때 찾아왔다. 구호 단체와 안보 기관, 그리고 군대는 중동과 북아프리카에서 유럽연합의 남쪽 항구로 밀려온 이민자 물결이 수용 가능한 수준을 넘어서게 될 것이라고 보고했다. 그 무렵 그리스 부채 위기에 몰두해 있던 메르켈은 당시 벌어지고 있는 상황을 재빨리 파악하지 못했다. 그러나 그녀가 보여 준 최종적인 대응은 놀라웠다. 이웃 국가들에게는 실망스럽게도, 독일은 전후 유럽에서 볼 수 없었던 수준의 난민 유입에 문을 열었다. 이로 인해 그녀는 큰 정치적 비용을 치러야 했다. 사회적 상처가 재발했다. 이민에 반대하는 극우파 조직인 독일대안당Alternative für Deutschland(AfD)의 인기가 치솟았다. 독일 사회는 여전히 총리의 결정에 동요하고 있었지만, 그것은 올바른 결정이자 선을 위한 것이었다. 비난이 거세어질 무렵, 메르켈은 독일이 무엇을 해야 한다고 말할 수 있었겠는가? 난민 수용소를 짓는 일?

메르켈 시대가 막바지에 이르면서, 독일은 그 어떤 비교 가능한 국가보다 더 많은 도전 과제에 직면했다. 그 이유는 뭘까? 독일 대통령 프랑크발터 슈타인마이어Frank-Walter Steinmeier의 고문인 토마스 바거Thomas Bagger가 지적했듯이, 전후 자유 민주주의 체제에서 독일은 그 정체성과 안정, 자기 가치를 전적으로 법의 지배에 의존하고 있다. 1945년은 독일 사회가 〈새롭게 시작하는 시점Stunde Null〉이었다. 독일은 다시 시작했다. 자신들의 군사적 상징물을 갖고 있는 러시아나 프랑스와는 달리, 건국의 아버지의 이야기를 갖고 있는 미국, 혹은 자국의 역사를 가르치는 애국가와 전쟁에 집착한 「노인 부대Dad's Army」*를 운용한 영국과는 달리, 독일은 의지할 곳이 아무 데도 없었다. 그렇기 때문에 독일은 절차에 대해, 즉 아무렇게나 하는 것이 아니라 똑바로 하는 것에 대해 그토록 열정적인 관심을 기울이게 된 것이다. 독일은 역사로부터 얻을 수 있는 긍정적인 준거점이 거의 없다. 그것이 독일이 뒤돌아보기를 거부하는 이유이고, 그들이 민주주의에 대한 모든 도전 과제를 실질적인 위협으로 바라보는 이유이다. 그것이 내가 (독일과 복잡한 관계를 갖고 있는 많은 사람들과 마찬가지로) 1945년 이후로 독일이 도전 과제를 해결하고자 했던 진지함을 매우 높이 평가하는 이유이다. 무엇보다도 그것은 기억의 힘에 관한 것이다.

내 이야기는 1930년대로 거슬러 올라간다. 유대인인 나의 아버지 프레드는 히틀러의 군대가 체코슬로바키아로 진격할 무렵에 고향인 브라티슬라바를 빠져나왔다. 조부모님과 아버지는 기차와 자동차를 갈아타며 독일을 횡단하는 여정에 올랐고, 여러 번 붙잡힐 뻔했지만 친절한 많은 이들의 도움을 받아 가까스로 탈출에 성공했다. 친척 중 많은 이들은 강제 수용소에서 생을 마감했다. 아버지는 영국에서 새 출발을 시작했고, 싱가포르로 가서 15년 동안 일했다. 그때 영국 육군 병원에서 간호사로 일하고 있던 어머니를 만났다. 어머니는 독실한 기독교도 노동자가 많이 사는 켄트 지역 출신이었다.

* 1968년부터 10년간 영국 BBC에서 방송된 전쟁 드라마. 제2차 세계 대전 당시 독일군에 대항하기 위해 노인과 병역 면제자까지 급하게 모아 편성한 향토 의용군의 이야기를 다룬다.

1960년대와 1970년대에 런던에서 보낸 내 어린 시절은 전쟁 노래와 독일인에 관한 농담과 TV 프로그램으로 가득했다. 〈꾀죄죄한 독일놈들이 라인강을 건넜다네, 파흘레부.〉〈히틀러는 고환이 한쪽밖에 없다네. 나머지 하나는 앨버트 홀에 보관되어 있지.〉 나는 옥스퍼드 북쪽에 위치한 할머니 집 정원에 있던 방공호에서 놀곤 했다. 당시 나는 존 르카레나 프레더릭 포사이스 같은 작가들의 작품을 읽었고, 「콜디츠Colditz」나 「댐 버스터스The Dam Busters」 같은 영화를 봤다. 몇 년 후에는 「폴티 타워스Fawlty Towers」나 「전쟁 이야기는 하지 마Don't Mention the War」와 같은 시트콤을 보면서 배꼽을 잡고 웃기도 했다. 때로는 파격적인 작품도 있었다. 영국 북동부 지역의 벽돌공들이 북부 독일로 일자리를 찾아 떠나는 이야기를 그린 TV 드라마 「아우프 비더젠, 펫Auf Wiedersehen, Pet」은 독일과의 관계에서 보다 인간적이고 복잡한 측면을 보여 주었다. 그러나 대부분의 경우에 대중문화는 비치타월과 일광욕 의자에 관한 타블로이드식 욕설이나 농담에서 벗어나지 못했다.

1966년 월드컵 결승전이 열리던 날 아침, 『데일리 메일』의 기자 빈센트 멀크론Vincent Mulchrone의 논평을 읽기에 나는 좀 어렸다. 「이번에 서독이 국가 대항전에서 우리를 이길 수도 있지만, 그래 봐야 비기는 것에 불과하다. 우리는 이미 두 번이나 그들을 물리쳤다.」[1] 지금은 우리 모두가 알고 있듯이, 그때 영국은 애매모호한 한 골 덕분에 4 대 2로 이겼다.

이후 새로운 구호가 탄생했다. 〈두 번의 세계 대전과 한 번의 월드컵.〉 아픔의 30년을 끝내고 월드컵 트로피가 고향 땅으로 돌아오길 희망했던, 그리고 블레어 시대가 열리기 직전에 〈쿨 브리타니아Cool Britannia〉 구호가 등장했던 1996년에도 우리 영국인들은 어쩔 수 없었다. 영국 잡지 『미러』는 표지에서 독일어로 이렇게 외쳤다. 〈주목! 항복하라! 제군들에게 유로 챔피언십은 끝났다.〉[2] 그 농담은 누군가에게 웃긴 이야기였다. 2002년에 『슈피겔』지는 이렇게 말했다. 〈많은 영국인들에게, 제2차 세계 대전은 끝나지 않을 것이다. 독일인을 놀리는 것이 너무나 재미있기 때문이다.〉[3]

내가 열다섯 살 되던 무렵, 분위기는 바뀌었다. 나는 독일어를 배우기 시작하면서 그 언어와 사랑에 빠졌다. 괴테와 브레히트, 막스 프리슈, 니나 하겐을 알게 되었다. 20대 초반에는 독일 본에서 신입 기자로 일할 기회를 잡았다. 아버지는 망명 후 50년이 지난 1986년 4월에야 나를 보러 독일을 찾았다. 자유를 찾아 독일을 횡단했던 그 특별한 여정 이후로, 아버지는 그전까지 한 번도 고향을 찾지 않았다. 출발하기 전 전화 속 아버지의 목소리는 무척 떨렸다. 독일에 도착한 뒤 루프트한자 비행기에서 짐이 사라져 버렸다는 것을 알았을 때, 아버지의 불안감은 더욱 커졌다. 아버지는 독일 사람도 그리 일을 잘하는 것 같지는 않다고 농담했다. 서베를린으로 가기 위한 환승 고속도로를 따라가는 동안, 문득 그 시절 알던 독일어(비록 1930년대 빈 지방의 사투리였지만)를 떠올린 아버지는 이제 당신의 고향 땅에서 편안하고 정중한 느낌을 받았다.

아버지가 방문했을 때 말고는 본에 머무르는 동안 전쟁에 대해 생각해 본 적이 거의 없었다. 사무실 동료들이나 대학에서 만난 학생들은 고향 동료와 그리 다르지 않았다. 나를 괴롭힌 것은 과거가 아니었다. 그것은 현재였고, 규칙에 대한 독일인들의 집착이었다. 어느 화창한 일요일 점심시간, 나는 아파트 발코니에 나와서 라디오에서 흘러나오는 록 음악을 듣고 있었다. 그때 뉴스 시간을 알리는 소리가 들리자 내 독일인 여자 친구가 라디오를 꺼버렸다. 내가 다시 틀어 달라고 했지만 그녀는 거절했다. 그 시간이 루헤차이트*였다는 것을 나는 몰랐던가? 그 시간에는 이웃집 노인을 배려해야 한다. 나는 화가 나서 이렇게 말했다.「그런 규칙 같은 건 필요 없어.」그러자 그녀는 내게 쏘아붙였다.「아냐. 필요해.」그 무렵 나는 집단정신을 선과 악으로 정형화하는 데 빠져 있었다. 그녀는 나에게 자기만 아는 이기적인 대처지지자라고 비난했다. 지금도 나는 그때 나눴던 대화에 대해, 그리고 누가 옳고 그른지에 대해 종종 생각하곤 한다.

독일에 살면서 일상적으로 겪는 짜증 중 일부는 진부했다. 한번은 새벽 4시에 빨간불이 켜진 횡단보도를 건너다가 경찰관에게 딱지를 떼인 일이 있었다. 나는 이 한적한 차로에 앞으로 몇 시간은 차가 지나다닐 것 같지 않다고 항변했

* ruhezeit. 독일에서 의무적으로 조용히 해야 하는 시간.

지만, 분위기는 더 싸늘해질 뿐이었다. 규칙은 규칙이다. 이유를 불문하고 규칙을 지켜야 한다. 한번은 내 차 앞 유리에 화려한 장식이 인쇄된 봉투가 놓여 있었다. 봉투를 열자 종이에 이렇게 적혀 있었다. 〈친애하는 이웃분에게, 거리의 이미지를 망치고 있으니 세차를 좀 해주세요.〉 몇몇 규칙은 그동안 완화되었다. 그러나 어떤 것은 새로운 규칙으로 바뀌었을 뿐이다. 자전거 도로로 걷는 보행자에게 불행이 닥칠지니. 엄격함이 도가 지나치는 경우는 언제인가? 일요일 점심 때 베를린 교외에 사는 누군가의 집까지 나를 차로 데려다 준 한 친구는 1시 7분 전에 목적지에 도착해서는 승리의 표정을 지으며 이렇게 말했다. 「이제 마음 편히 이야기를 나눌 수 있겠어.」 그러고는 1시 정각이 되자 말했다. 「이제 들어갈 수 있겠어.」

많은 독일인은 그 혼란을 이해한다. 그들은 몇 가지 설명과 변명을 내놓는다. 첫 번째, 〈모든 나라에는 특이한 구석이 있다.〉 두 번째, 전쟁에 지친 〈우리는 스스로를 제어하기 위해서 규칙이 필요하다.〉 세 번째가 가장 흥미롭다. 독일 사회는 상호 책임과 공동의 노력, 규칙 기반의 질서가 바람직하다는 믿음에 기반을 두고 있다는 것이다. 라이프치히에서 만났던, 아마도 런던 시절에 맬컴 맥래런이나 섹스 피스톨스와 어울렸을 법한 전 펑크족은 모두가 제일 두려워하는 것은 〈법으로부터 자유로운 영역Rechtsfreier Raum〉이라고 말했다. 그 영역이란 강자가 약자를 착취하는 공간을 의미한다. 그는 창밖을 가리키며 이렇게 말했다. 「이웃집 채광을 가로막는 확장 공사를 허용해서는 안 됩니다. 특정 시간 이후에 소음을 내서는 안 됩니다. 나이 많은 이웃의 수면을 방해하기 때문이죠.」 이 말을 한 사람은 다름 아닌 전 펑크 뮤지션이었다. 그는 전혀 부끄러워하지 않았다. 그러고는 이렇게 주장했다. 민주주의 사회에서 국가의 역할은 약자가 강자에 맞설 수 있도록 도움을 주고, 부자와 가난한 사람 사이의 균형을 새롭게 맞추는 것이어야 한다고.

지난 5년간의 문화 전쟁, 그리고 트럼프와 브렉시트라는 이중의 충격은 독일 사회의 근간을 흔들었다. 종종 폭력 사태로 번졌던 프랑스의 노란 조끼 시위* 역시 마찬가지였다. 독일 사람들은 고통스러운 영국의 브렉시트 4년을 충격과 불신의 시선으로 바라봤다. 그들은 어떻게 영국 의회가, 안정 및 예측 가능성과 동의어인 그 나라가 그러한 혼란 속으로 빠져들 수 있는지 이해하지 못했다. 국민투표 결과는 충격적이었다. 독일인들은 영국인들이 유럽 프로젝트에 회의적이라는 사실을 알고 있었다(일부 독일인이 그러하듯이). 하지만 그것이 집단적인 신경쇠약으로 이어질 것이라고는 상상하지 못했다. 이 기간 동안에 영국 정치를 묘사하는 가장 흔한 두 가지 표현은 어린애 같고 즉흥적이라는 것이었다.

* 2018년 프랑스에서 유류세 인상 반대로 시작되었다가 점차 반정부 운동으로 확산되었던 시위.

독일인들은 규칙의 부재에 당황했다. 무엇이 더 중요한가? 일회성의 국민투표인가, 아니면 대의 민주주의인가? 나는 애매모호하다고 중얼거렸다. 하원 의원과 총리가 함께 해나가는 시스템을 어떻게 만들 수 있을까? 나는 확실한 설명은 없다는 사실을 알면서도 내 나라의 실패를 설명해야 하는 난감함에 그저 어깨를 으쓱할 뿐이다. 이러한 낭패감은 독일인다운 유머 시도, 특히 〈질서를 지키세요! 질서!〉를 외치는 영국의 존 버코John Bercow 하원 의장의 말투를 흉내 내는 모습에서 상쇄되었다. 한 베를린 사람은 내게 무척 진지한 표정으로 넷플릭스 구독을 취소했다고 말했다. 영국 의회 채널이 더 재미있다는 것이었다.

테리사 메이Theresa May가 시도했던 협상이 처음으로 난관에 봉착했던 2018년 12월, 독일의 풍자 TV 프로그램인 「호이테쇼Heute Show」는 올해의 〈황금 멍청이〉 상을 도널드 트럼프, 모하메드 빈 살만 사우디아라비아 왕세자와 더불어 영국에 수여했다. 영국 총리가 탄 리무진의 문이 열리지 않아 총리실 밖에서 어색하게 기다리는 메르켈의 모습을 뒤로한 채, 「호이테쇼」의 진행자 올리버 벨케Oliver Welke는 어떻게 메이가 〈유럽에서 빠져나올 수 없는지, 그리고 유혈이 낭자한 차에서 빠져나올 수 없는지!〉에 대해 이야기했다. 그러고는 세로 줄무늬 정장에 중절모를 쓴 영국 신사의 손이 뜨거운 난롯불에 타고, 포크로 자신의 눈을 찌르는 만화를 보여 주었다. 청중은 포복절도했다. 벨케는 소리쳤다.

「딱딱한 브렉시트, 말랑한 브렉시트, 액상의 브렉시트, 이제 시들어 죽어 버렸습니다.」그 모습을 바라보는 것은 고통스러운 일이었다. 영국은 전 세계 웃음거리가 되었다. 하지만 디트마어 보이트케Dietmar Woidke 브란덴부르크주 총리는 이렇게 말했다. 〈브렉시트는 코미디 쇼가 아니다. 여러 가지 측면에서 실제 드라마다.〉[4]

2019년 12월, 보리스 존슨이 선거에서 거둔 승리는 한층 더 강력하게 쐐기를 박았다. 독일은 브렉시트의 불확실성과 더 이상 마주하지 않아도 된다는 사실에 안도했을지 모르지만, 대신에 현관 앞에서 존슨의 〈친구〉 도널드 트럼프로부터 빌리고 개발된 새로운 포퓰리즘과 맞닥뜨려야 했다. 그들은 물었다. 어떻게 영국이 그들을 정의했던 바로 그 합리주의와 실용주의를 저버릴 수 있었단 말인가? 어떻게 그들은 브뤼셀에서 기자로 활동하던 시절 유럽연합에 관한 엉뚱한 이야기를 지어낸 것으로 유명하고, 광대 노릇 하기를 좋아하고, 전염병에 대처하기 위해 입장을 재빨리 선회해야만 했던 남자를 선택할 수 있었단 말인가? 많은 독일인이 생각하기에, 존슨은 정치인이 대변해야 하는 가치와 반대편에 있는 인물이었다.

브렉시트는 영국의 사이코드라마의 원인이 아니다. 그것은 한 가지 증상이다. 우리는 쓰러져 가는 정치 시스템과 과대망상에 사로잡혀 있다. 미국 국무 장관 딘 애치슨Dean Acheson이 1962년에 영국은 제국을 잃어버렸으며 아직 제 역할을 찾지 못했다고 지적했을 때, 그는 그 나라가 60년 후에도 여전히 허우적거리고 있을 것이라고는 상상하지 못했을 것이다. 영국은 전쟁 승리에서 벗어나지 못했다. 영국 사람들은 「덩케르크」나 「다키스트 아워」 같은 영화를 보러 간다. 영국은 아직도 75년 전에 벌어졌던 사건 위에 문화적·역사적 기준을 놓아두고 있다. 대부분의 영국 언론은 수십 년에 걸쳐 유럽 통합을 독일과 프랑스가 영국적 가치를 폄훼하기 위해 고안한 시나리오로 설명하고 있다. 그들의 언어는 승리와 항복, 협력자와 배신자에 관한 것이다.

전쟁이 끝나고 영국의 경제적·군사적 힘은 미국보다 뒤처졌다. 우리는 마셜 플랜을 내놓지 못했다. 하지만 우리는 베를린의 자유를 지키기 위해, 그리고 라인강 영국 육군을 기반으로 독일의 안보를 수호하기 위해 중요한 역할을 담당했다. 또한 지금도 독일인들이 고마워하듯이 독일이 자유 언론과 부러움을 사는 정치적 제도를 구축하는 과정에 도움을 주었다.

영국은 유럽연합의 존재를 결코 편하게 받아들이지 못했다. 1975년 첫 번째 국민투표가 치러지던 동안, EEC(유럽 경제 공동체) 잔류에 반대하는 운동을 벌인 자들은 그 가입 조약을 체임벌린의 뮌헨 협정과 회유에 비유했다. 1974년에 영국의 노동당 전당대회 연설을 준비하고 있었을 때, 헬무트 슈미트는 대의원들에게 유럽 경제 공동체 잔류를 설득하기 위해 무슨 말을 하면 좋을지 각료들에게 물었다. 그러자 자신의 영국 측 파트너를 만나고 왔던 바르바라 캐슬 Barbara Castle은 이렇게 대답했다. 「영국이 유럽 공동체에 남아 있도록 만드는 유일한 방법은 그들이 이미 그 안에 있다는 사실을 상기시키지 않는 것입니다.」[5]

이 메모는 2019년 본에 위치한 독일 역사박물관에서 열린 「지극히 영국적인: 독일의 시선 Very British: A German Point of View」이라는 전시회에서 공개되었다. 당시 큐레이터였던 피터 호프만 Peter Hoffmann이 내게 언급한 것처럼, 그 전시회는 박물관에서 가장 인기 있는 프로그램 중 하나였다. 전시회 기획은 국민투표 이전에 이뤄졌다. 이후 전시 콘텐츠는 브렉시트에 초점을 맞춘 별도의 내실을 만들도록 수정되었다. 호프만은 영국의 고통에 대한 독일인들의 뜨거운 관심이 관람객 수를 늘리는 데 기여했다는 사실을 인정했다. 그 전시회는 재미있고, 많은 정보를 담고 있었으며, 고통스러웠다. 이는 일종의 짝사랑 이야기였다.

독일인들은 지금까지도 영국의 하위문화, 팝 음악, TV 프로그램(그들 역시 「폴티 타워스」를 자기 비난의 차원에서 재미있다고 생각한다), 에마 필 Emma Peel의 관능미, 그리고 어벤저스를 열정적으로 소비하고 있다. 많은 독일인들은 캠핑용 밴을 타고 콘월과 스코틀랜드, 디스트릭트 호수로 휴가를 떠났던 이야기를 한다. 또한 그들은 프리미어리그에 열광한다. 그들은 왕실 이야기에 많은 관심을 보인다 (특히 하노버 출신들). 그들은 스스로 전통을 만들어 냈음에도 영국의 전통을 사랑한다. 매년 새해를 앞둔 전날 밤이면 남녀노소 할 것 없이 온 국민이 「디너 포 원Dinner for One」을 시청한다. 1963년에 처음으로 선보인 이 작품은 역사상 가장 많이 방영된 TV 프로그램이다. 아흔 번째 생일을 맞은 영국 귀족 소피가 보석으로 치장한 채 등장한다. 그녀는 생일 때마다 네 명의 신사를 초대하곤 했다. 문제는 이제 그들 모두 이 세상 사람이 아니라는 사실이다. 그럼에도 집사는 아랑곳하지 않고 똑같은 의식을 진행한다. 식탁에는 멀리가토니 수프를 포함하는 네 단계의 코스 요리가 등장한다. 그들은 드라이한 셰리주와 와인, 또는 샴페인을 마신다. 독일 시청자들은 모든 대사를 거의 외울 정도다. 그들은 집사가 소피에게 이렇게 물을 때 웃다가 뒤로 넘어간다. 「작년과 똑같은 순서죠?」

베를린 장벽의 붕괴는 민주주의 독일이 재탄생하는 과정에서 영국이 맡았던 역할을 축하하는 위대한 순간이었으며, 또한 그래야만 했다. 억압적인 공산주의 체제가 놀랍게도 성공적으로 해체되었다. 여기서 마거릿 대처는 로널드 레이건, 미하일 고르바초프와 함께 중요한 역할을 맡았다. 그러나 그녀가 본 것은 위험뿐이었다. 베를린에서 믿을 수 없는 장면이 연출되고 한 달이 흘렀을 때 대처는 스트라스부르에서 열린 만찬에 참석한 유럽연합 지도자들에게 이렇게 말했다. 「우리는 독일을 두 번 물리쳤습니다. 이제 그들이 다시 한번 거기에 있군요.」 대처는 자신의 핸드백에서 실레지아와 포메라니아, 동프로이센의 지도를 꺼내면서 미테랑 프랑스 대통령에게 이렇게 말했다.「그들이 모든 걸 차지할 겁니다. 체코슬로바키아까지도.」[6]

몇 주 후 대처를 지지하는 브뤼주 그룹은 그녀가 총애하는 경제학자 중 한 명인 케네스 미노그Kenneth Minogue로부터 다음과 같은 이야기를 들었다. 〈유럽 기구들이 중세 교황과 샤를마뉴, 나폴레옹, 카이저, 그리고 아돌프 히틀러의 뒤를 잇는 유럽연합을 만들려 하고 있다.〉[7] 대처가 신뢰하는 내각의 일원인 니컬러스 리들리Nicholas Ridley는 『스펙테이터』 잡지에 유명한 말을 했다. 유럽 환율 메커니즘은 〈유럽 전체를 차지하기 위해 설계된 독일식 보호료 갈취에 불과하다. (……) 나는 원칙적으로 주권 양도에 반대하지는 않지만, 이렇게 많이는 아니다. 솔직하게 말해서 차라리 아돌프 히틀러에게 주는 게 더 낫다.〉[8] 이 발언으로 리들리는 사퇴 압박을 받았지만, 사실 그것은 많은 영국인, 그리고 특정한 유형의 영국인들의 생각이기도 했다.

대처는 반대를 자신의 임무로 여겼다. 하지만 자기편에 아무도 없다는 사실을 깨달았다. 그녀는 사적인 차원에서 고르바초프에게 로비를 시도했다. 그 소련 지도자는 자신의 정치 개혁이 공산주의의 전면적인 붕괴로 이어질 것이라고는 단 한 번도 생각하지 않았다. 그는 대단히 중요한 역할을 맡고 있었으며, 독일의 통일뿐만이 아니라 나토(북대

서양 조약 기구)에서 서방 친화적인 독일과 소련의 군사 전선 철수에 동의했다. 그러나 대처의 요청에는 아무런 반응을 보이지 않았다. 미테랑 역시 새로운 독일 프로젝트를 우려하는 마음이 있었다. 그는 강력한 통일 독일을 두려워해야 할 많은 역사적 이유를 갖고 있었다. 분할된 약한 독일을 유지하는 것이 프랑스에도 유리했다. 프랑스 작가이자 저항 인사인 프랑수아 모리아크François Mauriac는 1952년에 이렇게 말한 바 있다. 〈나는 독일을 너무도 사랑하기 때문에 두 개의 독일이 존재한다는 사실이 기쁘다.〉[9] 그러나 미테랑은 역사의 흐름을 막을 수 없다는 사실을 알았다.

2 더하기 4 방식(동독·서독+미국·영국·프랑스·소련)으로 콜과 레이건, 대처, 미테랑, 고르바초프가 하나의 독일, 그리고 새로운 유럽 시스템을 만들게 될 조약을 협상하는 역동적인 과정을 기자들은 링 맨 앞줄에서 지켜보았다. 여기서 동독 지도자 데메지에르는 단역을 맡았다. 대처는 콜에 대한 적대감을 숨기지 않았다. 그것은 정치가 아니라 전쟁의 정신에서 비롯된 반응이었다. 콜은 총리 관저에 처칠의 흉상을 가져다 뒀다. 그는 친영파를 자처했고, 영국이 유럽에 미친 영향을 선한 것으로 인식했다. 그러나 아무리 애를 쓴다고 해도 대처의 마음을 돌릴 수는 없었다. 1990년 3월, 두 사람은 케임브리지에서 마흔 번째로 열린 영국-독일 간 쾨니히스빈터 회의에 참석하는 데 동의했다. 주최 측은 두 사람을 옆자리에 배치하는 것이 위험하다고 판단했

다. 그날 저녁, 대처는 자신의 옆자리에 앉은 베테랑 독일 외교관에게 자신이 생각하는 바를 전했다. 그녀는 이렇게 말했다. 「영국이 독일을 다시 한번 신뢰하기까지 적어도 또 다른 40년의 세월이 필요합니다.」[10]

3년 후 대처는 회고록에서 자신이 잘못 판단했음을 인정했다. 〈내가 추진했던 외교 정책이 명백하게 실패했던 한 가지 사례가 있다면, 그것은 독일의 통일에 관한 것이었다.〉[11]

영국은 지금도 자신들이 독일에게 무엇을 원하는지 잘 모르는 것 같다. 1980년대 중반과 1990년대 중반처럼 경제적 어려움에 처했을 때, 영국은 독일을 지나친 규제와 속박에 얽매인 〈유럽의 병자〉라고 조롱했다. 그러나 독일 기업들이 세계 시장으로 나아가기 시작하자 이젠 그들을 대단히 착취적이고 탐욕적이라고 깎아내렸다. 그리고 이제 독일 경제가 다시 한번 둔화되자, 영국은 또다시 이를 비웃고 있다. 영국은 독일이 세상에 영향력을 행사하길 원치 않으면서도, 그들이 제 역할을 다 하기를 바라고 있다.

새천년과 2000년대에는 토니 블레어와 게르하르트 슈뢰더가 유럽의 공동 기반에 대해 이야기를 나누면서 짧은 휴지 기간이 있었다. 그러나 이 모두는 브렉시트와 함께 무너졌다. 2016년에 보리스 존슨이 외무 장관이 되면서 독일에 대한 새로운 어리석음의 시대가 시작되었다. 그의 참모들은 그가 하는 말에 절망했다. 유럽연합을 떠나면서, 존슨은 뮌헨 안보 회의에서 〈해방liberation〉이라는 말을 프랑스어로 발음하면서 청중을 깜짝 놀라게 했다. 처칠을 모델로 삼았고 한때 역사가를 꿈꾸었던 그 총리는 대처의 어휘 목록에서 많은 것을 빌려왔다. 그의 수사법은 핵심 보수 인사들에게 항상 효과를 발휘했고, 그건 지금도 마찬가지다. 테리사 행정부에 있었던 한 장관은 최근에 후원자 만찬 자리에서 한 충직한 당원이 이렇게 말한 것을 떠올렸다.「우리는 독일에게 지시를 받기 위해 전쟁에서 승리한 게 아닙니다.」이 말에 참석자들은 큰 환호를 보냈다.

영국은 전쟁에 대한 강박적인 공포에서 글로벌 리더일 것이다. 그러나 그들은 혼자가 아니다. 독일은 여전히 영국이 어떤 일도 제대로 하지 못할 것이라고 생각하고 있다. 그리스가 부채 위기에 직면했을 때(이에 대한 잘잘못은 나중에 살펴볼 것이다), 히틀러의 콧수염을 단 메르켈의 포스터가 아테네 시내에 등장했다.

다행히도 독일에 관한 또 다른 이야기가 있다. 비즈니스와 기술, 예술 분야에서 실질적인 경험은 영국의 새로운 세대에게 독일의 신비성을 벗겨 주었다. 〈가난하지만 섹시한〉(2003년에 베를린 시장이 사용한 표현) 독일의 수도는 관광객을 끌어당기는 자석이 되었다. 클럽 문화를 즐기려는 10대와 20대 젊은이들이 주말 휴가를 이용해 베를린이나 함부르크, 라이프치히로 몰려든다. 이제 독일은 스페인과 프랑스, 아일랜드 다음으로 영국인들이 유럽에서 많이 찾

는 나라가 되었다. 베를린의 옥스퍼드 기관과 베를린 사회
과학 연구소(WZB)의 공동 연구에 따르면,[12] 독일 시민권
을 취득한 영국인의 수는 국민투표 이후로 3년 동안 열 배
나 증가했으며, 그 이후로도 더 증가했을 것으로 보인다. 영
국의 젊은이들에게 독일은 희망과 기회의 땅이다.

　지난 10년, 혹은 20년 사이에 독일인들은 자신의 나라에
대해 좀 더 거리낌 없이 이야기하게 되었다. 일부는 이를
2006년 월드컵의 성공적인 개최 덕분이라고 말한다. 다른
일부는 특별한 계기는 없었으며, 다만 세월이 흐르면서 점
차 달라진 것이라고 말한다. 그럼에도 그들은 여전히 조심
스럽다. 2019년 기본법 70주년 행사는 전시회와 TV 다큐
멘터리, 도심 기념물과 함께 조용하게 치러졌다. 비슷한 시
기에 열린 사회 재단Open Society Foundation은 독일 사람에게
는 민감한 문제인 애국심을 주제로 세부적인 설문 조사를
실시했다. 많은 독일인이 기꺼이 인정하는 형태의 애국심
은 헌법적 애국심이다. 그들이 국가에 대해 느끼는 자부심
은 작은 섬나라의, 깃발을 흔드는 그러한 형태의 것이 아니
다. 대신에 그들은 민주적인 규칙의 확고한 기반을 통해 세
상에 바람직한 모범 사례가 되기를 희망한다.

　나는 개인적인 차원에서라도 이를 직접 확인해 보고 싶
었다. 2019년 어느 여름날, 나는 30년 전 공산주의 체제에
맞선 교회 시위를 목격했으며 지금은 대단히 유명해진 동
베를린의 프렌츨라우어베르크에서 〈쉬운 독일어〉라는 독

일어 강좌를 맡고 있던 친구들인 카리Cari와 야누스Janusz를 위해 시민 인터뷰 영상을 찍었다. 내가 사람들에게 던져보라고 요청을 받았던 질문은 이런 것이었다. 「독일인은 무엇을 잘합니까?」 그러나 행인들은 대부분 그 질문에 깜짝 놀란 표정을 지었고, 쉽게 대답을 하지 못했다. 때로는 진지하게, 때로는 역설적으로 그들은 다음과 같은 대답을 내놨다. 시간 엄수, 정확성, 철저함. 한 응답자는 이렇게 말했다. 「우리는 무뚝뚝하지만 솔직하고 직설적입니다. 약속을 잘 지키고요.」 〈빵〉이나 〈맥주〉를 언급하는 사람도 많았다.

나는 궁금했다. 독일 사람들은 무엇을 잘하는지, 그들은 어떤 교훈을 배웠으며, 어떤 교훈을 들려줄 것인지? 이러한 질문의 목적은 그들의 우월성을 자극하려는 것은 아니었다. 오히려 나는 최근 역사의 균형을 바로잡기 위해 독일에 대한 다른 형태의 논쟁을 불러일으키길 원했다. 당신이 어느 나라에 살고 있든 간에 서점을 한번 둘러보자. 독일에 관한 책 중에서 두 번의 세계 대전을 다루지 〈않은〉 책이 얼마나 있는가? 최근에 꽤 훌륭한 작품이 몇 권 나오긴 했지만, 이러한 책은 대단히 드물다.

그런데 왜 나는 지금 이 책을 쓰고 있는 걸까? 자국에서 벌어진 일에 실망한 많은 영국인들처럼, 나 역시 훌륭한 정치적 성숙함의 사례를 발견하기 위해 많은 곳을 물색했다. 독일 말고 어느 나라에 주목해야 할까? 오랜 여정을 통해, 나는 독일의 결함을 낭만적인 혹은 맹목적인 시선으로 바라보지 않게 되었다. 이 책에는 그 모든 이야기가 담겨 있다. 저명한 정치인부터 다국적 기업의 CEO, 예술가, 난민을 돕는 자원봉사자, 오랜 친구와 우연히 만난 일반 시민에 이르기까지, 내가 인터뷰를 했던 모든 독일 사람들은 이 책의 제목과 주제를 듣고 흠칫 놀랐다. 단 한 명의 예외도 없었다. 그들은 소리를 지르거나 어색한 웃음을 지으며 이렇게 말했다. 「그건 좀 아닌 것 같은데요?」 그러고는 독일이 직면한 문제와 제대로 돌아가지 않는 다양한 상황에 대한 기나긴 목록을 읊어 대기 시작했다.

독일인들은 그들이 바라보는 모든 곳에서 걱정을 느낀다. 그리고 그들이 소중하게 여기는 모든 것이 위험에 처해 있다고 생각한다. 그들은 도널드 트럼프에서 블라디미르 푸틴에 이르기까지, 터키의 레제프 타이이프 에르도안에서 브라질의 자이르 보우소나루에 이르기까지 포퓰리스트와 스트롱맨들이 민주주의를 노골적으로 조롱하는 세상을 바라보고 있다. 또한 그들의 고향에서는 독일대안당이 곳곳에서 활개치고, 주류 정치인들이 이에 제대로 대처하지 못하는 상황을 본다. 모든 이들과 마찬가지로, 그들은 기후 위기를 눈앞에서 보고 있다.

독일의 회복력을 시험해 보기에 지금보다 더 좋은 시점이 있을까? 외국인들은 물론 대다수 독일인이 국가의 미래가 어둡다고 느낀다. 물론 많은 문제가 산적해 있다. 하지만 나는 비관적으로 생각하지 않는다. 내가 희망의 끈을 놓지 않는 이유는 독일인들의 자기 성찰과 그들의 병적인 기억력에 있다. 독일인들은 좀처럼 자기 나라를 칭찬하지 않는다. 자신들의 좋은 점을 보지 않으려는 그들의 의지는 단호하다. 하지만 유럽과 그 너머의 세계와 비교할 때, 그들은 분명히 자랑스러워할 많은 것을 갖고 있다. 2019년 초, 미국 평론가 조지 윌George Will은 이렇게 썼다. 〈오늘날의 독일은 세상이 봐왔던 최고의 독일이다.〉[13] 영국과 같은 오만한 나라들은 마땅히 독일로부터 교훈을 얻어야 할 것이다.

1장 재건과 기억
: 전후 시대의 아픔

바이마르는 괴테와 실러, 바흐와 리스트, 그리고 르네상스 화가 루카스 크라나흐의 도시다. 바로 이곳에서 여류 작가이자 사교계의 여왕인 스탈 부인이 독일 문화와 사랑에 빠졌고, 바우하우스 예술 학교가 탄생했다.

내가 묵었던 호텔 앞에서 6번 버스를 타면 괴테 광장에서 부헨발트 강제수용소까지 금방 갈 수 있다. 독일에서는 그리 멀리 가지 않아도 끔찍한 역사와 쉽게 마주하게 된다. 뮌헨에서 고속철도 에스반S-Bahn을 타고 약 30분을 가면 종점인 디하우에 도착한다. 베를린에서 대중교통을 이용해서 작센하우젠 강제수용소까지 가는 길은 조금 더 복잡하기는 하지만, 그 도시의 북부로 가는 여행도 한 시간 남짓이면 충분하다.

지난 반세기에 걸쳐 독일 사회는 삶의 모든 측면에 드리워진 속죄의 세월을 보냈다. 독일인들의 높은 도덕적 경각심은 지금도 그들의 행동을 지배하고 있다. 역사가 프리츠 슈테른Fritz Stern은 히틀러를 〈믿고자 했던 독일인들의 소망〉과 〈나치주의에 대한 그들의 자발적인 선택〉에 대해 이야기했다.[1] 슈테른은 오랜 세월에 걸쳐 다음 질문에 대한 답을 찾고자 했다. 〈왜, 그리고 어떻게 악을 향한 인간의 보편적인 잠재력이 독일에서 현실로 나타나게 되었을까?〉[2] 혹은 영국 역사가 A. J. P. 테일러A. J. P. Taylor는 전쟁이 끝나갈 무렵에 이렇게 썼다. 〈독일의 역사는 극단의 역사다. 그 역사는 중용을 제외한 모든 것을 담고 있다. 그리고 독일인들은 천 년의 세월 동안 평범함을 제외한 모든 것을 경험했다.〉[3]

전반적인 표현은 기억해야 할 필요성을 근간으로 이뤄져 있다. 예를 들어 역사 극복Vergangenheitsbewältigung, 과거 청산 Vergangenheitsaufarbeitung, 기억의 문화Erinnerungskultur, 그리고 무엇보다 논란이 되었던 집단적 죄책감Kollektivschuld을 꼽을 수 있다.

우리는 독일의 역사(20세기 이전 역사까지 포함해서)를 이러한 차원에서 바라볼 수 있다. 프랑스나 영국과 달리 독일에서는 성대한 국경일 행사를 찾아볼 수 없다. 물론 최근에 통일의 날로 지정된 10월 3일에는 시범적으로 기념행사를 치르고 있기는 하지만 말이다. 국가를 위해 국방의 의무를 다하다 사망한 이들은 여전히 명예를 인정받지 못하고 있다. 퍼레이드는 지역의 민속 축제나 문화 행사에서만 볼 수 있다. 화려한 행사는 거의 없다. 이는 왕족과 그밖의 유명인에 대한 독일인들의 강박을 잘 설명해 준다.

어떤 나라가 그들 자신의 치부를 기념하는 구조물을 짓는단 말인가? 그것도 가장 유명한 두 곳의 랜드마크 바로 옆에다가? 학살된 유럽 유대인들을 위한 기념물은 실제로 베를린 중심부에 위치한 브란덴부르크 정문과 의사당 가까운 곳에 들어서 있다. 관을 형상화한 2,711개의 직사각형 콘크리트 평판으로 이뤄진 이 기념물은 2005년에 처음으로 선을 보였다. 전국 각지에서 학생들이 이곳으로 견학을 오고, 그럴 때면 언제나 조용히 해야 한다는 주의를 듣는다. 아이들이 그곳을 떠날 때 짓는 표정은 많은 생각을 하게 만든다. 몇몇 역사가와 건축가들은 그 기념물이 지나치게 추상적이고 차갑기까지 하다고 비판한다. 나는 그것이 섬뜩하면서도 적절한 의미를 담고 있다고 생각한다. 이 공간은 지금 현대 독일과 이전 제3제국 영토 안에서 홀로코스트를 추모하는 가장 유명한 곳으로 남아 있다. 하지만 이곳도 그러한 많은 추모 공간 중 한 곳에 불과하다.

1992년에 예술가 귄터 뎀니히Gunter Demnig가 아이디어를 떠올렸다. 그로부터 30년이 흐른 지금, 그의 아이디어에 따라서 유럽 24개국의 120개 도시와 마을에 20개국 언어로 된 7만 개가 넘는 슈톨퍼슈타인Stolperstein이 생겨났다. 〈걸림돌〉이라는 의미의 이 네모난 동판은 가로 10센티미터 세로 10센티미터 크기로, 거기에는 강제수용소에서 생을 마감한 사람들의 이름이 새겨져 있고, 희생자들이 마지막으로 살았던 집 외부에 설치되어 있다. 대부분이 유대인이지만 집시, 동성애자, 장애인도 있다. 슈톨퍼슈타인에는 〈여기서 살았다〉로 시작해서 희생자의 이름과 생일, 억류, 자살, 탈출, 혹은 추방이나 살인 등 그들이 맞이했던 운명이 적혀 있다. 슈톨퍼슈타인 대부분은 독일에 있다.

이러한 기억의 행위가 쉽고 신속하게 시작된 것은 아니다. 실제로 독일인들이 대학살을 비롯한 끔찍한 만행의 진실을 있는 그대로 대면하기까지는 전쟁 후 20년의 세월이 걸렸다. 1940년대 중반 이후로 전반적인 사회 분위기는 충격적인 굴욕에 가까웠다. 도시를 완전히 잿더미로 만들어 버리는 폭격을 퍼부어 시민들의 사기를 꺾었던 연합군 전술이 아마도 종전의 시기를 일찍 앞당겼을 것이다. 이는 또한 피해 의식이 전반적으로 조용히 뿌리내리도록 했다. 일각에서는 나치 범죄와 연합군의 과잉 대응이 도덕적 등가성을 갖는다는 인식이 존재했다.

재건 작업은 초반에 물리적 차원에서만 이뤄졌다. 제2차 세계 대전 이후 도시의 정리와 재건을 맡았던 여성을 일컫는 〈트뤼머프라우엔Trümmerfrauen〉의 이미지는 독일인의 정신에 큰 영향을 미쳤다. 나치가 항복을 선언한 직후, 연합군은 쇠망치와 곡괭이를 가지고 건물들의 잔해를 치우기 위해 15~50세의 신체 건강한 여성을 모집했다. 그들은 거리의 잔해를 치웠다. 이러한 여성 중 많은 이들은 전쟁으로 큰 상처를 받았음에도 몇 푼의 돈과 식량 배급 카드를 얻기 위해 힘든 육체노동에 뛰어들었다. 많은 남성들은 장애를 입었거나, 혹은 포로수용소에 갇혀 있었다. 800만 명이 죽거나 행방불명이 되었으며, 이는 전체 인구의 10퍼센트가 넘는 수치였다. 약 150개의 마을과 도시가 폐허로 변했고, 도로와 철도, 가스, 전기, 수도 시설의 절반가량이 파괴되었다. 조지 오웰은 1945년 3월에 쾰른에서 목격했던 장면을 이렇게 묘사했다. 〈지배 민족은 어디에나 있었다. 그들은 파편 더미 사이를 자전거를 타고 달리거나 식용수를 파는 수레를 쫓아 항아리와 양동이를 들고 달렸다.〉[4] 오웰의 날카로운 분노는 그 시대의 전형적인 반응이었다.

닐 맥그리거Neil MacGregor는 이렇게 썼다. 〈손수레의 애잔함은 강력하고 실제적이다.〉[5] 폐허가 된 그 나라는 러시아의 진격을 피해 동쪽에서 쫓겨 온 1200만 명의 사람들까지 먹여 살려야 했다. 이는 아마도 역사상 최대 규모의 강제 이주였을 것이다. 많은 사람들은 갈 곳도, 몸을 누일 만한 안식처도 없이 낡아빠진 소지품만 몇 개 들고 다녔다. 1946년에서 1947년으로 넘어가는 겨울은 특히 가혹했다. 돈은 아무런 쓸모가 없었다. 물물교환만이 가능했다. 가장 인기 있는 품목은 담배와 초콜릿이었다. 식량 배급은 하루에 1천~1,500칼로리로 정해져 있었다. 미국의 식량 원조(당시 독일 전체 식량 생산의 6분의 1을 차지한)는 수만 명을 아사로부터 구했다.

오늘날에 이르기까지 전후 붕괴로 가족 중에 부상을 당

한 사람이 없거나 혹은 그런 사람을 알지 못하는 가구는 거의 없다. 이러한 사실은 독일 역사와 관련해서 오랫동안 충분히 언급되거나 연구되지 못했다. 맥그리거는 물었다. 〈그것은 독일이 이러한 상황을 사악한 행동에 대한 응보라고 생각했기 때문일까? 국가가 큰 잘못을 저질렀을 때, 이로 인해 시민들이 감내해야 하는 고통을 우리는 어떻게 바라봐야 할까? 우리가 공동의 죄를 주장한다면, 그럼에도 불구하고 개인적 동정심을 호소할 수 있을까?〉[6]

역사가 안드레아스 코세르트 Andreas Kossert는 『냉혹한 고향 The Cold Homeland』(2008)이라는 책에서 동쪽에서 넘어온 가난한 이들에 대한 대우를 들여다봤다. 그들은 동포들로부터 환영받지 못했다. 이는 과거에도, 지금도 항상 신중하게 다뤄야 하는 까다로운 주제다. 코세르트는 이렇게 썼다. 〈전쟁이 끝나고 70년의 세월이 흘렀지만, 독일의 거의 모든 가구가 아직도 그 영향을 받고 있다. 그러나 이는 점차적으로 집단 기억의 주제로 자리 잡아 가고 있다. 그것은 아주 최근까지도 이 주제가 우파, 수정주의자의 입장과 관련이 있었기 때문이다. (……) 많은 가정은 침묵을 지켰고, 부모나 조부모를 잃은 것에 대해 아무런 말도 꺼내지 않았다.〉[7]

그것은 〈0시 Stunde Null〉였다. 혹은 당시에 그렇게 불렸다. 점령군은 비나치화와 비군사화, 그리고 재건을 통해 독일의 시계를 0시로 돌려놓을 수 있다는 생각을 널리 알렸다. 0시라는 표현은 일상적인 용어로 사용되기 시작했다.

1947년에 현지에서 촬영되고 이듬해 독일과 영국에서 개봉된 로베르토 로셀리니Roberto Rossellini 감독의 영화「독일 0년Germany, Year Zero」은 그 용어가 더욱 널리 사용되는 데 기여했을 것이다. 모든 것을 문질러 없애 버린다는 의미의 제로는 편리한 개념이었다. 그 시기에 독일인들은 스스로를 피해자, 혹은 무의식적인 가담자로 여겼다. 가담과 죄책감의 본질에 대한 솔직한 논의가 이뤄지기까지는 20년의 세월이 더 걸렸다. 종군기자 마사 겔혼Martha Gellhorn은 패배의 영토를 따라 여행하는 동안에 조롱하는 어조로 이렇게 썼다. 〈아무도 나치가 아니다. 아무도 그랬던 적이 없다. 옆 마을에는 나치가 좀 있었을지 모른다. (……) 이 근방에는 유대인이 많지 않았다. (……) 우리는 유대인에게 나쁜 감정이 없다. 그들과 항상 잘 지냈다.〉 그러고는 이렇게 덧붙였다. 〈이러한 이야기는 음악으로 만들어야 한다.〉[8]

당시 연합군은 실용주의 노선을 택할 필요가 있었다. 소련의 위협이 높아지면서, 어떻게든 독일이 그 위협에 스스로 맞설 수 있도록 만들어야 했다. 그들은 독일 사회를 안정시켜야 했다. 초점이 처벌에서 벗어나고 있다는 것을 말해 주는 첫 번째 신호는 미국 국무 장관 제임스 번스James Byrnes 가 1946년 9월에 독일을 방문했을 때 나타났다. 그는 미국이 점령한 지역에서 파괴된 도시들을 둘러봤고, 스스로〈정책의 수정〉이라고 명명한 슈투트가르트 연설을 했다. 당시 두 가지 움직임이 시작되고 있었다. 그것은 경제 원조나 파시즘 범죄보다 공산주의의 위협에 대한 집중이었다. 번스는 이렇게 말했다. 「미국 정부는 독일의 비나치화, 비무장화를 위해 필요한 지원을 하고 있으며, 앞으로도 그럴 것입니다. 하지만 아무리 동기 부여와 훈련이 잘되어 있다고 해도, 대규모 외국 병력이나 이질적인 관료 시스템이 장기적으로 다른 나라의 민주주의의 가장 신뢰할 만한 수호자가 될 수는 없습니다. 미국은 독일의 지도자가 일으킨 전쟁이 빚은 고난으로부터 그 나라를 구제할 수는 없습니다. 그러나 독일인들이 인간의 자유를 존중하고 평화의 길을 따라가기만 한다면, 그들의 어려움을 가중시키거나 그들이 그 고난으로부터 벗어날 수 있는 기회를 빼앗을 생각은 결코 없습니다.」[9]

해리 트루먼 대통령은 거대한 규모의 원조 없이 유럽은 절대 스스로 일어서지 못할 것이라고 주장했다. 국무 장관 조지 마셜은 이렇게 언급했다. 〈세계가 정상적인 경제적 건강을 회복하도록 미국은 마땅히 최선을 다해 지원해야 한다. 이러한 노력 없이는 정치적 안정도, 확고한 평화도 없다.〉[10] 미국은 마셜 플랜이라는 유럽 회복 프로그램을 통해 18개 유럽 국가를 대상으로 120억 달러(오늘날 기준으로 1천억 달러가 넘는)를 지원했다. 가장 많은 지원을 받은 나라는 영국과 프랑스였고, 그다음이 독일이었다. 소련은 자국에 대한 원조뿐만 아니라 그들이 통제하는 새로운 동유럽 지구에 대한 원조도 거부했다.

나치 정권의 일부 고위 간부와 많은 중간 관리자들이 복직했다. 그들은 어렵지 않게 면책 증명서Persilscheine를 발급받았다. 나치 연루 의혹은 역사의 세제로 씻어 버릴 수 있었다. 의심받는 나치 범죄자들 역시 평판만 좋다면 죄를 면제받을 수 있었다. 사람들은 말끔한 세탁, 혹은 갈색 셔츠를 입고 들어갔다가 흰색 셔츠로 갈아입고 나오는 것에 대해 이야기했다. 몇 년 후, 새 하원이 제131조를 통과시키면서 독일은 이러한 절차를 공식화했다. 이 조항은 정치인과 판사, 군사 장교, 교사, 의사를 비롯한 공무원들이 면책 증명 시험을 통과할 경우에 자동적으로 복직하는 길을 열어 주었다. 그리고 많은 비즈니스 리더들이 공모에 가담했던 기업의 관리자 자리를 차지하도록 했다.

전쟁의 죄책감에 대한 기억은 세월이 지나도 사라지지 않았다. 젊은이부터 중년까지 많은 독일 사람들이 그 이야기를 거리낌 없이 꺼내는 모습을 보고 나는 적잖이 놀랐다. 그들이 그렇게 하는 것은 과거에 연연해서가 아니라, 교훈을 배웠는지 확인하기 위해서다. 권위주의와 민족주의, 그리고 무례함이 유럽과 전 세계를 장악하고 있는 지금에도 독일인들은 제3제국 범죄에 대해 그 어느 때보다 더 많은 이야기를 한다.

나는 뮌헨의 렌바흐하우스 미술관에서 마티아스 밀링Matthias Mühling 관장을 만났다. 그곳에서 나치 권력의 상징이던 신고전주의풍의 화려한 쾨니히 광장을 내려다보면서,

그는 예술사 중앙 연구소를 손으로 가리켰다. 전쟁 직후 미국은 팀을 꾸려 약탈당한 예술품 수천 점을 조사했다. 그 이야기는 조지 클루니가 출연한 할리우드 흥행작 「모뉴먼츠맨: 세기의 작전」(2014)에 소개되기도 했다. 그 이야기를 하는 동안, 뮐링의 어조는 점점 더 고조되었다. 그는 나치에 복역했던 많은 사람들이 문화계를 비롯한 사회 전반의 요직을 다시 차지했다는 사실에 분노했다. 그는 〈나치에 몸을 담았으나 처벌 없이 빠져 나온 모든 독일인의 할아버지와 아버지〉에 대해 이야기했다. 뮐링은 렌바흐하우스는 히틀러를 위한 치어리더가 되지 않았다는 사실을 언급했다. 그러나 〈퇴폐적인 유대인〉 예술을 없애라는 지시에 열광적으로 복종했던 많은 미술관의 관장들은 미군과 함께 사라진 예술품을 찾기 위해 나섰다. 뮐링은 말했다. 「분명하게도 그들은 그게 어디로 사라졌는지 알고 있었습니다.」 뭐가 더 중요한 걸까? 많은 고위급 인사들이 예술품을 가져갔다는 사실? 아니면 그들이 그랬다는 사실에 오늘날 공직에 있는 많은 사람들이 여전히 분노하고 있다는 사실?

1940년대 중반부터 말까지 악명 높은 전범을 제외하고, 하급 부역자를 수사하는 데에는 별 관심이 없었다. 스물네 명의 고위급 나치 전범들만이 뉘른베르크 법정에 섰다. 여기서 열두 명이 사형을 언도받았는데, 그중 열 명은 같은 날인 1946년 10월 16일에 교수형에 처해졌다. 이는 전쟁 책임에 대한 공식적인 인정이자, 동시에 전쟁의 장이 마무리되었음을 알리는 선언이었다. 기관들은 곤궁에 처했다. 가장 먼저 개신교 교회는 1945년 10월 슈투트가르트 선언을 통해 나치에 협력했음을 시인했다. 그들은 이렇게 말했다. 〈우리는 무한한 잘못을 많은 사람과 국가에 저질렀다. 공동체 내부에서 종종 증언했던 것을 이제 교회 전체의 이름으로 밝히고자 한다. 우리는 국가 사회주의 폭력 속에서 끔찍한 모습을 드러냈던 정신에 맞서 예수 그리스도의 이름으로 오랫동안 싸웠다. 하지만 우리 자신의 신념을 더욱 용감하게 고수하지 않았던 것에 대해, 더 신실하게 기도하지 않았던 것에 대해, 보다 기쁘게 믿지 않았던 것에 대해, 보다 열렬하게 사랑하지 않았던 것에 대해 반성한다.〉[11] 당시 많은 사람들은 이러한 반쪽짜리 사과도 너무 과한 것으로 받아들였다.

철의 장막이 드리워졌다. 소련은 그들이 장악한 영토에 대한 지배를 점점 더 강화해 나갔다. 미국과 영국은 그들이 차지한 두 영토를 최소한 경제적 차원에서 통합하기로 결정했다. 그 시작은 순조롭지 못했지만, 양국 공동 통치Bizone는 성공적인 것으로 드러났다(2년 후 프랑스가 참여하면서 3국 통치 체제가 되었다). 이는 서독의 중심이 되었다. 1948년 2월부터 6월 사이에 세 연합국은 네덜란드, 벨기에, 룩셈부르크와 함께 런던에 모여 독일의 자치권을 회복하는 방안에 대해 논의했다. 이들 나라는 자국 영토를 재건하고, 빠르게 성장하는 공산주의의 위협에 대처해야 하는 쌍둥이 과제를 떠안고 있었기 때문에, 독일을 통치해야 하는 부담으로부터 어떻게든 벗어나고자 했다.

독일의 초대 정부는 긴박한 경제적 과제에 집중했다. 전후 초대 대통령인 테오도어 호이스Theodor Heuss는 이렇게 주장했다. 〈우리에겐 실제로 단 한 번의 기회가 있다. 그것은 노동이다.〉 호이스와 루트비히 에르하르트Ludwig Erhard 두 정치인이 독일이 빠르게 회복하는 과정에서 중요한 역할을 했다. 그들은 〈라인강의 기적〉의 초석을 다졌다. 1948년에 미국과 영국의 양국 통치 체제하에서 경제를 이끌었던 에르하르트는 기존 통화를 하룻밤 새에 허물어뜨렸다. 10라이히스마르크를 새로운 1도이치마르크로 교환하도록 했다. 공공 부채의 약 90퍼센트가 순식간에 사라졌다(동시에 라이히스마르크로 된 민간 저축도 사라졌다). 더욱 과감하게도 그는 일주일 만에 나치가 실시했던 배급과 가격 통제, 그리고 연합군이 부여했던 생산 제한도 폐지해 버렸다.

에르하르트는 그 시대의 보기 드문 인재이자 독창적인 사상가였고 낙관주의자였다. 전쟁이 막바지에 이르면서, 그가 공공 재정에 대해 썼던 글은 미국 정보부에도 전해졌다. 점령군 세력은 그를 찾아내려고 했다. 이후 독일이 항복했을 때, 그는 바이에른의 재무 장관으로 즉각 발탁되었다. 나중에는 점령된 독일의 서쪽 절반을 책임지게 되었다. 원칙적으로 그는 연합군에 보고해야 할 책임이 있었다. 하지만 그는 거대한 위험을 감수했다. 그는 점령자들에게 개혁을 맡겨 두지 않았다. 미국의 루셔스 클레이Lucius Clay 장군은 자신의 지휘실로 에르하르트를 불러들여 질책했다. 그는 그 새로운 정책이 끔찍한 실수가 될 것이라는 자기 휘하 참모들의 말을 전했다. 그러자 에르하르트는 유명한 대꾸를 했다. 「장군님, 그들의 말을 듣지 마십시오. 제 참모들도 똑같은 이야기를 했으니까요.」[12] 결국 연합군은 그의 길을 막지 않았다. 그들은 이미 권력 이양을 준비하고 있었고, 독일 관료와 정치인들이 책임을 지는 모습을 흡족하게 바라봤다. 새 헌법을 만드는 작업 또한 순조롭게 진행되었다.

그럼에도 베를린의 분위기는 점점 더 위태로워졌다. 1948년 6월 24일에 소련군은 서쪽으로 넘어가는 모든 도로와 철도를 폐쇄했다. 며칠 만에 슈프레강과 하펠강을 통과하는 모든 해상 운송도 중단되었다. 동베를린에 위치한 발전소에서 서베를린으로 공급되던 전력 발전 또한 중단되었다. 게다가 인근 시골 지역으로부터 공급되던 신선 식품 역시 갑작스럽게 구할 수 없게 되었다. 승전국이 합의한 베를린의 네 세력은 베를린과 소련 점령 지역을 육로로 오가는 교통과 관련해서 아무런 준비도 하지 않은 상태였다. 반면 서구 점령 지역과 베를린을 오가는 세 개의 항로를 개설했다. 서구의 세 세력은 신속하게 움직였다. 그들은 전례 없는 수준의 공수를 통해 250만 명의 서베를린 주민들에게 생필품을 공급했다. 230대의 미국 비행기와 150대의 영국 비행기가 배치되었다. 그들은 석탄을 비롯해 겨울에 필요한 난방 연료를 매일 1만 톤씩 실어 왔다. 총 27만 5천 번의 비행이 약 1년 동안 서베를린 주민들이 버틸 수 있도록 해주었다.

소련의 봉쇄로 연합국의 생각은 더욱 확고해졌다. 그들은 두 가지에 집중했다. 하나는 독일(혹은 적어도 그들이 점령하고 있던 세 구역)이 다시 독재의 손에 넘어가지 않도록 하는 것이었고, 다른 하나는 전략적 차원에서 독일을 서구의 품 안으로 받아들이는 것이었다. 1948년 7월, 연합국은 서구 점령 지역의 총리 아홉 명과 시장 두 명에게 여러 가지 조언과 함께 방대한 분량의 서류를 넘겨주었다. 이는 프랑크푸르트 문서라고 불렸다.

라인강 변에 위치하고 있으며 베토벤의 고향이기도 한 본은 프랑크푸르트에 앞서 정부의 소재지로 선정되었다. 새로운 행정부는 비교적 작은 도시를 선택함으로써 배치의 임시성과 권력 분산의 중요성을 강조하고자 했다. 베를린은 여전히 명목상의 수도로 남아 있었다. 시간이 흘러, 의회의원들과 그 주변 사람들은 본이 선사하는 고요하고 평화롭고 질적으로 높은 삶에 익숙해졌다. 본 공화국은 그 도시의 이미지를 통해 본질을 드러내 보였다.

〈임시〉 기본법은 1949년 5월 8일에 승인되었고, 2주 후에 발효되었다. 이는 새로운 독일이 탄생하는 순간이었다. 또한 세계적으로 위대한 헌법적 성취 중 하나였다. 기본법의 조항을 작성하는 과정에서 영국과 미국의 법률가들이 중요한 역할을 맡았다. 기본법은 바이마르 공화국을 포함해 다른 나라의 헌법으로부터 많은 요소를 빌려왔다. 물론 각각의 조항은 내구성을 위한 스트레스 테스트를 받았다. 첫 번째 19개 조항은 인권에 대해 말하고 있다. 제20조는 독일 연방 공화국이 〈민주적이고 사회적인 연합 국가이며, 국가의 모든 권력은 국민으로부터 나온다〉라는 점을 분명히 밝히고 있다. 다음으로는 연방 정부와 지방 정부, 상원과 하원, 입법부와 행정부의 관계에 대해 명시하고 있다. 분쟁이 발생할 경우, 비교적 알려지지 않은 도시인 카를스루에에 위치한 헌법재판소가 중재에 나선다. 헌법 재판관은 사회적으로 존경을 받는 인물들이다. 그들은 영국에서 그랬던 것처럼, 그리고 헝가리와 폴란드 등 강경한 정권이 지금 따라하고 있는 것처럼 〈국민의 적〉으로서 비난이나 압박을 받지 않는다.

전후 독일 헌법은 정치적 참여의 기준을 규정하고 있다. 법이 정한 책임을 기반으로 새로운 정당들이 탄생했다. 제21조는 정당들이 〈정치의식을 함양하고 민주주의를 강화하기 위해 협력해야 한다〉라고 규정하고 있다. 이는 반(反) 헌법적 활동을 예방하고, 의회와 정부의 협력을 위한 기반을 마련했다. 세 가지 정치적 노선이 확인되었다. 중도 우파의 기독교 민주주의와 좌파인 사회 민주주의, 자유주의 전통을 대변하는 자유 민주주의 세력이 그들이다. 이들은 국가의 인정을 받은 〈대중 정당Volksparteien〉으로서 최대한 많은 대중을 포괄하기에 충분히 광범위하다. 연방 의회와 주 의회에 들어가려면 5퍼센트 득표율의 기준을 충족해야 하므로 극단적인 세력은 배제된다. 이러한 투표 시스템(직접 뽑는 지역구 선거와 비례 대표제의 혼합)은 연정이 필수이며, 또한 지속될 것임을 의미했다.

전후에 기독교 민주주의는 유럽 전역에 걸쳐 즉각적인 인기를 끌었다. 특히 기독교민주연합(CDU)은 지난 75년 중 10년을 제외하고 독일에서 가장 큰 정당이었으며, 20년을 제외하고 총리를 배출했다. 유럽 중산층은 권위주의 정치와 파시즘의 흐름에 큰 지지를 보내거나 묵인한 뒤, 중도 우파라고 하는 새로운 세력을 중심으로 모여들었다. 이들 세력은 법치주의를 받아들이고 의회 시스템을 인정했다. 기독교민주연합과 바이에른의 자매 정당이라 할 수 있는 기독교사회연합(CSU)은 공동체와 가족이라는 전통적인 개념에 대한 믿음에 뿌리를 두고 있다. 믿음 또한 핵심 기반이다. 기독교사회연합 설립자들은 가톨릭과 개신교 사이의 분열이 부분적으로 히틀러의 등장에 책임이 있으며, 두 종파는 정치적으로 평등한 지위를 누려야 한다고 믿었다. 이러한 근본적인 믿음과 더불어, 그들은 자본주의와 관련해서 시장은 사회적 필요에 따라 언제나 통제되어야 한다는 입장을 갖고 있었다. 기독교민주연합 설립자 중 한 명이며 나중에 런던 주재 독일 대사가 되는 한스 슐랑에쇠닝엔Hans Schlange-Schöningen은 1946년에 이렇게 말했다. 〈(오늘날) 우리가 기

독교인으로서 이해하는 바는 물질주의에 맞서 거대한 선전 포고를 해야 한다는 사실이다.)[13]

전쟁 이전에 설립된 유일한 정당은 사회민주당(SDP)으로, 유럽 대륙에서 가장 오래된 정당이다. 1863년에 설립된 사회민주당은 황제와 국가 사회주의 시대에서도 살아남았다. 독일에서 처음으로 민주적 절차를 거쳐 대통령으로 선출된 인물은 다름 아닌 사회민주당원인 프리드리히 에베르트Friedrich Ebert다. 1950년대 말, 사회민주당은 시장 경제를 받아들이기 위해 마르크스주의에서 영향을 받은 사회주의를 포기했다.

독일 사람들에게 가장 중요한 전후 지도자를 꼽으라고 하면, 콘라트 아데나워가 변함없이 1위를 차지한다. 제3제국 시절 동안 그는 공직자로서 썩 괜찮았다. 라인 지방 출신의 보수적인 가톨릭 신자이며 바이에른과 프로이센 사람들의 허세를 깊이 의심하는 아데나워는 히틀러가 권력의 자리에 도전할 무렵에 쾰른 시장이었다. 그는 히틀러와의 만남을 거부했고, 국가 사회주의자들이 그들의 휘장을 도시에 내거는 것을 허락하지 않았다. 마침내 나치가 권력을 잡았을 때, 그는 즉각 몸을 피했고, 10년 가까이 숨어서 지냈다. 전쟁이 끝난 후 그는 복직했지만, 영국군에 의해 파면되었다. 당시 쾰른을 장악하고 있던 젊은 영국 장교들은 70대에 접어든 고집 센 독일인의 태도를 마음에 들어 하지 않았다. 하지만 그는 아랑곳하지 않고 기독교 민주주의를 주요 정치 세력으로 키우기 위한 과제에 착수했다. 연합군이 보기에 아데나워는 전후 독일의 첫 번째 총리가 되기에 충분한 인물이었다. 히틀러의 확고한 적이었던 아데나워는 그럼에도 독일의 최근 과거를 깊이 조사하지 않겠다는 생각을 갖고 있었다.

철학자 헤르만 뤼베Hermann Lübbe는 그가 언급했던 〈의사소통적 침묵communicative silence〉[14] 없이도 독일 재건이 가능할지 의문을 품었다. 지배적인 분위기는 제3제국의 유산을 보호하는 것이 아니라 묻어 두는 것이었다. 프랑스계 이스라엘 역사학자 사울 프리틀렌더Saul Friedländer는 이를 〈기억과 망각 사이의 끝없는 시소 놀이〉[15]라고 표현했다. 망명자들을 끊임없이 따라다닌 고통이 바로 그러했다. 나치의 유혹을 거부하고 1939년에 독일 시민권을 포기했던 배우 겸 가수 마를레네 디트리히Marlene Dietrich는 연합군 병사들의 사랑을 받는 존재가 되었고, 유명 인사로서 전쟁 채권을 처음으로 판매한 인물 중 하나였다. 그녀는 제2차 세계 대전 중 연합군이 마련한 무대에 500회 넘게 섰다. 1960년에 독일로 돌아왔을 때, 디트리히는 청중으로 가득한 강당에서 노래를 불렀다. 그러나 야유와 조롱이 터져 나왔고, 누군가는 그녀에게 악취탄을 던지고 침을 뱉기도 했다. 〈마를레네, 집으로 돌아가라〉는 당시 유명한 구호였다. 언론의 반응 역시 악의적이었다. 한 신문은 그녀를 〈적군의 제복을 입은 반역자〉라고 비난했다. 디트리히는 다시 고국을 찾지 않았지만, 그녀의 마음은 복잡했다. 한번은 이렇게 말했다. 〈내가 죽으면 파리에 묻히고 싶다. 내 마음은 영국에 남겨 두고 싶다. 독일에는 아무것도 남기고 싶지 않다.〉[16] 또 한번은 이렇게 털어놨다. 〈내 조국이 그 이름의 가치를 잃어버렸을 때, 미국은 나를 품어 주었다. 하지만 마음속에서 나는 여전히 독일인이다. 내 영혼은 독일인이다.〉 디트리히 탄생 100주년 기념일이 있었던 2001년에 베를린시는 공식적으로 그녀에 대한 사과문을 발표했다.

연합군은 독일법으로 신속하게 편입시킨 금지령을 발표했다. 나치 상징을 착용하거나 관련 자료를 선전하는 행위는 금지되었다. 홀로코스트에 대한 부인은 형사처벌의 대상이었다. 이 같은 금지령은 표현의 자유에 대한 보장과는 상충하는 것이었다. 헌법재판소는 이와 같은 법령들을 판결하면서 존재감을 드러냈다. 연합군 측은 『나의 투쟁*Mein Kampf*』에 대한 판권을 전쟁 직후에 바이에른주 정부에 넘겼다. 당시 그 책의 출판은 불법이었고, 복제판을 엄중하게 단속했다. 이러한 상황은 법에 의해 75년 동안 이어졌고, 그 시효는 2016년 1월에서야 끝이 났다. 만료 시점이 가까워질 무렵, 정치인과 학자를 비롯한 많은 이들은 뚜렷한 합의를 이루지 못했다. 지배적인 견해는 개입하지 말자는 것이었다. 뮌헨 현대사 연구소Institute of Contemporary History of Munich(IfZ)는 판매용으로 3천 부를 발행했다. 사회적 관심이 높아서 6쇄까지 발행되었고, 첫해에만 8만 5천 부가 팔렸다. 뮌헨 현대사 연구소 소장 안드레아스 비르싱Andreas Wirsching은 이렇게 언급했다. 〈책의 출간이 히틀러 이념을 강화하거나 이를 사회적으로 용인하게 만들고, 신나치주의에 새로운 선전 기반이 될 것이라는 우려는 전혀 근거 없는 것으로 드러났다. 오히려 권위주의 정치관과 우파 슬로건이 힘을 얻고 있는 오늘날, 히틀러의 세계관과 그의 선전에 대한 접근 방식에 관한 논의를 통해 전체주의 이념의 원인과 결과를 살펴볼 수 있는 기회가 되었다.〉[17]

1960년대에 들어서도 독일의 전쟁 범죄에 대한 학술적 차원의 연구는 본격적으로 이뤄지지 못했다. 이러한 상황에서 오스트리아 출신의 유대인 역사가 라울 힐베르크Raul Hilberg가 나치 대학살에 관한 첫 번째 대규모 연구라 할 수 있는 『유럽 유대인의 절멸 *The Destruction of the European Jews*』을 집필했다. 그는 빈으로 탈출했다가 브루클린에 정착했다. 1944년 미군과 함께 독일 남부 지역에 주둔하고 있었을 때, 그는 죽음의 수용소에 관한 보고서를 읽고 충격을 받았다. 그는 전쟁이 끝나면 문서 관리부에서 일할 수 있게 해달라고 요청했다. 그는 그 원고를 1961년에 마무리했다. 하지만 출판 제안은 번번이 거절당했고, 마침내 관심을 보인 출판사를 만나기까지 2년의 세월이 걸렸다. 그 출판사는 시카고에 위치한 소규모 회사였다. 독일 내 상황은 더욱 여의치 않았다. 결국 힐베르크는 1982년이 되어서야 베를린에 있는 작은 출판사인 올레&볼터Olle&Wolter에서 책을 출간했다. 이후 힐베르크는 독일 학계에서 유명 인사가 되었고, 2006년에는 비시민에게 주어지는 최고의 명예인 연방 공로 십자상을 받았다.

즉각적인 전후 재판을 피했던 유명 나치 전범 아돌프 아이히만Adolf Eichmann은 최종 해결Endlösung의 설계자이자 감독관 중 한 사람이었다. 아이히만은 미국에서 도주한 뒤 15년 후에 아르헨티나에서 이스라엘 정보기관에 체포되었다. 아이히만 재판은 나치의 전쟁 범죄가 심판을 받은 상징적인 사건이 되었다. 홀로코스트에서 살아남은 많은 이들이 아이히만을 끝까지 추적했고, 유대인인 지몬 비젠탈 Simon Wiesenthal도 그중 한 명이었다. 아이히만은 재판 과정에서 대학살의 존재와 이를 조직하는 과정에서 그가 맡았던 역할을 부인하지 않았다. 법정에서 그는 〈총통 전권주의 Führerprinzip〉라는 익숙한 변론을 펼쳤다. 다른 사람과 마찬가지로 자신도 수직적인 군사 시스템을 통해 하달된 명령을 따랐을 뿐이라는 주장이었다. 그러나 그는 모든 혐의에 대해 유죄를 선고받았고, 1962년 6월 1일 교수형에 처해졌다.

아이히만 재판은 세계적으로 중요한 사건으로 텔레비전에 중계가 되었다. 판결 과정에 대한 보고서와 분석 자료가 38개국으로 전해져서 프로그램으로 만들어졌다. 1961년 당시 이스라엘은 TV 방송 시스템을 갖추지 못했기 때문에,

이스라엘 정부는 미국의 한 민간 기업과 계약을 맺고 법정 영상을 제공했다. 전 세계 사람들이 TV 방송과 신문에 주목했다. 당시 한 가지 주장이 큰 논란을 일으켰다. 정치철학자 해나 아렌트Hannah Arendt가 제기한 것이었다. 당시 유명 인사였던 아렌트는 『뉴요커』로부터 예루살렘에서 열리는 그 재판을 다뤄 달라는 요청을 받았다. 1963년에 발표된 기사에서, 아렌트는 이렇게 주장했다. 〈아이히만 사건에서 드러난 문제는 그와 비슷한 사람이 너무도 많다는 사실, 그리고 그들이 특별히 극단적이거나 가학적인 성향을 갖고 있는 것이 아니라, 지극히 평범한 사람들이었다는 것이다.〉[18] 아렌트에 따르면, 아이히만은 오로지 조직의 사다리를 오르기 위해 그런 행동을 했으며, 희생자들과의 인식적 거리 때문에 자신이 무슨 일을 저지르고 있는지 깨닫지 못했다. 이후 〈악의 평범성〉은 많은 논의에서 상투적인 표현이 되었다. 하지만 아렌트는 명백한 도덕적 선택의 문제를 〈심리학적 차원에서 규명〉하려고 했다는 이유로 많은 동료들로부터 질타를 받았다.

아이히만 재판의 영향은 이후 수십 년 동안 이어졌다. 2006년 기밀 목록에서 해제된 한 CIA 문서는 미국과 독일 사회에 충격과 당혹감을 불러일으켰다. 그 문서가 공개되면서 미국과 서독 정보기관이 아이히만의 은신처를 적어도 그가 체포되기 2년 전에 이미 파악하고 있었다는 사실이 알려졌다. 소련과의 긴장이 높아지던 시기에 주요 파트너 국가에 혼란을 주지 않으려 했던 이들 정보기관은 그 사실을 숨기기로 결정했다. 당시는 베를린 장벽이 세워지고 쿠바에서 피그만 위기*가 감돌던 시대였다. 그 문서는 아이히만의 증언이 당시 아데나워 행정부에 몸담고 있는 고위급 인사들의 죄까지 들춰낼 것이라는 아데나워의 우려를 언급하고 있었다.

아데나워의 걱정에는 한 가지 구체적인 이유가 있었다. 그것은 10년 동안 그의 수석 참모를 지냈고, 그가 총리직을 수행할 수 있도록 해주었던 한스 글롭케Hans Globke라는 인물 때문이었다. 글롭케는 히틀러의 악명 높은 뉘른베르크 인종법의 법규를 작성한 인물이었다. 여기에는 독일 혈통과 명예 보존법이 포함되어 있었는데, 이는 유대인과 독일인 사이의 결혼이나 혼외 관계를 금지하고, 유대인 가정에서 45세 이하의 독일 여성을 고용하지 못하도록 금지했다. 또한 글롭케는 라이히 시민권법의 작성을 책임졌다. 이 법은 독일 혈통을 지닌 사람만이 독일 시민권을 적법하게 취득할 수 있다고 규정했다. 이러한 사실에도 불구하고 글롭케는 전후에 새로운 정부의 요직에 발탁되었다.

노심초사한 서독 정부는 해외 정보기관인 BND에 아이히만 재판에서 나올 수 있는 증거와 관련해서 사전에 정보를 입수하도록 지시했다. 당시 국방 장관이던 프란츠 요제

---

* 1961년 쿠바 공산 정권을 무너뜨리기 위해 미국 지원하에 반공 게릴라가 벌인 쿠바 상륙 작전.

프 슈트라우스Franz Josef Strauss는 이스라엘의 데이비드 벤 구리온 총리와 사적으로 여러 건의 탱크 및 잠수함 판매에 대해 논의하고 있었는데, 만약 독일의 이해관계를 지켜 주지 못한다면 무기 거래는 어려움에 처하게 될 것이라고 이스라엘 측에 경고했다. 슈트라우스는 이렇게 말했다. 〈독일이 이스라엘의 안보를 지원하기 위해서는, 아이히만 재판과 관련된 과거 세대의 범죄에 대해 독일이 도덕적·정치적·언론적 차원에서 집단적인 책임을 지지 않을 것이라는 점이 중요하다는 사실을 관련자에게 전했다.〉[19] 결국 그 재판은 글롭케의 죄를 묻지 않았고, 몇 달 후 아데나워는 이스라엘에 새로운 군사 원조를 승인했다.

당시 서독은 여전히 보수적이고 가난했지만, 서서히 회복하고 있었다. 도시는 재건되었고, 가정은 의식주를 되찾았다. 도이치마르크에 대한 신뢰가 높아졌으며 자동차 생산은 붐을 이뤘다. 사람들은 처음으로 이탈리아와 스페인으로 휴가를 떠나기 시작했다. 외국에서 많은 독일인들은 함께 모여 다니거나, 아니면 스칸디나비아 사람인 척했다. 적대적인 시선을 피하기 위함이었다.

전쟁 세대가 나이가 들면서 그들의 자녀는 부모에게, 더 넓게는 사회를 향해 묻기 시작했다. 서구 세계 전반에 걸쳐 1960년대는 음악과 성적 자유, 정치적 급진주의가 사회적으로 큰 영향력을 미친 시대였다. 미국과 베트남 전쟁에 대한 반감이 유럽 대륙 전반에 걸쳐 공유되었다. 대학 캠퍼스는 종종 자본주의와 소비주의, 제국주의에 저항하는 시위의 중심지가 되었다. 파리에서는 학생 시위로 샤를 드골이 엘리제궁을 빠져나가기도 했다. 독일에서 저항 운동은 이와 비슷한 정치적 열망에 의해 이뤄졌으면서도 동시에 개인적이었다. 그 시위는 젊은 세대가 보기에 과거에 대한 속죄는커녕 언급조차 하지 않았던 엘리트 집단을 향한 분노로 가득했다. 쿠르트 게오르크 키징거Kurt Georg Kiesinger의 총리 당선은 일종의 도발적인 사건이었다. 키징거는 요제프 괴벨스의 선전부에서 라디오 부문을 담당했던 인물이다 (전쟁 후 모든 죄를 사면받기는 했지만). 높은 지위에 있는 사람들은 모두 나치에 연루되어 있었다.

시위는 2년 동안 이어졌다. 흐름의 변곡점은 1968년 4월에 찾아왔다. 당시 학생 운동을 이끌었던 루디 두치케Rudi Dutschke가 한 반공주의 화가이자 장식가에게 머리에 총을 맞고 중상을 입는 일이 벌어졌다. 젊은 운동가들은 슈프링거 미디어 그룹이 그 암살 시도의 배후에 있다고 비난했다. 주요 타블로이드 신문인 『빌트Bild』가 두치케에 반대하는 캠페인을 벌였고, 그 과정에서 〈말썽꾼을 없애야 한다〉며 독자들을 자극한 바 있다. 그 사건을 계기로 수천 명의 학생이 베를린 자유대학교에 모여 여전히 생소한 베를린 장벽 인근에 있는 슈프링어 본사로 행진을 했고, 그 건물을 샅샅이 뒤졌다. 총격으로 중상을 입은 두치케는 케임브리지 대학의 초청으로 영국에서 건강을 회복하며 학업을 마무리했다. 하지만 이후 보수적인 에드워드 히스Edward Heath 정권이 들어서면서 두치케는 1971년에 추방을 당했다. 그들은 두치케가 사회적 문제를 일으킬 것이라고 우려했다. 두치케는 덴마크로 갔다가 결국 독일로 돌아왔지만, 끝내 부상에서 회복하지 못하고 1979년에 서른아홉 살의 나이로 세상을 떠났다.

학생 운동이 당면한 도전 과제는 뚜렷했다. 정부는 긴급 입법을 통해 보안을 더 강화했다. 하지만 〈68년 시위에 참여했던 운동권Achtundsechziger〉의 영향은 지금도 독일 사회에 그 어느 나라보다 더 강하게 남아 있다. 이후로 더 많이 의심하고, 기성 질서를 덜 존중하는 사회가 거의 즉각적으로 탄생했다. 그 세대는 두 가지 흐름에 직면했다. 첫째, 긍정적이고 비폭력적인 흐름. 둘째, 훨씬 더 섬뜩한 테러리즘의 흐름. 두 흐름 모두 독일 사회가 처한 현실에 대한 공통적인 분석을 공유했지만, 선택한 방법론은 완전히 달랐다.

1970년에서 1977년 사이에 독일 사회는 테러리즘의 폭력에 큰 충격을 받았다. 독일 적군파는 여러 건의 폭발과 납치, 암살, 강도 사건을 벌였다. 1972년 뮌헨 올림픽 때는 팔레스타인의 테러 집단인 검은9월단이 이스라엘 대표단 열한 명을 인질로 붙잡고 살해하는 일이 벌어졌다. 이 사건은 독일의 재건 노력에 찬물을 끼얹었다. 독일은 그 올림픽이 나치 선전의 장이 되었던 1936년 베를린 올림픽에 대한 해

독제가 되어 줄 것으로 기대했다. 그러나 허술한 보안을 노출하고 수많은 음모론을 불러일으키면서 비극과 동의어가 되고 말았다. 2012년에 『슈피겔』은 한 기사를 통해 정부의 은폐 의혹을 제기했다. 그들은 잇단 행정부들이 올림픽 당시 벌어진 인질 사건에서 독일 정부가 얼마나 서투르게 대응했는지에 대한 구체적인 정보를 담고 있는, 4천 건에 달하는 문서를 숨겼다고 보도했다. 또한 『슈피겔』은 팔레스타인 테러 집단이 올림픽을 겨냥해 〈모종〉의 계획을 세우고 있다는 첩보를 당시 독일 정부가 3주 전에 입수했음에도 불구하고 필요한 보안 조치를 취하지 않았다고 보도했다. 그리고 이러한 사실들이 공식 문서에서 삭제되었다고 주장했다.

여러 유명 정치인을 포함해서 총 34명이 적군파의 세 차례 공격으로 사망했다. 그들의 테러 행위는 〈1977년 독일의 가을〉에서 정점을 이뤘다. 대표적인 사건으로, 적군파는 루프트한자 비행기를 납치해서 독일 특수부대가 폭격을 가했던 소말리아 모가디슈로 방향을 틀었다. 그리고 같은 날, 급진파들이 혐오하는 모든 것을 몸소 보여 주었던 전형적인 〈체제〉 인사인 한스 마르틴 슐라이어Hanns Martin Schleyer가 살해당했다. 당시 많은 비즈니스 리더들처럼 슐라이어 역시 공격의 대상이었다.

1930년대 중반에 하이델베르크 대학에 다닐 때, 슐라이어는 국가 사회주의 정신이 부족하다며 친구들을 비난했다. 그는 열렬한 나치였으며, 나중에 나치가 점령한 보헤미아

(체코슬로바키아에 있는)의 독일 행정부에서 경제 자문으로 활동했다. 이후 포로수용소에서 3년을 보냈고, 거기서 나치 친위대에서의 지위를 낮춰서 이야기했다. 1948년까지 그는 신분 세탁을 끝냈고, 1년 뒤에는 바덴바덴에 위치한 상공회의소를 책임지게 되었다. 이후 BDI(독일 산업 연맹)의 대표를 맡았다. 적군파와 그 지지자들의 눈에 이 경제 기적의 영웅이자 전쟁 옹호자는 놀림감으로 비쳤다. 1977년 9월, 적군파는 쾰른에서 그의 차량을 몰래 습격했고, 보안 요원 네 명을 사살했다. 독일 정부는 인질 협상을 거부했다. 납치범들은 결국 그를 죽이고 시체를 프랑스 동부에 있는 한 차량에 유기했다. 여론을 위한 싸움의 일환으로, 적군파 납치범들은 〈인민 감옥〉에서 슐라이어를 재판에 회부했다. 하지만 그들은 전쟁에 대해 그에게 무엇을 물어야 할지 알지 못했다. 그들은 자신의 학생 친구들과 마찬가지로 세부적인 것에 대해서는 배우지 못했다.

1977년 말, 적군파의 주요 인물들은 체포되거나 사살되었다. 슈투트가르트의 슈탐하임 교도소에는 GSG9 특수부대가 감시하는, 경비가 삼엄한 건물이 새롭게 들어섰다. 독일 사회는 그 어느 때보다 뜨겁게 폭력에 대해 논의하고 연구를 했다. 이와 관련해서 『슈피겔』 편집자 슈테판 아우스트Stefan Aust가 쓴 글은 아마도 결정적인 설명이 될 것이다. 1985년에 출판되고 이후에 영화로 만들어진 「바더 마인호프」에서는 한 적군파 등장인물이 이렇게 말한다. 「우리는 전쟁 후 첫 세대였으며, 부모 세대에게 질문을 던졌다. 나치의 과거 때문에 모든 나쁜 것은 제3제국과 비교되었다. 경찰의 잔인함에 대해 말할 때, 사람들은 나치 친위대와 비슷하다고 말한다. 우리 조국을 파시스트 국가의 연속으로 바라볼 때, 우리는 조국에 반하는 거의 모든 것을 할 수 있도록 용납된다. 그리고 우리는 그런 행동을 부모 세대가 감히 하지 못했던 저항으로 바라본다.」[20]

이제 60대에 들어선 독일인에게 어떤 사건을 계기로 전쟁에 대한 인식이 바뀌게 되었는지 물어보면, 그들은 아마도 세 가지를 언급할 것이다. 첫째는 〈무릎 꿇기〉다. 서독 총리 빌리 브란트가 바르샤바 게토 기념비 앞에서 무릎을 꿇었던 사건을 말한다. 1970년 12월, 전후 첫 번째 사회민주당 총리인 브란트는 관계 회복 차원에서 새로운 시대를 맞이하기 위해 폴란드를 공식 방문했다. 그해 독일은 오데르-나이세Oder-Neisse 선을 폴란드와의 최종적이고 협상 불가능한 국경으로 선언하면서, 사실상 미래의 모든 권리 요구를 포기했다. 1945년, 독일은 포메라니아와 실레지아의 방대한 영토를 상실했다. 이는 바이마르 이전 영토의 약 4분의 2에 해당하는 면적이었다. 1950년에 동독은 소련의 압박 속에서 그 경계를 확정했다. 그러나 아데나워는 이를 거부하면서, 그 영토가 일시적으로 폴란드와 소련 정부하에 있었다는 주장을 고수했다. 1960년대 일부 지도에서도 그 땅을 독일의 영토로 계속해서 표기하고 있었다.

브란트의 극적인 사죄는 여론을 분열시켰다. 보수주의자들은 분노했다. 브란트는 헌화만으로는 충분하지 않다고 생각해서 즉흥적으로 결정한 행동이었다고 해명했다. 「수백만 희생자에 대한 부담을 떠안고서, 저는 말로 표현할 수 없을 때 인간으로서 해야만 하는 행동을 했습니다.」[21] 전쟁 망명자이자 히틀러의 적이었던 브란트가 많은 독일인이 전혀 생각하지 못했던 행동, 즉 무릎을 꿇고 용서를 구하는 모습을 담은 영상은 볼 만한 가치가 있다.

두 번째 순간에서는 메릴 스트립이 등장한다. 1978년 미국 NBC는 4부작 미니시리즈 「홀로코스트」를 처음으로 방영했다. 유대인 가정과 기독교 가정이 베를린에서 살아가는 모습을 그린 이 프로그램은 대학살의 진상을 전 세계 수백만 가정에 알렸다. 그로부터 1년 후에는 WDR 방송사를 통해 독일에서도 방영되었다. 당시 극우 단체가 방송을 저지하기 위해 두 개의 통신탑을 공격하기도 했다. 독일에서는 TV가 있는 가구의 거의 절반, 그리고 2천만 명 이상이 이 프로그램을 시청했다. 지나치게 감상적이고 일부 장면은 편집이 되었지만 사회적으로 큰 반향을 불러일으켰다. 엄청난 영향력과 더불어, 이 프로그램은 책임의 문제를 나치 지도부를 넘어 모든 가정으로 확대했다. 또한 유대인에 대한 최종 해결을 구상했던 반제회의 Wannsee Conference를 자세히 다루었다. 그리고 추방과 집단 수용소의 대학살을 보여 주었다. 이는 독일 가정에 의혹의 불씨를 던졌다. 「아빠, 전쟁 때 무슨 일을 했어요?」 이후 수만 명의 시청자가 방송국에 전화를 걸어 자신이 느낀 충격과 수치심을 토로했다.

1970년대에 독일 학교의 역사 교과서는 나치 시대를 보다 솔직하게 다뤘지만, 수업 방식은 전반적으로 무미건조하고 통계 수치에 주목했다. 이러한 상황에서 「홀로코스트」는 혁신적인 영향을 미쳤다. 학교들은 그 방송 영상의 복제본을 요구했고, 수업을 위해 프로젝터를 구입했다. 독일 사회는 홀로코스트를 새로운 시각으로 바라보고, 이를 주제로 한 학술서를 발간하기 시작했다. 하원은 소급 처벌을 위한 기간을 신중하게 확대하고 제한 규정을 즉각적으로 폐지함으로써 향후 추가 기소를 위한 기반을 마련했다.

그만하면 충분하다는 생각은 충분함이란 없다는 생각으로 바뀌었다. 2019년 초 「홀로코스트」는 첫 방송 40주년을 기념하면서 황금시간대에 재방영되었다. 시청률은 괜찮았지만 그리 높지는 않았다. 독일은 그동안 많은 발전을 했다.

세 번째는 가장 엄숙한 순간이었다. 1985년 나치 항복 40주년을 기념하는 의회 연설에서 리하르트 폰 바이츠제커 Richard von Weizsäcker 대통령(취임한 지 1년밖에 되지 않았던)은 이후로 독일 정치인의 책임에 대한 최종 분석으로 여겨지게 된 것을 내놓았다. 그는 대통령은 의례적인 역할을 맡는 자리이기는 하지만, 그럼에도 국가의 도덕적 나침반을 지키는 일을 해야 한다고 말했다. 그리고 〈5월 8일은 자유의 날이었습니다〉라는 말로 전쟁이 끝난 날을 정의했다. 그 문장은 대단히 충격적이었다. 독일은 패한 것이 아니라, 해방된 것이다. 「그날은 잔인함으로부터, 국가 사회주의 전제 정치로부터 우리 모두를 해방시켰습니다.」그는 이어 죄의 본질에 대해 이야기했다. 그는 의원들에게 이렇게 역설했다. 젊은 세대는 「그들이 저지르지 않은 범죄에 대해 스스로 죄를 고백할 수 없습니다. 분별 있는 사람이라면 그들이 단지 독일인이라는 이유만으로 회개복을 입어야 한다고 생각하지 않을 것입니다. 하지만 그들은 선조로부터 엄중한 유산을 물려받았습니다. 죄가 있든 없든, 젊은이든 나이 많은 사람이든 간에 우리 모두는 과거를 받아들여야 합니다. 우리 모두는 그 결과에 영향을 받고 있으며, 거기에 책임을 져야 합니다. 젊은 세대와 기성세대는 과거를 기억하는 것이 왜 중요한지 이해하도록 서로를 도울 수 있으며, 또한 마땅히 그래야 합니다.」그러고는 극적인 효과를 위해 잠시 뜸을 들였다. 「우리는 과거와 타협할 수 없습니다. 그건 불가능한 일입니다. 나중에 과거를 수정하거나, 혹은 없었던 일로 만들 수는 없습니다. 과거를 똑바로 바라보지 못하면 현재도 직시할 수 없습니다. 야만성을 기억하길 거부하는 사람은 새로운 전염의 위험에 취약할 수밖에 없습니다.」[22]

독일 주재 이스라엘 대사는 바이츠제커의 연설을 〈영광의 순간〉[23]이라고 표현했다. 이 연설의 복사본 25만 장이 학교에 배포되었다. 중요한 것은 무슨 이야기를 했는가가 아니라, 누가 그 이야기를 했는가였다. 바이츠제커의 가문은 제3제국과 깊은 관련이 있었다. 외교관이었던 그의 아버지 에른스트는 나치 정부 시절에 외무부 장관을 맡았다. 그는 1946년에 프랑스 유대인을 아우슈비츠로 이송하는 과정에 관여한 혐의로 뉘른베르크 재판에 회부되었다. 유죄를 인정받아 7년형에 처해졌으며, 복역 2년 만에 뇌졸중으로 사망했다. 바이츠제커는 옥스퍼드와 그르노블에서 공부를 하던 중 제2차 세계 대전이 발발하면서 독일군에 징집되었고, 1938년에 독일로 돌아왔다. 그와 그의 형제인 하인리히가 속해 있던 연대는 폴란드를 침공했던 부대 중 하나였다. 또 다른 형제인 카를 프리드리히Carl Friedrich는 핵물리학자였으며 나치를 위해 핵무기를 개발하고 있었다. 전쟁이 끝난 후 바이츠제커는 괴팅겐 대학으로 돌아가 법학을 공부했다. 1954년에 기독교민주연합(CDU)에 들어가서 12년을 하원에서 보내고 난 뒤 대통령의 자리에 올랐다.

바이츠제커는 민감한 부분을 의도적으로 건드렸다. 그 기념일은 마침 독일 사회가 시간의 흐름이 어떻게 역사의 극복에 영향을 미치는지 궁금해하기 시작하는 순간에 찾아온 것이었다. 헬무트 콜은 참전하지 않았던 최초의 독일 지도자였다. 하지만 그에게도 전쟁의 기억은 생생했다. 전쟁이 시작될 무렵에 그는 아홉 살이었다. 열세 살에는 연합군의 폭격이 잦았던 자신의 고향인 루트비히스하펜 라인란트의 잔해 속에서 불에 탄 이웃들의 시신을 찾고 있었다. 그의 형은 노르망디 공습에서 사망했다.

콜은 언론으로부터 시골뜨기라고 조롱을 받았으며 말할 때 억양이 특이했다. 돼지 위 속에 고기와 채소를 넣고 삶은 요리인 자우마겐(그는 보리스 옐친이나 마거릿 대처 같은 까다로운 세계 지도자에게 이 요리를 내놓는 것을 즐겼다)을 좋아했다. 그러나 그는 전후 시대의 가장 중요한 인물 중 한 명이었다. 한번은 이런 말을 했다. 「30년 넘게 과소평가된 덕분에 아주 잘 살아왔습니다.」[24] 그는 최고의 표현을 적절하게 선택해서 사용하는 인물은 아니었다. 그러나 그의 시대에 독일(교훈을 얻었으면서도 단호해진)을 세상에 드러내는 데에는 능했다. 헬무트 콜 총리는 1984년 이스라엘 국빈 방문길에 야드바셈 홀로코스트 박물관을 들르고 나서, 자신은 책임을 함께 지지 않아도 될 만큼 운 좋은 독일 세대의 일원이라고 이스라엘 의원들 앞에서 말했다. 그는 가톨릭 가문에서 자랐다는 사실을 상기하며, 이렇게 주장했다. 「저는 늦은 출생의 축복과 특정한 가문으로부터 비롯된 행운을 누린 덕분에 나치 시대에 죄를 짓지 않았던 사람으로서 말을 하고 있습니다.」[25]

이는 다음에 벌어질 일에 비하면 아무것도 아니었다. 콜은 마흔 번째 기념일에 로널드 레이건을 초대해 함께 전쟁 묘지를 방문하기로 결정했다. 그가 선택한 곳은 룩셈부르크 국경에 위치한 비트부르크 공동묘지였다. 그곳에는 수백 개에 달하는 독일 병사들의 무덤과 더불어 무장 친위대

요원 50명의 유해가 있었다. 당시 독일과 미국의 관계는 특히 돈독했다. 레이건은 비트부르크 방문에 동의했다. 그는 지속적인 저항에 직면해서도 1979년에 퍼싱 II 핵미사일 배치에 동의해 준 것에 대해 콜과 그의 전임자인 헬무트 슈미트에게 감사를 표하고 싶었다. 미국 사회의 실망감은 모든 분야로부터 표출되었다. 50명의 상원 의원이 레이건에게 서한을 보내 호소한 것을 시작으로 홀로코스트 생존자인 엘리 위젤Elie Wiesel이 마음을 바꾸라고 공개적으로 촉구했고, 레이건을 비난하는 노래를 쓴 레이먼스Ramones와 프랭크 자파Frank Zappa에게로 이어졌다. 한 미국의 유대인 집단은 그것을 〈냉혹한 범죄〉라고 칭했다. 결국 레이건은 묘지에서 총 8분을 보냈고, 베르겐벨젠 포로수용소에서도 경의를 표하고 헌화를 했다. 그렇게 함으로써 그는 독일 내에서 누군가 그들의 역사가 〈정상화되었다〉고 결론지을 수 있도록 했다.

콜은 항상 그랬던 것처럼 서툴렀지만, 그의 동기는 복잡하고 신중한 것이었다. 제1차 세계 대전 발발 70주년을 기념하면서 콜이 프랑스 베르됭에서 미테랑 대통령과 악수를 나누는 장면을 포착한 사진은 그 시대의 가장 상징적인 사진 중 하나였다. 아름답게 연출된 화해의 순간은 그가 이스라엘과 비트부르크를 방문한 시기에 찾아왔다. 당시 콜은 나이 많은 독일인들이 하고 있던 것을 했다(그들은 과거를 극복하기 위해 고통스럽게 노력했다. 과거를 숨기지 않으려

했고, 정리되지 않은 기억을 분명하게 다듬기 위해 애를 썼다). 바로 그 시점에 나는 기자로서 본에 왔다. 전쟁 후 40년의 세월이 흐른 시점에 일부 신문들은 다른 어떤 것에 대해서도 이야기하지 않으려는 듯 느껴졌다. 당시는 〈역사학자 논쟁Historikerstreit〉의 시대였다. 『프랑크푸르터 알게마이네』와 『차이트』의 문예란에서 몇몇 지식인을 중심으로 벌어진 이 논쟁은 현대 독일의 정신을 위한 싸움의 시작을 알리는 것이었다.

한 가지 측면에서 그 논쟁은 좌파와 우파의 싸움이었다. 세 명의 보수주의 역사학자는 독일이 최종 해결에 대한 죄의 무게를 짊어져서는 안 된다고 주장함으로써 논란을 촉발했다. 그러자 진보주의 좌파는 그들을 맹렬히 비난하면서, 그들의 주장을 위험한 수정주의와 옹호론으로 폄하했다. 1986년 6월 베를린 자유대학(1960년대 말과 1970년대에 급진적인 저항 세력의 본거지였던)의 현대사 교수인 에른스트 놀테Ernst Nolte가 독일의 과거사와 선을 그어야 한다고 주장했을 때, 본격적인 논쟁이 시작되었다. 나치 시대를 기억해야 한다는 요구는 〈사형 집행자의 칼처럼 현실 위에 드리워져 있었다〉.[26] 그가 주장하기에, 「사라지지 않을 과거: 쓸 수는 있지만 전할 수는 없는 이야기The Past That Will Not Go Away: A Speech That Could Be Written but Not Delivered」라는 제목의 그 사설은 결국 초청이 철회된 세계적인 학자들 모임에서 하려고 했던 연설을 대신한 것이었다. 그 주최자 중

한 명이자 놀트를 맹렬하게 비판했던 영국 역사가 리처드 에번스Richard Evans는 놀트가 제지를 받지는 않았지만, 문제를 일으키지 않기 위해 스스로 불참한 것이라고 반박했다. 놀트는 스스로를 지적 선동가라고 생각했고, 유럽 학계의 〈전통적이고 보수적인 생각을 가진 사람들〉을 짜증나게 하는 그런 존재를 자처했다. 그는 이듬해 출간한 책에서 경솔하게도 홀로코스트를 부정하는 이야기를 시작하면서, 일부 유대인들은 공산주의에 동조함으로써 불행을 자초했다는 생각을 넌지시 드러냈다. 이 때문에 그는 종종 위협을 받았고, 용인 가능한 주류로부터 더욱 멀어졌다. 2000년에는 주로 영향력 있는 중도 우파 인사에게 수여하는 콘라트 아데나워 상을 대중의 항의 속에서 수상했다. 기독교민주연합의 새 지도자인 앙겔라 메르켈은 놀트와의 〈사적인 불편함〉을 이유로 연설 요청을 거절했다.

같은 그룹에 두 명의 역사학자가 더 있었다. 미하엘 슈튀르머Michael Stürmer와 안드레아스 힐그루버Andreas Hillgruber였다. 1986년 4월, 콜의 비공식 자문이기도 했던 슈튀르머는 『프랑크푸르터 알게마이네 차이퉁』에 「역사 없는 땅」이라는 제목의 기사를 기고했다. 여기서 그는 미국을 비롯한 서구 국가의 애국심 수준과 독일의 낮은 자긍심을 비교했다. 그는 독일 역사에 대한 〈긍정적인 시각〉을 창조하기 위해서는 정부와 언론, 역사가들이 나서서 제3제국의 12년이 아니라 보다 광범위한 기간에 초점을 맞춰야 한다고 촉구했다. 그는 독일이 〈한때 소련이 민주주의에 맞서 벌인 세계적인 내전에서 또 하나의 중심점〉이었다는 점에서 〈방향성의 상실〉은 서독이 스스로의 존재를 드러내지 못하도록 가로막았다고 썼다.[27] 슈튀르머는 나중에 열린 국제 세미나에서 한 걸음 더 들어가 이렇게 주장했다. 독일인은 〈우리의 과거를 (……) 끝없는 죄책감의 영원한 원천으로 만들면서 살아갈 수는 없다〉.[28] 여기서 그는 〈죄의 숭배schuldkult〉라는 신조어를 만들어 냈다.

트로이카 중 세 번째 인물인 힐그루버는 가장 흥미로운 경우에 해당한다. 그때까지만 해도 쾰른 출신의 그 역사가는 나치 시대에 관한 연구로 세계적인 명성을 얻었다. 하지만 1986년에 발표한 책 『파멸의 두 가지 형태Two Kinds of Ruin』에서 비록 끔찍한 일이기는 하지만, 홀로코스트는 특별한 사건이 아니었다고 주장했다. 이 책에 따르면, 홀로코스트는 스탈린의 잔혹한 공포정치에 대한 반응이자 역사적으로 그 연장선상에 있다. 또한 그는 홀로코스트와 연합군의 융단폭격 사이에는 아무런 도덕적 차이가 없다고까지 주장했다.

대학살을 역사상 유례없는, 독일인이 벌인 고유한 사건이라고 보는 이들과 그렇게 보지 않는 이들 사이에 철학적·정치적 경계선이 그어졌다. 히틀러가 패망한 이후로 독일인의 특수성을 강조한 〈존더베크Sonderweg〉(특수 노선) 이론이 특히 해외에서 인기를 얻었다. 가장 유명한 주창자 중 한 사람은 미국 기자인 윌리엄 샤이러William L. Shirer였다. 샤이러는 『제3제국

Rise and Fall of the Third Reich』(1960)이라는 책에서 루터부터 히틀러에 이르기까지 긴 여정을 다루었다. 여기서 그는 독일인은 맹목적으로 복종하는 경향이 있다고 주장했다. 샤이러의 연구는 많은 비평가로부터 허술하다는 비난을 받았다. 1980년대에는 전쟁 책임이라는 주제에 대해 좀 더 다각적인 접근 방식이 등장했지만, 이 역시 감정적인 차원에서 벗어나지 못했다.

놀트와 슈튀르머를 비판했던 대표적인 인물로, 현대 철학의 거장인 위르겐 하버마스Jürgen Habermas가 있다. 하버마스는『차이트』의 지면을 통해 동부 전선에서 소련군에 맞서 최후를 맞이한 독일군의 영광을 폄하했다. 그들이 더 오래 버틸수록 홀로코스트의 기간은 더 늘어날 뿐이었다. 하버마스는「일종의 피해 통제A Kind of Damage Control」라는 제목의 기사에서 우파의 새로운 민족주의를 비난했다. 그는 아우슈비츠를 독일 역사를 구분하는 가장 뚜렷한 경계선으로 묘사했고, 독일은 이제 새로운 기반 위에서 미래를 건설해 나가야 한다고 주장했다. 한편『슈피겔』의 발행인 루돌프 아우크슈타인Rudolf Augstein은 힐그루버를 〈합헌적 나치〉라고 공격하면서 그에게 학계를 떠날 것을 요구했다. 이후 역사가 한스 몸젠Hans Mommsen도 논쟁에 뛰어들어 냉전이 독일 엘리트 집단의 처벌을 면하게 해준 편리한 도구가 되었다고 주장했다.

독일에서 벌어진 이러한 논쟁은 전 세계적으로 확대되었다. 예루살렘에 위치한 야드바셈 연구소Yad Vashem Institute는 그들이 발간하는 잡지 전체를 〈역사학자 논쟁〉에 할애했다. 런던에서는 이를 주제로 콘퍼런스가 열렸다. 여기에는 랄프 다렌도르프Ralf Dahrendorf, 이사야 벌린Isaiah Berlin, 조지 바이덴펠트George Weidenfeld, 프리츠 슈테른Fritz Stern 등 앞서가는 역사학자들과 대중 지식인이 참석했다.

독일의 공적인 세상에서 유명한 남성들의 경우(당시 그런 여성은 거의 없었다), 개인적 측면과 정치적 측면을 구분하기는 쉽지 않았다. 기억과 망각에 관한 가장 가슴 아픈 사례 중 하나는 작가 귄터 그라스Günter Grass의 경우였다. 사회민주당에서 좌파 인사로 활동했던 그라스는 자신의 문학 작품과 정계 및 학계에서 자신의 두드러진 지위를 하나로 묶었다. 독일 통일을 거세게 반대했던 그라스는 집단수용소가 통일을 가로막는 도덕적 장애물이며, 유럽의 평화는 독일의 영구적인 분할에 달려 있다고 주장했다. 1999년에 그가 노벨 문학상을 받았을 때, 그의 소설 『양철북』은 〈언어적·도덕적 파괴가 일어났던 수십 년의 세월 이후에 독일 문학에 새로운 시작을 가져다주었다〉[29]라는 칭송을 받았다.

그리고 7년 후, 그라스는 자신이 무장 친위대에서 복무한 사실이 있음을 인정했다. 게다가 그는 콜-레이건의 비트부르크 방문을 가장 거세게 비난했던 인물 중 하나였다. 그를 향한 비판이 쏟아졌다. 히틀러의 전기 작가이며, 자신의 부모가 히틀러의 엘리트 집단에 들어가지 못하도록 막았던 요아킴 페스트Joachim Fest는 이렇게 말했다. 〈60년이 흐른 지금, 그 고백은 너무 늦었다. 나는 수십 년 동안 뻔뻔하게도 도덕적 권위자를 자처했던 인물이 어떻게 그럴 수 있었는지 이해할 수 없다.)[30]

세월이 흐르고 사람들이 각자 정상적인 가정의 삶을 회복한 이후에도 그 딜레마는 사라지지 않았다. 전쟁 피해자로서 독일인이라는 주제에 대해 〈상대주의〉라는 비난을 받지 않고서 어떻게 역사학자들은 연구를 하고, 예술가들은 논의를 할 수 있을까?

1945년 첫 6개월에 걸쳐 소련군은 베를린에서만 1만 명, 독일 전역에서 150만 명 이상의 10~80세 독일 여성에게 성폭력을 자행했다. 이러한 사건은 다발적이고 지속적으로 일어났다.[31] 그러나 피해 여성들은 입을 다물었다. 누구에게도 하소연할 수 없었다. 다만 이를 악물고 버틸 뿐이었다. 그러고는 아무 일 없었다는 듯 국가 재건 사업에 나섰다. 다른 나라에서도 아무런 관심을 보이지 않았다. 그것은 패전의 결과였다. 독일인들은 그저 마땅한 대가를 치르고 있는 게 아닌가?

1954년에는 잔혹 행위를 고통스러우리만치 자세하게 묘사한 책이 미국에서 영어로 출판되었다. 익명으로 출간된 『베를린의 여인*A Woman in Berlin*』의 저자는 스스로를 출판업계에 종사하는 서른두 살의 여성이라고만 소개했다. 그녀는 두 달에 걸친 생존을 위한 사투를 시간 순으로 묘사했다. 다행스럽게도 그녀는 러시아어를 할 줄 알았다. 그녀는 교육 받은 장교를 〈선택〉해 그의 매춘부가 되기로 결심했다. 그가 주변에서 자행되고 있는 집단 성폭행을 비롯한 잔인한 행위로부터 자신을 보호해 주길 바랐기 때문이다. 이 책은 여러 언어로 출간되었지만, 처음에 독일어판은 나오지 않았다. 1959년에 한 독일 출판사가 이 책을 발견하고 독일어판 『베를린의 여인 Eine Frau in Berlin』을 출판했을 때, 그 반응은 다분히 적대적이었다. 사람들은 저자를 계산적이고 냉정하다고 비난했다. 무엇보다 독일 여성의 존엄성을 훼손했다고 비난했다. 이후 저자는 독일에서 더 이상 작품을 발표하지 않았다.

그로부터 거의 반세기가 흐른 2003년, 한 출판 에이전트는 이 책의 저자가 마르타 힐러스 Marta Hillers라는 기자이며 2001년에 사망했다고 폭로했다. 이후 그 책이 다시 출간되었고, 이번에는 평론가들로부터 호평을 받았다. 2005년에 영국 역사가 앤서니 비버 Antony Beevor의 서문과 함께 출간된 그 책은 수개월 동안 베스트셀러가 되었다. 비버는 이 책을 이렇게 평했다. 〈제2차 세계 대전에 관한 가장 강력한 개인적인 서사.〉[32]

2002년에는 또 다른 책이 나와서 엄청난 인기를 끌었다. 『브란트 Der Brand』라는 제목의 이 책은 독일의 도시들에 대한 연합군의 융단폭격을 다루었다. 그중에서도 영국군의 드레스덴 공격을 집중적으로 조명했다. 저자 외르크 프리드리히 Jörg Friedrich가 논란을 일으킨 것은 이번이 처음은 아니었다. 베트남 전쟁과 부시/블레어 연합이 감행했던 이라크 전쟁에 반대했던 사회운동가인 프리드리히는 우파 민족주의자들로 인해 어려움을 겪고 있는 독일 사회의 문제점에 새롭게 주목했다. 이 책은 베스트셀러 10위 안에 진입했다. 나치 만행을 다룬 그의 이전 작품은 많은 주목을 받지 못했지만, 화염 폭풍을 설명하면서 〈섬멸Vernichtung〉이라는 용어를 사용함으로써 도덕적 등가성과 관련된 비난을 촉발했다.

아마도 가장 많은 영향을 미친 책은 W. G. 제발트W. G. Sebald의 『파괴의 자연사에 관하여On the Natural History of Destruction』일 것이다. 이 책은 새천년 무렵에 독일과 영국에서 출판되었다. 바이에른 출신으로 영국에 거주하고 있던 저자이자 역사가인 제발트는 작가들을 다룬 여러 다양한 글을 썼으며, 이를 통해 〈과거 극복〉이라는 민감한 사안에 주목했다. 그중에서도 가장 대표적인 대목은 전쟁 마지막 해에 여러 도시를 완전히 폐허로 만들어 버린 연합군의 폭격에 관한 장이었다. 몇 년 전 엘리자베스 왕대비는 런던 중심부에서 아서 〈폭격기〉 해리스Arthur 〈Bomber〉 Harris의 동상 제막식을 열었다. 해리스는 독일의 도시에 집중 폭격을 지시했던 인물이다. 이 책에서 제발트는 통계 수치를 제시했다. 7만 5천 명의 아이들을 포함해 70만 명에 이르는 민간인이 불에 타거나 질식해서 숨졌고, 100만 톤의 폭탄이 131개 도시와 마을에 떨어졌으며, 쾰른 주민 한 명당 31제곱미터에 해당하는 잔해가 쌓였다. 드레스덴에서 친위대가 불태운 시체는 6,865구에 달했고, 함부르크에서는 화염이 2천 미터 상공까지 치솟았다. 제발트는 아데나워 시대의 기억상실을 가담에 대한 부인이 아니라 뒤늦게 찾아온 트라우마로 해석했다. 〈전쟁 막바지에 (독일인) 수백만이 느낀 비할 데 없는 국가적 수치심은 그 합당한 언어적 표현을 찾지 못했고, 전쟁으로부터 직접적인 영향을 받은 이들은 자신의 경험을 서로 공유하지도, 다음 세대로 전하지도 않았다.〉[33] 아일랜드 작가 존 밴빌John Banville은 제발트의 책을 읽고 나서 이를 〈차분하게 표현된, 그러나 허위에 대한 치열한 저항이자 우리 시대의 도덕적 애매모호함〉[34]이라고 평했다.

독일이 과거 자신들이 겪은 고통을 변명의 수단이 아니라 그 자체로 공개적으로 말할 수 있다는 점은 의미 있다. 이미 1980년대 이후로, 심지어 통일 전에도 독일 사회가 그들의 죄에 대해 거리낌 없이 말할 수 있는 분위기가 만들어졌기 때문이다. 오늘날 독일 학교는 〈시민의 용기Zivilcourage〉라는 개념을 가르치고 있다. 법을 지키는 것은 중요하다. 하지만 국가가 잘못된 방향으로 가고 있다면? 이제 학생들은 마땅히 그래야만 할 때 스스로 생각하고, 〈아니오〉라고 외치고, 용기 있게 저항하도록 권장되고 있다.

독일 스스로 전쟁을 바라보는 시각을 살펴보는 노력도 의미 있는 일이다. 우리는 이를 통해 독일 사회의 인식이 학교와 학계, 언론, 정치 분야에서 어떻게 더 구체화되고 고통을 자극하면서 더 미묘한 의미를 드러내는지 이해할 수 있다. 또한 일본이나 오스트리아, 이탈리아와 같은 전범 국가들이 시도하지 않았던 방식으로 하나의 나라가 과거를 극복하는 과정을 확인할 수 있다. 스페인의 경우와 비교해 보자. 전몰자의 계곡에서 프랑코 장군의 유해를 들어내야 한다는 주장은 수십 년 동안 반대에 부딪혔다. 그리고 2019년에서야 비로소 실행에 옮겨졌다. 그것도 소수 극단주의자들이 아니라 파시스트 독재자에 대한 숭배를 노골적으로 드러내는 상당한 규모의 유권자 집단이 저항하는 가운데 이뤄졌다.

독일에는 상처 입은 역사를 기리는 박물관이나 기념물이 많이 있다. 이들 중 일부는 어두운 그림자를 드리운다. 또 다른 일부는 잘 드러나지 않는 곳에 있다. 라이프치히의 한 조용한 거리에서 자원봉사자 도리스 레니거가 나를 기다리고 있었다. 때는 어느 이른 토요일 아침이었다. 레니거는 그곳에 있는 학교 박물관을 내게 특별히 안내해 주기 위해 나와 있었다. 그 박물관은 평소 방문객이 많지 않지만, 학생 견학이 있을 때는 예외였다. 원래 그 건물은 학교였다. 하지만 2003년에 인근의 강이 범람하면서 피해가 발생한 뒤 학교는 다른 곳으로 옮겨 갔다. 선의의 역사가들이 모여 그 건물을 학교생활의 오랜 역사를 전시하는 공간으로 바꾸기로 결정했다. 레니거는 먼저 나를 맨 꼭대기 층으로 데려갔다. 그곳은 황제의 방으로, 거기서 학생들은 제국과 전쟁, 그리고 복종에 대해 배웠다. 그 아래층에서는 바이마르 공화국에 관한 수업이 진행되고 있었다. 그 수업은 특히 그 시대의 급진주의에 대해 집중적으로 설명했다. 거기에는 기계적인 학습, 혹은 자나 지팡이를 든 교사가 훈계하는 모습 대신에, 소년과 소녀들이 작은 그룹을 이루어 앉아 있었다. 학생들은 수업에 참여해 칠판에 글을 쓰고 있었다. 그 모습을 보니 1970년대 시절이 떠올랐다.

다음으로 우리가 찾아간 곳은 동독 교실이었다. 거기서 우리는 어린 자유 독일 청년단 단원들의 실물 크기 모형, 동독 지도자인 발터 울브리히트와 그의 후계자 호네커의 사진과 더불어 평화와 사회주의에 관한 슬로건을 볼 수 있었다. 한 캐비닛 안에는 탄자니아와 모잠비크 같은 〈형제의 나라〉에 사는 펜팔에게 보낸 편지들이 들어 있었다. 아이들이 1년에 한 번씩 시골로 가서 참석해야 했던 민방위 캠프에는 몇몇 기억을 떠올릴 만한 것들이 있었다. 또한 의무적인 것으로 UTP가 있었다. UTP는 소비에트 시절에 있었던 생산의 날로, 당시 아이들은 한 달에 한 번 공장에 가서 사회주의 생산에 대해 배워야 했다.

과거의 실제 수업 시간을 재현하지 않은 유일한 공간은 나치 방이었다. 히틀러의 기억을 떠올리게 하는 것은 독일 전역에서 금지되어 있다. 그 방은 교훈과 사실을 전하는 공간이었다. 그 방의 스크린에서는 200명이 넘는 장애인이 인근 〈요양원〉으로 실려 가는 모습을 보여 주고 있었다. 이들 장애인은 1940년 한 달 동안 계획에 따라 독가스실로 들어 갔다. 또한 그 도시에 살았던 700명의 유대인 가족에 대한 이야기를 하면서, 어떻게 아이들을 혈통에 따라 구분했는 지를 설명하고 있었다. 유대인 아이들은 처음에 학교 안에 격리되었다가, 다시 분류를 거쳐 사라졌다. 스크린은 이러 한 이야기를 자막으로 들려주고 있었다. 다른 방에서 볼 수 있는 화려한 색감이나 개인적인 개입은 거의 찾아볼 수 없 었다. 레니거는 내게 이렇게 말했다. 「이 부분은 여전히 민 감한 사안이에요.」 그 미니 박물관은 관람객을 끌어들이는 매력적인 공간은 아니었다. 그곳은 사람들의 관심을 끌어 모으기 위해 지어지지 않았다. 나는 그곳이 시민의 의무이 자 이를 기억하고 다른 이에게 전해야 할 책임을 위한 공간 이라는 느낌을 받았다.

통일과 새로운 출발에 대한 인식은 독일인에게 그들의 조국이 일으킨, 그리고 그들이 직접 겪은 트라우마를 극복 할 수 있는 더 나은 시간과 공간을 선사했다. 그들은 끔찍했 고, 또한 비교할 데 없는 두 번의 역사와 두 번의 독재 정권 을 처리해야 했다. 그 작업은 여전히 진행 중이다. 아마도 항상 그러할 것이다. 그러나 잊어버리려는 시도는 한 번도 없었다.

2장 무티의 따뜻한 포옹
: 메르켈과 동독의 유산

   별 특징 없는 작은 마을 출신의 강인한 과학자가 16년이나 이끈 나라를 아무리 악마로 묘사하려 해도, 그건 결코 쉬운 일이 아니다.

   앙겔라 메르켈의 등장과, 현대 독일의 형성 과정에서 그녀가 맡았던 역할은 21세기 초 다소 비현실적인 정치 이야기 중 하나다. 당시 그녀만큼 그 역할에 어울리지 않을 것 같은 사람은 찾기 힘들었다. 여성이고 개신교도였고 교육 받은 물리학자였으며 이혼 경력이 있었다. 베를린 장벽이 무너지던 날 밤, 서른다섯 살의 메르켈은 서독의 낯선 거리에서 샴페인을 터뜨리는 축하 파티에 친구들과 함께하지 않았다. 그녀는 그와 관련된 소문을 들었고, 어머니 헤를린트에게 전화를 걸어 이렇게 말했다. 「엄마, 조심하세요. 오늘 무슨 일이 일어날 것 같아요.」¹ 그날은 목요일이었고, 메르켈은 목요일마다 항상 하던 일을 했다. 즉 프렌츨라우어베르크에 있는 방 두 개짜리 아파트에서 함께 사는 친구와 대중목욕탕에 갔다. 「내가 들은 이야기를 도무지 이해할 수 없었죠.」[2] 그녀는 나중에 이렇게 회상했다. 「그 장벽이 열리면 다시 닫히기는 힘들 거라 생각했어요. 그래서 기다려 보기로 결심했습니다.」[3]

목욕을 마치고 난 메르켈은 근처에 있는 보른홀머 거리에서 군중과 함께하기로 마음을 먹었다. 「아마도 잊지 못할 겁니다. 저녁 10시 반이나 11시, 아니면 조금 더 지난 시각이었을 겁니다. 전 혼자였지만 군중을 따라 걸었죠. 그러다 베를린 서쪽으로 넘어왔다는 사실을 알게 되었어요.」[4] 거기서 그녀는 자신을 환영하는 낯선 사람들을 만났다. 「우리는 맥주 캔을 땄습니다. 마냥 즐거웠죠.」[5] 그녀는 다음 날 오전에 해야 할 일이 있었다. 흥분이 가시지 않은 그 며칠 동안, 서독 정부는 모든 동독인에게 〈환영 자금〉으로 100도이치마르크를 지급했다. 메르켈은 그 돈으로 비싼 음식이나 술, 기념품, 혹은 사랑하는 사람을 위한 선물을 사지 않았다. 그녀는 현실에 주목했다. 「화장실에 가거나 차를 한잔 마시려면 돈이 필요했어요. 그때는 11월이었고 추웠거든요.」[6]

그녀는 〈저편으로〉 넘어갈 계획을 오래전부터 갖고 있었지만, 그건 예순 살 이후의 일이었다. 그때가 되면 연금 생활자들은 동독을 떠나 서독으로 갈 수 있었다(즉 경제적 효용의 기간보다 오래 살았을 때). 메르켈은 그날을 위해 계획을 세웠다. 경찰서에 가서 동독 여권을 서독 여권으로 바꾸고, 자동차를 타고 해안을 달리는 꿈을 이루기 위해 미국으로 여행을 갈 생각이었다. 그녀는 나중에 이렇게 회상했다. 「로키 산맥을 구경하고, 자동차로 돌아다니며 브루스 스프링스틴의 음악을 듣고 싶었습니다. 그건 제 꿈이었죠.」[7] 서베를린에 있는 켐핀스키 호텔에서 엄마와 굴도 먹을 생각이었다(하지만 2019년에 아흔 살의 나이로 어머니가 세상을 뜨기 전까지 실천에 옮기지 못했다).

독일의 모든 세대는 〈무티Mutti〉(엄마)라고 하면 메르켈을 떠올린다. 그녀는 안정을 향한 독일 사회의 뜨거운 열망을 실현해 주었다. 메르켈은 자기 자신에 대해서는 거의 말하지 않았다. 『타임』이 그녀를 2015년 올해의 인물로 선정했을 때조차 그녀는 인터뷰에 응하지 않았다. 그녀는 자신의 젠더나 배경에 대해 이야기하는 것을 별로 좋아하지 않는다. 한 예전 측근은 내게 메르켈이 가까운 사람에게도 감정을 드러내는 일이 좀처럼 없다고 말했다. 그가 주장하기로, 그것은 냉철한 성격 때문이 아니라 그녀의 성장 배경 때문이다. 「그녀는 동독 체제 속에서 성장했습니다. 사람들이 친구를 쉽게 배신한다는 사실을 잘 알고 있었죠. 다른 사람에게 큰 기대를 하지 않기 때문에 그만큼 실망도 하지 않았습니다.」 그녀와 함께 일했던 또 다른 이들은 문화에 대한 관심이 그녀를 지탱해 주었다고 말한다. 2005년부터 2010년까지 정부 대변인을 맡았던 울리히 빌헬름Ulrich Wilhelm은 세계 정상회담을 오가는 오랜 비행기 여정에서 그녀와 정치 전략뿐만이 아니라 문화와 예술에 대해서도 많은 이야기를 나눴다고 떠올렸다.

전환점Wende(통일의 과정이 알려졌던)의 해이자 내가 메르켈을 처음으로 만났던 1990년에 그녀는 갑작스럽게 자신의 존재감을 드러냈다. 당시 서독의 기성 정당들은 과거에 발목을 잡히지 않고, 새로운 질서에 적응할 능력을 갖춘 동독 정치인을 물색하고 있었다. 그들은 메르켈이라고 하는 신중한 자문을 발견했다. 메르켈은 12월에 있었던 확장된 하원 첫 선거에서 메클렌부르크-포어포메른주의 기독교민주연합(CDU) 후보로 출마했다. 이후 헬무트 콜은 메르켈을 즉각 자신의 곁으로 데려왔다. 그는 그녀를 자신의 내각 일원으로 받아들이면서 여성 청소년부 장관 자리에 임명했다. 콜은 메르켈을 종종 〈소녀Das Mädchen〉라고 불렀다. 그녀는 그 호칭을 그리 좋아하지 않았지만, 자신의 역할을 묵묵히 수행했다. 메르켈은 여러 사건과 논쟁을 그대로 흡수했다. 빌헬름은 이렇게 회상했다. 「그녀는 매사에 조심해야만 했어요. 그녀에게는 선택권이 없었죠. 사람들은 그녀가 너무 경솔하게 행동하지 않을까 걱정했습니다. 그러나 그녀는 아주 현명했습니다. 게임을 할 줄 알았죠.」

베를린 장벽이 무너지고 불과 2년 후, 메르켈은 완전히 생소한 정치 환경에서 장관 자리에 올랐다. 그녀는 지금까지도 동독 출신으로는 매우 드물게 정상에 오른 정치인 중한 사람이다. 콜은 그녀를 신뢰했다. 그는 〈오시Ossi〉(동독 사람)의 사고방식을 지닌 그녀에게 조언을 구했다. 반면 그녀는 〈베시Wessi〉(서독 사람)의 생각이 궁금했다.

메르켈은 서독 사람들은 더욱 역동적일 것이라고 기대했다고 회상했다. 그녀는 자신의 행동을 변화된 환경에 맞춰가면서, 신중한 판단으로 게임에 임했다. 메르켈의 전기 작가 중 한 사람인 『차이트』의 마리암 라우Mariam Lau는 유권자들은 위험을 싫어하고 걱정 많은 존재라는 사실을 메르켈이 즉각 깨달았다고 언급했다. 이러한 깨달음은 그녀의 마음속에 줄곧 남았다.

1994년, 콜은 각별한 관심을 기울였던 메르켈을 환경부 장관으로 임명했다. 그녀는 이미 독일 유럽연합 대표를 맡고 있었다. 그녀는 즉각 유럽의 파트너들과 모임을 주최했다. 영국의 존 그루머John Gummer도 그중 한 명이었다. 그는 이렇게 회상했다. 「그녀는 그런 자리에 완전히 서툴렀습니다. 저는 그녀를 도운 3인방 중 한 사람이었죠. 그녀는 똑똑했어요. 한번은 아내에게 전화를 걸어 새로운 장관이 대단히 탁월한 사람이라고 칭찬했었죠.」 그루머는 메르켈을 서퍽에 있는 자신의 선거구에 초대했다. 그때 그녀는 케임브리지 대학 박사 과정에 있는 학생들을 평가하는 일을 맡고 있던 남편과 동행했다. 두 사람은 그루머의 집에 머물렀고, 벽난로 앞에서 오랫동안 이야기를 나누었다. 그루머는 어느 금요일 저녁에 메르켈을 지역의 보수주의 단체로 데리고 갔다. 거기서 그녀는 반유럽 정서와 호전주의에 깜짝 놀랐다. 그녀는 나중에 이렇게 말했다. 「당신이 얼마나 힘든 상황에 처해 있는지 이제 알겠군요.」당시 그녀가 영국인들에게, 적어도 특정 유형의 영국인들에게 받았던 인상은 이후로 오랫동안 남았다.

메르켈은 어딜 가든 외교적이고 신중했다. 콜은 다양한 공식 방문 일정에 그녀를 대동했다. 특히 기쁘게도 메르켈은 냉전 시대에 자신의 영웅이었던 레이건을 만날 수 있었다. 그녀는 소련에 대한 그의 거친 입담을 좋아했다. 이렇게 그녀의 인지도는 조금씩 높아 갔지만, 그리 극적인 형태는 아니었다. 1990년대 중반에 경제가 주춤하고 통일의 흥분감이 진정되면서, 독일 사회는 주기적인 자기 의심의 국면에 빠져 있었다. 빌 클린턴과 토니 블레어가 이끄는 서구 세계 전반에 걸쳐 젊은 정치인 세대가 모습을 드러내고 있었다. 독일에서는 기독교민주연합이 지역 선거에서 잇달아 어려움을 겪고 있었고, 콜은 이미 전성기가 지났다는 비판을 받았다. 1998년 선거에서는 카리스마 넘치는 사회민주당 리더인 게르하르트 슈뢰더Gerhard Schröder에게 패하고 말았다.

기독교민주연합의 많은 사람들은 콜에게서 당 대표 자리를 넘겨받기 위해 줄을 섰다. 그들 모두 지역에서 인지도를 쌓은, 머리가 희끗희끗한 남성들이었다. 메르켈은 콜과 그의 측근들에게 반기를 들었다. 그건 위험하지만 계산된 선택이었다. 콜과 그가 선택한 후계자인 볼프강 쇼이블레Wolfgang Schäuble는 정치 자금 스캔들에 휘말려 있었다. 당조직의 기반을 이루는 일부 세력은 급진적인 변화를 요구했다. 1999년 12월, 메르켈은『프랑크푸르터 알게마이네』에 기고한 글에서, 이제 세대교체를 할 시간이 되었다고 주장했다. 이 글은 정치계를 뒤집어 놨다. 신중함이 몸에 밴 여성 정치인이 자신 또한 냉철한 면이 있다는 사실을 드러낸 것이었다. 그것은 아버지를 죽이는 일과 같았다.

얼마 뒤 메르켈은 순식간에 당 최고 자리에 올랐다. 정장을 차려 입은 남성들은 큰 충격을 받았다. 그들은 그녀가 결코 오래가지 못할 것이라고 생각했다. 그들이 보기에, 그녀는 안정된 냄새를 풍기지 못했다. 다시 말해 당의 밀실에서 시가를 태우며 세월을 보낸 경험이 없었다. 그들은 그녀를 전략적으로 압도하고 바이에른주의 총리이자 자매 정당인 보수주의 기독교사회연합(CSU)의 당 대표인 에드문트 슈토이버Edmund Stoiber를 2002년 선거를 위한 후보자로 추대함으로써 단기적인 승리를 거뒀다. 그러나 이러한 행보는 끔찍한 역효과를 낳았다. 슈토이버는 여론 조사에서 크게 앞섰음에도 패하고 말았다. 슈뢰더는 이라크 전쟁 반대를 선거운동의 기반으로 삼았다. 그리고 결국 재선에 성공했다.

슈토이버의 패배는 메르켈에게 문을 열어 주었다. 콜은 주변으로 밀려났다. 메르켈과 기독교민주연합의 새 지도부에 의해 궁지에 몰린 콜은 자신의 일흔 번째 생일 파티를 갑작스럽게 취소했다. 그의 분노는 점점 더 커져만 갔다. 그는 메르켈을 절대 용서하지 않았다. 2014년,『슈피겔』은 콜이 자신의 전기 작가에게 메르켈의 배신에 대해 느꼈던 분노가 고스란히 담긴 녹음테이프를 공개했다. 거기서 그는 이렇게 말했다. 「메르켈은 나이프와 포크도 제대로 사용할 줄 몰랐어요. 국빈 만찬에서는 서성거리기만 했고, 나는 종종 그녀를 바로잡아 줘야만 했어요.」[8] 메르켈은 그의 조롱에 침묵으로 일관했다. 그러나 마음속으로는 자신이 그를 이겼다고 확신했다. 어쨌든 이러한 모습은 거물(모든 측면에서) 정치인에게 절망적으로 슬픈 결말이었다.

메르켈 시대는 2005년 11월에 본격적으로 시작되었다. 슈뢰더 연합은 논란이 되었던 일련의 경제 개혁을 시작한 이후로 많은 어려움을 겪었다. 그는 최후의 수단으로 조기 선거를 요청했다. 메르켈의 선거 캠프는 활기가 없었고, 그녀는 선거 운동 과정에서 여러 가지 실수를 저질렀다. 그녀가 국내 여론을 거슬러 이라크 전쟁에 대한 강한 지지를 미국 사회에 보냈다는 사실도 드러났다. 그럼에도 기독교민주연합은 승리를 거뒀다. 하지만 근소한 차이였다. 메르켈은 총리에 올랐지만, 열여섯 개 내각 자리 중 여덟 개를 사회민주당(SPD)에 내줘야 했다. 이는 네 번 연속으로 이어지는 메르켈 행정부의 첫 번째였다. 그중 세 번은 사회민주당을 포함한 〈대연정GroKo〉이었다. 많은 국가에서 이러한 형태의 권력 분배는 불가능하거나, 혹은 오래가지 못한다. 그러나 독일의 첫 번째 대연정은 안정의 모델이 되었고, 독일에서 가장 성공적인 행정부 중 하나로 평가받는다. 메르켈은 국내에서도, 해외에서도 협상을 했다. 1~2년 후 메르켈은 유럽 무대에서도 존재감을 드러냈다. 그녀는 과장된 행보 없이도 국내와 해외에서 안정과 인지도를 동시에 일궈 냈다.

메르켈은 과시와는 정반대편에 있다. 그녀는 고향인 템플린 인근에 작은 시골집을 갖고 있으며, 베를린에 있는 단골 미용실에 다니고, 때로 식료품점에서 장을 보는 모습이 포착되곤 한다. 또한 그녀는 미술 애호가다. 자신이 좋아하는 한두 곳의 박물관 관장에게 직접 전화를 걸어 특정 전시회를 조용하게 볼 수 있도록 조금 더 오래 열어 달라고 부탁을 한다.

국제무대에서 그녀는 성실하게 준비하고, 갑자기 놀라게 만들지 않는 상대방을 존중한다. 그녀는 미국에서 보내는 휴가를 좋아하지만, 최근 미국의 두 대통령과 마찰을 빚었다. 특히 트럼프와의 관계는 최악이었다. 그녀는 본능적인 천박함을 혐오한다. 트럼프는 그녀를 공개적으로 모욕함으로써 대응했다. 더욱 놀랍게도 메르켈은 버락 오바마와도 잘 지내지 못했다. 적어도 초반에는 그랬다. 메르켈은 오바마의 말을 믿지 않았다. 2008년 민주당 경선 당시 오바마 캠프는 독일 당국에 그가 베를린에서 브란덴부르크 문을 배경으로 연설할 수 있을지 문의했다. 그러나 존 F. 케네디의 〈나는 베를린 시민입니다〉와 레이건의 〈고르바초프, 이 벽을 허무세요〉의 재탕*이 될 것임을 우려한 메르켈은 그 요청

---

* 베를린을 동서로 나누는 브란덴부르크 문은 독일 분단과 냉전의 상징이었

에 반대하는 뜻을 전했다. 그녀는 한 전기 작가에게 이렇게 말했다. 「카리스마가 (정부의) 과제를 해결해 주지는 않습니다.」[9]

총리 자리에 오래 머물수록 메르켈은 항상 신중하고, 모든 일을 단계적으로 추진하고, 예측하지 못한 사건에 대비해 상호 점검을 하는 노력이 중요하다는 사실을 깨달았다. 그녀는 이렇게 말했다. 「의사결정을 내리기 전에 모든 가능한 선택지를 살펴보려는 노력이 대단히 중요하다고 생각합니다.」[10] 그녀는 동료와 측근에게 자주 문자를 보낸다. 의회회의실에 앉아서도 실시간으로 그들과 상의를 한다. 이러한 모습 덕분에 그녀는 〈휴대폰 총리Handy-Kanzler〉라는 별명을 얻었다. 2015년에 독일어 사전 랑엔샤이트Langenscheidt는 올해의 단어로 〈메르켈른merkeln〉을 선정했다. 이 말은 〈애매모호한 태도를 취하다〉 혹은 〈망설이다〉라는 의미다.

21세기 첫 20년에 걸쳐 메르켈이 몸소 보여 주었듯이 신뢰와 신중함은 오늘날 독일 사회를 지배하는 두 가지 특성으로 자리 잡았다. 좋던 나쁘던 간에 독일의 정치 문화는 충격 흡수제로서 기능한다. 메르켈이 총리 자리에 올랐을 때, 그 나라는 안정을 갈구하고 있었다. 슈뢰더 행정부가 내놓은 하르츠 IV* 개혁안은 경제의 시동을 걸었지만, 국가의

다. 역대 미국 대통령이 이 상징성을 정치적으로 활용했는데, 케네디와 레이건은 각각 1963년과 1987년에 이곳에서 연설했다.
  * Hartz IV. 2002년 슈뢰더 행정부의 하르츠 위원회가 제시한 4단계 노동 시장 개혁 방안.

분열을 초래했다. 그리고 이라크 전쟁은 독일 외교 정책의 신뢰성을 산산조각 냈다. 베를린 장벽이 무너지고 15년이 흘러, 행복감은 빛을 잃었다.

안정을 향한 독일 사회의 열망을 이해하기 위한 열쇠는 그 반대를 이해하는 것이다. 직접 경험했던 1989년의 의기양양했던 시절을 떠올릴 때마다, 나는 지금도 눈시울이 뜨거워지곤 한다. 상황은 얼마든지 잘못 돌아갈 수 있었다. 그러나 거기에 참여했던 이들은 그러한 일이 벌어지지 않았다는 사실을 분명히 확인했다.

1989년 초여름, 나는 동베를린에서 완전히 자리를 잡았다. 내게는 전면에 컴퍼스 상징이 그려진 동독 언론 허가증이 있었다. 당시 나는 베를린에서 가장 볼품없는 라이프치거 거리에 지금도 남아 있는, 높이 솟은 단색 콘크리트 아파트 구역에 살고 있었다. 영화 「타인의 삶」을 본 사람이라면 아마도 다음과 같은 장면을 떠올릴 수 있을 것이다. 칙칙한 회색 정장을 입고 베이지색 구두를 신은 남자들이 승강기를 타고 꼭대기 층(일반 주민들은 갈 수 없는)으로 올라가는 동안 대화를 엿듣기 위해 고개를 숙이고 있다. 나는 그 건물에서 좀처럼 찾아보기 힘든 외국인이었다. 거리는 음침하고 거의 완벽하게 조용했다. 그곳은 국경 지역으로 검문소가 가까이에 있었다. 베를린 장벽 건너편에는 높이 솟은 악셀 슈프링어Axel Springer(보수주의와 반공주의를 표방하는 신문사) 건물 블록이 자리 잡고 있었다.

나는 거주하는 협력자의 신분으로 동과 서를 자유롭게 오갈 수 있었다. 몇 달 후 나는 스탬프가 다 떨어져서 여권을 새로 발급받아야만 했다(검문소에 있는 국경 관리자들을 알아 둬야 했다). 나는 친구로 사귄 동독 사람들에게 그 사실을 어떻게든 언급하려 하지 않았다. 그것은 그들에게 괴로운 소식이었다. 어느 누구도 몇 달 후에 새장의 문이 열릴 것이라는 사실을 눈치채지 못했다. 헝가리 정부가 국경을 오스트리아에 개방하면서 댐이 무너지기 시작할 때조차 어느 누구도, 심지어 가장 똑똑한 정보 요원조차도 그해 11월의 사건을 예측할 수 없었다. 통일은 언제나 법령에 명시되어 있었고 분단된 국가의 헌법은 일시적인 것이어야 했음에도, 그런 일이 정말로 벌어질 것이라고 생각하는 사람은 거의 없었다. 고르바초프의 개혁이 절정에 달했던 1987년 말조차 그 세기의 말에 두 개의 독일이 하나가 될 것이라고 생각했던 서독 사람은 열 명 중 한 명도 되지 않았다.

첫 번째 합동 시위는 선거에서 여당인 사회주의통일당 (SED)의 지지율이 놀랍게도 98.85퍼센트를 기록한 이후로 5월에 시작되었다. 이는 소련과 비교하더라도 어처구니없는 수치였다. 교회 및 환경 단체와 손을 잡은 사회 활동가 집단은 동베를린의 중심이 된 흉물스러운 콘크리트 구조물인 알렉산더 광장과 라이프치히에서 시위를 시작했다. 그들은 이웃 폴란드에서 연대노조를 비롯해 다양한 집단이 참여하는 원탁회의가 열렸다는 소문을 들었다. 그렇다면 동독에서도 안 될 이유가 무엇인가?

한 달이 지난 6월 7일, 개혁적인 헝가리 정부는 국제 언론이 지켜보는 가운데 오스트리아와의 국경을 개방했다. 이는 철의 장막이 물리적으로 무너진 최초의 사건이었다. 헝가리는 동독과 같은 〈형제〉 나라의 사람들이 자주 찾는 유명한 휴양지였다. 대표적으로 벌러톤 호수를 꼽을 수 있다. 동독 사람들이 헝가리로 가려면 덜컹거리는 트라비 차량이나 기차를 타고 체코슬로바키아를 거쳐 오랫동안 여행을 해야 한다. 8월 19일, 헝가리 도시 쇼프론의 주민들은 국경을 넘어 오스트리아 사람들과 〈친목〉 피크닉을 즐길 수 있도록 허가해 달라는 요청을 했다. 헝가리 정부는 이를 승인했지만, 동독 여행자들이 그 진정한 의미를 깨닫기까지는 시간이 걸렸다. 첫째 날에는 900명만이 국경을 넘었고, 거기서 머물렀다. 그러나 작은 물결은 곧 홍수로 이어졌다. 얼마나 많은 동독 사람들이 빠져나갔는지 깨달았을 때, 베를린에 있던 사회 활동가들은 혼란에 빠졌다. 지금은 이상하게 보일 수도 있겠지만, 당시 동독의 이상주의자들은 자신의 조국이 없어지는 것이 아니라 바뀌기를 원했다.

라이프치히에 있는 니콜라이 교회와 동베를린에 있는 겟세마네 교회가 평화적인 혁명을 위한 주요 무대가 되었다. 아이러니하게도 동독의 마흔 번째 기념일을 축하하기 위해 고르바초프가 10월 7일에 방문한다는 소식은 야당을 자극했다. 당시 운터덴린덴이라는 대로에 나와서 그를 환영하기 위해 기다리고 있던 사람들과 함께 서 있던 기억이 난다. 사회주의통일당은 당의 보호자 역할을 해야 했던 소련 공산당 총서기의 인기에 잔뜩 겁을 먹고 있었다. 그날 자유 독일 청년단 단원들의 횃불 행진은 차분하고 엄숙한 분위기 속에서 진행될 예정이었다. 그런데 대로변에 늘어선 사람들이 갑자기 〈고르비, 고르비〉라고 외쳤고, 그곳에 나와 있던 사복 비밀경찰들은 당황했다. 고르바초프의 방문은 공산주의 시대의 종말에 관한 유명한 표현 두 가지를 만들어 냈다. 고르바초프는 회고록에서 동독의 서기장 호네커에게 이렇게 말한 적이 있다고 밝혔다. 「인생은 늦게 도착한 이들에게 벌을 내립니다.」 호네커는 동의하지 않았다. 「사망 선고를 받은 사람들이 보통 더 오래 살죠.」 그러고는 이렇게 덧붙였다. 「우리가 조금만 양보해도 모든 게 무너질 겁니다.」[11] 호네커의 앞의 말은 틀렸지만, 뒤의 말은 옳았다.

　군중은 다시 알렉산더 광장에 모여들었고, 겟세마네 교회를 향해 행진하기 시작했다. 그 교회에서는 며칠 전부터 철야 기도가 이어지고 있었다. 거기서 나는 이후로 줄곧 친구로 지내게 되는 사람을 만났다. 우베 페흐너라는 그 친구는 텔레비전을 만드는 국영 공장에서 일하는 20대 엔지니어였다. 그는 교회 바로 옆에 살았다. 당시 프렌츨라우어베르크는 지금의 모습과는 사뭇 달랐다. 그곳은 베를린 장벽과 가까웠고, 어두침침하고 조용했다. 그 지역에는 빈집이 많았다. 페흐너 역시 그의 많은 친구들처럼 아파트에 불법 거주하고 있었다. 비록 그는 반체제 인사들의 모임 장소인 환경 도서관 주위를 어슬렁거리곤 했지만, 자신이 특별히 정치적인 사람이라고는 생각하지 않았다. 철야 기도가 시작되었을 때, 그는 자신이 무엇을 해야 할지 자문했다. 가장 먼저, 그는 진단서를 받기 위해 병원을 찾았다. 그는 독감에 걸렸다고 했고, 한 달 휴가를 받았다. 아무런 질문도 없었다. 그러고는 곧장 교회로 돌아왔고, 목사로부터 언론 대변인이 되어 보지 않겠느냐는 제안을 받았다. 페흐너는 그게 무슨 의미인지 정확하게 알지는 못했지만, 일단 도전해 보기로 했다. 당시 겟세마네 교회에는 다른 건물에는 거의 없는 것이 하나 있었다. 그것은 전화기였다. 그 전화기는 반체제 인사들의 주요 접촉 수단이 되었다. 서구 기자들이 철야 기도에 대해 알게 되면서, 그들은 돌아가는 상황을 보고하기 시작했다. 그들에게는 라이프치히까지 가는 것보다 교회로 가는 것이 훨씬 더 편했다. 외국인이 도시를 벗어나려면 특별 허가증이 필요했기 때문이다.

그 주말은 전환점이었다. 사람들은 교회 안에서 서로 팔짱을 끼고, 찬송가를 부르고, 기도를 드렸다. 일요일에는 수백 명이 교회에 모였다. 당국은 집회를 해산시키겠다고 통보해 왔다. 당시 그 교회에서는 창문을 통해 탐조등이 보였고, 경찰견이 짖는 소리가 들렸다. 내 옆에 있던 한 여성이 흐느끼며 이렇게 말했다. 「세상에, 여기서도 중국처럼 할 건가 봐요.」불과 몇 주 전에 사회주의통일당의 고위급 파견단이 베이징을 방문했었다. 호네커의 예상 후계자인 에곤 크렌츠Egon Krenz는 그해 6월에 천안문 광장의 학생 운동을 진압한 중국 정부를 치하했다. 당시 동독 국영 언론들은 크렌츠의 연설을 널리 퍼뜨림으로써 시위자들에게 집으로 돌아가라고 우회적으로 경고했다. 예배는 끝나 가고 있었다. 알려지지 않은 영웅인 베른트 알바니Bernd Albani 목사는 우리에게 조용히 떠날 것을 권했다. 그때 우리는 무엇과 마주하게 될지 알 수 없었다. 내 눈앞에는 약 50대의 군용 트럭이 서 있었다. 확성기를 든 사람이 우리에게 손을 머리에 올리라고 지시했다. 그날 밤 많은 사람이 무자비하게 폭행을 당했다. 수백 명이 머리채를 붙잡히거나 경찰봉에 두드려 맞으면서 차량 안으로 떠밀려 들어가는 동안에도 〈비폭력〉을 연신 외쳤다. 그래도 중요한 사실은 사망자가 한 명도 나오지 않았다는 것이었다. 과거 상황과 비교할 때, 그 공산주의 국가는 우리의 눈을 마주하면서 주눅이 들어 있는 듯 보였다.

다음 날 밤, 라이프치히의 상황은 더욱 극적이었다. 전경차가 당장이라도 발포할 듯 시위대를 겨냥하고 있었다. 그러나 나중에 경찰들의 증언에 따르면, 그들은 발포하라는 명령을 거부했다. 오늘날 니콜라이 교회는 유명한 관광지가 되었다. 여행 가이드는 여기서 그때의 이야기를 들려준다. 그들은 말한다. 「작센인은 작센인에게 총을 쏘지 않았습니다.」나는 지역의 연대감이 얼마나 큰 작용을 했는지 모르지만, 지역 주민들은 그랬다고 주장한다. 만약 두 도시 당국이 실탄으로 대응했더라면 무슨 일이 벌어졌을지 알 수 없다. 당시 동독은 지구상에서 가장 치밀하게 감시받는 사회 중 하나였고, 가장 군사화된 지역 중 하나였다. 더욱이 당국이 처한 절망적인 상황을 감안할 때, 사태가 폭력으로 번지지 않은 것은 놀라운 일이다. 이후 힘을 잃은 호네커는 10월 중순에 크렌츠에게 자리를 내주었다. 그는 드레스덴 출신의 온건파 인사인 한스 모드로Hans Modrow를 총리로 임명했지만, 사실 크렌츠 자신은 개혁과는 거리가 먼 인물이었다. 세월이 흘러 그는 투옥되었다. 지금까지도 크렌츠는 베를린 장벽의 붕괴를 유감스럽게 생각하고 있다.

그러나 한 달 후 불운한 중앙 위원회 대변인 귄터 샤보프스키Günter Schabowski는 동독인에 대한 여행 제한을 〈지체 없이, 즉각〉 철폐하겠다고 선언했다. 동독 당국은 정말로 사람들이 검문소에 차분하게 줄을 서고, 여권에 도장을 받고, 서독으로 쇼핑을 하러 가고, 저녁을 먹으러 다시 집으로 돌아오고, 지금까지 그랬던 것처럼 동독에서 계속 일을 할 것이라고 믿었던 것일까?

돌이켜 보건대, 당시 동독은 유지 가능한 상태가 아니었다고 말할 수 있다. 1940년대 말과 1950년대에 200만 명이 동독을 빠져나가자 1961년에 베를린 장벽이 세워졌던 것처럼, 장벽이 무너지자마자 그 체제는 더 이상 버틸 수가 없었다. 베를린 장벽은 그 나름대로 효과가 있었던 것이다. 그 〈반파시스트 보호 방어벽〉은 두 개의 벽으로 이뤄져 있었고, 그 사이에는 위장 폭탄과 군견, 참호, 감시탑, 기동순찰대가 있었다. 장벽의 길이는 156킬로미터에 달했다. 독일을 두 개로 나누는 국경의 길이는 총 1,394킬로미터로, 5만 명의 무장 보안 요원들이 순찰을 돌았다. 동독의 반세기 동안에 국경을 넘다가 7만 5천 명이 붙잡혔고, 140명이 죽었다. 탈출하는 데 성공한 사람은 5천 명에 불과했다.

독일에서 11월 9일은 〈운명의 날Schicksaltag〉로 불린다. 바로 그날 독일 역사에서 중요한 사건들이 일어났다. 1848년 혁명의 발발, 1918년 카를 리프크네히트Karl Liebknecht의 공산주의 국가 선포, 1923년 실패로 돌아간 히틀러의 뮌헨 맥주홀 폭동. 또한 기쁜 사건도 있었으니, 알베르트 아인슈타인이 1922년 그날에 노벨상을 받았다. 그리고 무엇보다 11월 9일에는 〈크리스탈나흐트Kristallnacht〉가 있었다. 1938년 그날, 나치는 대부분의 독일인이 일을 하러 나간 동안에 유대인의 예배당과 집, 상점을 공격했다. 10월 3일은 독일 통일의 날로 선포되었으며, 지금은 국경일로 지정되어 있다. 어쨌든 1989년 이후로 베를린 장벽 붕괴와 관련된 주요 기념일은 광범위하게 기념되고 있다. 각각의 사건들은 민주주의와 자유, 통일의 본질을 성찰하는 기회가 되었다. 30주년을 맞이했던 2019년은 독일 사회를 바라보는 불안의 시선을 반영하면서, 그 어느 때보다 엄중한 숙고의 시간이 되었다.

베를린에 있을 때면 나는 항상 머릿속으로 장벽의 존재를 떠올린다. 우반U-Bahn이나 에스반을 탈 때, 혹은 걷거나 자동차를 타고 이동할 때, 나는 언제 그 가상의 장벽을 〈넘어가는지〉 알고 있다. 대부분의 장소에서 나는 내 위치가 어디쯤인지 비교적 쉽게 가늠할 수 있다. 내 친구 페흐너는 이제 사회복지사로서 장애인을 위해 일하고 있다. 그의 10대 아들과 딸은 옛 세대의 삶이 어떠한 것인지 이해하기 위해 노력하고 있다고 말한다. 그들은 동독에 대해서는 거의 아는 바가 없으며, 다만 아버지를 통해 간접적으로 이해할 뿐이라고 말한다.

나는 마지막 기념일에 겟세마네 교회 앞에서 페흐너를 만나기로 약속했다. 그는 30년째 같은 아파트에서 살고 있다. 그 아파트는 최근에 좋아졌다. 예전에는 중앙난방과 온수 시설이 갖춰져 있지 않았다. 이제 그 아파트 단지는 베를린 시내에서 사람들이 가장 살고 싶어 하는 곳 중 하나다. 그는 시장 가격의 10분의 1로 공급하는 보장임대로 살고 있는데, 이 제도 덕분에 페흐너처럼 적은 보수를 받고 요양 산업에 종사하는 사람들은 쫓겨날 걱정 없이 안심하고 살 수 있다. 이러한 제도가 세상 어디에 또 있을까?

이러한 중요한 날들을 담은 영상이 벽돌로 지은 교회 정면에서 상영되고 있었다. 그 안에서 우리는 #Mauer30(장벽 30년)에 관한 진지한 토론을 보았다. 제단은 엔거링이라고 하는 나이 많은 멤버들로 구성된 동독 포크 밴드의 공연을 위해 비워져 있었다. 우리는 옷가게와 칵테일 바를 지나 보른홀머 거리에 있는 뵈제 다리를 향해 걸었다. 그곳은 국경이 처음으로 무너졌던 곳이다. 그날 밤, 페흐너와 그의 친구들은 여기로 달려 나왔다. 2014년에 개봉된 유명한 영화 「보른홀머 슈트라세Bornholmer Strasse」는 그날의 혼란을 잘 보여 준다. 처음에 경비대는 섬뜩하리만치 조용한 검문소를 가로질러 달리는 개 한 마리 때문에 혼란에 빠졌다. 그들은 군중이 모여드는 광경을 지켜보면서도 무슨 일이 벌어지고 있는지 알지 못했다. 그들은 샤보프스키의 기자회견을 봤지만, 그래도 상황을 파악하지 못했다. 권력의 자리에 있는 누구도 그들에게 분명한 명령을 내리지 않았다. 밤 11시 30분, 자신의 정치적 지휘자(집무실에서 술을 들이켜며 스트레스를 풀고 있던)의 생각과는 달리, 관리자는 장벽을 들어 올리라고 명령했다.

첫 동독인들이 다른 쪽에 있는 프랑스 국경 수비대를 지나쳐 행진을 했을 때, 그들이 마주한 것은 짙은 어둠과 암울함이었다. 그러한 광경은 그들이 생각했던 서쪽이 아니었다. 장벽 건너편에 가까운 거의 모든 곳과 마찬가지로, 이곳에도 사람이 없었다. 거리에는 초라한 농장들만 흩어져 있었다. 〈오시〉(동독인)들은 한참을 가서야 주유소를 발견했고, 그때 뭔가 극적인 일이 벌어지고 있다는 뉴스가 서쪽으로 전달되기 시작했다. 서베를린의 쇼핑 거리인 쿠르퓌르슈텐담에서 사람들이 밤새 샴페인을 터뜨리고, 맥주를 마시고, 악수를 하고, 포옹을 나누는 일이 실제로 벌어지기까지는 조금 시간이 걸렸다. 페흐너는 많은 동포들과 마찬가지로 축하하며 밤을 보냈지만, 그 역시 (메르켈처럼) 아침 일찍 출근하기 위해 국경 건너편으로 돌아가야 했다. 게다가 그는 통일에 반대하는 입장이었다. 출근을 하니, 매장 층에 있는 동료들은 무슨 일이 일어났는지 전혀 알지 못했다. 보행자나 운전자가 통행증 검사를 위해 가야 했던 보른홀머 거리의 바로 그 지점에서, 페흐너는 내게 그 모든 이야기를 상세히 들려주었다. 그 지점에는 이제 리들 슈퍼마켓이 들어서 있다. 혁명이 일어난 후에, 그곳은 정상화되었다.

변화의 조짐은 베를린 장벽이 허물어지기 전부터 나타났다. 시위가 활동가와 학생에서 일반 근로자로 확산되면서, 반공주의는 통일에 대한 열망으로 바뀌었다. 자유를 갈망하는 원래의 구호 〈우리는 국민이다Wir sind das Volk〉는 통일을 염원하는 슬로건 〈우리는 하나의 국민이다Wir sind ein Volk〉로 바뀌었다. 1989년의 마지막 몇 개월 동안 동독 인구의 절반 이상이 서쪽의 삶을 직접 눈으로 확인하기 위해 국경을 건넜다. 그리고 많은 이들, 특히 젊고 꿈 많고 고용 조건을 갖춘 이들과 여성들이 더 나은 일자리에 대한 기대를 안고 그곳에 머물기로 결정했다.

장벽이 무너진 다음 날, 가장 냉혹한 냉전기에 서독을 이끌었던 빌리 브란트는 이렇게 선언했다. 〈하나였던 것이 이

제 함께 성장한다Jetzt wächst zusammen, was zusammen gehört.)[12]
나이 많은 좌파 거물이자 동서 간 긴장 완화를 지지했던 브
란트는 독일을 하나의 국가로 바라보는 것이 더 이상 위험
한 생각이 아니라는 신호를 보냈던 것이다. 아무도 새로운
표준이 어떤 것인지 알지 못했다. 콜은 쇤베르크 시청 앞에
모인 열광하는 군중 앞에서 이렇게 외쳤다. 「미래를 향한 길
을 차근차근 모색해 나가는 노력이 중요합니다. 우리 모두
의 미래가 달려 있기 때문입니다.」[13] 2주 후 콜은 연합을 위
한 10단계 협력안을 제시했다. 그는 그 모든 일이 실현되기
까지 10년이 걸릴 것이라고 전망했다.

　통일이 진척되는 동안에 보다 극적인 순간들이 있었다.
1990년 3월 첫 번째 민주적인 선거, 7월의 화폐 통합, 그리
고 동독의 공식 해체로 이어졌던 의사결정이 그것이다. 두
국가의 평등한 통합이 아니라, 하나가 다른 하나를 흡수하
는 형태의 통합이라는 사실이 처음부터 분명하게 드러났
다. 독일연방공화국은 재구성된 동독의 다섯 개 주를 받아
들이면서 그 규모가 더욱 커졌다. 독일민주공화국(동독)은
완전히 사라졌다.

　동독 정치인들은 새로운 민주주의 체제를 반겼다. 적법
한 형태의 의회로 7개월 동안, 그리고 3월 선거에서 통일 사
이에 열렸던 서른여덟 번의 회의에서 최고인민회의는 무려
261건에 달하는 법을 통과시켰다. 여기에는 그들 자신의
국가를 해체하는 법도 포함되어 있었다. 행정부는 과거 이

력에 오점이 없는 정치인(소수의 집단)과 시민운동가로 구성되었다. 그들은 기존 체제는 물론 서구 세계의 주류 체제와도 다른 방식으로 국정을 운영할 것을 다짐했다. 군비 축소 및 국방 장관(스스로 정한 직함)으로 새롭게 임명된 사람은 라이너 에펠만Rainer Eppelman이었다. 그는 예전에 의식 있는 저항자이자 반체제 성직자로 활동한 바 있었다.

그러나 움직임은 다른 곳에서도 있었다. 로타어 데메지에르는 동독의 지도자로서 전면에 나설 수도 있었지만, 통일의 과정을 전반적으로 책임졌던 인물은 서독의 헬무트 콜이었다. 많은 동독인들은 콜이 그 임무를 맡게 된 것에 대해 대단히 만족했다. 수염을 기르고 안경을 쓴 전 법률가(반체제 인사를 변호했던)이자 프로 비올라 연주자이기도 했던 데메지에르는 프랑스에서 이주한 위그노 가정 출신으로 많은 인맥을 자랑했다. 그와 콜은 외모는 물론 태도에서도 극과 극이었다. 둘의 관계는 순탄치 못했다. 콜은 데메지에르의 비관주의를 마음에 들어 하지 않았다.

현대 독일의 역사 기술에서 핵심적인 역할을 담당했던 역사가 프리츠 슈테른은 1990년 6월에 있었던 대화를 이렇게 떠올렸다. 「저는 데메지에르에게 통일에 따른 경제적 문제는 비록 크더라도 충분히 관리 가능하지만, 도덕적·심리적 문제는 훨씬 더 클 것이며, 이를 해결하기까지는 훨씬 더 오랜 시간이 걸릴 것으로 생각한다고 말했습니다. 그러자 그는 고개를 끄덕이며 이렇게 말하더군요. 〈새로운 독일에

1700만 명이나 되는 심리적 장애인이 생겨나는 것은 원치 않습니다.)」[14] 통일이 이뤄졌던 10월, 데메지에르는 특임 장관으로서 콜의 행정부에 합류한 다섯 명의 동독인 중 한 명이었다. 그러나 2개월 후 그가 비밀경찰의 정보원이었다는 폭로가 나왔다. 비록 그 주장은 입증되지 않았지만, 타격은 컸다.

7월 1일에 동독의 통화인 오스트마르크가 폐지되면서 동과 서의 경제는 하나로 통합되었다. 콜과 그의 장관들은 그 실제 가치와는 무관하게 일대일 교환 방식을 선택했다. 이는 동독의 저축자들에게도, 심리적 신뢰의 차원에서도 좋은 일이었다. 하지만 화폐 가치를 과대평가하고 이미 약한 경쟁력을 더욱 악화시켰다는 점에서 동독 산업에는 재앙적인 선택이었던 것으로 드러났다. 또한 이는 동독 사람들이 파티를 즐기기 위한 하나의 구실이기도 했지만, 실제로 그 분위기는 즐거운 것만큼이나 아이러니했다. 나 역시 연구 센터이자 예전 비밀경찰 연대 본부가 있었고, 나중에는 IT 스타트업의 중심지가 되었던 아들러쇼프에 있는 한 창고에서 열린 파티에 참석했었다. 우리는 거기서 마지막으로 남은 오스트마르크를 썼다. 동독 칵테일을 마시고, 동독 소시지를 먹고, 동독 음악을 들었다. 동독에 대한 향수는 이미 일부에게 스며들고 있었다.

콜은 양국(혹은 조만간 통합될 하나의 나라)에 TV로 중계된 연설에서 모두를 위한 더 나은 삶을 약속했다. 「조국의 통합으로 가는 여정에서 중요한 발걸음이자 독일 역사에서 가장 위대한 날입니다.」그는 동독 시민에게는 미래를 자신 있게 내다보고, 서독 시민에게는 공공의 선을 위해 희생할 것을 촉구하면서 단도직입적으로 이렇게 주장했다. 「우리는 협력을 기반으로 조만간 메클렌부르크-포어포메른과 작센안할트, 브란덴부르크, 작센, 튀링겐을 번영하는 지평으로 변화시킬 것입니다. 거기서 사람들은 위대한 삶과 일자리를 누리게 될 것입니다.」[15] 그러나 〈번영하는 지평〉이라는 표현은 이후에 계속 조롱의 대상이 되었다.

콜은 의심의 목소리를 뒤로한 채 자신의 과제를 마무리 짓기로 결심했다. 1990년 통일 조약은 새롭게 탄생한 다섯 개 주에다가 하나의 도시-주(함부르크와 브레멘에게도 똑같이 부여한 지위)로서 통합된 베를린이 기본법 제23조를 기반으로 연방공화국에 합류하도록 허용했다. 이는 건국의 아버지들이 생각했던 형태는 아니었다. 그들은 통일이 이뤄진다면, 기본법은 또 다른 조항을 바탕으로 폐지되고 영구적인 법이 그 자리를 차지해야 한다고 생각했다. 그런데 일시적이라고 생각했던 기본법이 영구적인 법이 되어 버렸다. 기본법은 이미 보편적이고 굳건하게 자리를 잡았다. 그런 기본법을 왜 확장된 지역에 적용할 수 없단 말인가?

이듬해 연방 의회는 정부의 위치를 다시 베를린으로 옮기는 법안을 근소한 차이로 통과시켰다. 본에 그대로 머물러야 한다는 주장에는 몇 가지 이유가 있었다. 그중 하나는 개인적인 편안함이었다. 베를린은 지저분한 도시라는 인식이 있었다. 그밖에 다른 이유 역시 사소한 것들이었다. 네덜란드와 벨기에의 국경에 가까운 본의 위치는 서구 지향성을 상징하는 것이었다. 베를린은 독일과 프로이센의 역사에서 그리 중요한 지역이 아니었다. 그럼에도 베를린을 지지하는 쪽이 더 많았다. 독일은 이제 전통에 맞설 만큼 충분히 성숙해 있었다.

정부 청사가 들어서게 될 새로운 자리를 개발하기 위한 대규모 건설 프로그램이 통과되었다. 그 개발의 많은 부분은 베를린 장벽을 둘러싼 지역에서 이뤄졌다. 그중 사람이 살지 않았던 일부 영토는 토끼와 여우, 그리고 동독 국경 수비대의 군견들이 있던 곳이었다. 노먼 포스터Norman Foster가 설계한 독일 의회의 유리 지붕은 새로운 독일의 정신을 형상화한 작품이었다. 사람들은 그 지붕 주위를 걸어 다니면서 자신이 선출한 대표들을 내려다볼 수 있었다. 대부분의 현대식 의회 건물과 마찬가지로, 연방 의회 역시 반원 형태로 설계되었다. 대결이 아닌 합의를 추구한다는 의미에서다. 평판은 화려한 수사가 아니라, 위원회와 선거구 활동을 통해 만들어졌다. 부정적 의미로 가득하고 히틀러가 장황한 연설을 했던 과거의 제국 의회 건물은 한 영국인 건축가에 의해 현대적인 형태로 거듭났다. 1999년에 다시 문을 열었을 때, 그 건물은 의원들과 대중에게 큰 인기를 끌었다.

건물은 행동을 규정하는 데 도움을 준다. 의회는 국가의 명성을 규정한다. 독일은 통일을 안정과 투명성을 위해 노력하는 새로운 정치 시스템을 지닌 국가로 그 사회를 개선하기 위한 기회로 삼았다. 그러한 열망은 동독 출신으로 서독에서 성공한 믿음직한 여성 정치인 메르켈에 의해 구현되었다. 주요 타블로이드인 『빌트』는 한 인터뷰 기사에서 메르켈에게 독일 하면 무엇이 떠오르는지 물었다. 그녀의 대답은 이랬다. 「완전히 밀폐된 창문이 떠오릅니다. 어떤 나라도 그처럼 완벽하고 아름다운 창문을 만들어 내지 못할 겁니다.」[16] 그건 단지 건물에 관한 이야기만은 아니었다. 신뢰가 최고의 자산으로 인정받는 국가와 사회에 대한 은유였다.

나는 그 이야기를 영국인과 결혼했고 양국 정치를 날카롭게 관찰했던, 『디 벨트』의 영국 특파원 슈테파니 볼첸 Stefanie Bolzen에게서 들었다. 그 이야기를 하면서 우리는 함께 웃었지만, 볼첸은 메르켈의 생각에 동의한다는 뜻을 분명히 밝혔다. 볼첸은 런던 집에 달린 허술한 창문을 독일식 〈키프펜스터Kippfenster〉 창문으로 바꾸려고 했다. 하지만 자신이 원하는 수준으로 창문을 제작해 줄 영국 기술자를 찾을 수가 없어서 결국 수입을 했다. 집과 마찬가지로 정치에 관해서도 독일인들은 대충 만들고 계속해서 수리해서 쓰는 방식의 영국 정치 문화에 깜짝 놀라곤 한다. 그들은 영국을 대저택에 비유한다. 무성하게 자란 정원과 삐걱거리는 마루, 삐뚤어진 기둥, 꽉 닫히지 않는 내리닫이 창으로 이뤄진 그 집은 아름답기는 하지만 좀 이상한 구석이 있다. 독일 주간 신문 『차이트』는 이 주제를 가지고 모든 영국인이 존경하는 것처럼 보이는 한 영국인에게 보기 드문 일격을 가했다. 〈여왕조차도 에너지 요금을 절약할 수 있었다. 버킹검 궁전을 따뜻하게 유지하기 위해서는 1년에 360만 유로가 든다. 이는 그 건물이 런던에서 에너지 효율이 가장 낮은 곳이라는 의미다. 바로 이러한 점에서 영국의 주택 소유자 대부분은 여왕과 크게 다르지 않다. 그들은 수리할 돈이 없고, 그들의 집은 상태가 좋지 않다. 보일러가 뿜어내는 열은 오래된 벽돌과 유리를 끼운 창문 사이로 쉽게 빠져나간다.〉[17]

물이 새는 파이프, 빅토리아 시대의 변기, 화재에 취약한 구조, 쥐가 다니는 마룻바닥으로 이뤄진 영국 의회 건물은 사람들의 영혼을 어둡게 만든다. 건물을 보수하는 데 수십억 파운드가 사용되었지만, 앞으로 더 많은 돈이 들어갈 예정이다. 어처구니없이 기이하고, 우스꽝스러운 제복 차림의 고용인들이 돌아다니는 의회 건물은 의원들을 유권자의 생생한 경험으로부터 분리시키고, 실용주의보다 전통을 더 높이 떠받들게 만든다. 안타깝게도 그 건물에서 벌어지는 건 대부분의 의원들이 소망하는 진지하고 협력적인 노력보다 한 방에서 서로 짜고 하는 눈치 싸움과 조롱의 팬터마임에 가깝다.

독일 정부는 주요 정책을 승인하기 전에 최대한 많이 살펴본다. 논란의 소지가 있는 안건은 종종 특별 위원회에 회부된다. 이들 위원회는 모두가 받아들일 수 있는 안이 나올 때까지 소집된다. 주류 정당이 얻는 표의 비중이 점차 줄어들면서, 광범위한 연정이 현실적인 대안으로 떠올랐다. 조금 이상하게도 이들 연정에는 다른 나라 이름이 붙여진다. 예를 들어 자메이카 연정(검정, 노랑, 녹색)은 자유민주당(FDP)과 녹색당, 케냐 연정(검정, 빨강, 녹색)은 기독교민주연합과 사회민주당과 녹색당. 최근 일부 지역에서는 짐바브웨 연정(검정, 빨강, 노랑, 녹색)까지 이야기가 나오고 있다. 이러한 조합은 지방 정부 차원에서 시도되고 있는데, 일종의 시범으로 기능하면서 국가 차원으로 확대하기 전에 다양한 조합으로 서로 협력할 기회를 모든 정당에 제공한다. 이러한 연정의 모자이크는 대단히 강력하며, 안정의 근간이다.

사회민주당(SPD)은 수차례 대연정에 참여했다. 그러나 그 속에서 무엇을 해야 할지 잘 알지 못한 상황에서 메르켈에게 그녀가 중심에 서서 통치하기 위해 필요한 표를 제공해 주었다. 사회민주당은 잠재적으로 소멸 위기에 직면하고 있거나, 적어도 주변부로 밀려나고 있다. 『슈피겔』은 사회민주당이 존재감을 드러냈던 마지막 순간은 모두가 노키아 휴대전화를 사용했던 시절이라고 표현했다. 이러한 흐름은 광범위한 차원에서 유럽 전반의 흐름과 일치하는 것이었지만, 특히 독일에서 두드러지게 나타났다. 빌리 브란트와 헬무트 슈미트가 전성기를 누리던 시절에 사회민주당은 광범위하고 신뢰할 만한 유권자 집단을 확보하고 있었다. 그러나 그 이후로 그들은 인구 변화의 흐름을 제대로 따라잡지 못했다. 경제 연구소Institute for Economic Research의 발표에 따르면, 2000년부터 2016년까지 근로 계층으로 분류된 유권자의 비중은 37퍼센트에서 19퍼센트로 떨어졌다. 사회민주당은 이처럼 무시무시한 변화의 속도와 새로 떠오르는 디지털 계층에 어떻게 대응해야 할지, 혹은 도시의 유권자에 집중해야 할지, 아니면 도시와 시골의 중간 지역의 유권자에 집중해야 할지 알지 못했다. 그들의 기존 선거구는 낡고 시들어 가고 있었다. 메르켈 총리는 정치 시스템 속에서 자신의 지위가 그랬기 때문에, 그리고 전후 민주주의 정당들의 조직에 대한 독일 사회의 의지가 그랬기 때문에 경쟁 정당임에도 불구하고 2013년 사회민주당의 150주년 기념식에 참석했다. 이러한 모습은 다른 곳에서는 거의 상상할 수 없는 일이다.

제3의 정당인 진보적인 자유민주당(FDP)은 5~10퍼센트의 지지율을 얻으면서 대부분의 전후 연정에서 중요한 역할을 했다. 그러나 지금은 그들이 어떤 가치를 추구해야 할지 알지 못한 채, 그리고 최저 득표율 기준을 넘어서지 못한 채 혼란에 빠져 있다.

독일의 정치 시스템은 반대파를 흡수하는 뛰어난 능력을 확보하고 있다. 가장 놀라운 변화는 녹색당에서 시작되었다. 평화 운동과 1968년 저항 운동으로 모습을 드러낸 그 정당은 초창기에 분열된 양상을 보였다. 〈근본주의Fundi〉 계파는 기존 정치와 완전히 결별하기를 원했다. 반면 〈현실주의Realos〉 계파는 기존 체제 속에서 노력을 해야만 변화를 이끌어 낼 수 있다고 주장했다. 결국 현실주의 계파가 승리를 거뒀고, 1983년에 처음으로 연방 의회에 입성했다. 그들은 즉각적으로 의회 안과 밖에서 새로운 물결을 주도했다. 예를 들어 그들은 동베를린 중심부에서 시위자 대열에 참여하기도 했다. 녹색당 의원들 중에는 정치적으로 대단히 다채로운 인물들이 있었고, 가장 대표적으로 오랫동안 반핵 운동을 이끌어 왔던 페트라 켈리Petra Kelly가 있었다. 또한 법률가인 오토 실리Otto Schily는 적군파 테러 집단을 변호했던 인물이다. 이후 실리는 녹색당을 나와 사회민주당에 들어갔으며, 슈뢰더 행정부에서 강경한 내무부 장관으로 일했다. 그리고 나서 기업 로비스트로 활동했다.

가장 유명한 녹색당 인사는 요슈카 피셔Joschka Fischer였다. 1968년에 학생 운동가였던 피셔는 비주류 테러 집단과도 관련이 있었다. 실제로 그는 1970년대에 경찰서를 습격했던 〈테러와 파괴를 위한 프롤레타리아 연합〉이라고 하는 폭력 집단의 수장이었다. 의원으로서 그는 다소 경박한 인물이었다. 한번은 부의장에게 이렇게 말했다.「의장님, 한 말씀 드리자면 당신은 정말로 재수 없는 놈입니다.」[18] 1985년에 피셔는 세계 최초로 녹색당 출신의 장관이 되었다. 그는 헤센주에서 환경부 장관을 맡았다. 그가 취임 선서를 할 때 신었던 흰색 운동화는 지금도 독일 역사박물관에 보존되어 있다. 1998년에 녹색당은 처음으로 사회민주당과 더불어 연방정부에 합류했다. 피셔는 부총리이자 외무부 장관을 맡았다. 참으로 놀라운 전환이었다. 그 연정이 2005년에 패했을 때, 피셔는 전후 독일에서 두 번째로 장수한 외무부 장관이었다. 여론 조사에서 그는 당시 내각에서 가장 인기 있는 인물로 줄곧 꼽혔다.

녹색당은 정치적 주류로 합류한 이후에 중요한 역할을 맡았다. 2000년대에는 전국적인 차원에서 3위 자리를 놓고 자유민주당과 경쟁했으며, 지방 정부에서도 점차 역할을 확장해 나갔다. 녹색당은 지난 몇 년 사이에 더욱더 성장했다. 그 이유로는 사회민주당의 쇠퇴와 기후 위기의 도래, 유럽 전역에서 커지는 민족주의 포퓰리즘에 대한 반발을 꼽을 수 있겠다. 전후 기성 정당의 방식으로 녹색당은 헌법에 입각한 광범위한 조직으로 성장했다. 놀라운 사실은 그들이 히피와 힙스터들의 도시 지역을 넘어서 독일 전역의 작은 도시와 마을로 활동 범위를 확장해 나갔다는 점이다. 보수적인 바이에른과 바덴-뷔르템베르크에서 녹색당 후보자들이 거리 홍보 활동을 할 때 전통적인 〈가죽 바지Lederhosen〉나 〈여성 의상Dirndl〉을 입고 있는 모습을 종종 볼 수 있다. 〈고향Heimat〉을 떠올리게 하는 이러한 메시지는 시골 지역의 자연적인 아름다움을 보존해야 할 필요성을 강조한다. 2세기 전 요제프 폰 아이헨도르프Joseph von Eichendorff는「푸른 꽃」과 같은 서정적인 시에서 그러한 아름다움을 잘 표현했다. 어떤 점에서 녹색당은 지나치게 차분하다. 민주주의 세계 전반에 걸친 의심의 시대에 독일 녹색당의 성공은 많은 희망을 보여 준다. 또한 기존 정당들이 직면한 문제의 심각성을 분명하게 지적하고 있다.

1970년대에 두 정당이 90퍼센트의 득표를 기록했다. 그러나 이제 그들의 비중은 50퍼센트 아래로 떨어졌다. 오늘날 처음으로 대표적인 세 정당 모두 거센 도전을 받고 있다. 경험 많은 두 평론가인 옌스 피셔Jens Fischer(헬무트 슈미트의 보좌관으로 활동했던)와 하인츠 슐트Heinz Schulte(오랫동안 전문가로 활동한)의 설명에 따르면, 오늘날 독일 유권자는 세 부류로 나뉜다. 가장 먼저, 〈도시 엘리트〉는 대부분 녹색당을 지지한다. 다음으로 〈성난 유권자〉는 독일대안당(AfD)이나 좌파당(동독 공산당의 분파로 시작된)을 선택한다. 마지막으로 〈낭만주의자들의 골짜기〉는 주로 도시와 교외에 거주하는 나이 많은 유권자들로서, 서독 지역의 기성 정당을 여전히 고집하는 성향이 강하다.

주류 정치인들은 독자적으로 활동하는 사람들로 인해 많은 어려움을 겪는다. 유럽 의회 선거를 앞두고 정치 캠페인이 한창이던 2019년 5월, 한 유튜브(그때까지 독일에서 가장 유명한 온라인 플랫폼인) 영상이 널리 퍼졌다. 음악가이자 블로거이며 아헨 지역 루터교 목사의 아들인 스물여섯 살의 레조Rezo라는 젊은이는 그 영상에서 정치 현실을 주제로 한 시간짜리 강의를 했다. 250개의 인용문과 데이터 집합, 그리고 욕설을 한데 섞으면서, 레조는 자신의 믹싱 데스크에 앉아 기독교민주연합과 사회민주당이 〈우리의 삶과 미래를 망쳤다〉라고 비난했다. 그러고는 기후 변화에 대한 정책과 부의 분배, 외교 정책에 관한 사안으로 이야기를 이어 나갔다. 그는 유럽연합 정치를 설명하면서 〈빌어먹게 지루한〉이라는 표현을 썼지만, 그럼에도 젊은이들에게 투표를 독려했다. 그 자신만의 〈개성 있는 외침〉으로 이야기를 마무리하면서, 국가 지도자들에게 이렇게 경고했다. 〈당신들은 언제나 젊은이들이 정치적이 되어야 한다고 말한다. 그럴 때 젊은이들이 정치가 개판이라고 생각한다면, 당신들은 그러한 현실을 똑바로 바라봐야 한다.〉[19] 레조는 자신의 목소리를 전달하는 새로운 방식을 찾고자 하는 젊은 세대(동과 서의)의 상징적인 존재가 되었다. 게시된 지 2주가 채 걸리지 않아, 그 정치 강의는 1500만 조회 수를 돌파했다. 이는 독일에서 비음악 영상으로서는 최고 기록이었다.

레조의 사례는 결코 특별한 것이 아니다. 왜 젊은 블로거가 기성 정당을 향한 분노를 드러내면 안 된단 말인가? 원로 정치인과 토크쇼 진행자들의 반응은 충격에 가까운 것이었다. 그들은 물었다. 대체 뭐가 잘못된 것일까? 독일 언론과 정계의 기본적인 반응은 자기 폄하였다. 이는 지루한 이야기일 수 있지만, 전후 영국 정부가 똑같이 망상에 빠져 있는 거대 언론의 부추김 속에 수십 년 동안 보여 준 자화자찬의 모습보다는 훨씬 바람직하다.

2019년 11월, 베를린 장벽 붕괴의 서른 번째 기념일을 앞두고 또 다른 자기비판의 열띤 분위기가 형성되었다. 중요한 의사결정이 해체되거나 복원되었다. 재구성해서 제대로 작동하도록 만들 수 있었던 동독 경제의 일부를 구제하기 위해 더 많은 노력을 기울였어야 했을까? 그 대답은 의심할 여지없이 〈그렇다〉였다. 1990년 7월부터 1991년 4월까지 동부 지역의 산업 생산은 절반으로 떨어졌다. 수만 명이 매주 직장을 잃었다. 1년 만에 전체 노동력의 3분의 1은 실직을 했거나 혹은 짧은 시간만 일했다. 이 시대에 대한 모든 평가에서 한 기관이 그 실패에 대해 줄곧 비난받았다. 그곳은 다름 아닌 신탁 관리 공사Treuhandanstalt였다. 동독 의회가 1990년 6월에 설립한(본의 압박 속에) 그 기관의 목적은 400만 명의 노동자를 고용하고 있던 8천 개 이상의 국영 기업을 통제하는 것이었다. 그들의 임무는 민영화와 청산 사이에서 결정을 내리는 것이었다. 글로벌 시장은 제쳐 두고, 독일 시장에서 대부분의 기업이 경쟁력이 없다고 판단을 내리기까지 그리 오랜 시간이 걸리지 않았다. 5년 중 4년 동안 그 조직을 이끌었던 여성인 비르기트 브로이엘Birgit Breuel은 2019년 11월에 당시 상황과 관련해서 여러 차례 인터뷰를 했다. 그 후로 오랫동안 브로이엘은 대중이 싫어하는 인물이 되었다. 신탁 관리 공사 역시 지나치게 열성적이고 냉정하고 관료적이라는 비판을 받았다. 이제 80대로 접어든 그녀는 그 조직이 공동체를 제대로 보살피지 못했으며, 잠재력 있는 기업들을 이쪽 시스템에서 저쪽으로 이어주는 다리 역할을 충분히 해주지 못했다는 사실을 인정했다. 그러고는 이렇게 덧붙였다. 「우리는 사람들에게 너무 많은 것을 요구했습니다.」[20]

2019년 8월 어느 날 저녁, 나는 마르쿠스 란츠Markus Lanz가 진행하는 정치 프로그램을 시청하고 있었다. 이러한 형태의 전문가 토론은 대중 참여를 위한 주요한 플랫폼으로 남아 있다. 그 프로그램에는 두 명의 인사가 출연했는데, 처음부터 극명하게 다른 입장을 드러냈다. 우선 베른하르트 포겔Bernhard Vogel은 대학 도시인 괴팅겐과 하이델베르크 출신으로 이제 80대 중반에 접어들었다. 그는 동독과 서독에서 주지사를 지낸 유일한 인물이다. 1970년대 중반에서 1980년대 중반까지 서독의 라인란트팔츠 주지사를 지냈고, 다음으로 동독의 튀링겐 주지사를 지냈다. 그에 맞선 야나 헨젤Jana Hensel은 40대 중반의 기자이자 작가로, 10대 시절에 베를린 장벽의 붕괴를 경험했다. 그는 『장벽 이후*After the Wall*』(2004)라는 책에서 과거 동독 세대가 겪은 시련과 고난을 탁월하게 그려 냈다.

처음에 두 사람은 팽팽하게 맞섰다. 포겔은 〈오시〉들의 끊임없는 투덜거림에 대한 불만을 토로했다. 반면 헨젤은 〈베시〉들의 오만을 지적했다. 결국 두 사람은 서로의 이야기가 옳다는 사실을 인정했다. 헨젤은 이렇게 언급했다. 「(통일은) 서독 사람들에게 이야기의 끝이었습니다. 하지만 우리에겐 시작일 뿐입니다.」

동독에서 삶의 대부분을 보낸 나이 많은 세대가 바로 이러한 감정을 드러내는 표현이 있다. 〈마음속의 장벽〉이 그것이다. 라이너 크나이펠하버캄프Reiner Kneifel-Haverkamp는 바로 이러한 정서를 몸으로 겪은 인물이다. 그는 서독의 공무원으로서 동독에 파견된 1세대 중 한 명이었다. 도르트문트 인근 출신인 그는 본에 위치한 외무부 법률 부서에서 정규직으로 일하고 있었다. 그러던 1991년 8월, 그는 동독으로 가서 새롭게 설립된 브란덴부르크주 정부가 법무부를 설립하는 데 도움을 주라는 제안을 받아들였다. 그 주의 청사가 들어서게 될 역사적 도시인 포츠담에 도착했을 때, 그곳은 완전히 새로운 세상이었다고 그는 회상했다. 당시 브란덴부르크주의 초대 법무 장관인 한스 오토 브로이티감Hans Otto Bräutigam의 책상 위에는 커다란 전화기가 놓여 있었다. 처음 몇 주 동안 그 전화기는 서독으로 연결하는 직통 라인이었다. 다른 사람이 그 전화기를 쓰려면 그에게 허락을 받아야 했다. 크나이펠하버캄프의 연봉은 같은 직급의 동독 공무원보다 훨씬 더 많았다. 일반적으로 동독에서 근무하는 서독 출신의 공무원은 따로 상여금을 받았다. 그 돈을 일컬어 〈부시출라게Buschzulage〉라고 했다. 이는 독일의 제국주의 시절에 황제가 다스리는 황량한 오지에서 일하는 관리에게 주던 봉급을 가리키는 용어였다.

그는 두 가지 긴장의 원천에 대해 설명했다. 하나는 누가 누구에게 정보를 전하는지 궁금해하는 동독 사람들 사이의 긴장, 다른 하나는 오시와 베시 사이의 긴장이다. 「처음엔 동료들이 저를 무척 퉁명스럽게 대했어요. 충분히 이해할 수 있는 일이었죠. 하지만 관계가 점차 돈독해지자 어떤 이들은 다른 동료보다 제게 더 많은 정보를 알려 주더군요. 일단 어느 정도 가까워지자 서독의 사무실에서는 생각조차 하기 힘든 이야기를 듣게 되었습니다. 정말로 가까운 친구 사이가 아니라면 하지 않을 법한 그런 이야기를 말이죠.」

동독에 〈파견된〉 서독 사람들은 〈디미도스Di-Mi-Dos〉라고 놀림을 받곤 하는데, 이는 화요일부터 목요일까지 통근을 하고 주말에는 가령 함부르크나 뮌헨에 있는 가족에게 돌아가는 사람을 말한다. 그러나 크나이펠하버캄프는 그러지 않았다. 스스로 오시에 동화되고, 귀화한 오시로서 살아가기 위함이었다. 그렇다고 해서 나중에 서베를린에서 살아갈 것이라는 사실을 숨긴 것은 아니었다. 그는 부분적으로 지역적 차이에서, 그리고 부분적으로 역사에서 비롯된 정체성을 이해하기 위해 노력했다(동독 역사에 대해 동정심을 가진 것은 결코 아니었지만). 무엇보다도 그건 자부심에 관한 문제였다. 서독 시절에 사교 모임에 참석할 때면, 그는 그들의 〈못사는 사촌〉을 조롱하는 사람들과 고정관념에서 벗어나지 못한 기자와 정치인들에게 종종 염증을 느끼곤 했다.

지금 동독은 정확하게 어떤 상황인가? 2019년 10월『슈피겔』은 표제 기사에서 이렇게 외쳤다. 〈이게 오시다So is'er, der Ossi〉. 부제는 이렇게 달았다. 〈동쪽이 움직이는 방식, 그리고 그들이 다르게 투표를 하는 이유〉. 그해 가을, 모두가 그 주제에 대해 곰곰이 생각했다. 베를린 폴크뷔네 극장은 며칠에 걸쳐 저녁 시간에 동서 정체성 문제를 논의하는 자리를 마련했다. 『타게스슈피겔』도 48면의 특별 추가 지면에서 같은 주제를 다루었다.

베티나 리츠Bettina Leetz는 1982년부터 포츠담 가정법원 판사로 일했다. 통일 후 그녀는 도심에 있는 쾌적한 중앙 공원에서 나와 아이스크림을 먹으며 판사 중 약 절반이 옷을 벗었으며, 그 비중은 고등법원에서 더 높다는 이야기를 들려주었다. 그 이유는 정치 시스템에 더욱 밀접하게 연루되어 있었기 때문이었다. 포츠담 고등법원의 경우에는 한 명의 판사만이 자리를 유지했다. 나머지는 변호사나 기업의 법률 자문이 되거나 보안 회사에 들어갔다. 은퇴한 사람도 있었다. 그 시절만 해도 일자리가 많지 않았다. 형사 사건은 그리 오래 걸리지 않았다. 이혼 또한 분쟁의 대상이 될 만큼 자산을 가진 사람이 거의 없는 데다 국가가 더 많은 양육의 책임을 졌기 때문에 별로 복잡하지 않았다. 그러나 이제 사람들이 돈을 벌기 시작하자 소송이 붐을 이루면서 법률 서비스 시장이 급성장하고 있다. 예전에는 동독 전역에 걸쳐

600명의 판사가 있었다. 그러나 리츠의 설명에 따르면, 이제 브란덴부르크주에만 그 정도 규모의 판사가 있다. 리츠는 적응에 성공한 사람으로서 더 나은 삶에 감사하고 있다. 다음으로 그녀는 깜짝 놀랄 만한 이야기를 들려주었다(나중에 많은 사람들로부터 똑같은 이야기를 자주 들었다). 초반에 동독 사람들은 격차를 따라잡기 위해 열심히 일을 했다고 한다. 그러나 지난 몇 년 사이에 격차는 더 벌어지고 말았다. 20대 중반인 그녀의 딸은 예전보다 서독 출신 친구들과 덜 어울린다고 한다.

　당신은 사람들을 어떻게 분류하는가? 옷이나 차는 더 이상 기준이 아니다. 동독 출신은 걸음걸이(서독 사람들은 보다 자신 있게 걷는다)와 말하는 내용(「몰디브가 좀 지겨워졌어.」 「아무래도 아우디를 팔아야겠어.」)을 언급한다. 서독 사람들은 해외여행이나 투자, 상속에 관해 이야기를 하며, 열정적으로 대화를 나눈다. 반면 동독 사람들은 그런 이야기를 하지 않는다. 사회적 관습이란 게 있는 것이다. 리츠는 판사 시절 배관공과 결혼했고, 〈전환점〉 직후에 이혼했다. 나는 그게 전적으로 개인적인 문제였는지, 아니면 정치적 변혁과 관련된 것인지 조심스레 물었다. 그녀는 그 둘을 구분할 수 없다고 말하면서, 동독에서는 그 조합이 그다지 이상한 것은 아니었다고 설명했다. 그녀가 서독 사람들과 어울리기 시작했을 때, 그들은 그러한 사회적 지위의 불일치를 잘 납득하지 못했다. 「통일의 과정이 효과적으로 이뤄졌지만, 많은 문제가 묻히고 말았다는 사실을 인정해야 합니다.」

헬무트 하스Helmut Haas는 라이프치히에서 보철 기구를 생산하는 기업을 운영하고 있다. 근로자 수는 100명에 달한다. 하스는 그 지역에서 만난 여성과 결혼했고, 그곳에서 25년째 살고 있다. 예전에 그는 미국과 오스트리아에서도 일한 적이 있었다. 크나이펠하버캄프의 경우와 마찬가지로 하스 역시 사회에 동화되기 위해 노력하고 있지만, 차이를 뚜렷하게 느끼고 있다. 과연 그는 편안하게 살아가고 있을까? 그는 이렇게 말했다.「우리 모두는 정체성을 찾기 위해 애쓰고 있습니다.」그러고는 아쉬운 듯 덧붙였다.「지난 몇 년간 상황은 분명히 더 나빠졌습니다. 조만간 나아지길 바라고 있습니다.」그는 지금 지나친 기대로부터 분노로 넘어가는 중간 어디엔가 있다.

디르크 부르크하르트Dirk Burghardt는 드레스덴 국립 아트 컬렉션 대표다. 그 조직은 드레스덴 전역의 박물관 열다섯 곳을 관리하는 일을 맡고 있다. 우리는 츠빙거 왕궁을 마주보는 드레스덴 성에 위치한 사무실에 앉아 예술과 정치에 대해 이야기를 나누었다. 드레스덴 현대 미술관인 알베르티눔Albertinum은 지역 정치인들이 동독으로부터 부여받은 임무를 회피하고 있다고 불만을 제기하면서 논란의 중심에 서게 되었다. 서독 출신인 부르크하르트는 적대감이 조금씩 모습을 드러내고 있지만, 그건 최근의 일이라고 지적했다. 그는 내게 몇 달 전 록 콘서트에 다녀왔다는 이야기를 했다. 그때 바로 옆에 서 있던 남자가 그를 손가락으로 찌르며 이렇게 물었다. 「이봐요, 어디 출신이죠?」 그건 그에게 생소한 경험이었다. 대표로 취임할 무렵, 부르크하르트는 부처 직원들이 비밀경찰과 관련이 있는지 확인하는 역할을 맡은 문화 지도자 중 한 명이었다. 당시 그는 외부인이었고, 채 서른 살이 되지 않았다. 「하루에 여덟 명에서 열 명을 면밀히 관찰해야 했습니다. 어떤 이는 눈물을 흘리기도 했고, 다른 이는 싸늘한 눈빛으로 절 노려보기도 했죠.」

「서독인은 우리를 실망시킨 첫 번째 외국인이었어요.」 안트예 헤르메나우Antje Hermenau는 정치적 차원에서 과거의 관행으로부터 벗어나려고 노력하는 사람이다. 그녀는 전환기 시절에 동독의 첫 번째 녹색당 정치인 중 한 사람으로서 라이프치히의 원탁에 앉아 협상을 했다(그녀는 열일곱 명의 참석자 중 유일한 여성이었다). 그녀는 1990~1994년에 작센주 의회에서, 1994~2000년에는 연방 하원에서 독보적인 존재감을 드러냈다. 독립심이 강하고 거침이 없으며 미국인과 결혼한(동독에서는 매우 이례적인 일이다) 헤르메나우는 전형적인 중도 좌파였다. 라이프치히의 낡은 도심을 함께 걸어가면서 그녀는 니콜라이 교회를 내려다보는 자신의 오래된 아파트를 가리켰다. 그녀는 평화로운 혁명을 맨 앞에서 지켜봤다.

이제 이 모두는 다른 느낌을 준다. 그녀는 25년 후인 2014년에 녹색당을 떠났다. 기존 정당들(그녀는 녹색당도 다른 정당과 같은 범주로 집어넣고 있다) 모두 국민에게, 특히 동독과 그녀가 사랑하는 작센 지방 주민들에게 실망감을 안겨주었다고 생각했기 때문이다. 그녀의 설명에 따르면, 그 지역은 인구 비중이 20퍼센트밖에 되지 않음에도 불구하고 산업 생산의 절반을 책임지면서 동독 경제를 이끌었다. 그녀는 최근 『중부 유럽의 시각 The View from Middle Europe』이라는 제목의 책을 펴냈다. 여기서 그녀는 작센과 튀링겐, 그리고 독일 인접 지역을 광범위하게 포괄하는 〈중부 유럽〉이 문화적 차원에서 폴란드와 헝가리, 체코공화국, 오스트리아와 맞닿아 있다는 주장을 펼쳤다. 이들 지역은 오랜 전통을 기꺼이 받아들인다. 간단하게 말해서, 그들은 서유럽에 속하지 않는다. 그녀는 녹색당원 시절에도 이와 관련해서 많은 이야기를 했다고 지적했다. 2005년 한 연설에서 그녀는 이렇게 주장했다. 「우리는 우리의 길을 갈 것입니다.」

2019년에 헤르메나우는 자유유권자당 Freie Wähler을 중심으로 여러 후보자를 끌어 모아 작센 지방 선거에 출마했다. 그녀는 라이프치히에서 남쪽으로 15킬로미터 정도 떨어진 츠벤카우라는 작은 마을로 나를 데리고 갔다. 얼핏 보기에 마을 분위기는 좋아 보였다. 예전에 그 지역을 황폐하게 만들었던 노천 갈탄 광산은 이제 저수지와 호수 휴양지로 바뀌어 가고 있었다. 또한 많은 사업이 벌어지고 있지는 않았지만, 주택들은 대체로 깔끔하고 단정해 보였다. 우리는 그 지역의 후보자인 하이케 외흘레르트Heike Oehlert를 만났다. 최근에 남편을 잃은 외흘레르트는 지역 유명 인사로서 공동체 정치에 참여하면서, 동시에 노인들을 위해 직접 가정을 방문하는 물리 치료사로도 활동하고 있었다. 나는 두 사람의 대화에 귀를 기울였다. 나의 반응은 공감과 놀라움 사이를 왔다 갔다 했다. 자유유권자당의 목표는 극우 독일대안당에 표를 주려는 사람들을 설득하는 것이었다. 헤르메나우는 이렇게 말했다. 「그들은 작센과 동독 사람을 야수로 묘사하길 좋아합니다. 우리를 종종 촌뜨기라고 말하죠. 우리가 그들보다 더 세련되었는데도 말이죠. 많은 사람이 이곳을 떠났지만 우리는 남았습니다. 우리는 모든 것을 처음부터 만들어 나갔지만 제대로 인정받지 못했죠.」함께 있던 몇 시간 동안 그녀는 나의 이해를 돕기 위해 애를 썼다. 외흘레르트는 이렇게 덧붙였다. 「우리는 이중으로 모욕을 당하고 있다고 느낍니다. 우리는 위협을 받고 있으며, 불만을 제기하면 인종 차별주의자라는 비난을 받습니다.」나는 그녀에게 자녀는 어떤지 물었다. 현재 그녀의 아들은 츠벤카우에서 정치학을 가르치고 있다. 그녀는 이렇게 인정했다. 「아들은 당신만큼 다문화적인 사람이에요. 우리 세대의 걱정을 잘 이해하지 못하죠.」

나는 왜 그들이 그렇게 느끼는지 이해하려 노력했지만, 이민의 주제로 넘어갔을 때에는 더 쉽지 않았다. 그들은 베를린에 있는 상점에 들어갔을 때 점원들이 독일어를 하지 못하는 것을 보고 당혹감을 느꼈다고 말했다. 언론에 대해 말하자면, 언론은 두 주요 정당과 재력을 가진 그 친구들로 부터 통제를 받고 있다. 내가 만난 동독인들은 아직 과거를 놓아 보내지 못했다. 「우리는 행간을 읽으라고, 적힌 그대로 믿지 말라고 훈련을 받았습니다.」 불만의 감정은 동독 전역에 걸쳐서 퍼져 있다. 가령 〈안슐루스Anschluss〉는 원래 1938년 히틀러의 오스트리아 합병을 의미했지만, 지금은 서독에 의한 동독의 〈합병〉을 의미하는 용어가 되었다. 〈베서베시Besserwessi〉(잘난 체하는 서독 사람)라는 말은 일찍이 널리 사용되었다.

통일 과정에서 드러난 최대의 실수는 고위직에서, 그리고 광범위한 롤모델로 활동할 수 있는 더 많은 동독 출신 인재를 찾아내지 못한 것이었다. 물론 공산당 최고위 인사를 비롯해 산업과 법률 등 다양한 분야의 고위직 인사를 청산하지 않는 것은 생각할 수 없었을 것이다. 그러나 오늘날 독일 전역은 물론, 동독의 여섯 주에서 거의 모든 고위직을 〈베시〉들이 차지하고 있다. 30년이 흐른 지금, 정치·법률·군사·비즈니스 분야의 고위직에서 동독 출신의 비중은 1.7퍼센트에 불과하다. 동독 출신 인구가 독일 전체에서 17퍼센트를 차지하고 있음에도 말이다. 독일 전체 대학 중 〈오시〉가 총장을 맡은 곳은 하나도 없다. 비즈니스의 경우 독일의 500대 기업 중 동독에 본사를 두고 있는 곳은 7퍼센트에 불과하며, 독일 주가 지수 DAX 30에 포함된 기업은 단 한 곳도 없다.

작가 프랑크 리히터Frank Richter는 〈울분 장애embitterment disorder〉라는 용어를 만들어 냈다.[21] 이는 충격에 대한 동독인의 지연된 반응을 의미한다. 전환점은 단지 하나의 상태의 끝을 의미하지 않는다. 이는 또한 마음가짐의 해체를 의미하는 것이었다. 분노는 경제적 요인과 별 상관이 없다.

최근 설문 조사에 따르면, 작센 지방 시민의 75퍼센트가 자신의 재정 상태를 좋거나 혹은 아주 좋다고 평가한다. 그럼에도 거의 똑같은 비중의 인구가 2급 시민으로 대우받고 있다고 느낀다고 답했다.

동독의 여섯 주는 과거 공산주의 지역 어느 곳보다 1인당 GDP가 훨씬 높다. 게다가 유럽 남부의 여러 국가보다도 더 높다. 하지만 발전 상황은 고르지 않다. 라이프치히는 첨단 유행의 도시이고, 투자자들에게 인기가 높아서 하이프치히 Hypezig라고도 불린다. 많은 젊은이들은 라이프치히를 베를린보다 더 매력적인 도시로 여긴다. 맥주는 싸고, 음악은 멋지고, 집세는 저렴하다.

반면 비록 금융적인 차원에서는 좋은 성과를 보이고 있지만, 내가 불편하다고 느낀 곳은 드레스덴이다. 드레스덴은 아직 역사의 그늘에서 벗어나지 못하고 있다. 폭격을 맞은 건물들은 동독 시절에 철거되었으며, 그 자리에는 동독 특유의 콘크리트 아파트 건물인 플라텐바우Plattenbau가 들어섰다. 통일 이후로 드레스덴은 역사 중심지로서 예전의 영광을 되찾았지만, 여전히 인위적인 느낌이 강하다. 가장 충격적인 건물은 문화의 전당이다. 1962년에 건축된 이 콘크리트 건물은 〈붉은 깃발의 길〉이라고 하는 거대한 사회주의 리얼리즘 벽화로 장식되어 있다. 건립 당시에는 〈쿨티 Kulti〉라고 알려진 이 건물은 〈사회주의 도시 센터〉의 핵심적인 역할을 담당했다. 베를린에 있던 공화국궁과는 달리, 문화의 전당 철거 계획은 보류되었다. 대신에 내부를 완전히 개조해 드레스덴 필하모닉을 위한 보금자리로 거듭났다.

동독에서는 주변부 지역일수록 인구는 적고 문제는 많다. 여러 마을과 소도시는 황폐화되었고 상점과 병원, 술집이 종적을 감췄다. 공공 의료 서비스에 의존해야 하는 노인의 수도 증가했다. 한때 거대했던 기차역 매표소는 문을 닫았고, 플랫폼에 설치된 자동화 기계만이 승객을 맞이한다.

베를린 장벽 붕괴에 따른 행복감 속에서 사람들의 기대는 한껏 치솟았다. 1990년대 초 이후 과제를 오랜 여정으로 내다보면서, 동과 서의 경제가 제대로 자리 잡는 데는 수십 년의 세월이 걸릴 것이라고 전망했던 전문가들은 비관적인 예측을 내놓았다고 비판을 받았다. 이제 독일 Ifo 경제 연구소 드레스덴 분소에서 지적하듯이, 2030년 융합 목표는 전반적으로 옳았던 듯하다. 오늘날 동독 지역에서 생활수준은 서독 지역의 80퍼센트에 거의 근접했다. 지역 간 이동과 다양한 보조금, 특정 재화의 낮은 물가에 힘입어 상황은 평등을 향해 나아가고 있지만, 여전히 몇 년의 세월이 더 필요할 것으로 보인다. 그래도 서독 지역의 가장 가난한 곳과 비교할 때, 상황은 오히려 나은 편이다. 구동독 지역의 전반적인 실업률은 프랑스에 인접한 루르나 자를란트와 같은 탈공업화 지역보다 더 낮다. 서독 지역의 기업들은 많은 지역민을 경영진에 발탁하고 있지는 않지만, 적어도 투자를 이어 나가고 있다. 중대형 규모의 기업은 동독 지역에 공장을 설립하도록 권장되고, 실제로 그럴 경우에는 다양한 인센티브를 받는다. 츠비카우 지역의 예전 트라반트* 비즈니스는 폭스바겐에 인수되어 신속하게 재편되었다. 오펠은 아이제나흐로 이주했고, 포르쉐와 BMW는 라이프치히에 지사를 두고 있다. 철도와 열차 역시 현대화되고, 새로운 아우토반 네트워크가 완성되었다. 서독 지역의 사회 기반 시설이 투자 부족으로 인해 허물어지고 있는 상황에서 말이다.

지난 30년에 걸쳐 투자는 놀라운 규모로 이뤄졌다. 동독 지역 재건Aufbau Ost 사업은 사회 기반 시설 프로젝트에 2조 유로에 달하는 돈을 쏟아부었다. 어느 나라도 이처럼 장기적이고 막대한 규모로 투자한 적이 없다. 이는 마셜 플랜에 맞먹는 규모다. 서독 지역이 전후에 미국의 원조로 많은 이익을 얻었다는 점을 감안할 때, 이러한 사업은 정당하고 적절하다. 전체 투자의 약 5분의 1이 동독 지역의 환경을 정화

---

* Trabant. 동독 시절 국민차 역할을 했던 소형 자동차. 트라비Trabbi라는 애칭으로 더 유명하다.

하고, 안전하지 않은 핵 시설을 폐쇄하고, 석탄 발전에 대한 의존도를 낮추는 데 투입되었다. 동독 지역에 사는 사람이라면 지상에 노출된 배관이 도시 경관을 해치고 검은 스모그가 마을을 뒤덮은 광경을 기억할 것이다. 주민들은 종종 젖은 천으로 창틀에 낀 그을음을 닦아 내야만 했다. 이제 공기 질은 대단히 좋아졌다. 경제적 차이를 보여 주는 신뢰할 만한 지표인 기대 수명의 격차도 줄어들었다. 물론 이 모두를 위해 많은 대가를 지불해야 했다. 대체 어느 나라가 〈졸리Soli〉라고 하는 연대세*를 도입한단 말인가? 납세자는 동독 지역 재건을 위해 소득세 외에 5.5퍼센트를 추가로 납부해야 한다. 이 세금은 지금도 시행되고 있다. 비록 2021년까지 소득 상위 10퍼센트를 제외하고 폐지될 계획이기는 하지만.

이러한 성과는 대단히 인상적이다. 그럼에도 서독 사람이 그런 말을 한다면, 동포들로부터 오만하다는 비난을 받을 것이다. 공기는 예전보다 더 깨끗해졌다. 사회 기반 시설의 상당 부분이 개선되었다. 대도시는 새롭게 단장했다. 경제는 서독 지역을 따라잡는 여정에 있다. 모든 실수에도 불구하고, 모든 분노에도 불구하고(실질적이든 상상이든) 독일은 다른 국가가 할 수 없는 일을 했다. 그들은 스스로 해냈으며, 그 과정에서 유럽연합에 많은 기여를 했다. 또한 한

* Solidarity Tax. 가난한 사람들의 고통을 분담하는 차원에서 부유층에게 물리는 세금.

번의 경기 침체와 한 번의 금융 위기를 이겨 냈다.

그렇다면 울분 장애 뒤에는 뭐가 남았는가? 동독 지역 사람들이 그들의 과거(나치든 혹은 공산주의 시절이든)와 타협할 필요가 없었다는 사실은 아무런 도움이 되지 않는다. 또한 서독 지역 사람들은 그들이 국경의 반대편에 있었다면 어떻게 했을지 생각해 보라는 요청을 받지 않았다. 〈포식자 혹은 희생자Täter oder Opfer〉라고 하는 이분법적 표현은 복잡성과 대단히 급박한 선택, 그리고 평범한 삶의 회색지대를 제대로 담아 내지 못한다.

통일의 시점에서 소수의 공산당과 비밀경찰 간부들이 특수 범죄 혐의로 재판을 받았다. 그 시스템의 다른 부분에서 고위직에 올랐던 많은 이들이 자리에서 물러났다. 대부분의 경우 책임과 책임의 정도에 관한 질문이 가족과 공동체 내부에서 제기되었다. 모두 누군가를 알았다. 비밀경찰은 8만 5천 명의 정식 요원과 50만 명에 달하는 정보 제공자, 600만 명(1800만 인구 중 성인 전체에 근접하는)에 대한 자료를 확보하고 있었다. 그렇게 많은 사람이 어두운 쪽에서 일을 하는 가운데, 복잡한 상황 속에서 판단을 내리기 위해서는 거대한 관료 조직을 필요로 했을 것이다. 외부로부터 심판주의가 팽배했다. 그러나 서독 지역 사람들과, 외국인들이 거의 묻지 않았던 질문이 있다. 그러한 시스템 속에서 살아가야 했다면 당신은 어떻게 행동했을 것인가? 동독 사람들이 두 번의 잇단 독재로부터 두 번 고통을 겪었다는 이야기는 흔한 불평이 되어 버렸다. 그러나 이러한 도식화에는 문제가 많다. 무죄와 수동성의 개념에 의존하고, 제3제국과 동독 사이의 도덕적 등가성을 주장하기 때문이다. 이는 20세기 독일 역사의 폭넓은 맥락 속에서 동독의 독재를 어떻게 바라볼 것인가라는 흥미로운 논의를 촉발했다.

탈나치화에 대해서는? 동독은 제3제국에 대한 책임을 인정하지 않았다. 프롤레타리아트 독재하의 반파시스트 국가로서 동독은 새로운 출발을 알리고자 했다. 파시즘은 통제 불능의 자본주의에 대한 자연스러운 결과였으며, 자본주의는 비록 그 형태는 다르지만 서독에서 지속되었다. 서독인들의 일반적인 생각은 그들의 나라가 그 과정에서, 특히 첫 20년 동안 어려움을 겪기는 했지만 적어도 자신들은 최악의 범죄자를 추적하기 위해 노력했다는 것이었다. 그러나 동독은 그렇게 하지 않았다. 뉘른베르크 재판이 어디에 있었단 말인가?

베를린에서 활동하고 있는 미국인 도덕 철학자인 수전 네이먼Susan Neiman은 이러한 생각에 이의를 제기했다. 네이먼은 브란덴부르크 지방 정부가 포츠담에 설립한 연구소 아인슈타인 포럼의 소장을 맡고 있다. 그는 최근의 저서『독일인에게 배우다Learning from the Germans: Race and the Memory of Evil』에서 홀로코스트에 대한 독일의 사죄 노력을 노예제에 대한 기껏해야 부분적인 미국의 속죄와 비교했다. 여기서 가장 논란이 될 만한 대목은 동독과 서독이 전쟁의 기억을 다룬 방식의 차이에 관한 것이다. 네이먼은 이렇게 주장했다. 〈동독의 과거사 처리 방식은 대부분 잊혔다. 이와 관련해서 서독이 할 수 있는 최고의 말은 동독이 《법령에 따른 반파시즘》 정책을 실행했다는 것이다. 그러한 주장은 동독인들이 상황이 좋을 때 웃게 만들고, 그렇지 않을 때 이해할 수 없는 분노에 휩싸이게 한다.〉[22] 네이먼은 작가 잉고 슐체 Ingo Schulze의 말을 인용했다. 〈반파시즘은 국가 정책이었고 당연히 그래야 했다.〉[23]

네이먼은 윤리학 분야의 매력적인 사상가이며 열정적인 토론가이기도 하다. 그러나 나는 그녀가 동독을 너무 쉽게 놓아줬다고 생각하지 않을 수 없다. 어쨌든 그녀는 오늘날 다른 일부 저자와 마찬가지로 단지 좋고-나쁜, 자유-억압을 비교하는 차원을 넘어서 중요한 사고 흐름을 개발하고 있다.

온화하면서도 흥미로운 관점을 보여 주는 또 다른 인물로 우베카르슈텐 헤예Uwe-Karsten Heye를 꼽을 수 있다. 게르하르트 슈뢰더 행정부 시절 정부 대변인을 지낸 헤예는 2014년에 독일계 유대인 철학자이자 열정적인 반파시스트였던 발터 벤야민Walter Benjamin의 삶과 가족을 주제로 책을 발표했다. 벤야민의 정치철학은 유명하게, 혹은 다소 악명 높게도 힐데 벤야민Hilde Benjamin을 통해 그의 사후에도 이어졌다. 그의 제수이기도 한 힐데 벤야민은 동독 부대법원장 시절에 공개 재판과 많은 사형 판결로 인해 붉은 길로틴,

혹은 피의 힐데라는 별명을 얻었다. 힐데는 1953년에 법무부 장관이 되었지만, 1967년에 동독 지도자 발터 울브리히트에 의해 자리에서 밀려났다. 그녀의 정치적 광신과 열성적 공산주의는 그 체제 내부에서조차 지나치게 과한 것이었다.

동독의 트라우마와 모순을 누구보다 뚜렷하게 몸소 보여준 인물이 있다. 크리스타 볼프Christa Wolf의 역사는 전후 독일의 역사이기도 하다. 어린 시절 나치의 여성 청소년 단원이었던 볼프는 열 살 무렵에 나치 친위대가 자신이 살던 마을을 거쳐 폴란드로 행군하는 모습을 지켜봤다. 전쟁이 막바지에 이르렀을 때 볼프 가족은 폴란드에서 쫓겨나 독일 동부로 이주했다. 그녀는 즉각 공산당에 가입했고, 중앙 위원회 청년단원이 되었다. 그녀는 『나누어진 하늘』, 『크리스타 T.에 대한 추넘』 같은 소설에서 연인 간의, 개인과 국가 간의 관계를 묘사했다. 수많은 동독인들과 마찬가지로 볼프는 환멸이 스며들기 전에 공산주의 프로젝트를 열렬히 신봉했다. 무시무시한 소련 탱크가 여러 도시에서 100만 명에 이르는 시위대를 뚫고 전진했던 1953년 봉기는 많은 이들에게 바로 그러한 전환점이 되었다. 열광은 사적인 우정이 대단히 중요했던 그늘 속에서 회의적이고 현실적인 삶으로 점차 바뀌어 갔다.

볼프가 공산주의 체제로부터 얻었던 관용과 칭송은 불신으로 바뀌었다. 그녀는 국가에 환멸을 느꼈지만, 그럼에도 통일에는 항상 반대했다. 사람들은 그녀의 책에 열광했으며, 초조해 하는 청중은 그녀의 낭독을 듣기 위해 교회로 모여들곤 했다. 그러던 1993년, 볼프가 비밀경찰의 정보원으로 활동했다는 사실이 드러났다. 활동 기간은 겨우 3년이었지만, 그녀가 다른 작가들을 고발했었다는 사실로 인해 비난이 쏟아졌다. 그 사실이 드러났을 때, 볼프는 충격을 드러내면서 과거의 기억을 억눌러야 했었다고 말했다. 볼프 사건을 둘러싸고, 수십 년 전의 역사학자 논쟁과 비슷하게 공적인 논의가 일었다. 그녀는 이후 저서 중 하나인 『남아 있는 것들』의 출판을 미룬 것에 대해 이미 비판을 받고 있었다. 1인칭 시점으로 쓴 이 책은 비밀경찰의 억압 속에서 살아가는 작가(아마도 그녀 자신)의 하루를 묘사하고 있다. 이 책은 공산주의 체제가 붕괴하고 몇 달 후에 출간되었다. 이 소설 속 주인공은 국가 시스템 속에서 고통을 겪고 있는 것으로 그려졌다. 그런데 정말로 그녀가 그러한 고통을 겪었을까? 많은 문인들은 볼프를 지지했다. 그중에는 상처 입은 귄터 그라스도 있었다. 그는 이렇게 썼다. 〈그건 마치 공개 처형과도 같았다.〉[24] 그런 상황에서 다른 사람들은 어떻게 행동했을 것인가?

통일 후 작가, 예술가, 영화 제작자로 구성된 새로운 집단이 그들이 물려받은 파시즘과 공산주의 유산을 새로운 시각으로 바라보기 시작했다. 일부는 과감하게 풍자를 통해 이러한 주제를 다루기도 했다. 2003년 영화 「굿바이 레닌」

에서 한 엄마는 베를린 장벽이 붕괴되기 전날 밤에 혼수상태에 빠진다. 그녀가 깨어났을 때, 그녀의 아들은 삶의 근간이 무너졌다는 충격으로부터 엄마를 보호하고자 한다.

열세 살에 베를린 장벽이 무너지는 것을 지켜봤던 야나 헨젤은 『장벽 이후』에서 자신의 세대를 너무 어려서 기억을 하지 못하는 사람들과, 너무 나이 들어서 새로운 삶을 시작하지 못하는 사람들 사이에 낀 상실의 세대로 그려 냈다. 그 장르에 해당하는 또 다른 감동적인 책으로는 막심 레오 Maxim Leo의 『붉은 사랑 Red Love』이 있다. 그는 동독 시절에 자신의 부모와 조부모 사이에 벌어진 정치적 갈등을 작품 속에서 떠올렸다. 그것은 시스템 속에서 일하는 이들과 시스템에 저항하는 이들 사이의 갈등이었다. 공산주의 체제가 붕괴되면서 사람들이 헝가리 등지를 통해 빠져나가던 1988년과 1989년 시절에 대해 그는 이렇게 썼다. 〈남아 있는 사람들은 스스로를 실패자로 느꼈다. 바보 같은 유물, 당시 동독을 부르던 말이다.〉[25] 체제 개혁을 소망하면서 체제에 반대했던 그의 어머니는 〈그 모든 행복한 얼굴들〉을 제대로 바라볼 수 없었다. 〈그녀는 아직 본격적으로 일어나고 있지는 않았지만, 뭔가 끝나 가고 있다는 사실을 직감했다.〉[26]

영화 「타인의 삶」은 많은 관객들에게 그 시대를 떠올리게 했다. 수상에 빛나는 이 다큐드라마 작품은 몇 시간이고 사람들의 대화를 끝까지 엿듣고자 하는 지루한 비밀경찰 관료의 이야기를 다룬다. 감독 플로리안 헨켈 폰 도너스마르크는 이렇게 말했다. 〈침울한 방 안에 앉아 귀에 헤드폰을 끼고서 국가와 사상의 적으로 의심되는 이들의 이야기를 듣는 한 사람의 이미지가 문득 떠올랐다. 그러나 그가 정말로 듣고 있던 것은 마음을 어루만지는 아름다운 음악이었다.〉[27]

베를린 동부 카를스호르스트의 나뭇잎 무성한 조용한 거리에 보석이 숨어 있다. 예전에는 육군 중앙 박물관이라는 이름으로 알려졌던 독일-러시아 박물관은 나치가 항복 문서에 서명했던 장소다. 건물의 1층에는 공병 부대 장교들이 머물렀던 거대하고 휑한 홀이 있다. 승리를 거머쥔 네 국가의 연합군은 나치의 무조건 항복을 담은 문서에 서명하기 위해 눈에 띄지 않는 이곳을 택했다. 녹색 천이 덮인 짙은 갈색의 기다란 원목 테이블은 그 뒤로 늘어선 네 개의 국기와 더불어 그날의 배경이 되었다. 그날의 의식을 촬영한 흑백 영상이 TV 화면으로 반복해서 흘러나오고 있었다. 이 건물은 1967년에 소련군의 영웅적인 행동과 파시즘의 악덕을 보여 주기 위한 박물관으로 새롭게 태어났다. 이후 1994년에 러시아인들이 떠나면서 베를린시의 소유로 넘어갔다. 큐레이터인 마르고트 블랑크Margot Blank가 내게 박물관을 구경시켜 주었다. 거기서 나는 예상보다 오랫동안 머물렀다. 군인들의 일상생활에서 벨라루스와 러시아 서부로 진격하는 동안 비행기로 살포한 나치의 선전 전단, 소련계 유대인에 대한 학살, 스탈린그라드와 레닌그라드 봉쇄에 이르기까지 다양한 전시가 내 관심을 사로잡았다. 모두 끔찍한 사건에 관한 이야기를 솔직하게 들려주고 있었다.

나는 카를스호르스트를 떠나 프리드리히슈펠테 중앙 묘지로 곧장 향했다. 그곳 정문 옆에는 무덤들과 조금 떨어진 거리에 과거의 영웅들을 모신 사원이 따로 마련되어 있었다. 그들은 공산주의 이념을 실현한 인물들이었다. 이 기념물은 원래 20세기 전반에 활동했던 위대한 건축가이자 바우하우스 학교의 마지막 교장인 미스 판 데어 로에Mies van der Rohe가 설계한 것이다. 그러나 1935년에 나치에 의해 철거되면서 그의 혁명 기념물은 9년밖에 지속되지 못했다. 이후 1951년에 동독 정부는 사회주의자들을 기리는 새로운 기념물을 건립했다. 그 기념물의 중앙에는 열 개의 무덤이 늘어서 있다. 나는 로자 룩셈부르크와 카를 리프크네히트의 무덤을 휴대전화로 찍었다. 이들 옆에는 울브리히트가 누워 있었다. 뭔가 속이 뒤틀리는 느낌이 들었다. 중앙 묘지 관리소는 적어도 비밀경찰 수장인 에리히 밀케Erich Mielke를 외딴 구석에 묻을 만큼 분별이 있었던 것이다. 그 기념물의 중앙에 우뚝 솟은 오벨리스크에는 이러한 문구가 새겨져 있었다. 〈죽은 자는 우리의 기억을 환기시킨다.〉맞는 말이다.

이제 그들과 그들의 체제는 더 이상 존재하지 않는다. 동독인들이 그들의 운명에 대해 불만을 토로할 때, 그들이 이

전에 살았던 구속의 삶과 그을음으로 더럽혀진 도시, 정보원의 감시를 받았던 삶을 상기시켜 줄 필요가 있다. 왜 그들은 달라진 삶을 더 많이 축하하지 않는 걸까? 총리 역시 물컵이 반쯤 비어 있다고 본 듯하다. 메르켈 총리는 2019년 국경일 기념 연설에서 이렇게 말했다. 「왜 독일의 통일이 동독 지역에 살았던 많은 사람들에게 그리 긍정적인 경험만은 아니었는지 이해하기 위해 우리 모두 노력해야 합니다.」[28] 하지만 우리는 얼마든지 다른 시선으로 바라볼 수 있다. 어떤 잘못이 있었는지 묻는 대신에, 우리는 다른 질문을 던져야 한다. 어떤 다른 나라가 그렇게 작은 변혁으로 그러한 상황에 대처할 수 있었을까? 통일의 과제는 어쩌면 한 나라를 파산으로 몰아가고, 훨씬 더 심각한 사회적 트라우마를 줄 수 있었을 것이다.

이러한 질문은 과거와 미래의 모든 문제를 위해 메르켈과 그녀의 국가에게 남겨진 특별한 유산이다. 그녀는 때로 자신의 가슴을 친다. 그러나 결코 뽐내지 않는다. 그녀는 유럽을 비롯한 서구 사회의 다른 지도자들보다 더 오랫동안 자리를 지켰다. 메르켈의 위상은 역사 속에서 그 누구보다 더 두드러지게 남을 것이다.

3장 물티쿨티[*]
: 이민과 정체성

2015년 8월, 드레스덴 외곽의 작은 도시 하이데나우에서 약 600명의 스킨헤드 폭도가 이민자 집단을 공격했다. 당시 이민자들은 버스를 타고 폐쇄된 공장에 마련된 임시 대피소로 이동하는 중이었다. 그 금요일 밤에 경찰이 출동했을 때, 폭도들은 병과 돌멩이를 던지며 저항했다. 그 과정에서 서른 명의 경찰관이 부상을 당했고, 그중 한 명은 중상을 입었다. 경찰은 대피소로 가는 진입로의 안전을 확보하기 위해 최루탄과 후추 스프레이로 대응했다. 폭동이 가라앉고 며칠이 흘러, 앙겔라 메르켈은 현장을 직접 방문했다. 그 자리에서 그녀는 특유의 진지한 표정으로 이렇게 말했다.「다른 이의 존엄성에 의문을 던지는 이들에게 관용을 베풀지 않을 것입니다. 법과 인간의 도움이 필요한 곳에 도움을 주려고 하지 않는 이들에게 관용을 베풀지 않을 것입니다.」그러자 군중 속에 있던 한 사람이 외쳤다.「당신은 우리에겐

---

* multikulti. 다문화. 영어로는 multi-culture.

눈길조차 주지 않아요.」

그해 베를린에서는 또 다른 일이 있었다. 한 중년 커플이
버려진 건물을 난민 피난처로 만들고자 했다. 하르디 슈미
츠Hardy Schmitz와 바르바라 부르크하르트Barbara Burckhardt
는 시의 상원이 의회와 멀지 않은 곳의 정신병원 건물을 사
들여 이를 400명의 시리아인을 비롯한 난민들을 위한 숙소
로 개조할 계획이라는 이야기를 전해 들었다. 슈미츠와 부
르크하르트를 비롯한 적극적인 이웃들은 이의를 제기하는
대신에, 협회를 설립하고 자금을 모아서 15년간 비어 있던
아름다운 저택의 1층을 매입하도록 허가를 받았다. 그들의
아이디어는 그 공간을 새 이민자들을 위한 회의실과 도서
관, 만남의 장소로 만드는 것이었다. 그들은 사업 계획을 꼼
꼼히 세웠다. 두 사람의 자격(슈미츠는 성공한 기업가였고,
부르크하르트는 유명한 연극 비평가였다) 또한 훌륭했다.
그런데 문제가 발생했다. 샤를로텐부르크의 부유한 지역에
사는 주민들이 그들의 계획에 반대하는 전단지를 뿌린 것
이다. 그들은 이렇게 주장했다. 거리의 평판을 한번 생각해
보라. 당신의 딸의 안전을 생각해 보라. 밤에 동네를 돌아다
닐 수 없을 것이다. 그리고 집값은?

주민들은 소송을 하겠다고 협박했다. 가볍게 넘어갈 수
없는 문제였다. 함부르크의 부유한 지역에 사는 원고가 몇
달 전 비슷한 사건에서 승소를 한 사례가 있었다. 부르크하
르트는 재판에서 이기기 위해 단체를 조직했다. 그 저택의

거실에서 함께 차를 나누며 그녀는 내게 이렇게 말했다.「그들의 주장에 반대하는 전단을 게시했어요. 우리는 이렇게 주장했죠. 〈우리가 할 수 없다면 대체 누가 할 수 있단 말인가?〉」그녀는 채찍과 함께 당근도 이용했다. 그녀는 베를린의 문화계 유명 인사들에게 지지를 호소했다. 배우, 감독, 작가들에게 연설을 하거나 영화나 음악 행사를 열어 달라고 요청했다. 그리고 저녁 행사를 열어 바로 그 이웃과 함께 난민을 초대했다. 문화계 인사와 교류하는 기회는 너무 소중한 것이어서 주민들로서는 놓칠 수 없었다. 덕분에 긴장감은 사그라졌다. 유대감은 빠른 속도로 높아졌다. 행사에 모인 사람들은 언어 학습 모임이나 취업 알선 및 법률 지원을 제공했다. 자원봉사자의 다수가 나이 많은 여성으로, 이들 대부분이 20대 아랍 남성들과 함께 일했다. 물론 문화 간 혼선이 빚어지기도 했다. 저녁에 술을 내놓아야 할까? 그들은 그렇게 하기로 결정했다. 영화에 섹스 장면이 나올 때는 당혹스러운 분위기가 연출되기도 했다. 이후로 부르크하르트는 좀 더 신중하게 작품을 골랐다. 그 공간이 더욱 활기를 띠면서 사람들 사이에 신뢰감이 형성되었고, 시리아와 독일 예술가들이 만남의 시간을 가졌다. 이제 슈미트와 다른 자원봉사자들은 낮 시간에 현장뿐만 아니라 외부에서 업무 적응 훈련을 실시하고 있다. 또한 이민자들에게 견습과 인턴 기회를 제공하기 위해 애쓰고 있다. 그들은 고용 센터를 방문해서 새로 들어온 지원자를 연결해 주는 업무를 맡고 있는 담당자와 이야기를 나눈다. 자산가와 기업에서부터 건물 내 기부함에 이르기까지 다양한 통로를 통해 지속적으로 자금을 모으고 기부를 요청하고 있다.

주민의 대다수가 난민을 인정하는 것은 아니지만, 그래도 일부 주민은 중요한 역할을 하고 있다. 난민들은 일종의 하숙생으로 살고 있다. 부르크하르트와 슈미츠의 집에도 모하메드라는 청년이 함께 살고 있다. 모하메드는 옥스팜에서 파트타임으로 일하면서 공부도 한다. 인종 차별이나 적대적 반응에 직면할 때마다(매일은 아니지만 그의 삶의 일부라고 하기에 충분히 자주 일어나는) 그는 대수롭지 않게 넘기려고 노력한다. 모하메드는 두 사람에게 이렇게 말했다. 「모든 게 통제할 수 있는 수준이에요.」 2016년 12월에는 보호소를 찾지 못한 한 튀니지 난민이 트럭을 몰고 베를린에서 가장 유명한 크리스마스 시장으로 돌진하는 사건이 있었다. 열두 명이 죽고, 50명 이상이 부상을 입었다. 모하메드와 그의 친구들은 큰 충격을 받았다. 그들은 보복을 당할까 봐 두려워했다. 슈미츠는 그때를 떠올리며 이렇게 말했다. 「그가 내게 와서는 묻더군요. 〈우리는 무엇을 할 수 있을까요?〉 그는 페이스북을 통해 사람들을 모아서 연대의 제스처로 샤리테 병원에서 헌혈을 하기로 결심했습니다.」

나는 기술 스타트업에서 일하고 있는 두 사람의 딸인 틴을 통해서 부르크하르트와 슈미츠를 만났다. 두 사람은 비범한 인물들이다. 나는 그들에게 상황이 더 좋아지고 있는

지, 아니면 더 나빠지고 있는지 물었다. 부르크하르트는 둘 다라고 대답했다. 「분위기가 크게 요동치고 있어요.」

하나의 사고 훈련으로, 나는 하이데나우 사람들과 샤를 로텐부르크 사람들의 적대감을 비교한다. 전자의 집단은 노골적이고 분노해 있고 짓눌려 있고 폭력적이다. 작센주 의 체코 국경과 인접한 그 마을에서 유일하게 남아 있는 산 업은 타이어 공장이다. 이 마을은 경제적 혼란과 분노에 직 면한 극우가 피부색이 다른 외국인과 맞닥뜨리는 전형적인 경우에 해당한다. 나뭇잎이 무성한, 베를린 서쪽 끝단에 위 치한 후자의 경우, 피난처를 찾는 이들의 유입은 부유한 동 네의 안락함을 잠시 허물어뜨렸다. 그 마을의 주민들은 수 동적이면서도 공격적인 난해한 법률 용어로 대응했다. 어 느 경우가 더 나쁜가? 나는 둘 다 크게 다르지 않다고 생각 한다.

사회적 기업과 관련해서 영감을 주는 사례로 로런스 레 스토랑을 꼽을 수 있다. 이 레스토랑은 베를린 내에서도 내 가 즐겨 찾는 쇼이넨 지역에 위치해 있는데, 이곳에는 갤러 리와 카페와 협동조합이 밀집해 있다. 레스토랑 대각선 맞 은편에는 유대교 예배당이 들어서 있는데, 이는 베를린에 서 가장 많은 생각을 하게 만드는(그리고 보안이 엄중한) 건물 중 한 곳이다. 로런스 레스토랑의 주인은 프랑크 알바 뵈첼러Frank Alva Buecheler라는 연극 감독이다. 그는 40년 넘 게 전 세계 극장을 돌며 유명 배우들과 함께 작업을 했다.

2015년에 그는 인생의 전환점을 맞이했다. 구호 단체의 초청으로 레바논 북부에 있는 난민 수용소를 찾았을 때였다. 「그 여행이 제 삶을 바꿨죠. 시리아 국경 근처까지 갔었습니다. 폭탄과 기관총 소리가 생생하게 들렸죠. 제 나이 58세였습니다. 전쟁을 본 건 그때가 처음이었죠.」그의 부모와 조부모는 실제로 그런 위태로운 삶을 살았다.

베를린시 정부는 그 예배당 근처의 폐쇄된 병원 건물에 난민 보호소를 열었다. 뵈첼러는 여행에서 돌아오고 나서 새롭게 단장한 건물을 발견했다. 당시 난민들은 베를린 전역에 뿔뿔이 흩어져 있었다. 그들은 모일 장소가 필요했다. 그래서 뵈첼러는 우리가 함께 앉아 있던 그 건물을 발견했다. 거기에는 오래된 약국과 이발소가 들어서 있었다. 「무려 40개 기업과 단체가 입찰을 했어요. 스타벅스도 그중 하나였죠.」하지만 베를린 시의회는 2층에 갤러리와 문화 포럼을 열겠다는 아이디어에 강한 인상을 받아서 그 공간을 뵈첼러에게 내주기로 결정했다. 그는 아래층에 있는 레스토랑에서 나오는 수익으로 2층 공간을 운영할 계획이었다. 나는 문득 이런 생각이 들었다. 대체 어느 도시의 시의회가 이처럼 임대료가 비싼 건물을 비영리 단체에게 넘겨준단 말인가? 그곳에서는 지금도 중동과 아랍 문화를 주제로 읽기 모임과 강연이 거의 매일 열리고 있다. 갤러리 공간에서는 열두 가지 이상의 전시가 열리고 있다. 뵈첼러는 레스토랑과 문화 포럼을 방문하는 사람들의 약 3분의 1은 중동 출신이고, 다른 3분의 1은 세계의 다양한 지역에서 온 사람들이며, 나머지 3분의 1이 독일인이라고 설명했다. 거기서 일하는 직원들 대부분 전쟁 난민이다. 프리아르투스Freeartus라는 이름의 그곳은 이제 명소가 되었다. 많은 이들이 그곳을 찾는다. 전 경제부 장관도 그곳을 방문했다. 슈타인마이어 대통령의 부인도 종종 레스토랑에 들르곤 한다. 그녀는 늦게 일하는 남편을 위해 일행이 먹다가 남긴 음식을 싸달라고 부탁하곤 한다. 뵈첼러는 이제 거꾸로 베이루트에서 독일 레스토랑을 열 계획을 구상하고 있다고 했다.

2015년 유엔 난민 기구(UNHCR)는 전 세계 난민 규모를 1945년 이후 최대치인 6천만 명으로 추산했다. 그 이듬해 시리아 내전으로 약 1300만 명의 난민이 생겼다.[1] 그들 중 절반은 국경을 건너 빠져나갔고 그 대부분은 레바논에 정착했지만, 그 나라 역시 이미 오랫동안 폭력과 불안, 빈곤으로 고통 받고 있었다. 100만 명 이상이 요르단으로 넘어갔다. 그와 비슷한 규모의 난민이 유럽 땅을 밟았고, 독일은 그중 많은 이들의 피난처가 되어 주었다.

「우리는 해결할 수 있습니다Wir schaffen das.」[2] 앙겔라 메르켈은 독일에 있는 난민 수용소를 방문하고서 이렇게 언급했다. 이후 몇 주에 걸쳐 이 말을 계속해서 반복했다. 우리는 해결할 수 있습니다. 그녀는 할 수 있었다. 그리고 동시에 할 수 없었다. 2015년 9월, 독일은 난민을 받아들였다.

수용 규모는 다른 국가들의 수준을 훌쩍 넘어서는 것이었다. 메르켈은 난민이 처음으로 도착하는 곳인 그리스와 이탈리아의 부담을 덜어 주기 위해 그렇게 결정했다. 그녀는 동정심에서, 그리고 세계에 새로운 독일을 보여 주기 위해 그렇게 했다. 또한 단지 독일 지도자가 아니라 유럽 지도자로서 그렇게 했다. 이후 며칠 동안 수백 명의 지역 주민이 뮌헨 중앙역에 모여들어 난민을 환영했다. 그들은 집의 문을 열어 〈환영 저녁 식사〉를 대접했다. 스포츠 홀과 주민 센터는 긴급구호 센터로 바뀌었다. 병원은 환자를 돌봐 주었고, 학교는 아이들을 받아들였다.

그것은 독일이 보여 준 최고의 모습이었다. 그런데 뭐가 잘못된 걸까? 실제로 문제가 있었나? 메르켈에게는 그랬다. 그녀의 입지는 회복되지 않았다. 그녀는 퇴임 일정을 앞당길 수밖에 없었다. 많은 이들은 그녀의 동기를, 혹은 동기가 아니라면 그녀의 능력을 의심했다. 그러나 나는 그렇게 생각하지 않는다. 나는 그녀의 판단을 독일 전후 재건 과정에서 가장 특별한 순간 중 하나였다고 믿는다.

메르켈 총리와 행정부는 분명하게도 허를 찔렸다. 공해를 무사히 건넌 거대한 난민의 물결이 남부 유럽으로 밀려들었던 2014년과 2015년에 유럽 지도자들은 또 다른 위기에 직면했다. 그리스 정부의 채무와 구제 문제로 유럽 전체가 힘들어 하고 있었다. 1997년 더블린에서 서명된 조약에 따라, 유럽연합은 난민 신청자들이 처음으로 입국한 유럽 국가에 등록을 하고 그곳에 머물러야 한다는 결정을 내렸다. 다시 말해 이민자가 처음으로 도착한 땅의 국가가 문제를 해결해야 했다. 비록 난민이 그 나라에 머물 의사가 없다고 해도 말이다. 이는 단순한 접근 방식이었다. 동시에 불공평하고 비현실적인 방식이었다. 유럽연합 국경 관리 기구인 프론텍스Frontex는 2004년에 설립된 이후 국경 통제에 도움을 주고 있었다. 그러나 이는 기본적으로 자문 기구일 뿐 실효성은 대단히 미미했다. 중동과 북아프리카에 인접한 그리스와 이탈리아는 난민 문제를 해결할 수 있는 상황이 아니었다.

전후 이민에 대한 독일의 대응은 일관적이지 못했다. 또한 독일은 혈통에 근거한 시민권의 전통적 정의에 기반을 두고 있었다. 1950년대부터 1990년대 사이에 독일은 점차적으로 수십만 명의 외국인 노동자Gastarbeiter에게 의존하게 되었다. 이들은 주로 터키와 이탈리아 출신이었다. 외국인 노동자들은 주로 상점이나 카페에서 일하거나 공장에서 허드렛일을 맡았다. 또는 석탄이나 철강과 같은 중공업 분야에서 일했다. 그들에게 허락된 권리는 거의 없었다. 그들은 뭉치지 못했고, 그들의 의견을 개진할 통로는 거의 없었다. 독일 정부는 그들에게 지위를 부여할 생각이 없었다. 그들은 그런 환경이 마음에 들지 않으면 언제든지 고향으로 돌아갈 수 있었다. 우리는 이러한 정책을 볼가 독일인Volga Germans에 대한 개방 정책과 비교해 볼 수 있다. 18세기 〈독일 공주〉예카테리나 2세가 러시아 제국의 왕좌에 오르면서 수만 명의 독일인이 동쪽으로 이주했다. 그들은 볼가강 유역을 따라 마을을 형성해 살았다. 그들은 독일의 언어와 관습을 계속해서 유지했다. 소련 시절에도 그들은 〈자치 공화국〉의 지위를 인정받았고, 그 수도는 엥겔스였다. 그러나 1941년 히틀러가 소련을 침공하면서 볼가 독일인들은 소련으로부터 박해를 받았고, 많은 이들이 강제수용소로 보내졌다. 당시 전체 인구의 3분의 1이 그 과정에서 죽음을 맞이했다. 이후 고르바초프의 페레스트로이카 시절에 그들은 원한다면 그곳을 떠날 수 있게 되었다. 그 결과 독일 정부는 200만 명이 넘는 이들 아우시들러Aussiedler(이주민)를 받아들였다. 이들은 독일 민족이라는 이유만으로 즉각 수용되었고, 누구도 그 결정에 이의를 제기하지 않았다. 혈통주의 Jus sanguinis는 전 세계 수많은 국가에서 시민권을 부여하는 중요한 기준이다. 독일 역사를 감안할 때, 이 원칙이 특유의 엄격함과 더불어 그토록 오랜 세월에 걸쳐 지속적으로 적용되었다는 사실은 놀라울 따름이다.

그 정책은 2000년에야 바뀌었다. 슈뢰더 행정부는 입법을 통해 부모가 외국인이지만 독일에서 태어나고 자란 아이들 중 일부에게 독일 여권을 발급했다. 2014년에는 이러한 권리를 독일에서 태어난 모든 아동에게 확대 적용했다. 메르켈을 향한 모든 분노에도 불구하고, 독일의 인구 구성은 2015년 이민 물결이 밀어닥치기 이전에 이미 변화하고 있었던 것이다. 이제 독일 인구 네 명 중 한 명(2천만 명에 달하는)이 〈이민자 배경〉을 갖고 있다. 이들은 적어도 부모 중 한 명이 외국인이다. 터키가 배경인 인구는 400만 명이 넘으며, 이는 전체 인구의 5퍼센트에 해당한다. OECD 자료를 참조할 때, 독일은 이제 이민자들이 선호하는 두 번째 국가다(트럼프의 갖은 노력에도 불구하고 미국이 여전히 부동의 1위를 지키고 있다).[3] 독일 다음으로는 호주와 캐나다가 있다. 하지만 호주는 몇 년 전 도개교를 들어 올렸고, 이민자를 환영하는 오랜 문화에 자부심을 가졌던 캐나다조차 그 전철을 밟고 있다.

이민자에 대한 독일의 방향 전환을 이끈 원인은 다양하고도 복잡하다. 부분적으로 새로운 정치인 집단, 특히 중도 좌파 정치인들이 그들의 나라를 다양하고 개방적인 곳으로 바라보려는 욕망이 원인으로 작용했다. 노동 연령 인구의 감소와 노령 연금 생활자 인구의 증가가 또 다른 부분적인 원인으로 작용했다. 독일에서는 현재 근로자 수가 줄어들고 있다. 노동력 부족 현상은 특히 공공 의료 분야와 건설 산업에 치명적인 영향을 미쳤다. 인구 통계 전문가들은 지속적인 저출산과 노령화로 인해 독일은 앞으로 매년 50만 명의 인구를 유입해야 할 것이라고 지적한다. 그 이름도 화려한 새로운 노동 이민법Fachkräftezuwanderungsgesetz에 따르면, IT 기술자와 같은 숙련 노동자는 독일에 입국해서 6개월 동안 구직 활동을 할 수 있다. 단, 그동안 스스로 먹고살 수 있다면 말이다. 또한 그 법은 일자리를 구하고 독일어를 어느 정도 할 줄 아는 망명 신청자들에게 영주권을 발급받을 수 있는 가능성까지 열어 주고 있다. 2015년 이후로 거대한 난민 물결을 타고 독일로 건너온 이민자들 중 3분의 1은 이미 일자리를 잡았다. 이러한 통계 수치는 성공인가, 실패인가? 나는 나쁜 성적은 아니라고 말하고 싶다.

두 장의 사진이 2015년 9월 초의 특별한 48시간을 대변하고 있다. 싸늘한 시신으로 발견된 세 살짜리 시리아 소년의 사진을 기억할 것이다. 알란 쿠르디라고 하는 그 아이는 터키 보드룸 휴양지 인근 해변에서 엎드린 채 발견되었다. 원래 아이의 가족은 그리스 코스섬으로 가려고 했었다. 실제로 많은 난민이 중개인에게 엄청난 돈을 지불하고서도 아이의 가족이 탔던 것처럼 조잡한 배를 타고 가다가 익사하고 만다. 지금도 많은 이들이 그러한 운명을 맞이하고 있다. 유일하게 달라진 점이 있다면, 이제 많은 유럽인들이 난민의 고통에 좀 더 익숙해졌다는 사실뿐이다.

다음 날인 9월 3일, 뮌헨 중앙역에서 약 3천 킬로미터 떨어진 곳에서 아주 이례적인 상황이 벌어졌다. 수백 명의 주민이 〈독일에 오신 것을 환영합니다〉라는 문구가 적힌 플래카드를 들고 줄을 지어 서 있었다. 이들은 헝가리에서 오스트리아를 거쳐 마침내 안전한 삶을 향한 험난한 여정을 마친 난민들이 타고 온 첫 번째 열차를 맞이하기 위해 꽃과 선물, 음식을 들고 나왔다. TV 뉴스는 이들이 보여 준 연민의 정을 생중계로 전했다. 전 세계 소셜 미디어에는 그 사진들이 올라왔다. 난민들은 자신을 받아줄 곳을 마침내 찾았다. 고난은 이제 끝난 듯 보였다.

람페두사와 코스를 비롯한 여러 섬과 유럽 남부 항구를 통해 흘러 들어온 난민들의 규모가 점차 통제 범위를 넘어서면서, 고통의 행렬은 발칸 반도를 지나서 나아갔다. 그들은 세르비아를 지나 헝가리를 통과하려고 했지만 그들을 맞이한 것은 다급하게 설치한 날카로운 철조망 펜스와 이를 지키는 군견이었다. 펜스를 넘으려고 시도한 이들은 최루탄과 후추 스프레이, 물대포 공격을 받았다. 오르반 빅토르Orban Viktor의 민족주의 우파 정부는 동정심을 보이지 않았다. 그들은 난민을 함부로 국경을 넘어 밀고 들어오는 유목민 떼거리로 취급했다. 예전에 반공주의 반체제 인사였던 오르반은 국민들의 불안 심리를 이용한(혹은 촉발한) 첫 번째 유럽 지도자였다. 나중에 그는 트럼프 대통령으로부터 칭찬 세례를 받기도 했다.

상황을 지켜보던 메르켈은 즉각적인 행동을 결심했다. 그녀는 첫 번째 주말에 도착한 2만 명의 난민(대부분 시리아인)들에게 독일의 문을 개방하도록 지시했다. 상점 주인들과 여러 가정들은 특별히 마련된 장소를 통해 식료품과 의류, 세면도구, 아이들 장난감 등을 기부했다. 너무 많은 사람들이 참여하는 바람에 경찰이 나서서 중단을 요청해야 할 정도였다. 이런 분위기에서 〈환영 문화Willkommenskultur〉

라는 신조어가 탄생하기도 했다. 설문 조사 기관인 알렌스바흐 연구소Allensbach Institute에 따르면, 처음 몇 달 동안 16세 이상 독일 인구의 절반 이상이 다양한 방식으로 난민을 지원하는 데 참여했다. 그들은 기부를 하거나 언어 또는 행정 절차와 관련해 실질적인 도움을 제공했다. 이후 몇 주에 걸쳐서 수십만 명의 난민이 독일로 몰려들었다. 그들은 기차나 버스를 타고, 혹은 걸어서 들어왔다. 대부분 무일푼이었고 아픈 이도 많았다. 가족을 동반하지 않은 미성년자도 많았다. 그들은 내전으로, 그다음에는 길고 고된 여정으로 마음의 상처를 입었다. 독일 정부는 그들만의 독특한 방식대로 이 문제를 해결하기 위해 즉각 대책 마련에 나섰다. 텐트촌을 지었고 비어 있는 건물을 활용했다. 자원봉사 의사, 간호사, 심리 치료사들이 통역사의 도움을 받아 현장에 투입되었다. 두 번째 단계로, 각 주 정부는 인구와 세수를 기준으로 이민자 수를 할당받았다.

어느 나라도 관용의 차원에서 독일을 따라잡지 못했다. 중부 유럽은 문을 닫아걸었다. 프랑스와 영국은 마지못해 더 많은 수용을 고려해 보겠다고 했지만, 장기간에 걸쳐 문제가 될 때만 그러겠다는 것이었다. 어느 나라도 즉각적인 도움을 내놓지 못했다. 대비가 뚜렷했다. 영국 신문 『미러』의 한 칼럼니스트는 상황을 이렇게 요약했다. 〈나는 참으로 많은 것을 상상하지만, 수백 명의 영국인이 침대 시트에다가《영국에 오신 것을 환영합니다》라고 쓰고 화이트클리프*

에 올라가 흔드는 모습을 도무지 상상할 수 없다.〉⁴ 그러곤 유엔이 독일을 세계에서 세 번째(이번 수용을 제외해도)로 이민자를 많이 받아들인 나라로 꼽았다고 언급했다. 영국 은 아홉 번째다. 그 칼럼니스트는 이렇게 덧붙였다. 〈그러 나 우리는 이민 물결에 놀란 국가 중 하나였다. 독일은 교훈 을 배웠고 겸손을 발견했으며 도움을 주기 위해 노력했다. 그러나 우리는 그런 그들을 조롱했고, 우리가 도덕적으로 더 우월하다고 세상을 향해 외쳤다. 우리는 지금 그렇게 말 할 수 있는 권리를 박탈당할 심각한 위기에 처해 있다.〉⁵

영국이 관용을 보이지 않았던 것은 이웃 국가에게 부끄 러운 일이 되어야 한다. 2014년부터 2019년 7월까지 140만 명이 넘는 난민이 독일에서 망명 신청을 했다. 이는 유럽연 합 전체에 대한 망명 신청에서 절반에 가까운 수치이며, 프 랑스의 여섯 배에 해당한다. 영국은 실질적으로 한 명의 난 민도 받아들이지 않았고, 오히려 프랑스와 벨기에 항구에 대한 장벽을 한층 더 높였다. 2018년 12월에 이란인을 태운 소형 보트 몇 척이 켄트 해변에 도착했을 때, 당시 사지드 자 비드Sajid Javid 내무 장관은 그것을 〈중대 사태〉로 선언하기 위해 가족과 함께 떠났던 남아프리카 사파리 여행에서 황 급히 돌아왔다. 이후 자비드는 영국 해안의 경비를 강화하 기 위해 지중해에 있던 두 대의 국경 수비대 함정을 재배치 했다. 이에 대해서 영국 언론은 당혹스러운 정치적 제스처

* 잉글랜드 남동부 도버 해협에 위치한 절벽.

가 아니라 단호하고 분명한 결정이라고 묘사했다.

2015년 위기에 앞서 메르켈 행정부의 이민에 대한 전반적인 접근 방식은 흔들렸다. 기독교민주연합(CDU)은 앞서 알바니아와 몬테네그로, 코소보에서 온 난민 신청자들의 입국을 중단하고자 했다. 명분은 그 지역들이 이제 안정 상태로 접어들었다는 것이었다. 그러나 연정 파트너인 사회민주당(SPD)이 나서서 이러한 계획을 가로막았다. 뮌헨에 모습을 드러내기 두 달 전, 메르켈은 TV에 출연해서 충격적인 인터뷰를 했다. 「독일에서 잘 살기」라는 제목의 그 프로그램에는 10대 청소년들이 청중으로 참석했다. 메르켈은 그러한 인터뷰를 예전에도 해본 적이 있었고, 출발은 순조로웠다. 하지만 곧 예기치 않은 상황이 벌어졌다. 청중석에는 열네 살의 림 사월Reem Sahwil이라는 팔레스타인 소녀가 있었다. 그녀는 4년 전에 가족과 함께 레바논 베카밸리의 바알베크 난민 수용소를 탈출했다. 사월은 나중에 평론가들이 지적했던 〈완벽한 독일어〉를 구사하면서 떨리는 목소리와 공손한 태도로 모든 독일 사람이 자신에게 친절하게 대해 줬다고 말했다. 그녀는 꿈을 이루기 위해 대학에 진학하고 싶지만, 온 가족이 추방될까 봐 걱정이라고 털어놨다. 그녀는 이렇게 말했다. 「다들 삶을 즐기고 있는데 저만 그럴 수 없다는 사실이 슬픕니다. 저도 그들처럼 공부하고 싶어요.」 그러나 〈무티〉 메르켈은 그녀에게 공감을 표하는 대신에 강연을 늘어놨다. 독일이 만일 그녀의 체류를 계속에서 허락한다면, 수천 명의 팔레스타인 난민과 수천 명의 아프리카 출신이 독일로 마구 흘러 들어올 것이라고 했다. 그러고는 이렇게 경고했다. 「우리는 그러한 상황에 대처할 여력이 없습니다.」[6]

그러자 림은 흐느껴 울기 시작했다. 상황은 더욱 나빠졌다. 깜짝 놀란 메르켈은 그녀를 위로하고자 했다. 「오, 이런! 하지만 당신의 성적은 최고예요.」 사회자가 나섰다. 「중요한 건 성적이 아닌 것 같군요. 그녀는 지금 극심한 스트레스를 받고 있습니다.」 메르켈은 대답했다. 「저도 그렇게 생각합니다. 그녀를 쓰다듬어 주고 싶군요.」 메르켈은 소녀에게 다가가 팔을 쓰다듬었다. 여기서 메르켈이 사용했던 〈쓰다듬다streicheln〉라는 단어는 일반적으로 새끼 고양이나 작은 반려동물에게 쓰는 말이다. 이 영상이 널리 퍼지면서 〈#merkelstreichelt〉라는 트위터 해시태그가 인기를 끌기 시작했다. 다음 날 기자들이 독일 북동부 로스토크에 있는 사월의 학교로 몰려갔다. 그들은 그녀가 난민일 뿐만 아니라, 의료 비자로 독일에 왔다는 사실을 확인했다. 예정일보다 두 달이나 일찍 태어난 사월은 출생 시에 충분한 산소를 공급받지 못해, 심각한 보행 장애를 안게 되었다. 다섯 살에 교통사고까지 당하면서 상태는 더욱 악화되었다. 용접공의 딸인 사월은 공식적인 교육을 거의 받지 못했고 독일어도 전혀 모르는 상태에서 독일에 왔다. 그럼에도 그녀는 지금 최고의 성적을 기록하고 있다.

그날 메르켈의 태도가 무뚝뚝하고 차가웠다는 비난이 쏟아졌다. 그녀는 다른 곳에 정신이 팔려 있는 것처럼 보였다. 실제로 그녀는 유럽 부채 위기를 다루기 위한 골치 아픈 유럽연합 정상회담을 마치고 막 돌아온 길이었다. 그리스를 위한 구제 금융이 합의에 도달했지만, 그리스 총리를 비롯해 그리스 전체가 메르켈과 독일에 굴욕감을 느꼈다. 그녀의 인기는 전 세계적으로 급락했다.

이는 메르켈의 다음 행보에 영향을 미쳤을까? 아마도 그랬을 것이다. 또 다른 비판이 그녀를 괴롭혔다. 독일 평론가들은 메르켈의 리더십이 단조롭고 위험 회피적이라고 입을 모았다. 그래서 그런지 그녀는 (한 달 뒤 TV 영상으로 헝가리 국경의 날카로운 철조망과 필사적인 난민의 모습을 봤을 때) 경계심은 접어 두고 자신의 생각을 있는 그대로 드러내 보였다. 그녀는 유럽 파트너들과 의사결정을 조율하거나 자국 의회의 승인을 받으려고 하지 않았다. 메르켈은 그저 이민자들이 들어오도록 허락했다. 그리고 이를 통해 도덕적으로 유리한 고지를 차지했다. 그녀는 이렇게 주장했다. 「긴급한 상황에서 친절한 얼굴을 보여 준 것에 대해 사과를 해야 한다면, 그것은 더 이상 독일이 아닙니다.」[7]

그녀는 주로, 혹은 전적으로 동정심에서 그런 결정을 내렸던가? 아니면 순수하게 정치적 동기에서 그랬던가? 유럽연합을 하나로 묶고(그리스 위기가 한창일 때), 스스로를 궁지에서 구하고, 독일 기업들의 일자리 공백을 메우기 위해서? 일부 평론가들이 주장했듯이, 그것은 독일 민족주의, 즉 인도주의적 슈퍼파워에 대한 새로운 천명이었던가?

그 위기와 관련해서 두 권의 책이 베스트셀러에 올랐다. 『디 벨트』의 기자 로빈 알렉산더Robin Alexander가 쓴 『강요된 것들Die Getriebenen』은 마치 정치 추리소설 같은 느낌을 준다. 이 책에서 알렉산더는 여론 조사 결과가 나올 때까지 메르켈은 강경 노선을 유지할 생각이었다고 언급했다. 전 세계적으로 동정의 물결이 높을 때, 그리고 다른 이해관계가 작동하기 전에, 93퍼센트의 독일인은 보다 진보적인 이민 정책을 지지했다. 다음으로 콘스탄틴 리히터Konstantin Richter가 쓴 책 『총리, 픽션The Chancellor, A Fiction』은 메르켈의 성격을 들여다보는 심리극에 가깝다. 리히터는 메르켈의 성격을 비판자와 지지자들이 생각하는 것보다 더욱 복잡하게 바라본다. 그는 그 이야기를 제3제국, 그리고 〈과거 청산〉과 연결 짓는다. 〈독일인들은 이제 도덕적 리더로서의 역할을 받아들였다. 전후 시대에 다른 나라는 경제적 성공으로 우리를 부러워했다. 하지만 온정적이거나 사랑스러운 국가로 인정받지는 못했다. 이제 전 세계 수백만 명이 이곳으로 오는 꿈을 꾸고 있고, 우리는 우쭐한 기분을 느끼고 있다.〉[8] 그는 메르켈에 대해 관대하지 않았다. 그녀는 뮌헨을 비롯한 다양한 도시에서 환영 분위기를 주도했던 녹색당에 편승했다. 그녀는 난민들이 자신에게 몰려들어 함께 사진 찍는 것을 좋아했다. 〈일종의 집단적 나르시시즘이다. 난민

은 우리가 스스로에게 좋은 느낌을 갖도록 해주었다.〉[9]

나는 그가 모든 것을 열정적으로 요약하는 모습에 감탄했다. 이제 나는 다른 사람들로부터 비슷한 이야기를 종종 듣는다. 라이프치히에서 작은 기업을 운영하고 있는 어느 사장은 그 현상 전체를 독일의 〈채무증서〉로 설명했다. 「우리는 세상을 구하고, 에너지 공장을 닫고, 사람들을 받아들여야 합니다.」 나는 마인츠 대학의 현대사 교수이자 『누가 독일을 두려워하는가Wer hat Angst vor Deutschland?』라는 책을 출간한 안드레아스 뢰더Andreas Roedder로부터 비슷한 메시지를 들었다. 〈그것은 독일의 전쟁 범죄에 대한 거대한 도덕적 배상이었다.〉

어떻게 보면 메르켈이 왜 그렇게 했는지(윤리, 협소한 정치적 이득, 혹은 거대한 역사 청산에 영향을 받았는지)는 사실 중요하지 않다. 그녀는 그렇게 했고, 그것이 독일을 바꿔 놓았다.

그러나 양측의 분위기가 나쁜 방향으로 흘러가는 데에는 그리 오랜 시간이 걸리지 않았다. 난민들의 기대는 높았다. 중개인들은 그들에게 틀림없이 성공할 것이며 일자리를 금방 얻을 것이라고 장담했다. 그러나 도착 후 몇 달 동안 난민들은 임시 숙소에서 시들어 가고, 고향을 그리워하고, 적응하는 데 애를 먹었다. 반면 지역 주민들은 난민들이 그들이 받았던 환영에 대해 계속해서 감사를 표해야 한다고 생각했다. 어떤 집단에서는 자원봉사를 자유주의적 특권으로 치부하는 것이 유행이 되었다. 실제로 자원봉사자들은 공상적 박애주의자Gutmenschen라는 조롱을 받기도 했다.

비판을 받을수록 메르켈은 더 열정적이 되었다. 그녀는 독일에서 꽤 시청률이 높은 일요일 심야 토크쇼인 「앤 윌 Anne Will」에 출연해서 자신이 왜 그렇게 행동했는지 해명했다. 그녀는 말했다. 「저는 지금 싸우고 있습니다.」그녀에게는 플랜 B가 없었다. 「유럽이 나아갈 공동의 길을 찾기 위해 최선을 다하는 것이야말로 저의 무거운 책임이자 의무입니다.」메르켈은 대중의 지지와 유럽의 결속력이 자신의 눈앞에서 허물어지는 것을 지켜봤다. 그녀는 가만히 바라볼 수만은 없었다.

당시만 해도 이민자를 향한 증오는 거의 드러나지 않은 상태였다. 그러나 한 사건이 잠재적인 분노를 밖으로 표출시켰다. 2015년 마지막 날, 쾰른 폭도들이 저지른 집단 성폭력 사건이 모든 상황을 뒤집어 버렸다. 이후 며칠 동안 그날 벌어졌던 대혼란에 관한 기사들이 산발적으로 이어졌다. 새해에 나온 경찰 보도 자료에 따르면, 그날 분위기는 전반적으로 〈열광적이었고〉 행사는 〈대부분 평화적으로 진행되었다.〉[10] 그러나 그날 중앙 기차역 내부와 주변에서 벌어진 성폭력에 관한 기사가 페이스북을 통해 조금씩 등장하기 시작했다. 1월 4일, 경찰은 태도를 바꿨다. 좌파당의 볼프강 알베르스Wolfgang Albers는 〈완전히 새로운 차원〉[11]의 범죄가 벌어졌다고 주장했다. 용의자들은 주로 아랍인이나 북아프리카 출신인 것으로 보였다. 그 사건은 전 세계적으로 1면 기사를 장식했다. 『빌트』는 〈독일 전역의 섹스 폭도〉[12]에 대해 경고했다. 그러는 동안에도 그 하룻밤 새에 발생한 범죄의 신고 건수는 계속해서 늘어났다. 첫날 경찰에 접수된 사건은 30건이었다. 최종적으로 총 492명의 여성이 성폭력 사건을 신고했고, 여기에는 성희롱에서 성추행, 강간까지 포함되어 있었다.[13] 쾰른은 즉각 충격에 휩싸였다. 주민들은 〈우리 여성들〉과 그들을 보호해야 할 필요성에 대해 이야기하기 시작했다.

그런데 왜 관련 뉴스는 산발적으로 보도되었던 것일까? 몇 년 뒤 베를린에서 열린 비공개 언론 세미나에서 한 선임 기자는 이렇게 시인했다. 「우리는 난민 문제를 다루는 방식에서 지나치게 느리고 지나치게 조심스러웠습니다. 분명하게도 초반에는 그랬습니다. 그것이 불신을 증폭시켰습니다.」[14] 정말 그랬다. 한 세미나 참석자가 지적했듯이, 이와 같은 소극적인 태도는 이번 사건이나 독일에만 해당하는 문제가 아니었다. 단지 언론만의 문제도 아니었다. 경찰과 시 당국 역시 마찬가지였다. 당시 유럽에서는 또 다른 비슷한 사례들이 있었다. 영국 북동부에 위치한 로더럼이라는 마을에서 벌어진 사건도 그중 하나였다. 수년에 걸쳐 (1980년대 말부터 2000년대 초) 주로 이슬람 남성으로 구성된 집단이 성적으로 취약한, 대부분 백인인 소녀를 대상으로 그루밍 범죄를 저지른 일이 있었다. 그러나 『더 타임스』가 그 사건을 보도했을 때에도 시 당국은 별다른 반응을 보이지 않았다. 공식 보고는 충격적이었고, 불투명함과 무능함, 성차별, 그리고 소수 민족을 자극하지 않으려는 소극적인 태도의 조합이 수년 동안 문제를 키운 것으로 드러났다.

1970년대와 1980년대에 독일은 극우파의 잠재적 부활에 대한 해결책을 발견했다고 믿었다. 그것은 그들에게 발언권을 주되 사회적으로 존중받는 지위에 머물도록 하는 것이었다. 그 시대의, 그러한 유형의 가장 중요한 정치인으로 프란츠 요제프 슈트라우스를 꼽을 수 있다. 아데나워 행정부 시절 국방 장관을 지낸 그는 나토를 강력하게 지지했다. 또한 소련과의 긴장 완화를 옹호했다. 바이에른주의 재정부 장관과 총리를 지낸 그는 독일 산업의 발전에 크게 기여했다. 슈트라우스는 콜 총리가 장기적인 차원에서 위협을 느낄 만큼 존재감이 대단한 인물이었다. 슈트라우스는 우파였고 이를 자랑스럽게 여겼다. 그는 확고한 애국주의자였고 제2차 세계 대전에서의 군사적 역할을 칭송했다(나치와 그 특수부대와는 거리를 두었다). 그리고 과거를 깊이 들여다보려 하지 않았다. 1988년 그의 장례식에 참석한 많은 정치인 중에는 아파르트헤이트 시절의 남아프리카공화국 대통령인 피터르 빌럼 보타도 있었다. 반면 녹색당은 조문을 거부했고, 사회민주당은 침묵을 지켰다. 슈트라우스와 그가 이끈 기독교사회연합(CSU)은 전반적인 여론을 대변하는 과정에서 중요한 역할을 했다. 물론 모두가 그를 마음에 들어 했던 것은 아니었다. 그럼에도 그와 그의 당은 사회적으로 인정을 받았고, 헌법 체계에 도전하지 않았다. 위험은 그 너머에 있었다. 슈트라우스는 이렇게 경고했다. 〈합법적인 정당이라면 결코 기독교사회연합보다 더 오른쪽에 설 수 없다.〉[15]

그가 우파인 동안에는 문제가 없었다. 독일대안당이 등장하기 전까지는 말이다.

독일대안당Alternative für Deutschland(AfD)은 원래 일부 학계에서 시작되었다. 2012년 9월, 경제학자와 예전 정치인들, 그리고 그들과 어울리는 이들의 집단이 선거 대안이라는 단체를 설립해서 그리스 구제 정책에 반대했다. 그들의 주장에 따르면, 유로존은 본질적으로 불안정한 체제이며, 일하기 싫어하는 남부의 허약한 국가들이 그들에게 어울리지 않는 시스템에 적응하도록 요구함으로써 독일을 비롯한 다른〈책임 있는〉 그리고〈열심히 일하는〉 국가들을 평범한 수준에 머물도록 강요하는 제도이다. 일부 초기 회원들은 사랑받았던 과거 독일 화폐인 도이치마르크로 돌아가자는 주장까지 했다. 가장 대표적인 인물은 함부르크 대학의 경제학자 베른트 루케Bernd Lucke였다. 하지만 이들의 주장은 정치적 주류로 거의 흘러 들어가지 못했다. 그들은 별난 괴짜 정도로 치부되었다.

그러나 6개월 후, 그들은 이름을 바꾸면서 그럴듯한 정당의 모습을 갖췄다. 루케와 더불어 드레스덴 출신의 사업가이자 교육받은 화학자인 프라우케 페트리Frauke Petry도 여기에 합류했다. 그들은 유로에 대한 비판적인 입장을 고수함으로써 적어도 일부 계층에서 인지도와 인기를 끌어 모으기 시작했다. 그들의 첫 번째 돌파구는 2014년 유럽 의회 선거에서 찾아왔다. 나이절 패러지Nigel Farage가 이끄는 영국 독립당이 영국에서 최고 득표율을 차지하면서 사회 전반에 충격을 주었다. 그밖에 다양한 우파 정당들 역시 여러 나라에서 좋은 성적을 거두었다. 이후 몇 개월 만에 독일대안당은 5퍼센트 문턱을 가뿐히 넘어서서 동부의 세 주, 작센, 튀링겐, 브란덴부르크에서 의회에 입성했다. 그러나 그 직후 여러 리더가 다양한 파벌을 형성하면서 분열로 몸살을 앓았다.

이후 난민 위기가 그 당을 대중의 망각으로부터 구했고, 오늘날의 모습으로 일으켜 세웠다. 그들은 〈힘들게 일하는 백인〉의 관심사가 주목을 받지 못하고 있고, 좌파 진보주의 체제가 대규모 은폐를 벌이고 있으며, 주류 언론은 신뢰할 수 없다는 이야기를 만들어 냈다. 이러한 시도는 독일대안당만의 외로운 노력은 아니었다. 트럼프가 여기에 힘을 보탰다. 브렉시트 옹호자들 역시 그들의 주장을 적극적으로 활용했다. 프랑스에서는 국민전선이, 네덜란드에서는 헤이르트 빌더르스Geert Wilders가 이끄는 PVV와 같은 포퓰리즘 정당들이 2000년대와 2010년대 초반에 세력을 얻어 가는 동안, 독일은 전쟁의 교훈 덕분에 그들 국민은 극단주의자들이 퍼뜨리는 유치한 이야기에 면역되어 있다고 믿었다.

그러나 이민자가 대량으로 유입되기 시작하면서 독일대안당은 지역 선거에서 파란을 일으켰다. 특히 부유한 바덴뷔르템베르크주에서는 15퍼센트의 득표율을, 라인란트팔츠주에서는 12퍼센트를 기록했다(두 주 모두 서쪽에 위치해 있다). 동쪽에 위치한 작센안할트주에서는 놀랍게도 전체 투표수의 4분의 1을 확보하면서 2위를 차지했다. 독일대안당이 갑작스럽게 정치 지평의 한 부분을 차지하게 된 것이다.

이는 시작에 불과했다. 2017년 9월 총선에서는 정치적 지각 변동이 일어났다. 물론 메르켈이 이끄는 기독교민주연합이 승리를 거두었다. 당시 그녀의 네 번째 연승은 언론의 헤드라인을 장식했어야 했다. 하지만 그러지 못했다. 독일대안당의 깜짝 성공이 모든 것을 가려 버렸다. 독일대안당은 전국적으로 12퍼센트의 득표율을 기록하면서 의회에서 94석을 차지했다. 이는 녹색당이나 자유민주당(FDP)보다 많은 수였다. 이후 메르켈이 사회민주당과 마지못해 〈대연정〉을 구성해야 했을 때, 독일대안당은 최대 야당으로 등극했다. 대부분의 독일인이 절대 일어날 수 없다고 생각했던 일이 현실로 나타난 놀라운 순간이었다. 그리고 정치 시스템과, 국가의 자기 확신에 대한 직접적인 위협을 드러내는 순간이었다.

독일대안당의 인기는 이후로도 시들지 않았다. 사람들은 자신이 원하는 바를 이 저항의 정당에 투영했다. 독일대안당은 거대한 〈수조Sammelbecken〉가 되었고, 거기에는 경제적 불만과, 더욱 중요하게는 정체성과 관련된 불만이 담겼다. 이들이 동부에서 인기를 얻은 것은 충분히 이해할 수 있는 일이다. 그런데 서부에서 그들이 얻은 강력한 지지는 어떻게 설명할 수 있을까? 독일대안당은 기독교민주연합과 사회민주당, 좌파당, 심지어 녹색당으로부터 유권자를 빼앗아 갔다. 독일대안당은 투표를 포기한 이들이 자연스럽게 모여드는 공간이 되었다. 독일대안당에 대한 보편적인 이미지(독일 동부 소도시에 사는 시대에 뒤떨어진 노인들)는 전체 이야기의 일부에 불과하다. 그들이 최근에 거둔 놀라운 성공은 25~35세 집단을 기반으로 한 것이다. 동부 지역의 젊은 지지자들은 비교적 보수가 좋은 일자리를 가졌거나 대학 강사 등 안정적인 자리를 차지하고 있었다. 이들은 마치 1990년대 초 격변의 세월 동안 부모 세대의 트라우마와 더불어 살아가다가 지금에 와서야 과거의 복수를 하고 있는 듯했다(비록 격변의 세월을 몸소 경험하지는 못했지만). 그들의 부모는 아마도 1990년대에 일자리나 정체성을 잃어버렸을 것이다. 그들은 또한 동독에 대한 향수를 느끼고 있다. 비록 그 시절의 기억은 별로 없다고 해도 말이다. 그들은 보수적이고, 위험 회피적이며, 세계화가 그들을 압박하고 있다고 생각한다.

이제 독일대안당은 선순환의 흐름으로 접어들었다. 의회에서 더 많은 의석을 차지할수록 더 많은 정부 보조금을 받고, 더 많은 TV 방송 시간을 확보할 수 있으며, 다시 더 많은 표를 얻는다. 2017년 10월, 알렉산더 가울란트Alexander Gauland와 알리스 바이델Alice Weidel은 그들을 지켜보던 사람들을 끌어들였다. 두 사람은 그 당의 협력 리더로서 막 자리에 오른 기묘한 커플이었다. 알리스는 〈대안적인 라이프 스타일〉을 혐오하는 독일대안당으로서는 그리 선호하지 않음직한 인물이었다. 그녀는 하이에크의 열렬한 팬이며 뱅크 오브 차이나에 있을 때 전 세계를 돌아다니며 일을 했고, 만다린어(표준 중국어)를 유창하게 구사한다. 그녀는 지구상에서 가장 오른쪽으로 치우친 골드만 삭스 출신 은행가라는 점에서, 한때 트럼프의 수석 전략가였던 스티브 배넌과 흡사하다. 더욱 흥미롭게도 알리스는 스위스에서 살면서 서른여섯 살의 스리랑카 출신의 스위스 영화감독인 동성 파트너와 함께 두 아이를 키우고 있다. 전통적인 가족의 가치를 옹호하는 나이 많은 백인 남성들의 정당에 그녀를 묶어 놓았던 것은 그들이 공유하는 외국인 혐오였다(단, 그녀의 파트너와 『차이트』에 따르면 그들이 불법적으로 가정부로 고용했던 시리아 난민을 제외하고서).

70대에 접어든 전직 기자이자 노골적인 영국 예찬론자인 가울란트는 마거릿 대처가 다문화주의와 세계화를 받아들이면서 오랜 영국적 가치를 훼손했다고 믿는다. 2018년 여름에 젊은 당원들에게 한 연설에서, 가울란트는 히틀러의 범죄를 별로 대수롭지 않은 사건처럼 언급했다. 그는 이렇게 주장했다. 「친애하는 여러분. 우리에겐 영광의 역사가 있으며 그것은 빌어먹을 12년보다 훨씬 더 오래되었습니다.」 그러고는 나치의 존재를 〈독일의 찬란한 천 년의 역사에서 새똥에 불과한 것〉[16]으로 치부했다.

독일대안당의 극단적인 행보에도 불구하고, 그 정당을 금지하거나 활동을 제한하려는 노력은 법정에서 계속해서 실패로 돌아갔다. 2019년 2월, 지방 법원은 그 정당을 〈수사 대상〉으로 규정하고자 했던 연방 헌법 보호청(BfV)의 요구를 묵살했다. 독일대안당은 법률에 대한 정교한 해석의 차원에서 그들이 정상적인 노선을 따라 나아가고 있다는 사실을 강조했다. 그들은 우파 시민 단체와 가깝기는 하지만 공식적인 차원에서 무관하다고 주장했다. 그러한 단체 중 대표적인 곳으로 페기다Pegida(서양의 이슬람화를 반대하는 애국 유럽인)가 있다. 페기다는 루츠 바흐만Lutz Bachmann에 의해 설립되었는데, 그는 함께 〈저녁 산책〉을 하자고 드레스덴 주민을 초대했던 홍보 임원이다. 그들은 월요일마다 복원된 프라우엔 교회나 인근 알트마르크트 광장과 같은 도심 명소에서 집회를 가졌다. 몇 주 만에 집회 규모는 수만 명으로 늘어났다. 2015년 말, 라이프치히와 드레스덴에서 열린 페기다 모임에는 총 2만 5천 명의 군중이 모여들었다. 이들이 주로 외치는 구호는 〈이슬람은 독일에 속하지 않는다〉,[17] 〈난민 관광객을 타도하자〉[18] 등이다. 그들은 때로 이렇게 외치기도 했다. 〈난민들이 물에 빠져 죽게 내버려 두라.〉[19] 이후 이들에 대한 반대 집회가 열렸고, 경찰이 나서서 두 집단을 분리하는 과정에서 작은 충돌이 빚어지기도 했다. 일부 시민은 보다 조용한 방식으로 이들에 대한 반대 의사를 드러냈다. 가령 드레스덴 오페라하우스이자 콘서트홀인 젬퍼오퍼는 페기다 행렬이 그 앞을 지날 때마다 항의의 표시로 조명 색깔을 바꿨다. 동부 도시(때로는 서부에서도)를 중심으로 길거리 충돌이 잦아졌다. 극우파 집단은 〈우리 집 뒤뜰에는 난민 수용소가 없다〉라는 캠페인을 벌여 시민들이 마을에 새로운 이민자 센터가 보이면 신고하도록 했다. 구글은 마이맵스에서 난민 센터의 위치를 표시하는 붉은 깃발을 삭제했다. 그들을 공격하라는 공개적인 표식으로 보일 것을 우려했기 때문이다.

지역 경찰, 특히 동부의 경우 처음에는 위협에 대처할 의지가 없는 듯 보였다. 신문들은 독일대안당이 경찰 고위급으로까지 침투한 것은 아닌지 의문을 던지기 시작했다. 일부 경우에는 다른 지역의 지휘관이 상황을 정리하기 위해 파견을 나오기까지 했다. 가장 최근에 나온 독일 정보 보고서는 극단주의 우파의 규모를 2만 4천 명으로 추산하고 있으며, 그중 절반은 기꺼이 무력을 사용할 의지가 있는 것으로 파악하고 있다. 한 TV 다큐멘터리에서는 설문 조사를 통해 시 공무원의 50퍼센트가 항의 메일이나 협박을 받았다는 사실을 보여 주었다. 지자체의 8퍼센트는 지역 공무원에 대한 공격 사례를 보고했다.[20]

위협과 폭력은 대규모 이민자 유입 후 한 달 만에 시작되었다. 헨리에테 레커Henriette Reker는 쾰른에서 시장 선거 운동을 하던 중 목에 칼이 찔리는 테러를 당했다. 당시 그녀는 부시장이었고 무소속이었지만 사회민주당과 손을 잡았다. 그녀가 추진하던 여러 사업 중에는 쾰른의 난민 수용도 포함되어 있었다. 그녀는 친이민 입장을 공개적으로 드러냈다. 범인은 우파와 관련 있는 페인트공이었다. 그는 레커를 공격하면서 〈난민 유입〉과 관련된 구호를 외쳤다. 그래도 감동적인 연대의 표시로, 레커는 모든 주류 정당의 지지와 더불어 다음 날 시장으로 선출되었다. 그때 그녀는 혼수 상태였다. 이후 의식을 회복했고 한 달 뒤에 시장 자리에 앉았다. 범인은 14년형을 선고받았다. 레커는 법정에서 여전히 악몽에 시달린다고 증언했다.

공격 대상은 중도 좌파 인사에게 국한되지 않았다. 그로부터 2년 후, 보수주의 기독교민주연합 소속 알테나 시장인 안드레아스 홀슈타인Andreas Hollstein은 케밥 매장에서 목에 칼을 찔렸다. 노르트라인베스트팔렌주의 도시인 알테나는 할당된 규모 이상의 이민자를 받아들였다. 다행스럽게도 홀슈타인은 두 직원의 빠른 대처로 목숨을 건질 수 있었다. 그는 업무에 곧장 복귀했으며 경찰의 보호 제안을 거절했

다. 그는 이렇게 말했다. 「자신이 대변하는 시민에게 다가
설 수 없는 지역 정치인은 아무 쓸모가 없습니다.」[21] 소도시
와 시골 지역의 정치인들이 특히 위험에 처했다. 2019년
6월, 마침내 선을 넘는 사건이 발생하고 말았다. 헤센주 의
원인 발터 륍케Walter Lübcke가 카셀 인근의 마을에 있는 자
신의 집 현관에서 머리에 총을 맞고 사망한 것이다. 륍케 역
시 이민 정책을 옹호하는 목소리를 높였다. 한번은 난민과
의 통합을 원치 않는 사람은 자유롭게 독일을 떠날 수 있다
고 말했다. 이 사건은 독일 전체를 충격에 빠뜨렸다. 〈뭉치
면 강하다〉라는 슬로건과 함께 카셀 지역에서 시위가 열렸
다. 의회는 특별 회의를 열어 우파 폭력에 관한 사안을 논의
했으며, 이제 적어도 호전적인 이슬람 테러만큼 위협이 되
고 있다고 언급했다. 독일 정보부 수장인 토마스 할덴방
Thomas Haldenwang은 온라인 연설 중 많은 시간을 비난에 할
애했다. 그는 이렇게 언급했다. 「난민 수용소를 지키는 사
람이 소셜 미디어에서 무차별 공격을 당하고, 증오로 가득
한 글에 시달리고, 결국 자기 집 마당에서 죽음을 맞이했습
니다.」[22]

우파 극단주의자들의 늘어나는 증오 범죄에 대한 당국의
경계는 그들의 위협과 공격을 막지 못했다. 쾰른 시장인 레
커는 륍케 사망 사건 이후에도 어느 때보다 더 많은 살해 협
박을 받고 있다고 밝혔다. 독일대안당은 조심스럽게 거리
를 두면서도, 주류 정치인과 언론이 사건을 악용하고 있으

며 애초에 그러한 문제를 촉발했다고 비난했다. 한 정당 간 담화에서는 이런 말도 나왔다. 〈메르켈 총리가 국경을 불법적으로 개방하지 않았더라면 발터 뤕케는 지금도 살아 있을 것이다.〉[23] 기독교민주연합의 우파 인사들은 뤕케의 사건에 주목했다. 총리 자리를 놓고 경쟁을 벌이는 이들을 비롯해 일부 중진 정치인들은 지난 몇 달 동안 난민 문제에 대해 포퓰리즘의 차원에서 이야기를 주고받았다. 그들은 재빨리 되돌아왔다. 이들 중 한 사람인 아네그레트 크람프카렌바워Annegret Kramp-Karrenbauer는 메르켈과 거리를 두기 위한 차원에서 자신이 거침없이 말하고 정치적 올바름에 반대하는 후보임을 내세웠다. 그녀는 이제 선거 협상과 관련해서 독일대안당과 어떤 논의도 불가능하며, 그 정당과의 연정을 고려하는 정치인에게 〈눈을 감고 발터 뤕케를 떠올려 보라〉[24]고 경고함으로써 자신의 입장을 분명히 밝혔다.

독일대안당은 희생자의 옷을 입고서 선동적인 언어를 구사하는 데 능하다. 노르트라인베스트팔렌주에서 한 경찰이 아랍어로 새해 인사를 트위터에 올렸을 때(쾰른 사건이 벌어지고 1년 후), 독일대안당의 중진 의원인 베아트릭스 폰 슈토르히Beatrix von Storch는 이렇게 물었다. 〈대체 이 나라는 어떻게 돌아가고 있는가? 우리는 야만적인 이슬람 강간범들을 달래기 위해 애쓰고 있는가?〉[25] 독일대안당은 유튜브(다른 모든 정당을 합친 것보다도 더 많은 구독자 수를 확보하고 있다)와 페이스북을 장악하고 있다. 당 대변인 크리스티안 뤼트Christian Lüth는 뮌헨 공과대학의 한 설문에서 이렇게 언급했다. 「처음부터 우리는 페이스북에 주목했습니다. 더 빠르고, 직접적이고, 경제적으로 유권자에게 접근할 수 있기 때문입니다.」[26] 그들은 그들 자신이 꾸며 놓은 세상에서 주로 활동했다. 그들은 정체성과 문화, 이민에 관한 사안을 논의할 수 있는 〈여론 통로〉를 열어 놓았다고 주장했다. 그들은 여론 독재에 대해 말한다. 그들의 주문은 〈현실 속 인간〉의 의견이 주류 언론에 반영되지 않는다는 것이다. 그들은 진보주의 엘리트와 결탁한 검은 세력이 신문과 방송을 장악하고 있다고 말한다.

라이프치히의 어느 조용한 일요일 저녁, 나는 작센과 작센안할트, 튀링겐주의 지역 방송국인 MDR 본사 건물 앞을 지나고 있었다. 그때 나는 한 지역 정치인과 함께 있었는데, 그녀는 독일대안당을 완전히 지지하지는 않지만 그들의 견해 중 일부를 공유하고 있었다. 그 건물을 지나쳐 갈 때 그녀는 〈뤼겐프레세Lügenpresse〉라고 외쳤다. 〈거짓말하는 언론〉이라는 뜻이다. 이 용어는 원래 1914년에 적의 선전에 맞서기 위해 만들어졌다. 나치는 이 용어를 사용함으로써 유대인과 공산주의, 그리고 다른 해외 세력이 잘못된 정보를 퍼뜨린다고 비난했다. 2016년에 이 용어는 페기다에 의해 부활했다. 나는 그녀에게 MDR에게 무슨 문제가 있는지 물었다. 그녀는 이렇게 대답했다. 「그들은 〈우리 여성〉이 당한 강간과 성폭력에 관한 진실을 말하지 않았어요. 언제나 가짜 뉴스(이를 의미하는 용어가 독일어에는 없다)만을 전하고 있죠.」 그렇다면 구체적으로 어떤 이야기가 보도되지 않고 은폐된 것일까? 시민 저널리즘 시대에 범죄를 완전히 숨긴다는 것은 명백하게도 힘든 일 아닌가? 그녀는 내가 질문할 때마다 어깨를 으쓱이면서 별다른 설명 없이 이렇게만 말했다. 「그런 일은 항상 일어나죠.」

트럼프 효과는 독일 대안 우파의 자기 확신을 강화했다. 그들은 이렇게 생각했다. 그러한 견해가 〈자유의 땅〉에서 만연하다면, 왜 우리 나라에서는 그럴 수 없단 말인가? 트럼프는 불과 몇 년 전만 해도 결코 받아들일 수 없었던 발언을 일부 독일인들 사이에서 정당화했다. 동시에 트럼프의 성공(그리고 헝가리에서 오르반 빅토르, 이탈리아에서 마테오 살비니Matteo Salvini와 같은 인물의 성공)은 주류 정치인과 언론 사주들에게 정신이 번쩍 들게 했다. 독일 사회에 영향을 미친 충격적인 사건 중 하나는 2017년 샬러츠빌에서 폭력 사건이 발생했을 때 트럼프가 보인 반응이었다. 트럼프가 기자 간담회에서 〈유대인은 우리를 대체하지 못할 것이다〉*라고 외치는 백인 우월주의자들과 거리 두기를 거부했을 때, 공식적으로 공평한 독일의 언론은 충격을 감추지 못했다. 독일 공영 방송 ZDF의 주요 뉴스 프로그램인 「호이테주르날Heute Journal」의 진행자 중 한 사람인 클라우스

* 프랑스 극우파가 외쳤던 〈당신은 우리를 대체하지 못할 것이다〉에서 빌려온 말.

클레버Claus Kleber는 놀랍게도 이렇게 언급했다. 「미국 상황을 우려해야 할 또 다른 이유가 생겼습니다.」 첫 번째 흑인 대통령을 선출하고 8년이 흘러, 「우리는 미국이 노예제와 인종 차별주의라는 원죄를 극복했다고 믿었습니다. 그런데 이제 되돌아간 것일까요?」[27]

다른 나라의 경우와 마찬가지로, 독일의 비즈니스 리더들 역시 몸을 움츠렸다. 반면 지멘스의 CEO인 조 케저Joe Kaeser는 자신의 의견을 기꺼이 드러낼 준비가 된 소수의 경영자 중 한 사람이다. 독일대안당의 바이델이 독일 이슬람 여성에 대해 경멸적인 의미로 〈스카프 소녀들〉이라고 언급했을 때, 케저의 반응은 이랬다. 〈독일 소녀단*보다는 스카프 소녀가 더 낫다.〉[28] 그러고는 이렇게 덧붙였다. 〈프라우 바이델은 자신의 민족주의와 더불어 독일 번영의 원동력인 국가의 평판을 더럽히고 있다. 이제 다시 한번 싹을 잘라 내야 할 시점이 되었다.〉 케저(그의 삼촌은 히틀러 소년단 입단을 거부했다가 다하우로 이송되어 결국 오스트리아 마우트하우젠 강제수용소에서 죽음을 맞이했다)는 DAX 주식 거래소에 이름을 올린 대기업 경영자들을 향해 우파 포퓰리즘에 더욱 강경하게 맞설 것을 촉구했다. 하지만 아직까지 지지자를 거의 발견하지 못했다. 내가 그의 베를린 사무실에서 왜 그렇게 자주 위험을 무릅쓰는 발언을 했는지 물

---

* 나치의 청소년 조직 〈히틀러 유겐트〉의 일부로, 10~14세의 소녀들로 구성된 단체.

었을 때, 그는 매우 솔직하고 현실적인 답변을 했다. 「기업에서는 가치와 이익이 충돌하는 상황이 종종 벌어집니다. 이번 경우는 두 가지가 모두 관련된 특수한 상황이었습니다. 예전에 기업은 고객과 직원, 주주만 생각하면 되었습니다. 그러나 이제는 네 번째 요소, 즉 사회까지 고려해야 합니다.」

세계적인 기업이자 독일의 대표적인 기업인 지멘스는 시가 총액이 1천억 유로에 달하고, 모든 대륙에서 비즈니스 활동을 벌이고 있다. 따라서 안전한 행보를 생각했을 것이다. 그러나 그들은 그렇게 행동하지 않았다. 케저와 영국 지사를 이끌고 있는 위르겐 마이어Jürgen Maier(절반은 오스트리아 사람이고, 절반은 요크셔 사람인)는 처음에는 브렉시트와 관련해서 거침없는 발언을 내놓았다. 주로 B2B 사업을 하는 그들로서는 그리 어려운 일이 아니었을 것이다. 예를 들어 자동차 회사와 비교할 때, 그들의 의견에 동의하지 않는 고객을 잃을 위험은 훨씬 낮다. 그러나 내가 이후에 그들의 환경 관련 기록을 살펴봤을 때 지적했던 것처럼, 지멘스는 천사가 아니다. 그건 다른 다국적 기업도 마찬가지다. 그래도 영국 기업들의 소극적인 태도와 브렉시트에 대한 그들의 반응을 가장 앞에서 지켜보면서, 나는 적어도 일부 사안과 관련해서 지멘스가 그들의 입장을 과감하게 밝히는 기업 문화를 갖고 있다는 사실을 확인할 수 있었다. 케저는 트윗을 좋아한다. 2019년 7월, 그는 워싱턴을 사로잡은 직설적인 좌파 여성 의원 집단인 스쿼드Squad에 대해 트럼프가 올렸던 〈그들을 집으로 돌려보내라〉라는 메시지에 이렇게 대응했다. 〈세상에서 가장 중요한 정치 집무실이 인종 차별주의와 배타주의 쪽으로 돌아서고 있다는 사실은 대단히 암울한 소식이다.〉[29] 이 메시지는 많은 주목을 받았다.

이민과 관련해서 독일 사회가 겪고 있는 다음과 같은 현상은 서구 전반에 걸쳐 보편적으로 나타나고 있다. 정치인에 대한 살해나 살해 시도(요크셔의 조 콕스*, 애리조나의 개비 기퍼즈**를 떠올려 보자), 스스로를 확신하는 여론 거품 사이에서 대중의 분열, 정확한 입장을 드러내지 않는 기업의 소극적인 태도, 극단주의를 부추기는 소셜 미디어. 독일인들이 대단히 변덕스러운 상황에서 불법적인 것과 불쾌하지만 합법적인 것 사이의 경계를 탐색하는 일은 매우 민감한 사안이다. 그들은 표현의 자유를 핵심 권리로 인정한다. 그리고 내키지 않을 때조차 최선을 다해 그 권리를 지지한다.

롤란트 티치Roland Tichy는 진보주의 엘리트로서 누구든 독일을 자랑스러워할 수 있다는 사실을 왜 그들이 이해하지 못하는지를 조롱하는 우파 진영의 토크쇼 진행자다. 그는 주간 금융 잡지인 『비르트샤프츠보케』의 편집자이며,

---

* 2016년 웨스트요크셔에서 브렉시트를 반대하던 영국 노동당 하원 의원이 피살당했다.
** 2011년 애리조나 턱슨 슈퍼마켓에서 미국 민주당 개비 기퍼즈가 총격을 당했다.

정부나 다임러 같은 조직을 대상으로 한 자문가로 활동했다. 티치는 하이에크 재단이나 몽펠르랭 같은 싱크탱크가 선호하는 인물로, 그가 일주일에 한 번 진행하는 TV 프로그램인 「티치 토크」에는 그와 성향이 비슷한 평론가들이 등장한다. 주간 정치 잡지인 『키케로Cicero』는 2004년 출간 이후로 우상 파괴적이면서도 주로 보수적인 논평으로 인해 발행 부수가 10만 부를 밑돌고 있다. 그들이 인터뷰 기사에서 선호하는 인물 중 하나로 틸로 자라친Thilo Sarrazin이 있다. 독일인이라면 누구나 자라친에 대한 개인적인 의견을 갖고 있을 것이다. 스티브 배넌과 조던 피터슨*이 하나로 합쳐진 독일인을 떠올려 보자. 대표적인 보수 논객 자라친의 존재는 아마도 기성 체제에 충실한 사람에게는 진보로 보이지 않았을 것이다. 자라친은 여러 부처와 독일 철도 공사에서 공무원으로 일을 했으며, 이후 7년간 베를린 상원 의원을 지냈다. 하지만 골프 클럽과 관련된 사기 의혹으로 자리에서 물러나야 했다. 이후 그는 독일 연방 은행 경영자로 취임했고, 사회민주당 당원으로 활동했다. 그가 처음으로 내놓은 두꺼운 책, 『독일이 사라지고 있다Germany Abolished Itself』는 많은 화제를 모았고, 이에 대한 평가는 극단적으로 엇갈렸다. 2010년에 출간된 이 책은 이제는 익숙해진 이슬람과 다문화주의에 대한 비판을 담고 있다. 당시만 해도 독

---

* 토론토 대학 심리학과 교수. 일각에서는 그의 주장이 영미 극우파의 사상적 정당성을 마련해 준다고 비판한다.

일대안당이나 트럼프와 세계적인 대안 우파가 등장하기 전이었다. 그는 이 책에서 지능과 관련해서 이렇게 주장했다. 〈모든 유대인은 특별한 유전자를 갖고 있다.〉결국 그는 이로 인해 연방 은행에서 쫓겨났다. 당황한 사회민주당 역시 그를 내보내기 위해 애를 썼지만, 명백하게도 이해하기 힘든 당규 때문에 그러지 못했다. 그는 두 번째 책,『적대적 인수Hostile Takeover』에서도 유전과 관련해 비슷한 주장을 피력했다.

자라친은 난민 위기에 앞서 등장했던 유럽 및 전 세계적 움직임의 일부였다. 이와 관련해서 영향력 있는 책들 중 하나가 2012년에 출간되었다. 프랑스 작가 르노 카뮈Renaud Camus는『위대한 대체 The Great Replacement』라는 책에서 세계화와 사람들의 자유로운 이동이 토착 백인 유럽인의 입지를 위태롭게 만들고 있다고 주장했다. 그는 정부들이 〈대체에 의한 대학살〉을 자행하고 있다고 비난했다. 그의 이러한 배척주의 음모론은 이후 우파 집단을 중심으로 정설로 자리 잡았다. 2019년 9월에는 헝가리의 오르반 빅토르가 부다페스트에서 〈인구 통계 정상회의〉를 개최했는데, 체코 총리와 세르비아 대통령, 호주 전 총리 토니 애벗 등이 참석했다.

메르켈은 여느 지도자와는 달리 정치적 주류와 주변부 사이에 완충 지대를 구축하기 위해 필사적으로 노력했다. 2020년 초에 있었던 두 가지 에피소드(하나는 독일에서, 다른 하나는 영국에서)는 그녀의 접근 방식이 얼마나 중요한

지, 그리고 얼마나 힘든 상황에 처해 있었는지 잘 보여 준다.

영국에서는 보리스 존슨의 수석 보좌관 도미닉 커밍스 Dominic Cummings가 자신의 블로그에 〈블롭blob〉(공무원과 BBC를 비롯한 다양한 집단) 시스템을 비난하면서 정부에 합류할 〈괴짜와 부적응자〉를 물색하고 있으며, 특히 똑똑한 데이터 과학자라면 좋겠다는 글을 올렸다. 바로 그러한 인물로 앤드루 사비스키Andrew Sabisky가 있었다. 2014년에 올린 한 글에서 사비스키는 이민 시스템을 설계할 때 정치인은 〈지능과 관련해서 대단히 실질적인 인종적 차이〉[30]에 주목해야 한다고 주장했다. 그해 다른 글에서는 흑인이 평균적으로 백인보다 IQ가 낮다고 주장했다. 또 다른 글에서는 복지 수당으로 먹고사는 사람들은 일을 하는 〈친사회적 특성〉을 지닌 사람보다 자녀를 더 적게 낳도록 해야 한다고 주장했다. 영국 정부는 그의 임명을 끝까지 옹호했다. 사퇴 압박이 있었지만, 존슨의 주변 인물과 언론은 이를 그저 또 하나의 정치 논쟁쯤으로 치부했다. 독일이라면 그러한 생각을 가진 인물이 권력 상층에 있다고 상상이나 할 수 있을까? 그랬다면 독일에서, 전 세계에서, 특히 독일을 악마로 묘사하길 좋아하는 영국인들 사이에서 뜨거운 분노가 일었을 것이다.

같은 시기에 튀링겐주 동부에서 있었던 논란은 심상치 않은 전국적인 쟁점으로 번지면서 독일 정치의 건강에 관한 우려로 이어졌다. 그 자세한 사항은 대단히 복잡하고 이해하기 어렵기 때문에 여기서는 간단하게 요약을 해보자. 몇 달 전 독일대안당은 세 곳의 지역 선거에서 성공을 거뒀다. 당시 튀링겐주는 좌파당이 사회민주당 및 녹색당과 연정을 구성해 통치하고 있었다. 그러나 선거 결과는 그러한 방식을 더 이상 불가능하게 만들었다. 독일대안당은 매우 극단적인 인물인 비외른 회케Björn Höcke와 손을 잡았다. 회케는 자신의 입장을 나치의 입장과 비교해 달라는 질문을 받았을 때, TV 인터뷰 자리를 박차고 나가 버린 것으로도 유명했다. 회케와 그의 의회 동료들은 중도 좌파 후보자의 임명을 강행하는 책략을 내놓았다. 그가 5퍼센트밖에 표를 얻지 못했고 그들에게 의존해야 했음에도 말이다. 그들은 이를 통해 간접적인 방식으로 권력을 유지하고자 했다. 기독교민주연합 지부는 꼭두각시 후보를 승인하는 데에 독일대안당과 뜻을 같이했고, 메르켈은 크게 분노했다. 당 대표 크람프카렌바워는 그 지역의 정당 대표가 마음을 바꾸도록 설득하기 위해 튀링겐으로 달려갔다. 그러나 그는 그녀를 쫓아내면서 공개적으로 비난을 했다. 많은 유권자들이 튀링겐에서 벌어지고 있는 일이 심각한 상황의 시작이라고 우려하는 가운데, 전국적으로 시위가 일었다.

당시 남아프리카공화국을 공식 방문하고 있던 메르켈은 카메라 앞에서 짤막하면서도 날카로운 답변을 내놓았다. 메르켈은 튀링겐에서 이뤄진 결정이 〈용서할 수 없는〉 것이라고, 혹은 〈비양심적인〉 것이라고 말했다. 메르켈은 독일인의 양심에 호소했다. 가엾은 크람프카렌바위는 사퇴 압박을 받았고, 메르켈의 총리 승계를 원점으로 되돌렸다. 여러 지역의 정당 대표들 또한 자리에서 물러났다. 메르켈은 한 마디 말로 비상 브레이크를 밟았다. 그 과정에서 그녀는 중도적인 정치적 합의를 지키기 위해 무엇이든 할 것이라는 사실을 분명히 했다. 그녀는 단기적으로 분란을 일으켰지만, 자신에게 다른 선택지는 없다고 결론을 내렸다.

국경을 열겠다는 메르켈의 결정은 독일 사회를 영원히 바꿔 놓았다. 여기에 이의를 제기할 사람은 없을 것이다.

국경 개방에 대한 자신의 정책을 일관적으로 고수했음에도 불구하고, 메르켈은 결국 방향을 선회해 2016년 3월에 터키와 협약을 체결했다. 이에 따라 난민 신청을 하지 않았거나 난민 신청이 거부되어 그리스로 넘어온 불법 이민자들을 터키가 다시 받아들이기로 했다. 이를 조건으로 유럽 연합은 터키가 받아들인 것과 맞먹는 규모로 시리아 난민을 받아들이기로 했다. 터키인에게 솅겐 조약*의 지역에 대한 무비자 여행을 허락하고, 유럽연합 가입 협상의 속도를 높이고, 여기에다가 난민 구제를 위한 보조금으로 60억 유로를 지급하기로 했다. 합의 조건은 계속해서 뒤집혔다. 터키의 권위주의자 레제프 타이이프 에르도안은 자신이 칼자루를 쥐고 있다는 사실을 알았다. 독일과 유럽은 이민 문제

* 유럽연합 회원국 간 무비자 통행을 규정한 국경 개방 조약.

를 해외로 넘기지 못한다면 다시 한번 곤궁에 빠지게 될 터였다. 다른 한편으로 예전에 힘이 없었던 프론텍스 국경 관리대는 회원국에서 파견한 1,300명의 장교에서 1만 명의 상비군 체제로 증강되었다. 유럽연합은 처음으로 EU 군복을 입은 무장 경비대를 국경 순찰을 위해 파견할 수 있게 되었다. 해결되지 않은 한 가지 과제는 그리스에 머물기 위해 결국 떠나지 않았던 난민들을 신속하고 효율적으로 이주시키는 일이었다.

다민족 사회를 생각할 때, 우리는 미국을 쉽게 떠올린다. 그밖에 프랑스(아프리카 서부와 북서부 일대)와 영국(인도, 동아프리카, 카리브)처럼 오랜 제국의 역사를 지닌 국가들 또한 뚜렷하게 다양한 인종적 정체성을 개발했다. 반면 독일은 그렇지 않다. 하지만 사실은 다른 이야기를 들려준다. 그리고 그건 2015년 위기 이전에도 마찬가지였다. 오늘날 약 2천만 명의 독일인, 혹은 독일 인구의 4분의 1이 다양한 이민자 배경을 갖고 있다. 그들 중 15퍼센트만이 난민 출신이며, 나머지는 일반적인 이민자 출신이다. 독일로 유입된 이민자의 3분의 2는 유럽연합 내부에서 왔다. 브렉시트 영국과는 달리, 독일인들은 동유럽 사람들과는 특별한 문제가 없었다. 그들이 자신의 몫을 다한다면 말이다. 터키 민족과의 관계가 가장 까다로웠다. 하지만 누가 판단할 권리를 갖고 있단 말인가? 프랑스와 알제리의 경우를 생각해 보자. 혹은 영국의 윈드러시 스캔들*을 떠올려 보자.

나는 슈투트가르트 북부의 부유한 교외 지역인 추펜하우젠에 위치한 포르쉐 본사의 구내식당에서 시안 수에구르 Cihan Suegur와 앉아 있었다. 수에구르는 동화와 성공, 조화를 상징하는 전형적인 인물로, 기업의 조직 사다리를 재빠르게 오르는 중이었다. 그는 핵심 IT 팀에서 일하는 기업 인플루언서다. 그는 IBM, 도이치반, 올림푸스 등에서 경력을 쌓았다. 그런데도 나이는 겨우 스물아홉이다. 그의 할아버지는 터키 출신 광부로서, 1950년대에 외국인 근로자 신분으로 독일에 왔다. 그의 혈통의 일부는 조지아다. 수에구르는 어린 시절에 활발하게 정치 활동을 한 경험이 있었다. 학생 시절에는 터키계 독일인(다른 국가 출신과는 달리)에게도 이중 시민권을 부여해 달라는 요구를 정부가 거부한 것에 항의하기 위해 정치인과 TV 토크쇼에 공개서한을 보내기도 했다. 나중에 그는 ZDF에서 주최한 청소년 프로그램에 초대를 받기도 했다. 그는 많은 소수 민족 출신의 젊은이들과는 달리 중도 우파의 그 정당에 가입했다. 그는 기독교민주연합의 싱크탱크인 콘라트 아데나워 재단의 이스라엘 파견단으로부터도 초청을 받았다. 그곳은 너무 멀었지만, 그에게는 신나는 일이었다. 그가 기독교민주연합 이슬람 위원회를 설립했을 때, 분위기가 바뀌었다는 것을 감지했다.

* 2018년, 영국 내무부가 윈드러시 세대와 그 후손들에 대해 부당한 추방 위협을 가하고, 실제로 추방까지 한 사실이 알려져서 일어난 스캔들. 여기서 윈드러시 세대는 1948년에 바뀐 영국 국적법에 따라 본토 거주권을 부여받은 영국 식민지 출생자와 국적자를 말한다.

그 당에 소속된 약 1천 명의 이슬람 당원 중 약 서른 명이 위원회에 합류했다. 그는 라마단 금식 기간의 끝을 알리는 축제인 이프타르를 축하하기 위해 지역 정당 사람들을 초대했다. 사람들은 이렇게 중얼거리기 시작했다. 「그들이 당을 장악하려고 하는군.」 우리 모두는 〈그들〉이 누구인지 잘 알고 있다.

그럼에도 단념할 줄 모르는 수에구르는 찬사를 받고 있다. 그는 세계 경제 포럼의 세계적인 조직자이며, 슈투트가르트 허브를 구축했다. 그리고 바덴뷔르템베르크주 경제 위원회 인공지능 팀에서 일하고 있다. 또한 그는 지역 이민자에게 조언을 제공하는 단체에도 속해 있다. 수에구르는 전형적인 3세대 이민자로서, 완전히 동화되어 있고 슈투트가르트에 뿌리를 내리고 있다(다른 곳에서 살 생각이 없다). 그러나 다른 사람과 마찬가지로, 그 역시 자신이 얼마나 필요한 존재인지에 대해 의문을 품고 있다. 그는 내게 담담하게 말했다. 「통합이 강력할수록 갈등도 많은 법입니다. 권력 구조의 핵심에 다가갈수록, 당신은 위협적인 존재가 됩니다.」 수에구르는 자신이 절대로 바이오도이치 biodeutsch, 즉 유전학적 독일인이 될 수 없다고 말한다. 이 용어는 최근 독일대안당 지지자들이 진정한 독일인을 의미하기 위해 많이 사용하고 있다. 대신에, 그는 축구 스타 메수트 외질을 비롯한 100만 명이 넘는 다른 이들과 마찬가지로 언제나 〈플라스틱 독일인〉으로 남아 있을 것이다. 우파들은 이 용어를 인위적인, 혹은 거짓된 존재를 의미하기 위해 사용하고 있다. 2018년에는 독일 대표 팀과 아스널에서 미드필더로 뛰고 있는 외질과 관련해서 논쟁이 있었다. 터키 혈통으로 독일에서 출생한 외질은 에르도안 대통령과 사진을 찍었다는 이유로 언론의 뭇매를 맞았다. 당시 그는 국가 대표 팀에서도 클럽에서도 성적이 그리 좋지 못했다. 외질은 국가 대표 은퇴를 발표하면서 트위터에 이런 글을 남겼다. 〈우리가 이길 때, 나는 독일인이다. 그러나 우리가 질 때, 나는 이민자일 뿐이다.〉[31] 자신을 비난하는 사람들에 대한 의도적인 저항의 차원에서, 외질은 에르도안에게 1년 후 보스포루스 해변의 고급 호텔에서 열리는 자신의 결혼식에 들러리가 되어 달라고 부탁했다.

독일의 이민 정책은 통합이라고 하는 가정, 혹은 전제 조건에 기반을 두고 있다. 언어는 동화를 위한 필수 조건으로 여겨지며, 교육은 정규 과정으로 진행된다. 고등학교 교사들은 토요일 오전 시간을 이용해 가르치고 테스트를 한다. 독일인들은 영어를 비롯한 다양한 외국어 숙련도에 자부심을 갖고 있지만, 그러한 재능(그리고 끈질긴 결심)은 정체성을 확인하는 방식으로서 그들의 모국어에 부여하는 중요성을 감추고 있다. 이제 부드러운 역풍(모순어법처럼 들리지만)이 영어의 침투 현상에 대해 일어나고 있다. 최근 유럽 의회 의원 가운데 당을 초월한 한 그룹은 메르켈에게 서한을 보내 여러 유럽연합 기구에서 독일어가 영어 및 프랑스어와 함께 동등한 지위를 부여받도록 요청해 줄 것을 요구했다. 총리 자리를 노리는 이들 중 한 사람인 보건부 장관 옌스 슈판Jens Spahn은 베를린 레스토랑에서 대부분 영어만 사용하는 상황을 비판했다. 〈영어로만 말하는 베를린 레스토랑 종업원을 보면 미칠 것 같다. 독일에서 모두가 독일어로 말할 때, 비로소 공존은 의미가 있다.〉[32]

이들과 같은 정치인들은 때로 다소 거칠기는 하지만, 더 높은 국가적 자부심을 과거에 대한 사죄 및 미래에 대한 경계와 화해시키기 위해 노력한다. 이를 위해 그들은 독일의 이전 시대로부터 특정한 요소를 빌려 온다. 첫 번째가 〈문화 민족Kulturnation〉이라는 개념이다. 이는 17세기 합리주의 철학자 고트프리트 라이프니츠로 거슬러 올라가는 이론으로, 그는 사람들이 국경을 비롯한 여러 다른 국가의 과시적 요소보다 문화를 통해 스스로를 정의한다고 주장했다. 그에 따르면, 언어는 〈강력하지만 드러나지 않는 방식으로 국민을 통합한다〉.[33] 프리드리히 실러와 같은 작가나 철학자는 독일성Germanness(당시에는 여전히 주와 왕국의 집합이었지만)이라는 개념을 언어적·문화적으로 통합된 상태로 정의했다. 2015년 전 의회 의장이자 존재감 있는 동독 사회민주당 정치인 볼프강 티르제Wolfgang Thierse는 〈문화 민족〉을 나치가 더럽혔던 〈아름답고 숭고한 용어〉[34]라고 주장했다.

다음으로 문제가 되는 것은 〈주도 문화Leitkultur〉라는 개념이다. 〈앞서가는 지배적인 문화〉를 의미하는 이 개념은 독일에서 살고자 한다면 독일의 가치와 문화가 우위를 점한다는 사실을 받아들여야 한다고 말한다. 이는 다양한 문화의 존재를 부정하지는 않지만, 특정 문화가 다른 문화를 지배한다고 말한다. 어떤 면에서 이는 미국의 충성 맹세와 다르지 않다. 2017년 당시 내무 장관이었던 토마스 데메지에르는 주도 문화와 관련해서 논란이 되는 10단계 계획을 발표했다. 여기에는 독일의 역사적 과오를 무조건적으로 인정하기, 이스라엘과의 특별한 관계와 유럽 통합의 중요성, 문화적 다양성, 인권과 관용 등이 포함되었다. 여기까지는 아무런 문제가 없다. 그러나 보수주의자들이 이것을 기독교-서구식 가치로 포장할 때, 상황은 복잡해진다. 일부 독일인과 오스트리아인은 그 가치 시스템이 터키의 유럽연합 가입을 막아야 할 충분한 근거라고 주장한다. 즉 〈그들은 우리와 같지 않다〉는 논리다.

1980년대 중반에 나는 처음으로 독일에서 기자 생활을 시작했다. 드물게 별 사건이 없을 때 종종 하던 일이 있다. 신나치주의자들에 관해 취재하기 위해서 지역 언론을 돌아다니는 것이었다. 그러면 언제나 뭔가를 발견할 수 있었다. 가령 보훔이나 빌레펠트에서 히틀러 찬가를 부르거나 나치 반대자들과 충돌을 빚는 폭력 집단에 관한 이야기를 들을 수 있었다. 우리 신문사는 이러한 기삿거리를 선호했다. 기삿거리가 많지 않은 날이면 그 이야기가 1면에 실리곤 했다.

영국이나 네덜란드, 혹은 이탈리아 축구 광팬들이 그런 일을 벌일 경우, 그 사건은 어딘가에 짧게 보도되었지만, 많은 관심을 얻지 못했다. 때로는 공화당이나 독일국가민주당(NPD)과 같은 극우파 정당의 후보가 시의회 선거에서 당선되곤 했다. 어떨 때는 이들 정당은 5퍼센트 득표율을 넘기기도 했고, 지역 의회에서 의석을 차지하기도 했다. 하지만 그들은 의회에 입성하자마자 곧 퇴출되었다.

멀리서 들려오는, 독일인에 대한 외침이 사라지지 않았다. 2019년 말, 중국의 반체제 예술가인 아이 웨이웨이(艾未未)는 베를린을 떠나 케임브리지로 갈 것이라고 선언했다. 그가 꼽은 이유는 다양했다. 그중 하나는 무례함이었다. 택시 운전사는 특히 퉁명스럽다. 그 말은 틀리지 않았다. 베를린 사람들은 퉁명함에 대한 일종의 자부심을 갖고 있으며, 종종 스스로를 뉴요커와 비교하곤 한다. 종업원이나 매장 점원, 혹은 경찰관이 소리치는 것을 듣는 일은 결코 유쾌한 경험이 아니다. 하지만 그것이 자신에게, 혹은 다른 누구에게 위안이 된다면, 그들은 모두에게 그렇게 한다. 물론 아이 웨이웨이의 비판은 이것보다는 더 심오했다. 그가 말하기로, 독일은 무역 관계가 위태로워질 것을 우려해서 중국이 홍콩에 자행했던 탄압을 비판하지 않았다. 물론 독일은 적어도 다른 서구 국가들만큼 비판을 하기는 했다. 다음으로 아이 웨이웨이는 그들 모두 가슴속으로는 파시스트라고 언급했다. 〈독일은 아주 정확한 사회다. 국민들은 억압의 안락함을 사랑한다. 중국에서도 같은 모습을 볼 수 있다. 일단 거기에 익숙해지면, 그건 아주 즐거운 일이 된다. 그리고 효율성과 쇼, 그들의 권력에 대한 인식이 하나로 이어진 마음을 통해 확장되는 것을 볼 수 있다.〉 그러고는 이렇게 덧붙였다. 〈그들에게는 또 다른 옷이 있다. 그건 1930년대에 입었던 것과는 달라 보인다. 그럼에도 여전히 똑같은 기능을 한다. 그들은 권위주의에 대한 숭배와 스스로를 동일시한다.〉 지금의 독일을 나치 시대와 비교한 것이냐는 질문을 받았을 때, 그의 대답은 이랬다. 〈파시즘은 하나의 이념이 다른 이념보다 우월하다고 생각하며, 다른 생각을 거부함으로써 그 이념을 순수하게 만들기 위해 노력한다. 그것은 나치주의다. 그러한 나치주의는 오늘날 독일의 일상적인 삶 속에 온전하게 살아 있다.〉[35]

『가디언』에 실린 그의 인터뷰는 새로운 불안감으로 이어졌다. 또한 그것은 상처로 가득했다. 독일은 그 예술가에게 레드카펫을 깔아 주었다. 그는 얼마든지 다른 어딘가로 갈 수 있었다. 그런데 왜 그처럼 전면적인 비난을 해야만 한다고 느꼈을까? 독일인들이 그가 던진 질문을 일상적으로 스스로에게 던지지 않은 것은 아니다. 독일인들은 극단주의 위협이 실질적으로 존재한다는 사실을 잘 알고 있다. 지난 5년간의 혼란은 많은 독일인들에게 충격으로 다가왔으며, 그들이 필사적으로 원했던 인종적·종교적·민족적 증오의 부활로부터 면역된 국가가 실은 다른 모든 곳과 마찬가지로 취약하다는 사실을 일깨웠다. 지난 20~30년에 걸쳐 끊임없이 이어진 자기성찰은 무엇을 만들어 냈는가? 독일인들은 스스로에게 끊임없이 이렇게 물었다. 모든 게 괜한 헛수고였는가?

가장 큰 우려는 독일과 유대인의 관계였다. 2019년 10월, 총을 든 사람이 라이프치히 인근 할레에 위치한 유대교 예배당에 억지로 진입하려 했다. 그는 유대인을 발견하는 대로 사살하고자 했다. 그 안에서 사람들은 유대교에서 가장 성스러운 날인 속죄일을 기념하고 있었다. 그는 강화 유리문을 뚫고 들어가지 못했다. 좌절한 그는 지나가던 행인과 케밥 가게에 있던 한 남자를 향해 총을 쏘았고, 그 과정에서 여러 명이 부상을 입었다. 극우파 지지자인 그 테러리스트는 자신이 저지른 만행을 동영상으로 찍었고, 이를 비디오 게임 스트리밍 사이트에 곧바로 올렸다.

많은 독일인은 전 세계 유대인이 다시 한번 그들의 국가를 받아들이기 시작했다는 사실에 자부심을 느낀다. 수십 년에 걸쳐 독일 내(특히 베를린을 중심으로) 유대인 인구는 서유럽에서 가장 빨리 증가하는 흐름을 보였다. 최근의 유입은 주로 이스라엘과 구소련 지역의 공화국들, 그리고 유대인이 위협을 느끼는 여러 국가들로부터 이뤄졌다. 그 규모는 10만 명 남짓으로 여전히 적은 수준이다. 지난 몇 년간 미국과 유럽에서 민족주의 포퓰리즘이 등장한 이후로 독일 전역에 걸쳐 유대인에 대한 괴롭힘뿐만 아니라 언어 폭력과 신체적 공격까지 증가했다. 내무부 발표에 따르면, 그러한 범죄는 2018년 한 해 동안 20퍼센트 증가했다. 열 건 중 아홉 건이 극단주의 우파의 소행이었다. 그나마 그 수가 프랑스만큼 높지 않다는 사실이 씁쓸한 위안을 준다.

2018년 독일 정부는 반유대주의에 대처하기 위해 새로운 위원직을 신설했다. 이는 좋은 의도였지만, 동시에 안타깝게도 필수적인 일이기도 했다. 이듬해 5월, 펠릭스 클라인Felix Klein 특별 위원은 첫 번째 주요 공식 발언에서 이렇게 말했다. 「저는 유대인들에게 독일에서 언제 어디서나 키파*를 쓰고 다니라고 권하지는 못하겠습니다.」[36] 그는 〈증가하는 탈억제, 반유대주의의 치명적인 번식을 강화하는 견해의 확산〉[37] 때문에 위험 수위에 대한 기존의 생각을 바꿨다고 설명했다. 클라인은 사법 당국에 경계수위를 한층 높일 것을 요구했다. 그렇게 함으로써 자신의 역할을 다하고 있다고 믿었다. 그러나 정작 그는 극단주의에 영합하고 희생자를 부끄럽게 만들었다는 비난을 받았다. 이는 결코 그가 의도한 바가 아니었다. 그의 발언은 국내는 물론 해외에서도 충격을 미쳤다. 반유대주의에 맞선 거리 행진이 시작되었다. 타블로이드지 『빌트』는 그러한 행사에서 쓸 수 있도록 잘라서 보관할 수 있는 해골 모자를 제작했다. 『뉴욕 타임스』 역시 다른 매체와 더불어 뜨거운 관심을 보였다. 그들은 이렇게 선언했다. 독일은 다시 최악의 상황으로 돌아

---

* Kippah. 유대인들이 쓰는 전통 모자.

갔다. 유대인은 안전하지 않다.

2019년 12월, 메르켈은 75주년 해방 기념일 전날에 아우슈비츠를 방문했다. 그녀는 독일의 유대인 중앙 위원회 회장과 함께 〈노동이 너희를 자유롭게 하리라Arbeit macht frei〉라는 휘장이 걸린 정문을 통과해 들어가서는 1분 동안 묵념을 했다. 메르켈은 이렇게 말했다. 그 범죄를 기억하는 것은 「절대 끝나지 않을 의무입니다. 이는 우리에게 필연적으로 주어진 것입니다. 이러한 책임을 인식하는 것은 우리 국가의 정체성의 일부이자 계몽되고 자유로운 사회로서의 우리 자신을 이해하는 일입니다.」[38]

두 달 후 이민자, 특히 이슬람 사람들을 대상으로 한 끔찍한 공격이 벌어졌다. 한 남성이 프랑크푸르트 외곽 하나우라는 도시에 있는 시샤(물담배) 바 두 곳에서 총기를 난사해, 아홉 명이 목숨을 잃었다. 마흔세 살의 그 남성은 〈심각한 인종 차별적〉 글을 오랫동안 온라인에 게재해 온 것으로 드러났다. 하나우 테러에 대한 사회적 반응은 분노를 품은 슬픔이었다. 『프랑크푸르터 알게마이네』는 널리 퍼진 인식을 반영하여 이렇게 주장했다. 〈국가 기관은 (……) 이제 반드시 (……) 스스로 무장해야 한다. 이민자들과, 그 나라에 살고 있는 외국인들이 무시무시한 적들에 둘러싸여 있기 때문이다.〉[39] 그는 어쩌면 외로운 늑대였는지도 모른다. 하지만 정치인과 언론은 배타적인 사회적 분위기를 지적하면서 경찰과 보안 병력의 우선순위를 우파 극단주의 쪽으로 조정할 것을 촉구했다. 메르켈은 퇴임이 얼마 남지 않은 상황에서도 여전히 사태를 수습할 여력을 갖고 있었다. 하나우 테러 직후에 그녀는 인종 차별주의는 독이라고 선언했다. 말만으로는 충분하지 않다는 사실을 알았다. 그녀는 보안 병력에게 전반적인 전술을 점검하라는 지시를 내렸다. 내무 장관 호르스트 제호퍼Horst Seehofer는 모방 범죄를 막기 위해 보안 병력을 증강시켜야 한다고 지역 정치인들과 뜻을 함께한 뒤 이렇게 주장했다. 「우파 극단주의, 반유대주의, 인종 차별주의로 인한 보안 위협이 상당히 심각한 수준입니다.」 그의 지적에 따르면, 우파 극단주의가 〈독일 사회에 최대 보안 위협이 되고 있다〉.[40]

전 세계적으로 포퓰리즘-민족주의가 부상하고, 독일에서는 독일대안당이 성장하면서 독일인들은 민주주의, 특히 그들의 민주주의의 내구성에 의문을 품게 되었다. 토론 프로그램에서는 1930년대가 다시 돌아오는 것은 아닌지 논의하고 있다. 존더베크, 즉 특수 노선이라고 하는 새로운 유형의 지적 사고가 다시 한번 공감대를 형성하고 있다. 내 독일 친구들은 영원히 사라졌기를 바라는 추하고 위험한 정치에 대한 특정한 성향이 그들의 국가에 남아 있는 것은 아닌지 묻는다. 물론 경계심은 중요하지만, 이러한 성향이 독일에서 두드러지게 나타나고 있다는 주장을 뒷받침할 증거는 어디에도 없다. 지난 몇 년간 드러난 배타주의의 증가는 세계적인 현상이다. 자유 민주주의 모범 사례로 인정받는 북유럽 국가들조차 여기서 자유롭지 못하다. 역사적 맥락은 독일을 따로 떨어뜨려 놓는다. 그리고 바로 그 역사적 맥락은 포퓰리즘 의제를 좇는 자유 민주주의 국가와는 달리, 독일은 배타주의 시대를 충분히 견뎌 낼 수 있을 것이라는 희망을 불러일으킨다.

4장 더 이상 아이가 아니다
: 포퓰리즘 시대의 외교 정책

베를린 정치 세상은 정치 전문가들의 고향이다. 그들 모두는 서로를, 그리고 워싱턴이나 웨스트민스터에서 활동하고 있는 그들의 친구를 잘 알고 있다. 또한 그들 모두는 외교 정책과 관련해서 같은 질문을 놓고 고민 중이다. 독일은 언제 지배적인 세력으로 움직이기 시작할 것인가? 정치학자들은 독일을 일컬어 〈마뜩찮은 패권국〉, 혹은 〈새로운 시민 파워〉[1]라고 부른다. 헨리 키신저는 이렇게 표현했다. 〈독일은 유럽에서는 너무 크고, 세계에서는 너무 작다.〉[2]

제2차 세계 대전 이후로 독일은 언제나 누군가에게 의존해 왔다. 가령 국방과 안보를 다른 이들에게, 즉 미국과 나토, 최근에는 유럽연합에 의존하고 있다. 독일은 충직한 지원 팀으로서 정보를 공유하고, 인본주의 사명의 실현에 참여하고, 중요한 투표에서 동맹국 편에 서는 역할을 했다. 그래서 지금까지는 그들 자신의 손을 더럽힐 필요가 없었다. 독일은 보호받는 아이였기 때문이다.

그러나 통일은 기대를 바꿔 놓았다. 서양 연합군 세력은 독일에서 조금씩 발을 빼기 시작했다(마지막 영국 파견 부대는 2019년에야 떠났다). 러시아는 거의 즉각적으로 철수했다. 강력해진 독일은 새로운 지위를 얻었고, 그와 더불어 기대도 높아졌다. 냉전 시대 이후 첫 번째 군사 개입은 〈사막의 폭풍 작전〉이었다. 1990년 미국이 이끄는 유지 동맹 coalition of the willing은 사담 후세인을 쿠웨이트에서 몰아냈다. 이를 위해 35개국이 힘을 모았다. 그로부터 10년 뒤 아들 조지 W. 부시는 이러한 결속을 이뤄 내지 못했다. 당시 독일 총리였던 헬무트 콜에게는 어떠한 설득 작업도 필요하지 않았다. 그는 장비를 비롯해 수십억 달러의 재정 지원을 기꺼이 약속했다. 물론 헌법(혹은 정치인들의 헌법 해석)은 바뀌지 않았다. 그랬기 때문에 독일은 군사 행동에 직접 뛰어들 수는 없었다.

소련 해체와 더불어 유럽 공산주의가 최후를 맞이하고 몇 달이 흐른 1992년, 한 권의 책이 그 시대와 독일의 딜레마를 요약했다. 다름 아닌 프랜시스 후쿠야마의 『역사의 종말』로, 그는 이 책에서 자유 민주주의의 승리를 선언했다. 후쿠야마는 헤겔과 마르크스의 이론을 빌려 인류는 새로운 차원의 진보를 이룩했다고 주장했다. 다른 말로 표현하자면, 서구가 승리했다는 것이다. 빌 클린턴과 토니 블레어는 바로 이러한 생각을 보다 확신에 찬 외교 정책, 즉 자유주의적 개입주의로 발전시켰다. 이제 서구는 세계 모든 곳에서 일어나는 억압을 막아야 할 의무가 있었고, 필요하다면 무력까지 불사해야 했다. 게다가 인권과 민주주의 가치를 주입할 책임도 있었다.

코소보 사태는 독일로서는 가장 힘든 시기에 발발했다. 당시 헬무트 콜 총리는 권력을 잡은 지 16년 만에 자리에서 물러나야 했다. 이후 사회민주당(SPD)은 새로운 인물과 더불어 권력을 다시 차지했다. 게르하르트 슈뢰더는 하원에 들어온 지 몇 년 되지 않았으며, 외교적 배경이 전무했다. 1998년 10월, 총리 자리에 오른 지 몇 주 만에 슈뢰더는 대단히 힘든 과제에 직면했다. 여론은 발칸 반도에서 벌어진 세르비아의 인종 청소에 경악했다. 그러나 스레브레니차 대학살을 비롯해 세르비아의 보스니아 침공, 르완다 대학살(프랑스와 벨기에 군대가 대규모로 주둔하고 있었음에도)이 일어나는 동안에도 독일은 아무런 행동을 취하지 않음으로써 국민들을 부끄럽게 만들었다.

클린턴과 블레어는 강하게 압박했다. 놀랍게도 슈뢰더와 행정부는 거기에 기꺼이 따르기로 했다. 독일은 제2차 세계대전 이후로 처음으로 전쟁터에 군대를 파견했다. 나토는 3만 8천 건의 전투 임무를 수행했다(베오그라드에 있는 중국 대사관을 오인 폭격한 것을 포함해서). 여기에 독일의 토네이도 전투기 14대도 투입되었다. 슈뢰더는 2006년에 쓴 회고록에서 이렇게 썼다. 〈적-녹 연정* 권력을 차지한 것은

* 사회민주당과 녹색당 연정.

독일이 책임을 완수하도록 만들기 위한 역사의 계략이었을 것이다.)³ 그것은 〈중국의 닉슨〉의 또 다른 사례였을까? 마오쩌둥과의 관계를 정상화하기 위해 미국에서 공화당 인사가 필요했다면, 전선에 병력을 투입하기 위해 독일은 반군국주의와 동의어인 두 정당을 필요로 했을 것이다. 1994년, 무장 개입 원칙은 헌법재판소에서 다뤄졌다. 당시 헌법재판소는 독일은 다국적 전투 작전에 참여할 수 있지만, 의회의 승인을 얻을 때에만 가능하다는 판결을 내렸다. 이후 의회 승인을 얻는 과정에서 핵심적인 역할을 수행했던 인물은 그 연정의 외무 장관이었다. 요슈카 피셔는 최고의 도덕적 주장을 내놓아야만 했다. 그는 하원에서 했던 감동적인 연설을 통해 이렇게 주장했다. 「더 이상 아우슈비츠는 없습니다. 더 이상 대학살은 없습니다. 더 이상 파시즘은 없습니다. 저는 이 모두를 지킬 것입니다.」⁴ 그리고 그 말을 한 정치인은 평화 운동의 정치 조직인 녹색당 소속이었다. 1999년 6월, 슬로보단 밀로셰비치가 군대를 철수했을 때, 독일 장군이 나토 평화 유지대인 KFOR의 사령관으로 임명되었다. 동맹국은 그 작전에 독일이 참여하는 것을 환영했다. 그들은 독일의 외교와 안보 정책에서 새로운 장이 열렸다고 믿었다.

2년 후 슈뢰더는 똑같이 골치 아픈 딜레마에 직면했다. 그는 9·11 테러가 터지고 나서 조지 W. 부시와의 〈무조건적 연대〉⁵를 표명했다. 미국은 나토의 창설 조약 제5조(하나에 대한 공격은 모두에 대한 공격이다)를 발동했다. 슈뢰더는 이를 지지하기로 결심했지만, 의회의 승인을 받는 것이 쉽지 않다는 것을 알았다. 2001년 10월, 그는 미국 주도의 아프가니스탄 공습에 대한 지지 결정을 그의 행정부에 대한 신임 투표와 묶기로 결정했다. 그건 대단히 위험한 전략이었지만, 그래도 그는 이겨 냈다. 20년에 걸친 아프가니스탄 분쟁 속에서 독일은 지속적으로 자국 군대를 주둔시켰다. 그동안 50명이 넘는 군인이 목숨을 잃었다. 미국과 영국의 총 사망자 수에 비하면 대단히 적은 수였다. 독일 군대는 보다 조용한 아프가니스탄 북부 지역에서 작전을 수행했지만, 그래도 전쟁에 반대하는 세대가 보기에 그것은 가혹한 현실이었다. 2009년에 슈뢰더는 이렇게 썼다. 〈아프가니스탄에 독일군을 파병한 것이 정당하고 성공적이었는지 종종 질문을 받곤 한다.〉 그는 2002년 카불에 새롭게 문을 연 학교를 방문했던 경험을 떠올렸다. 〈거기서 나는 얼굴을 가리지 않은 어린 소녀들을 만났다. 그 학생들은 우리가 당연하게 여기는 것을 하고 있었다. 즉 학교에 가서 공부를 했다. 오늘날 많은 이들이 탈레반이 오랜 세월 동안 이들 소녀와 젊은 여성이 학교에 다니지 못하게 했다는 사실을 잊고 있다. 그때 경험은 독일이 탈레반 정권을 무너뜨리는 과정에 기여해야 한다는 내 믿음을 더욱 확고하게 만들어 주었다.〉 그러고는 이렇게 덧붙였다. 〈하원의 결정은 제2차 세계 대전 후 독일의 제한적인 주권의 장을 종식시켰다. 이제 우리는 아프가니스탄의 사례에서 나토 연합군으로 참여한 국가들처럼 국제 공동체 속에서 동등한 파트너로서 임무를 수행해야 할 나라가 되었다. 동시에 우리 독일인은 이라크 전쟁의 경우처럼 《아니오》라고 말할 수 있는 권리를 얻었다. 그것은 우리가 군사적 개입에 따른 이득을 확신하지 못했기 때문이었다.)[6]

슈뢰더는 이라크 전쟁에 반대했을 뿐 아니라, 이를 통해 자신의 리더십 후반부를 정의했다. 부시가 이라크 전쟁에 소극적인 프랑스와 독일을 비난하는 가운데, 구유럽과 신유럽의 대결은 2002년 9월에 치러진 독일 선거에서 지배적인 사안으로 떠올랐다. 여기서 슈뢰더의 접근 방식은 대단히 성공적이었고, 기독교민주연합(CDU)/기독교사회연합(CSU)의 승리를 점쳤던 여론 조사의 방향을 뒤집었다. 백악관은 분노했고, 독일과 프랑스를 싸잡아 〈겁쟁이〉라고 비난했다.

다음으로 2011년 리비아에서 반정부 시위가 벌어졌다. 데이비드 캐머런과 니콜라 사르코지는 군사 개입을 통해 벵가지를 혼란에서 구하고 카다피 장군을 축출하고자 했다. 그러나 이번에는 메르켈이 반기를 들고 나섰다. 유엔 안전보장이사회에 가입한 2년의 기간 중 겨우 석 달이 지난 독일은 비행 금지 구역을 설정하는 결의안에 기권 표를 행사했다. 이는 러시아, 중국과 뜻을 같이하면서 서구 동맹국에게는 반대한 선택이었다. 이라크 때와는 달리, 독일은 이번에 프랑스 뒤에 숨지 않았다. 외무 장관 기도 베스터벨레 Guido Westerwelle는 엄숙한 표정으로 이렇게 말했다. 「쉽지 않은 선택이었습니다.」

이라크와 리비아에서 독일의 입장은 전적으로 정당했다. 부시/블레어의 이라크 모험은 분열된 그 나라를 국제적 테러가 자행되는 참혹한 공간으로 만들어 버렸다. 카다피는 제거되었지만 리비아는 실패한 국가로 남았고, 그 나라의 시민들은 유럽에서 새로운 출발을 하기 위해 목숨을 걸었던 다른 국가의 난민 대열에 합류했다. 요슈카 피셔의 감동적인 코소보 연설은 다른 시대의 것인 듯 보였다. 이라크와 리비아, 아프가니스탄(보다 복잡한 경우) 사태는 독일 여론에서 군사 행동에 대한 반감을 다시 한번 자극하는 계기로 작용했다.

매년 초에 각국 외교관과 정치인은 뮌헨 안보 회의(안보에 관한 다보스 포럼이라 할 수 있는)에 참석한다. 여기서 많은 극적인 장면이 연출된다. 그중 하나가 2014년 독일 대통령의 연설이다. 동독 북부 시골 출신의 전직 목사인 요아힘 가우크 Joachim Gauck는 저항 운동을 벌인 유명 인사였으며, 동독의 마지막 몇 달 동안 의원으로 활동했다. 통일 후에는 비밀경찰의 기록물을 감독하는 조직의 수장이 되었다. 2012년에 가우크는 대통령으로 선출되었다. 몇 년 동안 독일은 최고 권력 자리에 두 명의 동독 출신 인사를 선출했고, 가우크는 그중 첫 번째였다.

　가우크는 뮌헨에서 청중에게 이렇게 말했다. 「이곳은 우리가 지금까지 알았던 최고의 독일입니다.」 독일은 신뢰할 만한 파트너였다. 그는 독일이 기여한 바를 늘어놓았다. 국제 개발과 환경, 다자간 공동 정책, 친유럽주의 등. 그다음으로 개입의 문제를 정면으로 제기했다. 그는 독일이 지금까지 〈기피자〉, 즉 〈힘든 문제를 어떻게든 회피하려는〉 국가로 비난받아 왔다고 했다. 하지만 그는 이 말에 동의하지 않았다. 그는 강조했다. 과거가 외면의 구실이 되어서는 안 된다. 전 세계 안보를 강화하기 위해 더 많은 책임을 기꺼이 떠안아야 한다. 그러고는 이렇게 물었다. 「우리는 위험의 공정한 몫을 감당할 준비가 되어 있습니까?」 그는 스스로 답했다. 「행동하지 않는 사람에게도 책임은 있습니다. 독일이 하나의 섬이고, 그래서 우리 시대의 변화로부터 동떨어져 있다고 믿는다면 그건 스스로를 기만하는 겁니다.」[7] 그의 이 말은 외무 장관 프랑크발터 슈타인마이어Frank-Walter Steinmeier(그를 이어 대통령이 된)와 국방 장관 우르줄라 폰 데어 라이엔Ursula von der Leyen(유럽연합 집행 위원회 의장이 된)의 지지를 얻었다. 슈타인마이어는 신중하게 조율된 일련의 원칙을 제시했다. 「무력 사용은 최후 수단입니다. 마땅히 제한적으로 사용되어야 합니다. 그러나 독일에게 제약의 문화가 방관의 문화가 되어서는 곤란합니다. 세계 문제를 그저 관망만 하고 있기에 독일은 너무나 거대합니다.」[8] 이러한 생각은 나중에 뮌헨 협약으로 정리되어 알려졌다.

　미국을 가깝게 생각한 이들은 동시에 냉전 시대의 상대편인 러시아에게도 친밀감을 느꼈다. 이는 지리와 문화, 역사, 그리고 전쟁 책임에 기인한 것이었다. 1989년 이전에 딜레마는 훨씬 더 다루기 쉬웠다. 동유럽에 대한 소련 공산주의의 통제, 1953년 동베를린과 1956년 헝가리, 1968년 프라하 소요 사태에 대한 진압, 1961년 베를린 장벽의 건설은 완고한 좌파 독일인들을 서쪽으로 몰아냈다. 콘라트 아데나워는 서독에 의한 통합이 통일 그 자체보다 더 중요하다고 주장했다. 재무장한 서독은 1955년에 나토에 가입했다. 외무 장관 발터 할슈타인이 마련한 원칙 아래, 그 연방 공화국은 동독을 인정하는 어떤 나라와도 외교 관계를 맺지 않았다. 미국에 대한 충성심은 베트남 전쟁 동안에 이미 시들고 있었다. 사회민주당 인사들은 긍정적인 서구화 Westernization와 부정적인 서구화Westernification를 구분해서 사용했다. 당시 빌리 브란트 총리는 〈동방 정책Ostpolitik〉을 설계하고 있었고, 이를 통해 동독과 더 나아가 바르샤바 조약 기구와의 타협을 모색했다. 동방 정책은 두 부분으로 구성되었다. 첫 번째는 소프트파워였다. 서독은 인사 교류와 관광, 학술 및 문화 협력을 추진했다. 두 번째 부분은 양날의 검이었다. 소련과 그 위성국가들과의 관계 정상화를 모색하는 과정에서, 브란트와 그의 후임들은 그 체제 자체를 정당화하고 강화하는 쪽으로 흘러갔다. 반체제 인사들은 실망했다. 예를 들어 레흐 바웬사Lech Walesa와 그의 노조연대가 1980년대 중반 폴란드에서 처음으로 성공적인 반대 운동을 벌였을 때, 서독은 그 지역의 현상 유지에 더 관심이 있는 듯 보였다.

헬무트 콜은 적어도 통일 문제와 관련해서는 아데나워와 마찬가지로 미국의 신뢰를 받았다(영국과 대처로부터는 아니라고 해도). 미국과 슈뢰더의 관계는 이라크 침공에 대한 그의 반대뿐만 아니라, 블라디미르 푸틴과의 가까운 관계 때문에 훨씬 더 복잡했다. 냉전 시대 전반에 걸쳐 독일과 러시아 간의 무역 관계는 탄탄했다. 소련은 가스를 보유했지만, 그 산업을 개발하기 위해서는 기술과 재정적 지원이 필요했다. 따라서 〈가스 수송관〉 협약은 두 나라 모두가 원하는 바였다. 노르트 스트림Nord Stream 프로젝트는 상트페테르부르크 북서부의 비보르크에서 발트해를 거쳐 독일의 폴란드 국경까지 이르는 수송관을 설치하기 위한 것이었다. 이 프로젝트의 최대 주주는 러시아 에너지 거물인 가스프롬으로, 이들은 필연적으로 푸틴과 그의 정치 및 안보 측근들과 관계를 맺고 있었다. 수송관 건설 협약은 2005년 선거를 열흘 앞두고 급하게 이뤄졌는데, 슈뢰더는 그 선거에서 근소한 차이로 기독교민주연합의 새로운 리더인 메르켈에게 패했다. 몇 주 후 슈뢰더가 자리에서 물러날 채비를 하고 있을 때, 독일 정부는 러시아와 특별한 협상을 벌였다.

가스프롬이 대출을 상환하지 못할 경우, 독일 정부가 노르트 스트림 프로젝트 비용 중 10억 유로를 부담할 것을 보장한다는 내용이었다. 몇 주 후, 슈뢰더는 노르트 스트림 AG 사장으로 임명되었다.

많은 이들이 이해 충돌과 관련해서 이야기를 했지만, 그와 관련된 일은 일어나지 않았다. 사적인 측면과 정치적인 측면이 서로 뒤엉켜 있는 것처럼 보였다. 60세의 슈뢰더와 그의 아내(다섯 명의 아내 중 네 번째) 도리스 슈뢰더쾨프는 상트페테르부르크(푸틴의 고향)에서 두 명의 아이를 입양했다. 당시 서구인이 러시아 아동을 입양하기 위한 절차는 대단히 까다로웠지만, 슈뢰더에게는 수월했다. 슈뢰더는 푸틴 대통령을 아낌없이 칭송했다. 2004년, 2006년, 2012년에 슈뢰더는 각각 똑같은 표현인 〈수정처럼 맑은 민주주의자lupenreiner Demokrat〉라는 표현을 동원하여 푸틴에 대해 이야기했다. 그 두 번째 사례에서는 회고록을 통해 한 걸음 더 나아갔다. 〈블라디미르 푸틴 대통령의 역사적 성취는 (러시아의) 민주주의 기반을 회복시켜 놓은 것이다.〉[9]

조지아 침공에서부터 알렉산드르 리트비넨코를 런던에서 독살하려 한 것에 이르기까지 러시아 정부가 아무리 부도덕한 행동을 하더라도, 슈뢰더는 아랑곳하지 않고 계속해서 아첨을 이어 나갔다. 2007년 5월, 에스토니아와의 분쟁 동안에도 그는 크렘린을 옹호했다. 당시 탈린 중심부에서 소련 시절 전쟁 기념비의 철수는 나토 회원국에 대한 사이버 공격으로 이어졌다. 슈뢰더는 서구의 다른 모든 나라가 하는 일을 하지 않았고 러시아를 비난하지도 않았다. 대신에 에스토니아가 〈모든 형태의 합리적 행동〉[10]을 거부했다고 주장했다. 2014년 3월, 슈뢰더는 푸틴이 당연하게도 〈포위에 대한 두려움〉을 갖게 되었다고 언급했다. 그는 크림 반도를 〈구 러시아 영토〉[11]라고 주장했으며, 지역 주민들의 지지를 얻었으므로 침공이 적법한 것이었다고 지적했다. 2014년 서구 국가들이 러시아 제재 방안을 고려하고 있을 때, 슈뢰더는 푸틴에 취해 있었다. 당시 푸틴은 상트페테르부르크의 유수포프 궁정에서 열린 슈뢰더의 일흔 번째 생일을 축하했다. 독일의 우방인 우크라이나는 크게 분노했다. 우크라이나 외무 장관은 이렇게 일침을 가했다. 〈게르하르트 슈뢰더는 푸틴을 위해 활동하는, 세계에서 가장 중요한 로비스트다.〉[12] 2016년 슈뢰더는 더욱 논란이 되었던 확장 사업인 두 번째 노르트 스트림 프로젝트를 이끌게 되었다. 이번에 가스프롬은 유일한 주주였다. 1년 후, 슈뢰더는 러시아의 최대 석유 기업인 로스네프트의 비상임 이사로 임명되었다. 이에 대해 정보기관들은 엘리트 포섭이라는 용어를 사용한다. 정치 엘리트의 부패를 묘사하는 트위터 해시태그(#Schroederization)까지 등장했다. 녹색당 외무 대변인 오미드 누리푸르Omid Nouripour는 이렇게 말했다. 「버락 오바마가 중국 정부를 위해 미국에서 로비스트로 활동한다고 상상해 보세요.」[13]

베를린의 정치 지평에서 어떤 이들은 그의 속물근성을 들먹이며 세일즈맨(탐욕적인 이미지 때문에 붙은 별명) 슈뢰더는 학교를 일찍이 그만두고 기술이 필요 없는 건설 노동자가 되었다고 주장했다. 그에게 무엇을 더 기대하겠는가? 또 어떤 이들은 그가 이혼한 아내들에게 양육비를 지불하기 위해서 돈을 많이 벌어야 한다고 조롱했다. 그럼에도 슈뢰더는 자신의 이미지를 즐기는 듯 보였다. 네 번째 결혼에서, 그는 아우디맨(네 개의 반지가 자동차 브랜드 로고를 연상시킨다고 해서)이라는 별명으로 불렸다. 다섯 번째 결혼에서는 스스로 올림픽의 지위를 얻었다고 자랑했다.

러시아에 대한 메르켈의 본능은 전임자들과는 사뭇 달랐다. 그녀는 공산주의 체제의 자녀로서 처음으로 독일을 이끈 인물이었다. 동독의 모든 학생들처럼 그녀 역시 러시아어를 배웠다. 결코 학업을 게을리 할 학생이 아니었던 메르켈은 전국 러시아어 경연에서 3위를 차지했고 부상으로 모스크바 여행을 가게 되었다. 그녀는 거기서 처음으로 비틀스 음반을 샀다고 했다. 메르켈은 언제나 러시아에 많은 관심을 갖고 있었다. 그녀의 총리 사무실 벽에는 러시아 여제로 등극했던 포메라니아 공주인 예카테리나 2세의 초상이 걸려 있었다.

푸틴은 독일 지역에서 복무했던 최초의 러시아 지도자였다. 그는 KGB 간부 요원으로서 드레스덴을 중심으로 활동했다. 2018년 12월에는 그의 비밀경찰 시절 신분증이 독일에서 발견되었다. 일련번호 B217590으로 1986년에 발행된 그 신분증에는 넥타이를 맨 젊은 푸틴의 흑백 사진이 붙어 있고 옆에는 그의 서명도 적혀 있다. 뒷면에는 분기별 도장이 1989년 마지막 분기까지 사용되었음을 말해 준다. 베를린 장벽이 무너질 무렵에 그는 간부로 승진했다. 그가 특별히 이의를 제기하지 않았던 한 전기의 설명에 따르면, 그는 성난 군중이 드레스덴에 있는 KGB 사무실에 몰려와서 서류를 뒤지고 가져가려는 것을 막기 위해 권총을 휘둘렀다. 그리고 동료 요원들과 함께 상당한 양의 서류를 불태웠다고 한다.

메르켈과 푸틴이 역사의 반대편에 서 있다고 생각할 수도 있지만, 사실 두 사람은 서로 어울릴 만한 충분한 준거점을 갖고 있다. 푸틴은 슈뢰더와 사랑에 빠진 뒤 한 용감한 여성을 만났다. 야당 당수로 있던 2002년에 크렘린에서 처음으로 푸틴을 만나고 난 뒤, 메르켈은 보좌관들에게 자신이 그의 시선을 붙잡았기 때문에 〈KGB 시험〉[14]에 통과한 것이라고 말했다(2004년 말, 나는 모스크바 외곽에 있는 푸틴의 저택에서 저녁 늦게 열린 한 작은 모임에 네 시간 반 동안 그와 함께 있었다. 그때의 경험을 바탕으로, 나는 푸틴의 눈빛은 매우 서늘하며, 이를 마주하기 위해서는 담력이 필요하다고 말할 수 있다). 2007년 푸틴의 흑해 궁전에서는 두 사람의 기이한 만남이 있었다. 메르켈이 어릴 적 개에게 물린 적이 있기 때문에 큰 개에 대한 공포심을 갖고 있을 거라 생각했는지, 푸틴은 거대한 검은 래브라도가 그들이 대화를 나누고 있는 방 안에서 돌아다니도록 했다. 코니라고 하는 그 개는 두 사람이 마주하고 있는 동안 푸틴의 옆에 앉아 있었다. 그날 만남을 찍은 한 사진은 그 큰 개가 메르켈에게 다가와 냄새를 맡고 그녀의 곁에 앉아 있을 때, 초조해 하는 그녀의 표정을 잘 보여 준다. 그래도 그녀는 몸을 움츠리지는 않았다. 푸틴은 그녀를 바라보면서 짓궂은 미소를 짓고 있다. 푸틴은 이렇게 말했다. 「이 개는 당신을 귀찮게 하지 않을 겁니다. 상냥하고 얌전합니다.」[15] 그 말에 메르켈은 완벽한 러시아어로 이렇게 대답했다. 「어쨌든 기자들을 잡아 먹지는 않겠죠.」[16]

한 전기 작가의 설명에 따르면, 메르켈은 충동을 완벽하게 통제할 줄 아는 인물이었다. 실제로 그녀는 좀처럼 감정을 드러내지 않는다. 그러나 자신이 느낀 불쾌감에 대해서는 나중에 분명하게 전달한다. 푸틴은 그녀의 공포증을 몰랐다며 사과했다. 그러나 독일 관료들은 그가 틀림없이 그와 관련해서 보고를 받았을 것이라고 주장한다. 개 사건은 메르켈에게 심각한 영향을 미치지는 않았지만, 그럼에도 불신의 분위기를 조성했다. 2014년 메르켈은 미국인과 유럽인들에게는 대단히 만족스럽게도 푸틴과 맞설 준비가 되어 있음을 분명히 밝혔다. 크림 반도와 우크라이나 위기가 진행되는 가운데, 러시아는 말레이시아 항공 17편 격추 사건에 관여한 것으로 의심을 받았다. 당시 이 사건으로 283명의 승객과 15명의 승무원이 목숨을 잃었다. 이에 대해 메르켈은 소련 붕괴 이후로 가장 광범위한 제재를 유럽연합이 부과하도록 했다. 그 과정에서 그녀는 연정 내부의 저항에 직면했지만 강경한 태도로 제재 부과를 끝까지 밀어붙였다. 제재 수위는 이후 더욱 높아졌다. 2014년 11월, 메르켈은 이렇게 말했다. 「베를린 장벽이 무너지고 25년이 흐른 시점에서 어느 누가 유럽 한복판에서 이런 일이 벌어지리라고 상상이나 할 수 있었겠습니까? 국제법을 유린하는, 세력권을 바라보는 기존의 낡은 사고방식이 지배하도록 내버려 둬서는 안 될 것입니다.」[17]

난민에 대한 결정과 더불어, 러시아에 대해 취한 메르켈의 강경 노선은 그녀의 임기에 영향을 미친 중요하면서 이례적인 위험 중 하나였다. 여론 조사와 초점 집단 조사에 집착했던 메르켈은 러시아에 대한 대중의 생각을 잘 알고 있었고, 또한 기업들로부터 끊임없이 로비를 받았다. 그녀의 과감한 결단은 개인적 배경에서 비롯된 것이었다. 메르켈은 동독 시절 때부터 푸틴과 같은 냉철한 악당에 대한 본능적인 혐오감을 갖고 있었다. 그러나 나는 그것이 또한 원칙의 문제였다고 생각한다. 조심할 필요가 없다고 판단할 때, 그녀는 과감하게 행동했다.

메르켈이 건드릴 수 없다고 생각했던 부분은 노르트 스트림이었다. 첫 번째 프로젝트가 마무리 단계에 접어들었을 무렵, 의회는 두 번째 송수관 사업을 승인했다. 독일의 공식적인 입장은 프로젝트 확장이 어떠한 위험도 되지 않는 다는 것이었다. 대신에 상호 의존도를 강화함으로써 러시 아가 서구의 궤도로 더 근접하도록 밀어붙일 것으로 보였 다. 하지만 푸틴이 보여 준 행동은 그렇지 않았다. 기업 경영 자들은 메르켈이 미국의 안보 우려를 무시하도록 촉구했고, 그녀는 실제로 그렇게 했다. 독일 대기업은 압력을 행사 하는 유일한 로비 집단이 아니었다. 당적을 불문하고 동부 지역의 모든 정치 지도자들 역시 그녀가 러시아와의 관계 를 개선해야 한다고 촉구했다. 작센주 총리이자 기독교민 주연합 소속인 미하엘 크레치머Michael Kretschmer는 2019년 9월 재선 캠페인 때 이렇게 언급했다. 「독일 정치인으로서 비즈니스를 생각해야 합니다. 특히 제재 정책의 결과로 타 격을 입은 예전 동독 주들의 비즈니스에 대해서요.」[18] 그는 드레스덴 상공회의소 자료를 바탕으로 러시아와 장기적인 관계를 맺고 있는 작센 지역 기업의 2018년 수출 실적이 2013년에 비해 60퍼센트나 떨어졌다고 지적했다. 브란덴 부르크의 디트마어 보이트케는 같은 날 있었던 선거에 앞 서 이렇게 언급했다. 「독일 동부에 있는 많은 사람은 러시아 인들과 개인적인 관계를 맺고, 우정을 쌓고, 그들의 언어로 말합니다. 많은 사람이 러시아인들과 감정적 유대감을 느 끼는 거죠.」[19]

여론 조사 결과는 대다수 유권자, 특히 동부 지역의 유권 자들이 러시아와 더욱 긴밀한 관계를 원한다는 사실을 반복해서 보여 주었다. 그토록 많은 사람이 동독을 떠나 서쪽으로 탈출했다는 사실을 감안할 때 이는 의문이 드는 대목이지만, 이러한 성향은 문화와 지리, 역사에 깊이 뿌리내리고 있다. 그러나 러시아에 대한 믿음은 최근의 현상이며 유해할 수 있다. 푸틴과 그의 첨단 선전 시스템은 러시아를 소련 공산주의 역사로부터 분리하려고 노력하고 있다. 지금까지 수사관들은 결정적인 KO 펀치를 날리지는 못했지만 (경제적 관계를 부인하지 못했던 마린 르펜의 프랑스 국민전선의 경우와는 달리), 러시아는 독일대안당과 좌파당에 자금을 지원하고 있다는 의혹을 받고 있다. 크렘린은 기본적으로 가톨릭에 우호적이며, 극우 및 극좌파 정당, 독립 운동, 그리고 물론 브렉시트까지 자유 민주주의와 유럽의 결속력을 허물어뜨리는 것이라면 무엇이든 받아들이고 있다. 그들은 정보의 순환 고리를 개발했다.

독일대안당은 크렘린 노선을 그대로 따르고 있다. 당의 지도자들은 크림 반도 합병과 우크라이나 동부 침공을 지지했고, 우습게도 선거 참관인을 파견하기까지 했다. 그들은 또한 러시아의 민족주의 청소년 단체인 나시Nashi도 만났다. 러시아의 전 세계 TV 네트워크인 RT는 일반적으로 독일대안당의 노선을 채택하고 있다. 그들은 페기다 집단의 유해한 행진을 생중계한다. 그들의 독일어 서비스는 주류〈베시〉매체에 대한 일부의 적대감을 적극적으로 이용함으로써 동부 주들을 중심으로 강력하게 침투하고 있다. 높은 시청률을 자랑하는 프로그램인 「사라진 부분The Missing Part」에서는 이민 및 고용 안정과 관련해서 여론을 호도하는 기사를 정기적으로 내보내고 있다. 러시아에서 독일로 넘어온 300만 명에 이르는 이민자(후기 재정착자라고 알려진)들은 친크렘린 정서를 그대로 간직하고 있다. 겉으로 보기에, 그들은 조부모에게서 들었던 대로 민족의 차원에서 동질적이고 전통적인 국가를 기대했다. 그러나 그들은 세계주의적인 국가를 마주하고서는 깜짝 놀랐다. 바로 이러한 재정착자들이 독일대안당의 직접적인 목표물이 되었다. 자동적으로 주어지는 투표권을 감안할 때, 그들은 중요한 유권자 집단이다.

2016년 독일 국방백서는 러시아의 하이브리드 전쟁 기술 활용에 관한 논의를 처음으로 꺼냈다. 〈하이브리드 도구를 점차적으로 활용하여 전쟁과 평화 사이의 경계를 의도적으로 흐릿하게 함으로써 러시아는 의도의 본질에 관한 불확실성을 조장하고 있다.〉[20] 또한 러시아는 아주 다양한 방식으로 그 경계를 흐릿하게 만들고 있다고 지적했다. 러시아 정보기관 GRU는 해킹 세상에서 팬시 베어Fancy Bear라는 이름으로 알려진 해킹 조직인 APT28과 함께 일련의 사이버 공격을 감행했다. 가장 위험한 것은 2016년 독일 하원의 이메일 시스템을 겨냥한 침투였다. 이 사건으로 엄청난 양의 데이터가 도난을 당했고, 특정 정치인과 기관을 위협할 수 있는 정보가 유출되었다. 『차이트』는 「메르켈과 팬시 베어」라는 이름의 한 탐사보도에서 러시아의 해킹 범위와 더불어 의회 사이버 보안 팀의 허술한 대비를 폭로했다. 신문은 외무부 사이버 정책 책임자의 말을 인용해서 대응을 촉구했다. 여기서 그들은 역해킹이라는 용어를 사용했다. 메르켈의 안보 위원회는 보복 공격을 하지 않기로 결정했고, 대신 미래에 있을 해킹 공격에서 디지털 맞대응을 허용하는 법안을 마련했다.

2017년 선거를 앞두고 독일 정치인과 안보 관료들은 더 많은 공격과 정보 유출 사태에 촉각을 곤두세웠다. 선거 운동 막바지에 이르러, 독일대안당에 대한 엄청난 지원이 봇*을 통해 이뤄졌다. 당시 그 영향은 아마도 제한적이었을 것이다. 가장 효과적인 허위 정보 작업은 오래전부터 이어져 왔다. 최근 많은 가짜 뉴스가 퍼졌으며, 이들 모두 난민에 반대하는 내용을 담고 있었다. 가장 악명 높은 것으로 〈리사〉 사례를 꼽을 수 있다. 동베를린 마르찬에 사는 열세 살의 러시아계 소녀가 중동 및 아프리카 난민으로 보이는 남성들에게 납치되어 강간을 당했다는 소문이 퍼졌다. 분노한 지역 주민들은 이민자에 반대하는 시위를 열었다. 멀리 떨어진 곳에 있는 걱정하는 시민들까지 시위 대열에 합류했다. 그러나 그 이야기는 모두 거짓으로 드러났다. 리사는 무단결석을 하고 친구와 함께 있었던 것으로 밝혀졌다. 리사는 결국 그 사실을 부모와 학교에 털어놓았지만, 이미 그

* bot. 특정 작업을 반복 수행하는 프로그램.

사건은 국제적인 반향을 일으키고 있었다. 그 시작에는 독일어로 된 러시아 웹사이트가 있었다. 이후 러시아 TV가 그 이야기를 생중계로 다루었고, 트럼프가 좋아하는 웹사이트인 브레이트바트Breitbart 역시 그 소식을 널리 퍼뜨렸다. 또 다른 사례는 독일에서 가장 오래된 교회 건물이 〈알라후 아크바르〉(신은 위대하다)라고 외치는 한 남성의 방화로 불에 탔다는 이야기였다. 이 역시 모두 거짓이었다. 실제로 벌어진 일은 도르트문트에 있는 한 교회(절대로 가장 오래된 교회가 아닌)에서 작은 화재가 있었고 원인은 전기합선으로 밝혀졌다. 이로 인해 그물이 덮여 있던 작업대 일부가 불에 탔지만 12분 만에 진화되었다.

유럽연합과 독일의 사이버 보안 전문가에 따르면, 메르켈은 유럽의 어느 주요 정치인보다 더 많은 공격을 받았다. 매일 끊임없이 쏟아지는 가짜 뉴스가 그녀, 특히 러시아에 대한 그녀의 강경 노선을 허물어뜨리고자 했다. 그중 일부는 효과적이었고, 또 일부는 기상천외했다. 그것들은 다음과 같다. 메르켈은 테러리스트가 베를린 크리스마스 시장을 공격할 계획이라는 것을 알면서도 침묵을 지켰다. 메르켈은 아돌프 히틀러의 딸이다. 이를 증명하는 (포토샵으로 수정된) 사진도 있다. 히틀러는 벙커 안에서 죽지 않았으며 나중에 아이도 낳았다. 그의 정자는 냉동 상태로 보관되어 있다.

다른 한편으로, 의회 커뮤니케이션에 대한 러시아의 해

킹은 사그라지지 않고 여전히 계속되었다. 2018년 12월에는 재림절 달력처럼 매일 하나씩 이야기를 공개하도록 설계된 한 가짜 트위터 계정이 크렘린이 좋아하지 않는 정치인들의 개인적인 자료와 데이터를 게시했다. 이들 대부분은 정당의 원로 의원들이었으며, 독일대안당은 빠져 있었다. 특히 녹색당이 집중 공격을 받았다. 사회민주당과는 달리 그들은 러시아에 대해 뚜렷하게 회의적인 입장을 취했다.

메르켈은 자신의 일반적인 회복력과 다른 사람에게 밀려나기를 거부하는 태도를 기반으로 계속해서 나아갔다. 미국인을 비롯한 다른 국가의 많은 이들이 그녀가 부드러워졌다고 생각할 때, 그녀는 다시 한번 세상을 놀라게 했다. 2019년 8월, 1990년대에 러시아에 저항하는 분리주의 세력을 지휘했던 한 체첸 망명자가 모스크로 가는 길에 베를린 공원에서 살해되는 사건이 벌어졌다. 가발로 위장한 암살자는 자전거를 타고 뒤쪽으로 접근해서 소음기를 장착한 글록 권총으로 그를 쐈다. 한 남성이 즉각 체포되었으나, 베를린 경찰은 몇 달 동안 그로부터 아무런 정보도 캐내지 못했다. 외국 대사관들은 독일 정부가 외교적 마찰을 피하기 위해 사건을 덮으려 한다고 의심했다. 그러다가 12월에 연방 검사를 데려오는 결정이 이뤄졌다. 이는 처음부터 했어야 할 선택이었다. 이후 24시간 안에 두 명의 러시아 외교관을 추방할 것이라는 발표가 나왔다. 이는 중대한 보복으로 보이지 않을 수도 있지만, 영국의 솔즈베리에서 세르게이 스크리팔과 그의 딸이 신경 작용제 테러를 당한 사건에 대한 저항의 표시로 2018년에 20개 서구 국가가 100명이 넘는 러시아 외교관을 추방한 이후로 유럽 세력이 러시아에 대해 내린 가장 엄중한 조치였다(메르켈은 당시 스크리팔 부녀 테러 사건에서 유럽연합의 협조를 이끌어 내는 데 중요한 역할을 했다. 비록 영국이 특별한 감사를 표하지는 않았지만).

　메르켈은 푸틴에게 겁을 먹지 않았다. 이는 주목할 만한 부분이다. 반면 러시아에 대한 슈뢰더의 행적은 경악스러우며, 많은 유권자들이 러시아에 무죄 추정의 원칙을 적용하려는 모습은 걱정스럽기까지 하다. 하지만 다른 국가는 독일을 비난하기 전에, 먼저 자신의 상황을 면밀히 들여다볼 필요가 있다. 영국의 경우, 1990년대와 2000년대로 이어진 연속된 정부하에서 런던은 세계적인 돈세탁 도시가 되었고, 런던그라드로 불린다. 러시아 신흥 재벌인 올리가르히들은 장관과 왕족, 의회 의원, 유명인, 최고경영자, 사립학교 교장, 명예훼손 전문 변호사는 물론 재산 관리인으로부터 환영을 받고 있다. 레드카펫이 깔리면서, 영국 기득권층은 새로운 친구들의 부의 원천을 의식적으로 외면했다. 나는 2005년경 토니 블레어 행정부의 한 장관을 크게 질타했던 일이 기억난다. 그는 내게 말했다. 「분명히 알아야 합니다. 모든 돈은 좋은 돈입니다. 특히 학교와 병원을 짓는

데 도움이 된다면 말이죠.」영국 정부는 극단적인 살인 사건이 많이 일어나면서 보안을 강화했지만, 재정적인 관점에서 그 관계는 적어도 독일이 했던 것만큼이나 부당한 일이었다. 여당인 보수당은 올리가르히로부터 계속해서 선물을 받았고, 그 규모는 지난 10년에 걸쳐 350만 파운드에 이른다.[21] 여기에는 데이비드 캐머런이나 보리스 존슨과 테니스를 치기 위해 수만 파운드를 지불하는 어처구니없는 거래도 들어 있었다. 의회 정보 보안 위원회가 이처럼 석연치 않은 거래에 의문을 제기했을 때, 존슨은 몇 달 동안 발표를 거부했다. 이탈리아 같은 다른 나라들은 매수되는 것을 스스로 허락했다. 물론 도널드 트럼프와 크렘린의 관계를 둘러싼 의혹은 지금도 그대로 남아 있다.

트럼프는 처음부터 메르켈을 싫어했다. 그녀가 노력하지 않았다고 비난받을 수는 없었다. 2016년 말 권력 이양기에 오바마는 메르켈을 찾았다. 그날 저녁 두 사람은 세계의 문제에 대해 이야기를 나눴다. 메르켈은 자신이 오바마를 그리워하게 될 것이라는 사실을 알았다. 트럼프는 선거 운동 기간에 어떤 다른 외국인보다 메르켈을 더 집요하게 공격했다. 『타임』이 메르켈을 올해의 인물로 선정하자 트럼프는 이렇게 평했다. 〈그들은 독일을 망치고 있는 인물을 선정했다.〉 트럼프는 특히 그 잡지가 메르켈을 자유세계의 수장이라고 부른 데 대해 기분이 상했다. 〈메르켈이 독일에 한 짓

은 참으로 안타까운 수치다.〉[22]

　그러나 레이건을 흠모하고 차를 몰고 미국 평원을 가로지르고자 했던 그 여성은 본질적으로 강건한 범대서양주의자였다. 그녀는 미국이 독일을 가장 신뢰할 만한 협력자로 바라봐 주길 원했다. 유명하게도 헨리 키신저는 이렇게 물었다. 「유럽과 대화를 하려면 누구에게 전화를 걸어야 합니까?」[23] 아버지 조지 부시부터 오바마에 이르기까지 그 대답은 영국인들이 듣고 싶어 하는 것이 아니었다. 그것은 언제나 변함없이 독일이었다. 전쟁이 끝나고 몇십 년 동안 중요했던, 소위 영국과의 〈특별한 관계〉는 미국 외교관들이 영국인들을 기쁘게 하기 위해 사용했던 미사여구가 되었다. 블레어에서 존슨에 이르는 영국 총리들은 아첨이 환심을 사기 위한 최고의 방법이라고 생각했다.

　메르켈은 자신만의 길을 걸었다. 하지만 그녀는 또한 실패를 받아들이기 힘들다는 사실을 알았다. 트럼프 이전으로 거슬러 올라가는 몇 가지 사건이 있었다. 내부 고발자 에드워드 스노든Edward Snowden이 유출한 수만 건의 비밀문서를 통해 드러난 가장 치명적인 폭로 중 하나는 독일에 관한 것이었다. 그중 최악은 미국 국가 안보국(NSA)이 수년에 걸쳐 메르켈의 개인용 휴대전화를 도청해 왔다는 사실이었다. 2013년『슈피겔』이 스노든 파일을 대상으로 수행했던 연구를 통해 베를린에 있는 미국 대사관이 NSA를 위한 정보 센터 역할을 해왔다는 사실이 드러났다. 이들은 수년 동안 독일의 최고위급 정치인들의 대화를 엿듣고 저장해 왔다. 그 목록에는 집착적인 스마트폰 사용자인 메르켈도 들어 있었다. 소위 아인슈타인 작전에 의해 수집된 모든 정보는 NSA 본부로 전송되었고, 그 정보는 〈표적 정보 데이터 베이스Target Knowledge Database〉에 저장되었다. 2014년에 발표된 2009년 자료는 메르켈이 니므롯Nimrod이라고 알려진 그 데이터베이스 시스템 속에 들어 있는 122명의 세계 지도자 중 한 사람이었다는 사실을 보여 주었다. 성의 알파벳 순으로 정렬된 그 목록에서 메르켈은 첫 번째 페이지에 이름이 올라 있었고, 그 위에는 말리 대통령이, 아래에는 시리아 폭군인 바샤르 알아사드가 있었다. 그것은 오바마의 시스템이었다. 독일은 미국의 가장 견고한 동맹국 중 하나로 인정받고 있었다. 그 소식을 들었을 때 메르켈은 흥분했고, 그녀의 유명한 충동 통제력을 잃어버렸다. 오바마와의 전화 통화(이후 『슈피겔』이 신중하게 보도한)에서 화가 난 메르켈은 이렇게 꼬집었다. 「그건 〈슈타지〉(비밀경찰)나 하는 짓입니다.」[24]

두 첩보 사건과 더불어 관계는 더 악화되었다. 뮌헨에 기반을 둔 독일 해외 정보기관의 한 요원과 국방부에 있는 한 요원이 미국인에게 자료를 넘겨주다가 적발되었다. 그 한 사례에서, 총리 전화의 도청을 수사하는 바로 그 의회 위원회에 보고된 극비 증거 자료가 미국으로 빠져나가고 있었다. 메르켈은 CIA 지부장에게 떠날 것을 명령했고, 이는 두 동맹국 간에 전례 없는 조치였다. 정보 협조는 당분간 중단되었다. 메르켈은 오바마에게 첩보 활동을 금지하는 협약에 서명할 것을 요구했다. 그러나 이러한 협약은 미국이 가장 가까운 우방과도 맺지 않았던 것이었다. 이번 사건은 미국과 독일의 상호 의심이 어느 정도인지를 보여 주었다. 양국의 안보 관계는 호주, 캐나다, 뉴질랜드, 영국, 미국이 적극적으로 정보를 공유하는 체제인 파이브 아이즈Five Eyes와는 거리가 멀다. 오바마는 끝내 메르켈의 요구를 거부했다. 논쟁이 한창일 무렵, 여론 조사에서 독일인의 60퍼센트가 스노든을 영웅으로 생각한다고 답했다. ARD 방송국이 수행한 여론 조사에 따르면, 취임 당시 88퍼센트에 달했던 오바마의 지지율이 43퍼센트로 떨어진 것으로 나타났다. 독일인 중 35퍼센트만이 미국을 좋은 파트너로 여겼고, 이 수치는 러시아에 대한 호감도보다 살짝 높은 수준이었다.[25]

이 모든 일은 트럼프가 등장하기 전에 벌어진 것이었다.

2017년 3월, 메르켈은 새로운 대통령과 첫 회의를 위해 워싱턴으로 날아갔다. 그녀는 부지런히 준비를 했다. 우선 1990년 『플레이보이』와 했던 트럼프의 인터뷰를 살펴봤다. 이는 자신과 같은 정책 입안자에게 요긴한 트럼피즘Trumpism에 관한 공식 자료(혹은 발견할 수 있는 가장 근접한 것)였다. 그녀는 트럼프가 1987년에 쓴 책 『거래의 기술The Art of the Deal』을 읽었다. 그가 출연한 TV 프로그램인 「어프렌티스The Apprentice」의 에피소드도 시청했다.

시작은 좋지 않았다. 메르켈은 대통령 집무실에 늘어선 카메라 앞에서 트럼프에게 악수를 청했다. 트럼프는 응하지 않았다. 그녀의 치밀한 감정 절제와 심오한 분석적 태도는 트럼프가 아주 싫어하는 것이었다. 메르켈의 보좌관들은 그녀가 복잡한 문제를 작은 덩어리로 나누어 설명했다고 말했다. 그러나 트럼프는 이 모두를 고압적인 태도로 받아들였다. 트럼프는 분명하게도 여성 혐오의 전력이 있었고, 일부는 이를 메르켈을 싫어한 이유로 거론한다. 반면 어떤 이들은 자기 아닌 다른 사람이 세계의 민주주의 수호자로 인정받는 것에 대한 나르시시즘적 분노로 설명한다. 트럼프는 칭찬이 다른 누군가에게 향하는 것을 몹시 못마땅하게 여긴다.

트럼프가 취임하고 18개월이 흘러, 메르켈은 그와 어떤 형태의 의미 있는 관계를 구축하는 것이 불가능하다는 사실을 후회와 함께 깨달았다. 그녀가 가장 바라는 바는 문제를 해결하는 것이었다. 2018년 캐나다에서 열린 G7 정상회담을 앞두고, 트럼프는 유럽연합과 캐나다의 철강과 알루미늄에 관세를 부과했다. 한 달 전에는 농축 우라늄 재고를 폐기하는 대가로 점차적으로 이란 제재를 완화하기로 합의했던 미국이 이란과의 국제 협약인 JCPOA에서 발을 뺄 것이라고 발표했다. 트럼프는 더 나아가 이란 제재를 즉각적으로 원상 복귀했고, 심지어 이란과 거래하는 모든 다국적 기업에게 추가 제재를 부과했다. 이는 독일 기업에게 상당한 타격을 입혔다.

G7의 시작도 좋지 못했다. 대화 분위기는 그야말로 끔찍했다. 메르켈이 주도하는 한 회의에서 참석자들은 가만히 앉아서 입을 삐죽거리는 트럼프를 마주해야 했다. 독일 정부의 공식 사진가가 찍은 사진이 전 세계로 널리 퍼졌다. 그래도 회의를 마무리하면서 그들은 온건한 성명서에 합의했고, 그 자리에 모인 지도자들은 〈자유롭고, 공정하고, 상호 도움이 되는 무역〉[26]을 약속했다. 트럼프는 어느 누구보다 개인적인 친밀함을 느꼈던 북한의 독재자 김정은과의 싱가포르 만남을 위해 일찍 자리를 떠났다. 하지만 독일로 돌아오는 야간 비행에서 메르켈은 한 관료로부터 미국 대통령이 G7 합의를 파기했다는 소식을 들었다. 그녀가 듣기로, 트럼프는 캐나다 총리인 쥐스탱 트뤼도가 마지막 기자 간담회에서 했던 말을 문제 삼았고, 그에 대해 장광설을 늘어놨다.

관계는 악화 일변도로 흘렀다. 이듬해 트럼프는 파리 기후 변화 협약에서도 발을 뺐다. 그럼에도 불구하고 프랑스의 에마뉘엘 마크롱 대통령은 메르켈과는 다른 접근 방식을 시도하기로 결심했다. 차갑게 노려보는 대신, 그는 브로맨스를 시도했다. 그는 트럼프를 초대해 프랑스 혁명 기념일 퍼레이드를 보여 주었다. 트럼프는 매력을 느꼈고, 미국에는 자신이 주재할 만한 군사 행진이 없다는 사실을 한탄했다. 1년 후 마크롱의 접근 방식은 더 이상 성공적이지 않은 것으로 드러났다. 아마도 다른 어떤 지도자보다 트럼프를 더 자극했던, 메르켈에 관한 무언가가 있었을 것이다. 트럼프는 자신이 선호하는 매체인 트위터를 통해서 기회가 있을 때마다 메르켈을 공격했다. 〈독일 사람들은 그들의 지도자에게 등을 돌리고 있다. 이민이 이미 허약한 베를린 연정을 흔들어 놓고 있기 때문이다. 독일에서 범죄가 증가하고 있다.〉 트럼프는 또 이렇게 말했다. 〈맹렬하고 폭력적으로 그들의 문화를 바꿔 놓을 수백만 명의 사람을 받아들이는 중대한 실수가 유럽 전역에 걸쳐 일어나고 있다!〉[27] 물론 사실이 아니었다.

트럼프는 폭스 뉴스에서 막말을 하는 논평가 리처드 그리넬Richard Grenell을 미국 대사로 베를린에 파견했다. 그리넬은 즉시 전투에 임했고 독일 정부를 지속적으로 비난했다. 그는 유럽 전역에 걸쳐 〈보수주의자들에게 힘을 실어 주겠다〉[28]라고 약속했다. 여기서 그는 메르켈을 의미한 것이 아니라, 그녀를 둘러싸고 점차 증가하는 민족주의 권위주의자들을 말한 것이었다. 독일의 여러 하원 의원은 외무 장관에게 그리넬을 〈페르소나 논 그라타persona non grata〉(외교적 기피 인물)로 선언할 것을 촉구했다. 메르켈은 동의하지 않지만, 이 사건은 관계 악화에 관해 많은 이야기를 들려주었다.

트럼프의 태도는 애초에 사랑받는 것과는 거리가 멀다. 하지만 그렇다고 해서 그가 제기한 모든 비판이 다 부당한 것은 아니었다. 적어도 러시아와 노르트 스트림에 대한 그의 의혹은 정당했다. 가장 두드러진 논의는 국방비에 관한 것이었고, 이 문제는 그 이전부터 있었다. 2014년에 카디프에서 열린 나토 정상회담에서 회원국들은 2024년까지 국방비를 GDP의 2퍼센트 수준으로 상향 조정하기로 합의했다. 비록 느린 속도였지만, 그래도 분명한 진전이었다. 당시 오직 세 나라만이 그 목표를 달성했다. 독일은 목표를 달성하지 못한 유일한 국가는 아니었지만, 그 규모와 경제적 힘을 감안할 때 가장 두드러진 존재였다. 그로부터 5년 후, 8개국이 2퍼센트 기준을 살짝 넘어섰다. 안타깝게도 여러 국가는 이 기준에 못 미쳤으며, 거기에는 캐나다, 이탈리아, 스페인도 포함되어 있었다. 독일의 군사비 지출은 1.24퍼센트 수준이었으며, 2025년까지 그 비중을 1.5퍼센트로 올리겠다고 약속했다. 하지만 그것조차 낙관적인 전망이었다.

1990년 이전에 독일은 나토 기준에 부응했다. 1980년대 중반에 방위비 예산은 대략 사회복지 예산과 비슷한 규모였다. 그러나 통일은 독일에서 우선순위들을 바꿔 놓았다. 소련 군대가 동독에서 철수하기 시작하면서 유권자들은 평화 배당금을 원했다. 죽어가는 동독 경제와 사회 기반 시설을 복구하기 위해 많은 돈이 필요한 상황에서 넘쳐나는 국방비를 여기에 투입하면 어떨까? 정치인들은 낮은 국방비 지출에 대해 질책을 받을 때마다 여론 조사를 거론하곤 한다.

최근 퓨 리서치 센터가 실시한 2019년 글로벌 애티튜드 설문 조사[29] 결과는 많은 독일인들이 나토에 대해 모순된 감정을 느끼고 있으며, 러시아와의 친선 관계에 대한 욕망을 갖고 있음을 보여 주었다. 나토를 긍정적으로 생각하는 독일인은 지난 5년 사이에 73퍼센트에서 57퍼센트로 떨어졌다(하락 폭은 프랑스에서 71퍼센트에서 49퍼센트로 더 컸다). 나토의 인기가 상승한 나라는 리투아니아와 폴란드처럼 러시아로부터 직접적인 위협을 받는 국가들이었다. 다음으로 제5조(나토의 집단적 방위권을 규정한 조항)를 반드시 지켜야 하는지 물었을 때, 독일인 중 34퍼센트만이 그래야 한다고 대답했다. 이는 유럽 평균에 한참 못 미치는 수치다. 미국과 러시아 중 어느 나라와 더 강력한 관계를 유지해야 하는지 물었을 때, 독일인의 39퍼센트는 미국을 꼽았고 25퍼센트는 러시아를 선택했다. 불가리아만이 러시아를 더 많이 꼽았는데, 그 차이는 미미했다.

1990년을 기준으로 독일 연방 방위군의 규모는 50만 명 수준이었다. 2018년에 모집된 신병의 규모는 사상 최저치를 기록했다. 그해에 신병으로 합류한 군인의 수는 겨우 2만 명에 불과했다. 비슷한 수의 장교 및 부사관 자리가 공석으로 남았다. 현재 독일 연방 방위군의 전체 규모는 약 20만 명 정도다. 이 때문에 연방 방위군은 더 많은 젊은이를 군대로 끌어들이기 위해 유튜브 영상으로 실험을 하고 있다. 거의 완전 고용 상태에서 많은 독일 청년들은 군대에서 경력을 쌓는 선택을 좀처럼 고려하지 않는다. 프랑스와 러시아, 영국 등과 달리, 독일은 군대에 대한 존경심을 공개적으로 드러내지 않는다. 군인들은 퇴근할 때면 대부분 민간인 복장으로 갈아입는다. 2011년에 있었던 징병제 폐지는 중도 우파 정부가 내린 이례적인 결정이었다. 그전까지 독일 남성은 국방의 의무를 수행해야 했고, 양심적 거부를 할 경우에는 사회복지 분야에서 복무해야 했다. 징병제를 적용받지 않은 가장 큰 집단은 연합군 통제 아래 여전히 놓여 있었던 통일 전 서베를린의 시민들이었고, 이런 예외는 이 고립된 도시에 고유성을 부여했다. 징병제가 폐지되고 군사 기지가 폐쇄된 이후로, 독일의 많은 부분에서 연방 방위군과의 관계는 끊어져 버렸다. 기독교민주연합의 일부 정치인은 모두가 사회복지 근무를 하도록 메르켈에게 로비를 벌이고 있지만, 그녀는 계속해서 반대 입장을 피력하고 있다. 군대는 또한 전문가를 잃어버렸다. 많은 엔지니어가 더 보수가 좋은 일자리를 찾아 민간 분야로 떠났다. 가장 심각한 문제는 군사 하드웨어의 노화다. 현재 군용 수송기를 비롯해 토네이도 및 유로파이터 전투기 중에서 전쟁 준비가 되어 있는 것은 채 절반이 되지 않는다. 게다가 잠수함 여섯 대 모두 작전 수행이 불가능한 상태다.[30]

크림 반도와 동부 우크라이나에서 러시아가 보여 준 행동은 다시 한번 생각을 하게 만들었다. 2014년 이후로 국방 예산은 40퍼센트 증가했지만, 그 출발점 자체가 대단히 낮았다. 메르켈은 이러한 지출 증가는〈독일의 입장에서 볼 때 엄청난 도약〉[31]이라고 말했다. 사정을 좀 봐달라는 것이다. 여러 비판에도 불구하고, 독일은 다른 어느 유럽 국가보다 더욱 광범위한 협력적 군사 관계 네트워크에 참여하고 있다. 실제로 독일은 아홉 개 이웃 국가 중 여섯 국가와 함께 합동 군사 조직을 유지하고 있다. 러시아와 정면으로 맞서고 있는 나토 회원국을 EFP(전방 증강 전개군) 기반으로 뒷받침하기 위한 차원에서, 독일은 에스토니아의 영국, 라트비아의 캐나다, 폴란드의 미국과 더불어 리투아니아에 병력을 파견할 책임을 지고 있다. 또한 독일 공군은 에스토니아에서 작전을 수행하고 있으며, 러시아 전투기가 상공을 침투하는지 감시하는 데 참여하고 있다. 또한 폴란드, 덴마크, 네덜란드와 합동군을 운영하고 있다. IS에 대한 다자간 군사 작전의 일환으로, 이라크의 쿠르드 자치구 병력인 페슈메르가Peshmerga를 훈련시키고 무기를 지원하는 역할도 맡고 있다. 독일의 토네이도 전투기는 이라크와 시리아 상공에서 정찰 임무를 수행함으로써 미국이 이끄는 병력을 지원한다. 연방 방위군의 최대 파견 부대는 유엔 평화 유지 임무 수행을 위해 서아프리카 말리에 주둔 중이다.

가장 중요한 진전 중 하나는 PESCO(Permanent Structured Cooperation, 항구적 안보·국방 협력 체제)의 창설이었다. 이를 바탕으로 유럽연합 27개국 중 25개 국가가 서른 가지가 넘는 합동 군사 프로젝트를 출범했다. 여기에는 드론 전쟁, 우주 탐사, 헬리콥터 훈련, 의료 지휘, 신속한 사이버 대응, 해양 지뢰 방지 대응책이 포함되었다. 일반적인 형태의 첩보 아카데미 또한 설립될 예정이었다. 완전히 현명한 방식이라고 할 수는 없지만, 유럽 합동 정보 학교Joint European Intelligence School는 러시아 및 중국과 가까운 관계를 맺고 있는 회원국인 키프로스와 그리스의 관리 아래 운영될 계획이었다. PESCO의 한 가지 목표는 합동으로 〈방어 능력을 구축하고 유럽연합 군사 작전을 통해 이를 활용할 수 있도록 만드는 것〉[32]이다. 2019년 초, 당시 독일 국방 장관이었던 우르줄라 폰 데어 라이엔은 이렇게 주장했다. 〈유럽의 군대는 이미 그 형태를 갖추고 있다.〉[33] 그러나 프랑스와 독일 사람들은 이러한 전략에 동의하지 않는다. 2018년에 마크롱은 유럽 개입 이니셔티브European Intervention Initiative(EI2) 구축에 앞장섰다. 이는 앞으로 닥칠 위기에 대처하기 위해 계획을 세우는 임무를 맡게 될 것이었다. 프랑스는 유럽연합을 잠재적인 군사력으로 보고 있다. 독일은 좀 더 신중한 자세를 취하고 있다. 메르켈은 유럽연합을 나토의 대안으로 만드는 방안에 반대한다. 그녀는 지금도 이미 충분히 미국과 갈등을 빚고 있다.

그러나 전략적 관점으로 볼 때, 독일의 국제 관계에서 최대 걸림돌은 중국이다. 뒤스부르크는 힘든 시기를 맞고 있는 중공업 지대인 루르 지방에 있는 도시 중 하나다. 몇 년 전 뒤스부르크 시장은 그 도시를 변화시킬 재건 계획을 내놓았다. 그런데 여기서 주연은 중국이었다. 그 도시의 화려한 시 청사에서 나는 뒤스부르크 중국 내변인을 만났다. 요하네스 플루크Johannes Pflug는 내게 자신이 어떻게 그 자리를 맡게 되었는지 설명했다. 몇 년 전 그는 하원 의원으로서 중국 파견단을 이끌었다. 그 그룹은 파워포인트 프레젠테이션 회의에 초대를 받았다. 프레젠테이션 자료는 곧바로 독일 지도를 보여 주었는데, 거기에는 두 도시가 표시되어 있었다. 베를린과 뒤스부르크였다. 그는 그 이유를 알지 못했다. 「그들에게 함부르크나 뮌헨을 의미한 것이 아니냐고 공손하게 물었죠. 어쩌면 뒤셀도르프를 잘못 쓴 것일지도 모른다고 생각했어요.」

그러나 그건 실수가 아니었다. 그 중국인은 이미 그 장소를 분명하게 표시해 두었다. 그들은 뒤스부르크를 유럽 전체에서 가장 중요한 목적지로 삼고 싶어 했다. 독일 제국이 베를린과 바그다드를 잇는 철도를 구상했던 것처럼, 중국인들은 일대일로를 구상하고 있었던 것이다. 그런데 왜 뒤스부르크일까? 지리적 위치는 언제나 도시의 최대 자산이다. 16세기에 플랑드르의 지도 제작자인 헤라르뒤스 메르카토르는 삶의 마지막 30년을 뒤스부르크에서 보냈고, 거기서 최초의 유럽 지도책을 펴냈다. 메르카토르 동상은 시청 가까운 곳에 있다. 실제로 오늘날 유럽 지도의 한복판에

핀을 꽂으면 그 주변 어딘가를 가리키게 된다. 뒤스부르크는 라인강과 루르강이 만나는 지점에 자리 잡고 있다. 고속도로는 동서남북으로 뻗어 있다. 유럽 최대의 내륙 항이 있으며, 그리 멀지 않은 곳에 뒤셀도르프 국제공항이 있다. 게다가 대륙의 철도 네트워크 한복판에 자리하고 있다.

2013년 시진핑 주석이 추진하기 시작한 일대일로 사업은 전 세계적으로 21세기 실크로드, 혹은 중국의 마셜 플랜이라는 다양한 이름으로 알려져 있다. 육상 통로인 〈벨트〉와 선박 통로인 해상 〈로드〉로 이루어진 일대일로는 중국의 비즈니스와 영향력을 위한 네트워크로서, 71개국과 전 세계 인구의 절반, 전 세계 GDP의 4분의 1을 끌어들이고 있다. 이는 서구 세계의 삶을 위협하고 있다.

뒤스부르크는 그 종착점으로 정해졌다. 물가는 싸고 위치는 완벽하다. 게다가 투자에 목마른 상태다. 제품은 여기서 출발해서 도로와 철도, 항로를 거쳐 유럽 전역과 그 너머로 이동하게 된다. 뒤스부르크 시장은 재빨리 서명을 했다. 1년 후 시진핑 주석은 독일 방문 길에 특별히 뒤스부르크에 들렀다. 빨간 리본으로 장식된 화물열차가 들어오는 시각에 맞춰 도착한 시진핑은 전통적인 광부들의 노래를 연주하는 오케스트라와 중국어 플래카드를 든 어린이들로부터 환영을 받았다. 오늘날 일주일에 서른 편의 열차가 일대일로를 통해 중국과 독일을 오가고 있다. 그 열차는 상하이와 우한, 충칭에서 출발해 북쪽을 향해 가면서 카자흐스탄의 알마티를 거쳐 모스크바와 바르샤바를 관통한다. 그 열차에는 의류, 장난감, 전자제품 등이 실려 있다. 중국으로 돌아갈 때는 독일의 자동차와 스코틀랜드 위스키, 프랑스 와인 등을 싣고 다시 출발한다. 기차역의 플래카드에는 이렇게 적혀 있다. 〈이곳은 독일에 있는 중국 도시다.〉

중국 자본은 즉각적인 영향을 미쳤다. 뒤스부르크 항구는 독일 최고의 항구인 함부르크의 존재를 위협할 정도로 몸집을 키워 가고 있다. 인근에는 비즈니스 센터가 조성되고 있으며, 이는 기업들이 유럽 시장과 긴밀한 관계를 형성할 수 있는 기반이 되어 주고 있다. 뒤스부르크에서는 일대일로에 대한 비판을 찾아보기 힘들다. 정치인이나 언론도 마찬가지다. 지역 신문인 『베스트도이체 알게마이네 차이퉁』 기자인 마르틴 알레르스 Martin Ahlers는 그 모든 게 일자리 때문이라고 말했다. 그는 총리에 대한 NSA의 도청과 관련해서도 언급했다. 독일 정부와 유엔 안전 보장군의 데이터 중 상당 부분을 관리하는 미국 통신 기업인 시스코는 미국에 백엔드 접근을 제공하고 있다는 의심을 받고 있다. 그는 이렇게 지적했다. 「사람들은 중국의 행동에 대해서만 이야기합니다. 그런데 왜 미국에 대해서는 말하지 않죠? 메르켈이 주목했던 것은 시스코였습니다.」

뒤스부르크에 대한 투자는 큰 그림의 일부다. 중국은 유럽 전역에 걸쳐 그들의 경제적·정치적 세력을 키워 가고 있다. 그들은 부다페스트와 베오그라드를 잇는 철도 사업에

10억 유로를 퍼부었다. 그리고 그리스 피레우스의 중요한 항구를 전략적으로 사들였다. 또한 벨라루스 수도인 민스크 외곽 산림 지대에 새로운 도시를 건설함으로써 유럽연합과 러시아 사이의 제조업 허브를 구축하고 있다.

수출은 독일 경제의 성공에서 대단히 중요한 요인이다. 수출은 독일의 세계적인 브랜드의 표출이기도 하다. 수십 년 전 독일은 중국에 장기적인 차원에서 투자를 했다. 독일은 그 어느 나라보다 중국의 세계적인 야망과 더 깊은 관계를 맺고 있다. 덩샤오핑이 중국 문호를 개방했던 순간부터 독일 기업은 그 나라로 진출했다. 중국은 독일에게 끊임없이 선물을 주었다. 그들은 자동차와 첨단 공학 및 기술을 원했다. 중국에서 수억 명의 새로운 소비자가 모습을 드러내면서 독일은 신뢰할 만한 파트너와 무한한 시장을 확인했다. 하나의 정치 이념과 경제 모델이 성공을 거두면서, 독일은 중국 내 어디서도 비즈니스를 할 수 있겠다고 확신했다. 동독 시절의 시장을 〈되찾고〉 동유럽에서 기반을 다진 후, 독일은 영역을 계속 확장해 나갔다. 특히 아시아 지역을 집중 공략했다. 독일 기업은 〈무역을 통한 변화Wandel durch Handel〉를 모토로 삼으면서 정치는 정치인에게 맡겼다. 그들은 중국이 더 많이 거래할수록 더 활짝 문을 열 것이라고 확신했다.

20년의 세월이 흘러, 두 가지 사건이 이러한 기대에 의문을 던졌다. 하나는 지역적인 것이었고, 다른 하나는 세계적인 것이었다. 2016년에 독일의 사랑받는 첨단 기술 기업 중 하나가 적대적 인수 대상이 되었다. 독일은 자유 시장 시스템을 수호하겠노라고 말하면서도 그들의 대표적인 기업을 어떻게든 지키려고 했다. 그 기업은 다름 아닌 KUKA였다. 1898년에 독일 남부 아우크스부르크에서 시작된 KUKA는 단일 제품(가로등 설계와 설치)으로 출발한 전형적인 가족 기업이었다. 한 세기가 흘러, 그 기업은 세계적으로 앞서가는 산업용 로봇 개발 업체로 성장했다. 중국인들은 장기적인 정부 계획의 두 가지 필수 요건을 충족하는 인수 대상을 물색하고 있었다. 두 가지 요건이란 2025년에 중국 내에서 생산을 하고, 4차 산업혁명(상당 부분 독일의 기준에서 가져온)에 해당하는 분야여야 한다는 것이었다. 이러한 프로젝트는 중국 경제를 저비용, 노동 집약적 모방 산업에서 세계적인 혁신의 리더로 탈바꿈하기 위해 설계되었다. 국내 경제의 발전 속도가 느려지는 가운데, 중국 정부는 자국 기업들이 해외 시장에 투자함으로써 기술 역량을 높이고 새로운 시장을 개척하도록 강력하게 밀어붙였다. 이후 중국 기업들은 1년 만에 110억 유로에 달하는 규모로 독일 기업에 대한 인수를 발표하거나, 혹은 협상을 마무리 지었다.[34]

냉장고와 에어컨을 생산하는 중국 기업인 메이디Midea는 갑작스럽게 KUKA의 주식을 주당 115유로에 사들이겠다는 제안을 했다. 이는 그 기업의 가치를 46억 유로로 평가한 것으로서, 60퍼센트에 가까운 프리미엄을 고려한 것이었다. 주주와 일부 경영진, 노동조합의 반대가 있었지만 다른 인수자를 찾으려는 노력이 수포로 돌아가면서, 메이디는 결국 KUKA의 지분 90퍼센트 이상을 확보하는 데 성공했다.[35] 시장의 많은 참여자들은 이 매입을 중국의 성공적인 해외 인수의 청사진으로 봤다. 개입 요청이 있었지만, 메르켈은 아무런 반응을 보이지 않았다. 경제부는 그러한 거래를 막을 법적 근거가 없다는 입장을 보였다. 독일 비즈니스 왕관에 박힌 보석 하나가 하룻밤 새에 중국의 차지가 되었다. 그로부터 2년 후, KUKA의 독일인 CEO가 자리에서 물러났다. 비즈니스 리더들은 불안에 떨었다. 중국인들이 그들의 시장을 몽땅 빼앗을 것이었다. 어떤 독일 기업도 안전하지 않았다. 그렇다면 중소기업은 어떻게 될 것인가? 만약 중국이 자동차 산업에까지 손을 댄다면?

BDI(독일 산업 연맹)는 중국의 전략과 관련해서 세부적인 보고서를 내놓았다. 그 연구의 중심에는 2017년 제19차 당 대회의 결과물이 있었다. 여기서 시진핑은 공산당이 비즈니스와 정치에서 주도적인 역할을 계속 유지할 것임을 분명히 했다. 한 비즈니스 리더는 내게 이렇게 말했다. 「우리는 집중이 시장 민주화로 이어지지 않을 것임을 깨달았습니다. 그것은 환상일 뿐이죠. 또한 그것은 국가가 기업을 지원할 것이라는 사실을 의미했습니다. 중국은 인수를 위해 국가 보조금을 기반으로 시장 가격보다 더 높은 가격을 제시하고 있습니다. 이는 엄연한 시장 왜곡입니다.」 한 BDI

세미나는 세 가지 광범위한 선택지를 검토했다. 첫 번째는 기업들이 현실을 받아들이는 것 말고는 다른 방법이 없다는 것이었다. 기업은 앞으로 5~7년 동안 퇴출되기 전에 시장에서 수익을 올려야 한다. 두 번째는 중국에서 당장 빠져나오는 것이었다. 마지막으로 세 번째는 완전히 새로운 방식을 모색하는 것이었다. 기업은 중국과 함께할 수 있는 분야와 그럴 수 없는 분야를 구분함으로써 시스템에 가해지는 충격을 최대한 줄여야 한다. 보고서는 세 번째 타협안을 최종적으로 선택했다. 그래도 그것은 엄청난 변화였다. 보고서가 발표되었을 때, 한 차례 폭풍이 일었다. 보고서는 중국을 〈체제 경쟁자〉라고 언급하면서, 서구 사회는 국가가 지원하는 중국 자본주의와 〈경제 시스템의 경쟁〉[36]을 벌이고 있다고 지적했다. 또한 보고서는 50개가 넘는 정책을 제시했고, 여기에는 유럽연합 보조금법의 선제적 활용 방안이 담겨 있었다.

동시에 의회는 비(非) 유럽연합 기업이 독일 기업의 지분 10퍼센트 이상을 인수하는 투자를 면밀히 조사하거나, 잠재적으로 막을 권리를 정부에 부여하는 법을 통과시켰다. 그전까지 기준은 25퍼센트였다. 이 법은 방위와 보안 기업, 에너지와 전력, 이동통신과 언론 같은 〈중요한 기반 시설〉을 운영하는 기업에 적용되었다. 경제부 장관 페터 알트마이어Peter Altmaier는 〈국가 산업 전략 2030〉을 제시하면서, 항공우주에서 친환경 기술, 3D 프린팅에서 자동차에 이르기까지 국가의 전략 산업에서 대표적인 기업을 선정했다.

유럽연합은 보다 방어적인 산업 전략으로의 전환을 드러냈던 10단계 계획을 따랐다. 독일은 좀 더 노골적으로 보호주의를 자처했다. 독일 정부가 가로막은 첫 번째 중국 인수 프로젝트는 컴퓨터 칩 생산 업체인 아익스트론Aixtron이었다. 1년 후 독일 정부는 또 다른 인수 시도를 차단하기 위해 새로운 전략을 선보였다. 그들은 한 국영 은행으로 하여금 전력 공급 기업인 50헤르츠50Hertz의 지분 20퍼센트를 매입하도록 함으로써 중국의 국가 전력망 공사의 입찰을 저지했다. 경제 및 금융 부처들은 그들이 〈주요 에너지 기반 시설을 보호하는 데 지대한 관심〉[37]을 갖고 있다고 언급했다. 독일을 비롯해 여러 다른 서구 강대국이 맞닥뜨린 전형적인 문제는 정치적 묵인을 얻어 내는 경제적 투자에 관한 것이었다. 가령 중국의 원자재 매입은 호주가 경제적·정치적 복종의 시대로 들어서도록 만들었다. 이러한 현상은 유럽연합 내부에서, 특히 남동부 유럽과 중부 유럽에서도 나타나고 있다. 2017년 6월, 그리스는 중국의 인권 실태를 비판하는 유엔 인권 위원회 성명을 거부했다. 이는 유럽연합이 공동 성명을 채택하는 데 실패한 최초의 사례였다. 그 3개월 전, 헝가리는 중국에서 구금된 변호사에 대한 고문을 비난하는 서한에 서명하는 것을 거절했고, 또한 합의를 파기했다.

메르켈은 외교적으로 조심스럽게 움직이면서도 유럽연

합의 강경 노선을 강력하게 지지했다. 이후 두 가지 복잡한 문제가 불거졌다. 다양한 제품에 관세를 부과하고, 환율 저평가와 다른 민감한 관행으로 중국 정부를 비난하면서 무역에서 중국을 엄중하게 감시하기로 한 트럼프 대통령의 결정은 잠재적으로 파괴적인 영향을 미칠 수 있었다. 또 다른 문제는 비즈니스 그 자체였다. 유럽연합이 더 강경한 노선을 취하기로 동의하자마자, 기업 경영자들은 다시 생각하기 시작했다. 일부는 BDI 보고서가 지나치게 공격적이라고 지적했다. 많은 사례 가운데 폭스바겐은 전체 수익의 절반 이상을 중국에서 올리고 있었다. 다른 기업들이 깨달았던 것처럼, 중국 정부에 맞서는 것은 결코 도움이 되지 않는다. 다임러 벤츠는 달라이 라마의 말을 인용한 인스타그램 광고에 대해 계속해서 사과해야 했다. 크리스찬 디올이나 미국 NBA 역시 마찬가지였다. 중국 시민들은 벤츠를 구매하는 것이 비애국적인 행위로 보일 수 있다는 이야기를 들었다.

중국은 그들의 국제적인 이미지를 높이기 위해 참으로 많은 일을 벌이고 있다. 기업들은 계약을 따내기 위해 치어리더를 자처하고 있다. 2019년 9월, 메르켈이 스무 번째로 중국을 방문했을 때(총리가 된 이후로 거의 1년에 한 번꼴로 방문했다), 경영자 대표단과 동행했다. 중국으로 가는 여정에서 경영자들은 중국 총리인 리커창과 논의해야 할 민감한 사안의 목록을 메르켈에게 제시했다. 여기에는 시장 접근에 대한 제한, 백엔드 접근 기술을 통한 첩보 활동의 위험성이 들어 있었다. 그러나 그녀가 회의석상에서 정작 그 안건을 꺼냈을 때, 경영자들은 아무도 나서지 않았다. 내게 그 이야기를 들려준 독일의 한 고위급 안보 관료의 말에 따르면, 메르켈은 독일 경영자들이 그렇게 외면한 것에 대해 속을 끓였다고 했다.

메르켈에게는 또 다른 딜레마가 있었다. 디지털 제반 시설은 대단히 낙후되어 있었다. OECD는 독일의 4G 속도를 29개국 중 24위로 평가했다. 이에 대해 한 기업은 매우 실질적인 해결책을 제시했다. 그것은 화웨이였다. 화웨이는 이미 유럽 이동통신 시장에서 중요한 역할을 하고 있었다. 도이치 텔레콤은 수년 동안 화웨이 기술을 사용하고 있었다. 화웨이 휴대전화는 독일에서 두 번째로 인기가 높았다. 삼성 다음이지만 애플의 아이폰보다 앞섰다. 5G 기술에서 화웨이의 경쟁자를 꼽자면, 도청 스캔들 이후로 독일에서 미움을 받았던 시스코와 유럽의 에릭슨과 노키아였다. 화웨이는 자신들이 기술적으로 가장 앞서면서도 비용 면에서 효율적인 서비스를 제공한다고 주장했다. 그러나 보안이 갖는 의미는 상당히 중요했다. 이와 관련해서 독일 정부는 수개월 동안 합의를 보지 못했다. 메르켈 총리실과 비즈니스 지향적인 경제부는 화웨이와의 계약을 지지했다. 반면 내무부와 외교부는 반대했다. 메르켈은 내각에 사전 언질도 없이, 독일 정부는 어떤 기업도 입찰에 참여하지 못하도록 막지는 않을 것이라고 발표했다. 메르켈은 기업들의 로비에 영향을 받은 듯 보였다. 이와 관련해서 한 중진 의원은 내게 이렇게 말했다. 「메르켈은 경제 보복을 두려워했습니다.」 그러나 의회가 강력하게 반발하면서 그녀는 결국 재고를 해야만 했다. 이와 관련해서 적어도 메르켈은 자신이 혼자가 아니라고 안심했을 것이다. 유럽의 다른 많은 정부들이 똑같은 곤경에 처해 있었다. 그들은 더 중요한 것을 선택해야 했다. 중국의 비용 효율적인 기술, 아니면 미국의 분노? 영국의 경우 의회는 화웨이와 함께하기로 한 존슨의 결정을 특별한 조건하에 승인했다. 이는 미국 정부에게 달가운 소식은 아니었지만, 트럼프의 항의는 너무 늦은 듯 보였다.

〈분할 통치〉는 중국의 최대 무기다. 중국은 전쟁으로부터, 또는 참담한 부채 위기로부터 회복하기 위해 애쓰고 있는 남동 유럽 지역의 국가들을 공략했다. 헝가리와 같은 중부 유럽의 포퓰리즘-민족주의 국가의 주변도 맴돌았다. 메르켈은 미묘한 길을 걸어가기 위해 노력했다. 그녀는 2020년 말에 라이프치히에서 중국과 함께 유럽연합 정상회담을 개최할 것을 계획하고 있었다. 이는 그녀의 임기에서 최고의 순간 중 하나였다. 그녀는 새로운 투자 기반과 모두를 위한 공평한 경기장을 확보하기를 희망했다. 물론 쉽게 성취할 수 있는 것은 아니었다.

독일의 외교와 안보 정책이 허약하고 혼란스럽다고 비판하는 것은 베를린과 그 너머에서 흔한 광경이 되었다. 나토의 방위비 분담금 증액에 대한 거부는 분명하게도 문제이며, 서방 동맹에 대한 독일의 공식적인 약속을 허물어뜨리고 있다. 군사 장비의 노후화는 작전, 심지어 방어적 작전에 참여하기 위한 역량을 위축시키고 있다. 둘 다 해결해야 할 부분이다.

통일 이후 독일이 세계무대에서 차지하는 위상은 실질적으로 얼마나 변했을까? 독일 마셜 펀드의 얀 테쇼Jan Techau는 내게 한 가지 흥미로운 분석을 제시했다. 그는 코소보가 당시 보기와는 달리 돌파구가 아니었다고 주장했다. 그는 이렇게 말했다. 「아우슈비츠가 아니라 국가의 이해관계를 통해서 군사적 의사결정을 합리화하기 시작할 때, 우리는 실제로 달라질 것입니다.」

독일은 여전히 전후의 껍데기 안에 머문 채 군사적 행동에 관여하기를 꺼리고 있다. 1950년대부터 1980년대까지 그러한 태도는 용인 가능한 것이었고, 실제로 바람직한 것이기도 했다. 그러나 통일 이후로, 그리고 다른 서구 강대국들이 힘을 잃어 가면서 그러한 태도는 더 이상 유지 가능하지 않게 되었다. 테쇼는 이렇게 덧붙였다. 「우리가 나서야 할 안보의 수요 측면은 우리가 공급할 수 있는 수준보다 훨씬 더 빨리 증가하고 있습니다. 우리는 이미 한계에 도달했다고 생각합니다. 반면 다른 국가들은 우리가 여전히 뒤처져 있다고 생각합니다.」이러한 생각에 대해 일부는 또 다른 설명을 제시한다. 유럽연합 외교 이사회의 울리케 프랑케 Ulrike Franke는 이렇게 지적했다. 〈독일의 평화주의는 여론과 언론, 정치로 이어지는 음의 피드백 순환에서 비롯되었다. 이는 도덕적 우월성과 자부심의 원천이다.〉 외교 정책 대신에 도덕적 신호를 보낸다? 프랑케의 견해는 독일 외교 정책 전문가 사이에서 예외적인 것이 아니다. 이러한 분석에 따를 때, 독일의 입장은 신중함 혹은 자신감 부족을 드러내는 것이 아니라, 전쟁에 보다 열광하는 앵글로색슨 국가들과는 달리 자신들은 공격적이 되려는 유혹을 〈극복〉했다는 생각을 드러내는 것이다. 어쩌면 거짓 우월성도 있을 수 있겠지만 지나쳐서는 안 될 것이다. 늘 그렇듯 과거는 침범한다. 테쇼는 영국과 독일을 이렇게 비교했다. 〈비록 모든 게 엉망이라고 해도 영국인들은 자신들이 역사의 올바른 편에 서 있다고 확신한다. 그들은 그들 자신의 콤플렉스에 무릎을 꿇었다. 그리고 어제의 영광을 기반으로 정체성을 구축했다. 그래서 그들은 편안한 마음으로 즉흥적으로 움직인다. 그러나 우리에게는 규칙이 필요하다. 독일인은 위험을 감수할 때, 결국에는 올바른 편에 서게 될 거라는 확신이 없다. 그래서 우리는 위험을 감수하려 들지 않는다.〉 이는 대단히 흥미진진한 주장이다. 전시 독일은 유권자들이 스스로 생각하길 원하는 그런 나라가 아니었다. 어쩌면 독일은 과거의 교훈을 너무 잘 배운 것이 아닐까?

어느 경우든 세상은 앞으로 얼마나 더 많은 전통적인 군사 개입을 보게 될 것인가? 시리아 반군이 도움을 절박하게 요청했을 때 오바마는 협상 기준을 정했지만, 별다른 움직임을 보여 주지 않았다. 영국 의회 역시 파병을 원하는 캐머런의 요청을 묵살했다. 미국의 도움이 없는 상태에서 영국 스스로 군사적인 역량, 혹은 더 많은 일을 할 수 있는 영향력을 확보할 수 있을지 의심스럽다. 다른 한편으로, 트럼프의 〈미국 우선주의America First〉 접근 방식은 무엇보다 국가 이익을 우선시하겠다는 노골적인 재다짐이었다. 참전 의지는 외교와 안보 정책의 한 가지 측면일 뿐이다. 독일의 신중함의 뒷면에는 미국과 영국, 어떤 점에서는 프랑스의 보다 오만한 정치 문화에서 종종 결여된 깊은 사고가 숨어 있다. 독일은 평화 유지와 다자간 공동 정책이라는 무거운 짐을 지고 있다.

독일은 이미 보다 불편한 미래를 위해 마음의 준비를 하고 있었다. 2017년 5월, 뮌헨 교외에 있는 야외 술집에서 열린 당 대회에서 메르켈은 주목할 만한 이야기를 꺼냈다. 「다른 나라에 의지할 수 있는 시절은 이제 지나갔습니다. 저는 그 사실을 최근에 깨달았습니다. 우리가 강해지려면 우리의 운명은 우리의 손으로 만들어 나가야 합니다.」[38] 메르켈은 나중에 이에 대해 더 자세하게 설명했다. 그녀는 한 인터뷰에서 미국과의 관계가 약화된 것은 자신과 트럼프의 관계 때문이 아니라, 미국이 우선순위를 바꾸었기 때문이라고 언급했다. 「말하자면, 유럽은 더 이상 세계적인 사건에서 중심에 서 있지 않습니다. (……) 유럽에 대한 미국의 관심은 시들어 가고 있습니다. 그건 대통령이 바뀌어도 마찬가지일 겁니다.」[39]

이 말은 팍스 아메리카나의 끝을 의미하는가?

미국은 전후 독일의 결속력을 강화시켜 줬다. 일부는 반미주의의 목소리를 냈지만 대부분의 독일인이 나라가 재건되고 번영하는 데 엉클 샘(미국)이 했던 역할에 감사해 했다. 전후에 오랫동안 독일에 주둔했던 미국의 병력은 독일인들이 스스로를 다시 한번 믿도록 해주었다. 그들이 없었다면 유럽 프로젝트는 시작조차 하지 못했을 것이다. 현대 독일에서는 언제나 그러하듯, 격변의 시간은 영혼을 모색하는 흐름을 만들어 낸다. 『차이트』평론가 베른트 울리히Bernd Ulrich와 외르크 라우Jörg Lau는 이렇게 썼다. 「우리는 도널드 트럼프에게 감사해도 좋을 것이다. 미국 정부가 독일 외교 정책의 조건과 원칙(유럽 통합, 다자간 공동 정책, 인권과 법치주의를 명분으로 하는 개입, 규칙 기반의 세계화)을 의심하고 있다는 사실은 우리에게 엄청난 지적·전략적 과제를 던지고 있다. 앞으로 유럽은 미국의 도움 없이, 혹은 미국의 반대를 무릅쓰고서라도 필요하다면 스스로 나아가야 할 것이다.」[40]

독일이 스스로를 적으로 삼는다는 생각은 트럼프 이전에는 상상할 수 없는 일이었다. 그건 지금도 마찬가지다. 독일 사람들은 자유세계의 리더가 되어야 했던 그 남자가 그들이 소중하게 지켜 온 가치를 체계적으로 허물어뜨리고 있는 모습을 그저 무력하게 바라보고만 있었다.

때로 누군가는 한 시기를 요약하는 말이나 행동을 한다. 독일 대통령의 외교 정책 부서를 이끌었던 토마스 바거가 2018년 말에 비교적 잘 알려지지 않은 학술지인 『워싱턴 쿼털리*Washington Quarterly*』에 글을 기고했을 때가 바로 그랬다. 바거의 글은 후쿠야마의 이론이 통일 독일의 전반적인 분위기를 형성했다는 이야기로 시작했다. 〈역사의 잘못된 편에 두 번이나 서 있었던 한 세기가 저물면서, 독일은 결국 올바른 편에 서게 되었다.〉 사람들은 냉전이 끝나고, 민주주의가 승리를 거두고, 모두가 자신의 일로 차분하게 돌아갈 수 있기를 간절히 원했다. 그것이 독일이 의지해야 할 바였기 때문이다. 이는 역사를 빼앗긴 독일의 정체성이었다. 〈다른 이들과의 통합에 의존하지 않는 다소 분명한 국가적 이해관계를 지닌 나라들은 외교 정책적 사고에서 반성적인 드골주의 전통으로 돌아갈 수 있는 반면, 오염되지 않은 독일에서는 그러한 모습을 찾아볼 수 없다.〉 1945년 이후로 독일은 온전히 선형적인 미래에 대한 기대를 품고 있었다. 이는 많은 가정에 기반을 두고 있었고, 그 가정들은 1990년 이후로 강화되었다. 국가들은 개방적인 시장과 자유주의적 민주주의를 향해 점차 변형되어 갔다. 1975년 헬싱키 최종 합의서(국경에 대한 인정과 인권 존중)는 중요한 이정표였다. 공산주의 붕괴 이후, 중부 및 동부 유럽은 서유럽의 모습을 따라가기 시작했다. 아랍의 봄은 이러한 흐름을 강화했다. 후퇴는 일시적인 현상이었다. 〈명백한 역사의 종말에 대한 우리의 상상 속에 권위주의가 들어설 자리는 없었다. 따라서 이러한 후퇴는 단지 마지막 헐떡임과 일탈에 불과했다.〉[41]

나는 대통령 관저인 벨뷔궁에서 바거와 앉아 어쩔 수 없이 브렉시트에 대해, 그리고 유럽에서 전반적으로 잘못 흘러간 일에 대해 이야기를 나눴다. 나는 트럼프가 오르반에서 르펜, 이탈리아의 마테오 살비니와 폴란드의 야로스와프 카친스키에 이르기까지 비자유주의 포퓰리즘 우파 지도자들을 적극적으로 포용하면서, 메르켈과 마크롱은 재빨리 비난하고 나섰다는 사실을 지적했다. 바거는 말했다. 「트럼프 문제는 단지 정책적 갈등보다 훨씬 더 심각합니다. 그의 접근 방식은 독일의 외교 정책적 사고의 기반을 허물어뜨리고 있습니다. 독일은 계류장을 잃어버렸습니다.」 그리고는 인상적인 말을 남겼다. 「우리의 문제는 다른 사람들도 모두 우리와 똑같은 교훈을 얻었기를 기대한다는 사실입니다.」

그것은 독일의 가장 큰 숙제다. 또한 독일이 거둔 분명한 성취이기도 하다. 메르켈이 국민에게 약속한 것은 안정이었고, 그것을 가져다주었다. 그러나 그녀가 세계무대를 떠날 때, 후임자는 유권자들에게 이제 편안한 담요는 버려야 한다는 사실을 설득해야 할 것이다. 역사의 종말은 신기루였고, 자유 민주주의의 생존은 더 이상 당연한 일이 아니다. 그 과제는 독일의 국경에서 시작된다.

유럽에서 독일을 이해하고자 한다면 아름다운 국경 도시 아헨에 가봐야 한다. 나는 그곳의 좁은 거리를 마구 돌아다녔다. 도로 표지판들은 자전거를 타고 금방 갈 수 있는 거리에 있는 네덜란드의 작은 도시인 발스 혹은 벨기에의 켈미스를 가리키고 있었다. 유레지오EUREGIO 기차표는 그 세 나라를 연결하고 있었다. 아헨은 아름다움과 학문, 과학, 문화, 그리고 비극의 장소다. 즉 독일과 유럽의 이야기를 그 안에 압축하고 있다. 이곳은 또한 전쟁이 발발할 무렵에 독일이 플랑드르로 군대를 보냈던 길목이고, 1944년 10월에 미국 탱크들이 지그프리트 선을 건넜던 전선이다. 히틀러가 백기를 들기 전 6개월 동안에 독일의 이 작은 마을은 연합군에게 점령되어 있었다. 전후에는 민주주의 재건 사업의 시험대가 되었다.

아헨은 유럽의 중심이자 서유럽 문화의 요람으로서 존재감을 드러내고 있다. 그 도시는 유럽의 대부분을 통치했던 9세기 프랑크 제국의 황제였던 샤를마뉴, 혹은 독일인이 그를 부르듯 카를 대제와 동의어다. 이후 수 세기에 걸쳐 오토 대제부터 나폴레옹에 이르기까지 유럽의 위대한 전사와 지도자, 사상가 및 종교인들은 샤를마뉴로부터 그 이름을 따왔다. 그들은 자신이 원하는 모든 것을 그에게 투영했다. 그는 자비로운 군주이자 신성한 수호자이며 권위주의적인 정복자였다. 1806년 나폴레옹은 자신의 새로운 영토를 시찰하면서 이렇게 선언했다. 〈내가 샤를마뉴다.〉히틀러 역시 그를 활용하고자 했다.

1949년에 쿠르트 파이퍼Kurt Pfeiffer라는 사업가가 유럽에 헌신한 정치인을 기리기 위한 상을 만들자고 제안했다. 파이퍼는 주요 인사는 아니었다. 1920년대에 그는 부모로부터 의류 사업을 물려받았고, 바이마르 시대에 민주적인 여러 정당을 후원했다. 그러나 1933년에 친구와 동료의 권유로 나치당에 가입했다. 이후 그는 유대인 기업에 대한 보이콧 운동에 합류하라는 요청을 거절하면서 지역 상인 연합 의장 자리에서 물러났다. 그는 부패한 인물로 몰렸고, 전쟁 직후에 캐나다로 이민을 신청했지만 거절당했다. 하지만 미국인들은 파이퍼를 아헨의 과도기 정부를 운영하기 위한 아홉 명의 시민 중 하나로 선출했다. 파이퍼는 한 독서 모임에서 〈서유럽 공동체를 위한 이해와 노력에 헌신하고 인류애와 세계 평화에 가장 가치 있는 기여를 한 인물〉에게 수여하는 국제상을 건립하겠다고 제안했다. 〈그 분야는 문학과 과학, 경제학, 정치 활동이었다.〉[42] 1950년에 아헨은 첫 번째 샤를마뉴 상을 수여했다. 재건된 고딕 양식의 시 청사 화면을 통해 수상자들의 간략한 일대기가 여러 개의 언어로 소개되었다. 샤를마뉴 수상자는 유럽 프로젝트의 주

역들이었다. 첫 10년 동안에는 장 모네와 로베르 쉬망이 아데나워, 처칠과 함께 이름을 올렸다. 이후로 자크 들로르와 빌 클린턴, 교황 요한 바오로 2세, 바츨라프 하벨이 뒤를 이었다. 로이 젠킨스, 테드 히스, 토니 블레어 역시 수상자 명단에 올랐다. 당시는 사람들이 영국이 중요한 역할을 담당하는 유럽을 과감하게 꿈꾸던 시절이었다.

시청에서 시립 박물관을 거쳐 내 최종 목적지는 대성당이었다. 대성당의 주임 사제는 나를 대관식 왕좌로 안내했는데, 그 의자는 예루살렘의 성묘교회에서 가지고 온 대리석으로 만든 것이라고 했다. 바로 그 자리에서 서른 명의 독일 왕이 왕관을 썼다. 특히 팔각형 지붕으로 유명한 이 웅장한 성당 건물은 1656년 아헨을 집어삼킨 화재 이후, 제2차 세계 대전 당시 연합군의 폭격 이후 등 수차례 재건되었다. 이 성당에는 비잔티움에서 북부 이탈리아 라벤나에 이르기까지 유럽 전역에서 가져온 전리품들이 소장되어 있으며, 이는 동에서 서를 아우르는 대륙 전체의 혼합물이라고 사제는 내게 말했다. 헤어질 때, 그는 이런 이야기를 들려주었다. 「로마의 성 베드로 대성당이 전 세계의 것이고, 쾰른 대성당이 독일의 것이라면, 아헨은 정말로 유럽의 것입니다.」 때마침 주 광장 바로 옆에서는 배낭을 메거나 자전거 안전모를 쓴 이들, 혹은 아이를 업은 이들이 서로 손을 잡고서 확성기에서 크게 울려 퍼지는 유럽연합의 노래인 베토벤의 「환희의 송가」를 따라 부르고 있었다. 그들의 노래는 샤를

마뉴와 통합된 대륙의 정신을 호소하고 있었다.

아데나워에서 드골, 마크롱에서 메르켈에 이르기까지 프랑스 대통령과 독일 총리들은 이 도시를 화해를 약속하고 유럽에 대한 맹세를 새롭게 다짐하기 위한 장소로 선택했다. 유럽은 이곳에서 독일의 문제를 마지막으로 해결하고자 했다. 프랑스는 배상과 베르사유의 실수를 반복하지 않으면서 동쪽 국경으로부터의 위협에서 확실하게 벗어나고자 했다. 정치적 재건 및 집단적 방어와 더불어, 산업의 상호 의존성과 에너지 안보가 필요했다. 모네가 구상하고 1950년 쉬망이 제시했던 계획은 유럽의 석탄·철강 공동체의 건립을 구상했다. 이 계획은 1957년 로마 조약, 1987년 단일 유럽 의정서, 1992년 마스트리히트 조약을 거쳐 유럽 경제 공동체의 탄생으로 이어졌다.

외교 정책이라는 고상한 세상 외부에 있는 대부분의 영국인은 이러한 유럽의 이정표에 대해서는 잘 알지 못할 것이다. 반면 유럽연합은 독일의 강의 계획서에서 없어서는 안 될 부분이다. 독일 학생들은 고등학교 때부터 네 가지 기둥, 즉 유럽연합 집행 위원회와 의회, 이사회, 법원 등에 대해 배운다. 그들은 무엇이 국가 차원에서 결정되며, 무엇이 브뤼셀로 넘어가는지를 잘 알고 있다. 내가 생각하기에, 독일인들은 일반적으로 유럽을 낭만적으로 바라보지 않는다. 그들은 모든 국가가 합리적이고, 때로는 경쟁하는 국가적 이해관계를 갖고 있다는 사실을 이해한다. 그것이 여전히 의심의 대상이라는 사실도 알고 있다. 독일인들은 그들의 전반적인 전후 재건과 재활 프로젝트가 유럽이라는 개념을 기반으로 두고 있으며, 그렇기 때문에 주권에 대한 타협은 불가피하다는 사실을 알고 있다. 가령 통화에 대해 생각해 보자. 도이치마르크는 신뢰를 받았으며, 메르세데스, BMW와 더불어 독일인들이 가장 자랑스럽게 여기는 글로벌 브랜드 중 하나다. 그러나 2002년 독일은 유럽 통합을 위해 도이치마르크를 포기했고, 이는 분명하게도 주목할 만한 사건이었다. 독일은 유럽 내 재무 담당자로서의 역할을 언제나 받아들였으며, 대처 시절의 영국보다 훨씬 더 많은 기여를 했다. 그러나 화폐 통합은 부자와 가난한 나라, 검소한 나라와 방탕한 나라(외부에서 바라보기에), 북부와 남부 사이의 불균형을 더욱 심화시켰다. 2007~2008년 세계 금융 위기에 이은 부채 위기는 유럽의 많은 이들에게 독일의 탐욕적인 망령의 부활처럼 보였다. 그 전염병은 그리스를 넘어서 아일랜드, 포르투갈을 비롯한 여러 나라로 퍼져 나갔다. 2011~2012년 사이에 유로존 회원국 중 절반에 해당하는 정부가 붕괴되었다. 유럽 중앙은행과 국제통화기금(IMF)은 그리스를 위한 금융 구제 과정에서 핵심적인 역할을 맡았지만, 대신 대단히 엄격한 조건을 내걸었다. 그 뒤에서 주요 역할을 한 것은 다름 아닌 독일이었다. 결국 독일이 대부분의 자금을 지원했던 것이다. 이후 붕괴의 원인, 생활수준을 개선하기 위한 경제의 실패, 무역 수지 흑자와 케인스 경제학에 반대한 긴축 경제의 옳고 그름에 관한 광범위한 논의가 진행되었다. 그래도 분명한 사실은 그리스가 심각한 경제적 고통을 견뎌 냈으며, 독일은 그리스에서뿐만이 아니라 유럽의 많은 지역에서 호전적인 튜턴족으로 묘사되었다는 것이다. 그리스 대중의 본능적인 적대감(아테네 거리에 붙어 있는, 히틀러의 콧수염을 단 메르켈의 포스터가 말해 주듯이)은 독일인들에게는 고통스러운 것이었다. 그러나 대부분의 여론 조사를 보면 독일 정부가 취한 강경 노선에 광범위한 지지를 보낸 것으로 드러났다. 독일인들은 그들이 생각하기에 재정적으로 무책임한 이들에 대해 공감은 고사하고 이해하는 것조차 힘들어 했다.

대부분의 국가가 의존하는, 유럽 프로젝트가 성공하는데 가장 중요한 관계는 바로 독일과 프랑스 사이의 관계다. 상호 의존성의 관계와, 유럽의 이러한 구심점을 공고하게 만들어 주는 것은 이제 60년이 된 엘리제 조약Élysée Treaty이다. 미국이 문제를 일으키면서 멀어지고 영국이 대열을 이탈하게 되는 상황에서 독일은 그 어느 때보다 프랑스를 필요로 한다. 두 나라의 정치 지도자 간의 긴장은 이제 새로운 문제는 아니지만, 그럼에도 두 나라는 필요할 때마다 힘을 모았다. 1970년대 말 세계적인 통화 위기 속에서 슈미트와 지스카르 데스탱이 그랬고, 독일 통일의 시점에서 콜과 미테랑이 그러했으며, 이라크 문제와 관련해서 슈뢰더와 시라크가 그랬다.

메르켈은 니콜라 사르코지, 프랑수아 올랑드 대통령과 긴밀하게 협조했다. 그동안에 메르켈은 언제나 주도적인 역할을 했다. 하지만 중도파 정당 앙마르슈의 돌풍으로 마크롱이 압승을 거둔 뒤, 메르켈은 난관에 봉착했다. 그녀는 마크롱의 과장된 몸짓에 분노를 표했다. 그녀는 마크롱이 트럼프와 푸틴에게 한 대담한 제안을 순진하고 신뢰하기 힘든 것으로 바라봤다. 마크롱은 트럼프와 푸틴의 의견을 굳이 메르켈에게 전하지 않았으며, 자신의 계획을 그녀에게 말하지도 않았다. 결국 마크롱은 새로운 유럽을 만들기 위한 자신의 노력에 대해 메르켈이 냉담한 반응을 보이자 좌절했다.

아이러니한 사실은 독일이 정책과 관련해서 주로 협력해왔던 파트너가 영국이었다는 것이다. 그 결과 영국의 유럽 연합 탈퇴를 둘러싼 고통은 실질적이었다. 그러나 그들은 이미 떠났다. 2019년 베를린에서 열린 영국-독일 만찬에서 당시 독일의 법무 장관 카타리나 발리Katarina Barley는 다음과 같이 암울한 예측을 내놓았다. 「미래에 여러분과 뜻을 함께한다고 해도 우리는 언제나 멀리 떨어져 있을 겁니다. 가족이 먼저고, 여러분은 이제 더 이상 우리 가족이 아니기 때문입니다.」 사실 그녀의 절반은 영국인이었다. 그녀의 아버지는 브렉시트를 지지했던 링컨셔 지방 출신이다. 브렉시트가 결정되고 몇 주 후, 발리의 경고는 현실로 드러난 듯 보였다. 영국 외교관을 비롯한 많은 이들은 영국이 얼마나 빨리 중요한 결정에서 배제되었는지, 혹은 후순위로 밀려나게 되었는지 깨달았다.

독일은 단지 무역을 위해서만이 아니라, 그 자체로 유럽의 통합을 필요로 한다. 메르켈은 아쉬운 듯 이렇게 언급했다.「저는 유럽연합을 생명보험이라 생각합니다. 독일은 그 자체로 지정학적 차원에서 영향력을 행사하기에 너무 작습니다.」[43] 독일은 브렉시트와 포퓰리즘 우파가 뭐라고 떠들던 간에 유럽연합은 살아남으리라고 확신할 것이다. 동시에 유럽으로부터 미국의 철수는 트럼프 선에서 끝나지 않을 것이다.

독일은 그래야만 했던 것보다 훨씬 더 오랫동안 보호받는 아이로 머물러 있었다. 하지만 그 시절은 이제 끝났다. 미국과 영국의 신뢰성이 허물어진 상태에서, 독일은 자유민주주의 리더라는 대단히 불편한 자리를 떠맡게 되었다. 독일은 이제 유럽의 중심이 되었고 매우 중요한 역할을 맡았다. 독일은 앞으로 힘든 의사결정을 내려야 할 것이다. 그것은 메르켈의 후임자와 미래의 독일 세대에게 남겨진 최대 과제이다.

5장 기적
: 경제 기적과 그 이후

    뒤셀도르프 외곽에 위치한 노이스의 산업 단지는 유럽식 스시가 시작된 곳이다. 적어도 팀 호르네만Tim Hornemann의 주장에 따르면 그렇다. 공항에 도착했을 때 호르네만의 오랜 학교 친구가 포르쉐를 몰고 마중 나왔다. 그는 공장 주차장에 들어서면서 메르세데스와 BMW, 아우디 차량의 다양한 최신 모델 옆에 차를 세웠다. 호르네만은 간단히 자기소개를 하고는 우리를 공장 안으로 안내했다. 내가 종이처럼 얇은 일회용 덧옷을 입고 머리 망과 마스크를 착용하는 데에는 조금 시간이 걸렸다. 어쨌든 규칙은 규칙이었다. 마키롤에 세균이 들어가면 안 되기 때문이었다.

    호르네만의 기업은 전형적인 독일 회사다. 비즈니스는 세계로 뻗어 가고 있었지만, 인지도는 지역을 벗어나지 못했다. 그 회사는 독일 전역에서 활동하는 수십만 개의 중소기업mittelstand(매출이 5천만 유로 이하이고, 종업원 수가 250명 이하인) 중 하나였다. 독일 중소기업은 국가의 전체 노동력 중 4분의 3을 고용하고 있으며, 경제 생산의 절반 이상을 차지한다. 독일에서 중소기업은 경제와 사회의 근간이다.

호르네만 회사의 식품은 에데카, 레베, 알디, 리들 등의 대형 체인 할인 매장에서 판매되는 저가 스시 시장에서 상당 부분을 차지하고 있다. 그는 원래 가업을 이어받아 소시지 사업을 할 예정이었지만, 캘리포니아 여행 이후 다른 길을 걷게 되었다. 백화점 내 술집에서 생선회를 파는 것을 보고 강한 인상을 받았던 것이다. 호르네만은 그 이국적인 음식을 사들고 집으로 돌아왔다. 스시 사업을 시작했지만 처음에는 쉽지 않았다. 그와 그의 형제는 가게 이름을 〈쓰나미 스시 바〉라고 지었다. 「그때만 해도 그게 무슨 뜻인지 아는 사람은 없었어요.」 2004년의 일이었다. 당시 그는 겨우 스물여덟 살이었다. 이제 호르네만은 바다의 왕이다. 이후 그는 회사 이름을 〈나쓰Natsu〉로 바꾸어 냉동 연어와 새우를 노르웨이에서 수입하기 시작했다. 첨단 설비를 갖추어 재료를 해동하고, 발렌시아에서 수입한 쌀로 밥을 짓고, 중국에서 가지고 온 고추냉이를 사용한다. 주로 동유럽 출신인 종업원들은 대단히 빠른 속도로 정확하게 회를 뜬다. 그렇게 완성된 식품은 화물차와 컨테이너에 실려 독일과 유럽 전역으로 나간다. 심지어 스코틀랜드까지도.

우리는 비즈니스와 윤리에 대해 이야기를 나눴다. 나는 가는 곳마다 독일 기업의 사장들이 대단히 사회적 인식이 높다는 이야기를 듣는다고 호르네만과 볼첸에게 말했다. 사실 나는 그 말에 약간의 의구심을 갖고 있었다. 그러나 두 사람은 그런 의심은 필요 없다고 말했다. 독일이 다른 나라와 크게 다른 점, 이곳 기업 소유주들은 지역에 대한 충성심이 강하다는 것이었다. 호르네만은 말했다. 「기업을 매각한다는 생각만 해도 속이 뒤집어집니다.」 그러자 볼첸은 이렇게 덧붙였다. 「그러면 이웃들한테 존경받지 못할 거예요. 그건 자신의 책임으로부터 도망치는 겁니다. 사람들에게 겁쟁이라는 소리를 들을 테죠.」 기업 소유주는 자신의 책임을 다른 이에게 넘겨서도 안 된다. 최고의 개인이 아니라, 최고 조직의 일부가 되어야 한다. 오만해서도 안 된다. 여기서 두 사람은 〈겸손한demütig〉이라는 단어를 썼다. 그들은 사업을 쉽게 시작했다는 사실을 인정한다. 특히 기업과 공동체를 처음부터 다시 일으켜야 했던 전후 부모 세대와 비교하면 더 그렇다. 나는 매연 저감 장치 스캔들이 드러났을 때 폭스바겐 경영진이 보여 준 행동을 언급했다. 두 사람의 대답은 이랬다. 「그들은 멍청이였습니다. 자신들의 평판을 완전히 망가뜨렸어요. 자신들이 신인 줄 알았던 거죠.」 두 사람은 다국적 기업과 중소기업은 완전히 다르다고 말했다.

지역 기업은 선량한 시민처럼 행동해야 한다. 스포츠 팀이나 뮤직 클럽을 후원한다고 해서 감사함을 얻지는 못한다. 기업에게 필요한 것은 〈미트마헨Mitmachen〉이다. 함께 어울린다는 뜻이다. 나 역시 그것이 필요했다. 나는 긴 휴일 동안 독일의 작은 마을의 관습에 푹 빠져 있었다. 각각의 마을은 다음의 마을과 하나로 합쳐지는 듯 보였다. 우리는 다시 포르쉐를 타고 묀헨글라트바흐로 향했다. 볼첸은 탄소 중립적인, 혹은 이산화탄소를 배출하지 않는 아파트 건물을 설계하는 건축가다. 그는 나를 한 건물로 데려갔다. 거기서 지하실에 있는 태양광 배터리를 보여 주었다. 그곳 주민들은 사용하지 않은 잉여 에너지를 할인된 요금으로 되팔 수 있다. 깨끗한 주택가에 자리 잡은 볼첸의 집은 우아하고 현대적이고 멋스럽고 친경제적인 건물이었다. 나는 그 집이 과연 포르쉐와 렉서스, 또 다른 패밀리카 두 대와 어떤 조화를 이룰지 궁금했지만, 감히 물어볼 수는 없었다.

이번 중소기업-경영자-동료 그룹의 세 번째 멤버는 로저 브란츠Roger Brandts였다. 묀헨글라트바흐는 19세기 중반부터 직물 산업으로 유명한 곳이었다. 그러나 산업의 대부분은 이미 오래전에 사라지고 말았다. 중국이나 터키 등의 더 값싼 생산자에게 일거리가 모두 넘어간 탓이다. 오늘날 묀헨글라트바흐는 여러 다양한 전문적인 기술 기업으로 유명하다. 그곳에서 직물 산업의 아버지와 같은 존재인 프란츠 브란츠는 영국에서 기계 직조기 사용법을 배우고 장비를 들여와 직물 생산을 산업화했다. 그러나 브란츠의 회사는 디킨스의 소설에나 나올 법한 기업과는 정반대의 모습이었다. 1880년대 비스마르크 시대에 프란츠는 직원과 가족의 복지를 위해 조합을 설립했고, 이는 주거와 교육, 의료

보험 등 근로자의 권리를 보장한 첫 번째 사례였다. 이 조합은 온정주의 시스템이었으며, 오늘날 독일의 사회적 시장*이라는 개념의 선구자였다. 로저는 4세대 후계자다. 우리는 과거에 가족 기업이 들어서 있던 건물에 앉아 이야기를 나눴다. 이제 그 건물은 사파리 텐트와 닮았다. 가족 사업 형태의 비즈니스는 오래전에 끝이 났지만, 운영 방식을 바꿔야 한다는 데에는 의심의 여지가 없었다. 직물 기술을 공부했던 로저는 피크 앤드 클로펜부르크 백화점에 취직해서 고속 승진을 했다. 1998년에는 6개월 인턴십 과정으로 남아프리카공화국에 파견 근무를 나갔다. 거기서 그는 우연히 영화 「아웃 오브 아프리카」를 봤고, 영화에서 배우들이 입었던 옷을 연상시키는 의류 라인을 만들어 보기로 마음먹었다.

브란츠는 설명했다. 「아버지는 6개월 동안 저와 대화를 하지 않았어요.」 외부인이 이해하긴 힘들지만 독일인들은 웬만해서는 안정되고 좋은 직장을 충동적으로 그만두지 않는다. 브란츠는 의류 견본과 자동차, 컴퓨터를 장만하려면 6만 도이치마르크(당시로서는 약 2만 파운드)가 필요했기에 은행에서 대출을 받기로 했다. 은행은 위험 감수를 좋아하지 않는다. 그래서 그는 7퍼센트라는 높은 이자율에 5년 상환 기간의 조건으로 대출을 받아야 했다. 브란츠는 회사

* social market. 독일 특유의 수정 자본주의 시스템을 의미하는 말로, 일반적인 시장과의 차별성을 강조하기 위해 저자가 사용하는 용어.

이름을 핀치-해턴Fynch-Hatton으로 지었다. 영화에 등장했던 맹수 사냥꾼이자 영국 귀족인 데니스 핀치 해턴에서 따온 것이었다. 나는 브란츠에게 그의 의류 제품군을 통해 어떤 이미지를 만들어 내고 싶은지 물었다. 그의 대답은 이랬다. 「해가 지는 아카시아 나무 아래에서 신선한 공기와 함께 진과 토닉을 마시며 휴식을 취하는 것.」 지극히 식민지 시대적이고, 지극히 영국적이다. 그가 출시한 제품은 많은 인기를 끌었다. 이제 핀치-해턴은 러시아와 중국, 뉴질랜드, 파키스탄 등 55개국에 수출을 하고 있다.

뮌헨그라트바흐는 깨끗하고 소박한 곳이지만, 여느 도시와 마찬가지로 여러 가지 사회적 문제를 공유하고 있다. 약물 남용과 야간에 일어나는 반사회적 행동, 대형 쇼핑센터와의 경쟁에서 밀려 줄줄이 문을 닫은 점포들로 삭막해진 번화가 등. 많은 주민은 지역 전체로 확장된 효율적인 대중교통 시스템 덕분에 뮌헨그라트바흐를 뒤셀도르프와 같은 부유한 지역으로 통근하기 위한 교외 주거지쯤으로 여기고 있다. 많은 이들이 모이는 장소로 지역 축구 클럽 경기장인 보루시아 파크가 있다. 직물과 산업, 축구로 유명하다고 해서 사람들은 이곳을 독일의 맨체스터라 부른다. 축구 클럽인 보루시아 뮌헨글라트바흐는 그 열기가 결코 시들지 않는 팬 층을 확보하고 있다. 브란츠와 호르네만은 후원사 자격으로 경기장에 경영자 지정석을 갖고 있었다. 나는 볼첸과 그의 10대 아들딸과 함께 계단식 관람석으로 갔다. 그곳에 들어서자 1970년대나 1980년대로 돌아간 듯한 느낌이 들었다. 그곳은 오래된 입식 전용 구역이었다. 사람들은 담배를 피워 댔고(독일에서 내가 특히 싫어하는 것 중 하나), 종업원들은 팬들의 맥주잔을 채워 주기 위해 등에다 커다란 맥주 통을 지고 돌아다녔다. 그 리그에는 많은 돈이 몰려들고 있었지만, 그럼에도 분데스리가 클럽 중 두 곳을 제외하고는 팬들이 많은 지분을 차지하고 있었다. 그런 축구팀을 늙은 러시아인이나 아랍에미리트 갑부에게 팔아치운다는 생각은 아마도 배신으로 여겨질 것이다.

　나는 프랑크푸르트 남부에 위치한, 대부분 쉽게 지나쳐 버리는 만하임 산업 단지를 찾았다. 그곳에서 건강 관리 전문 기업인 VR 매직의 설립자 마르쿠스 실Markus Schill을 만났다. 그는 그리 멀지 않은 곳에 위치한 하이델베르크 대학에서 물리학을 공부한 뒤, 부드러운 조직이 압력을 받으면 어떻게 움직이는지 모형화하는 작업을 주제로 연구 과정을 밟았다. 최근 실은 두개골 절제술에 주목하고 있다. 이는 외상에 따른 뇌의 팽창으로부터 압력을 덜어 주기 위해 두개골 일부를 제거하는 수술을 말한다. 그는 이 수술을 위해 외과의를 훈련시키는 데 최대 4일이 필요하다고 설명했다. 그러나 실의 엄격한 상사는 그 기간을 더 단축시킬 것을 요구했다. 그때 마침 실은 가상현실에 관한 책을 읽고 있었고, 비행기 조종사 훈련 때 사용하는 것과 비슷한 형태의 시뮬레이터를 개발하기로 결심했다. 예전에 외과의들은 두개골 절제술을 환자에게 직접 실행하고, 실패를 학습 과정의 일부로 받아들여야 했다. 1998년 실은 보조금을 신청했지만 독일 연구 재단German Research Foundation은 그의 요청을 받아들이지 않았다. 그들은 실의 사업 계획서를 읽었지만, 이를 실현할 수 있을지 확신하지 못했다. 그는 말했다. 「은행에 찾아가니 시장 규모가 얼마나 될지 묻더군요. 모르겠다고 답했죠. 거기에 대해서는 한 번도 생각해 본 적이 없으니까요.」 실은 자금을 마련하기 위해 다른 방법을 찾아야 했다. 그가 눈을 돌린 곳은 벤처 투자가와 지역 가족 재단이었다. 3년 후 실은 마침내 자신의 회사를 설립했다. 그러나 시작은 쉽지 않았다. 「우리는 기계를 제작했습니다. 하지만 첫 번째 모델은 갖가지 기술적 오류를 드러냈죠.」 그는 후세를 위해서 그 기계를 사무실에 보관해 두고 있었다. 투자자들은 실과 함께했다. 「독일의 금융계는 매우 보수적입니다. 인맥이 필요하죠. 그들은 좀처럼 재빨리 기회를 잡지 않습니다. 누군가 성공을 거두면 그제야 종종 투자에 관심을 보이죠.」

지역화와 가족 간 유대, 사회적 책임과 더불어, 중소기업의 또 다른 핵심 측면은 전문화를 강조한다는 것이다. 성공한 많은 기업들이 특정한 기계 도구나 가전제품 등 단일 제품에 주력한다. 비록 전문 분야는 좁지만, 이를 통해 글로벌 시장에 진출해서 소비자 기반을 넓히는 데 집중하면서 경쟁 우위를 확보한다. 실의 수술 시뮬레이터 역시 많은 국가에서 시장을 차지하고 있다. 전 세계적으로 VR 매직은 백내장 수술을 위한 수백 가지 형태의 모델을 제공 및 운영하고 있으며, 만하임과 매사추세츠 케임브리지를 기반으로 70명의 직원을 고용하고 있다. 나는 실에게 회사를 매각할 생각이 있는지, 있다면 언제쯤이 될지 물었다. 그러자 그는 의심스러운 눈빛으로 나를 쳐다봤다. 「저는 과학을 사랑합니다. 제가 하는 일이 의학에 기여한다고 확신합니다. 돈 때문에 이 일을 하는 게 아닙니다.」

두 가지 통계 자료가 눈에 띈다. 독일 GDP의 약 80퍼센트가 가족 기업에서 비롯된다. 성공적인 글로벌 중소기업 중 3분의 2는 인구 5만 명 이하의 지역에 기반을 두고 있다. 독일 서부의 경우를 생각해 볼 때, 지역의 작은 도시들은 인구 감소로 어려움을 겪고 있기는 하지만, 대도시로의 인구 이동은 프랑스나 영국, 폴란드, 스페인 등에 비해 훨씬 덜 심각한 상황이다. 작은 지역에 계속해서 머물러 있는 것은 단지 가족 기업만이 아니다. 다국적 기업들 역시 독일 전역에 골고루 퍼져 있다. 가령 메르세데스와 보쉬는 슈투트가르트에 있고, 지멘스와 BMW는 뮌헨에, 티센크루프는 에센에 있다. 폭스바겐은 과거 내부 국경의 서쪽에 위치한 볼프스부르크에 자리 잡고 있으며, 아디다스는 뉘른베르크 북부에 위치한 헤르초겐아우라흐에, 바스프 본사는 라인 항구 도시인 루트비히스하펜에 있다. 또한 소프트웨어 대기업인 SAP(초창기에 성공을 거둔 몇 안 되는 독일 기술 기

업 중 하나인)는 하이델베르크 남쪽에 있다. 서구의 많은 국
가들에서는 산업 및 비즈니스 운영이 대도시 쪽으로 뚜렷
하게 집중되고 있는 반면, 독일의 경우에는 첨단 제조업과
국제적인 흐름, 지역화가 서로 손을 잡고 가고 있다.

무엇보다 독일을 돋보이게 하는 것은 중소기업들이다.
비즈니스 전략가이자 작가인 헤르만 지몬Hermann Simon은
〈숨은 챔피언〉이라는 용어를 만들어 냈다. 앞서 언급한 것
처럼 중소기업들은 특정 분야에 몰두한다. 이들은 세계화
와 자유 무역의 성공 스토리를 들려준다. 이들 기업의 운영
을 맡고 있는 경영자는 굳센 신념과 더불어 하나의 목표와
제품에만 집중한다. 일반적으로 세상의 관심을 달가워하지
않는다. 지몬은 이렇게 썼다. 〈리더십 통찰력의 원천이 놀
라운 비즈니스 성공의 헤드라인 밑에 깊숙이 숨겨져 제대
로 주목받지 못하고 있다.〉[1] 그는 이러한 기업으로 2,700곳
을 꼽았다. 그중 절반은 독일에 기반을 두고 있다. 한참 뒤
로 미국과 일본, 중국이 따르고 있다. 다른 유럽 기업은 찾
아볼 수 없다.

1948년 루트비히 에르하르트의 급진적인 개혁 정책은
전후 독일 경제 부활에 즉각적인 영향을 미쳤다. 독일인들
은 식량과 기본 생필품을 찾아 동네를 뒤지고 다니느라 일
주일에 약 열 시간씩 노동 시간을 허비했다. 개혁이 시작되
고 몇 달 후, 그렇게 허비되는 시간은 네 시간으로 줄어들었

다. 화폐 개혁을 실시하고 가격 통제를 해제하기 직전에 산업 생산량은 1936년에 비해 약 절반에 불과했다. 그러나 1948년 말에 80퍼센트까지 성장했다.[2] 예일 대학의 경제학자이자 이후 연방준비제도에 들어갔던 헨리 월리치Henry Wallich는 1955년에 『독일 부흥의 원동력 The Mainsprings of the German Revival』이라는 책을 펴냈다. 그는 이렇게 썼다. 〈그 나라의 정신은 하룻밤 새 달라졌다. 먹을 것을 찾아 거리를 떠돌아다니던 창백하고, 배고프고, 죽어가는 것처럼 보이던 사람들이 되살아났다.〉[3] 1958년에 산업 생산량은 10년 전에 비해 네 배나 증가했다. 그 기간 동안에 독일 경제는 연 8퍼센트 수준으로 성장했다(오늘날 중국이 신흥 강자가 되기 위해 목표로 삼고 있는 성장률). 그 속도는 유럽 내 다른 주요 국가에 비해 두 배나 더 빠른 것이었다. 그 나라를 폐허로 만들었던 전쟁이 끝나고 채 20년이 지나지 않은 1968년, 서독의 경제 규모는 영국을 앞질렀다. 이러한 흐름은 거침없이 이어졌다. 2003년 독일은 동유럽에 대한 최대 수출 국가로 우뚝 섰다. 2005년에는 인도에 기계류 제품을 수출하는 주요 원천으로 미국을 능가했다. 독일은 또한 중국에 대한 최대 자동차 수출국이기도 하다. 가장 인상적으로, 2003년 독일은 미국을 제치고 세계 최대 수출국으로 자리매김을 했다. 비록 2010년에 중국에 그 자리를 내주기는 했지만.

이러한 데이터는 전체 이야기의 일부만을 말해 준다. 경제 기적은 또한 사회적 프로젝트였다. 1949~1963년에 경제부 장관을 지내고 1963~1966년에 총리를 지낸 에르하르트는 20세기 후반 독일의 경제적 변혁인 〈라인강의 기적〉의 아버지로 알려져 있다. 이를 뒷받침한 것은 사회적 시장이라는 개념으로, 이는 경제학자이자 사회학자인 알프레트 뮐러아르마크 Alfred Müller-Armack가 만든 용어다. 그는 시장의 자유와 사회적 보호로 구성된 〈새로운 조합〉을 모색했다. 그 이론에 따르면, 정책 결정자는 시장이 최대 부를 생산하도록 유도해야 하고, 그렇게 생산된 부는 사회 정의라는 이름으로 재분배되어야 한다. 혹은 다른 방식으로 말해서, 그 이론은 모두가 각자의 역할을 맡고 있다고 생각하는 것을 의미한다. 기업 지배 구조의 핵심에는 공동 결정의 관행이 있다. 이는 1976년에 법으로 제정되었다. 이에 따르면 대기업은 감사 위원회 의석 중 절반을 일반적으로 노동조합이 선출한 근로자 대표에게 주어야 한다. 중소기업의 경우에 그 비중은 3분의 1이다. 근로자들이 이사회 회의실에서 위화감을 느끼지 않는 것처럼, 많은 독일 사장들은 구내식당에서 점심을 먹는 것에 대해 거리낌이 없다.

다른 국가에서, 특히 미국과 영국에서는 기업과 노동조합 사이의 권력 분할이 위험한 사회주의로 인식되지만, 독일은 산업혁명의 초창기부터 다양한 형태의 분할을 유지해 왔다. 노동조합을 탄압하기 위한 협력적 시도가 있었던 적은 나치 정권 시절이 유일했다. 그러나 대처리즘과 레이거

니즘이 전성기를 구가하던 1980년대에 이르자 독일에서도 일부는 자신들의 시스템을 다른 시각으로 바라보기 시작했다. 그들은 〈고용하고, 해고하라〉는 앵글로색슨의 접근 방식이 성장과 생산성에서 더 효율적이지 않을까 궁금해했다. 헬무트 콜은 노사 관계에서 두 가지 변화를 시도했다. 하나는 단체 교섭권 범위를 축소하는 것이고, 다른 하나는 노동자 협의체의 권한을 줄이는 것이었다. 그러나 두 가지 모두 초창기에 기업에 의해 실패로 돌아갔다. 기업들은 위태롭고, 불만 많고, 예측 불가능한 노동자 대표보다 강력한 노동조합과 정기적으로 정보를 제공하는 시스템이 더 낫다고 오래전에 결론을 내렸다.

나는 그 두 가지 모델에 모두 익숙한 두 명의 사람과 이야기를 나눴다. 위르겐 마이어는 오스트리아에서 태어났지만 어머니가 영국인과 재혼하면서 열 살 무렵에 영국 리즈로 이주했다(그는 괴롭힘을 당하고, 독일인 혹은 오스트리아인으로 불렸던 시절을 기억한다). 그는 체셔주 콩글턴에 있는 지멘스 공장에 들어갔고 승진을 했으며, 나중에는 그 기업의 거대한 영국 사업부를 이끌었다. 그는 영국의 작업 현장에서 비공식적인 측면을 좋아한다. 그러나 독일을 두드러지게 보이게끔 만드는 특성을 이렇게 꼽았다. 리더십과 사회적 조직, 훈련, 그리고 장기주의. 마이어는 이렇게 말했다. 「1990년대 초반부터 독일 모델이 실패할 거라고 예상했습니다. 하지만 제가 잘못 판단했다는 사실이 계속해서 드러났죠. 독일의 모델은 결과적으로 성공을 거뒀습니다.」

MIT와 캘리포니아 대학교 버클리의 독일 고용 연구소 German Institute for Employment Research가 최근에 내놓은 보고서는 중간 규모의 독일 기업 중 근로자가 이사회에 참여하는 기업과 그렇지 않은 기업을 비교했다. 결과는 충격적이었다. 근로자가 이사회에 참여하는 기업은 장기 고정자본 주식을 갖고 있었고, 그 규모는 그렇지 않은 기업보다 40~50퍼센트가량 더 컸다. 다시 말해 근로자를 이사회에 참여시킴으로써 훨씬 더 많은 투자를 이끌어 낼 수 있다는 것이다. 임금은 공동 경영을 하는 기업에서 더 많이 상승했고, 이는 근로자의 생산성 증가에 따른 것이었다. 매출 성장률은 두 집단에서 비슷하게 나타났으며, 근로자가 이사회에 참여하는 기업의 수익성은 다른 집단에 비해 비슷하거나 약간 더 높았다(평가 기준에 따라 달랐다). 결론적으로, 공동 경영은 기업의 성공을 측정하는 모든 지표에 매우 긍정적인 영향을 미친 것으로 드러났다. 그러나 전형적인 자유 시장주의자들은 일반적으로 이사회에 참여한 근로자들이 자기 잇속만 차리고, 변화의 발목을 잡고, 자신들의 임금만 높일 것이라고 생각한다.

나는 베를린 지역의 BDI(독일 산업 연맹) 모임에 참석해서 〈책임 있는 자본주의〉에 대해 논의했다. 이 용어는 최근 들어 여러 국가에서 널리 사용되고 있다. BDI 이사회 일원인 슈테판 마이어Stefan Mair는 노동조합의 장점을 강조했다.

또한 그는 재분배에 관해서도 이야기했다. 그는 독일 경영자들에게 주주 가치는 중요한 목표이지만 결코 유일한 목표가 아니라는 점을 지적했다. 그는 이렇게 말했다. 「사회적 결속은 좋은 투자 결정의 기준입니다.」 나는 그에게 좀 더 자세히 설명해 달라고 요청했다. 마이어는 기업은 시장 친화적인 기반을 마련해야 하지만, 경제적 이득을 공정하게 분배하기 위한 제도와 규범도 마련해야 하고, 직원들도 챙겨야 한다고 말했다. 금융 위기가 발생했을 때, 독일 기업들은 근로자 해고를 어떻게든 피하기 위해 최선의 노력을 다했다. 그들은 근무 시간을 단축하고, 직원들이 연차를 앞당겨 쓰거나 무급 휴가를 떠나도록 했다. 이는 기존 업무 흐름을 그대로 유지하기 위한 방안이었다. 결국 주문은 늘어날 것이며, 그럴 때 기업은 다시 직원을 뽑고 교육시키기를 원치 않았다. 또한 직원들은 일자리를 보전하기 위해 단기적인 희생을 기꺼이 받아들였다. 「덕분에 우리는 비교적 빨리 회복할 수 있었습니다. 합리적인 결정이었죠.」

제조와 공학, 수출, 탄탄한 공적 금융, 첨단 기술, 사회적 연대. 이 모든 것이 독일의 방식이다.

최근 독일은 경기 침체를 겪었고, 결국 극복했다. 1990년대와 2000년대에 독일 경제의 성장률은 유로존 평균을 밑돌았다. 1600만 인구와 시대에 뒤떨어진 수많은 굴뚝 공장, 50년간의 중앙 집중식 경제의 유산을 흡수한 충격은 어느 나라의 경제라도 힘들게 했을 것이다. 그 무렵 사람들은 독일을 공룡이라고 비웃기 시작했다. 베를린 정책 결정자와 정치인들이 외우다시피 했던, 유명한 1999년 6월 『이코노미스트』 사설은 이렇게 지적했다. 〈경제 성장이 다시 한번 정체되면서, 사람들은 독일을 유럽의 환자라고(혹은 일본이라고) 생각하기 시작했다.〉[4] 갑작스럽게 강자가 약자가 되었다. 안정에 대한 갈망은 지나치게 유연하지 못한 노동 시장과, 지나치게 관대한 복지 국가로 흘러가고 말았다.

독일은 자존심에 상처를 입었다. 2003년에 게르하르트 슈뢰더는 놀랍게도 재선에 성공하고 나서 급진적인 경제 개혁 프로그램을 내놓았다. 이는 1948년 에르하르트 이후로 찾아볼 수 없었던 것이었다. 독일은 고통을 겪고 있었다. 실업률은 9.5퍼센트로 치솟았고, 재정 적자는 GDP 대비 4퍼센트 수준에 근접하고 있었다.[5] 경제 성장은 멈춰 섰다. 노동 시장은 위축되었다. 실업자들은 기존 직종 이외의 일자리 제안을 받아들이려 하지 않았다. 고용 시장은 거의 기능을 하지 못했다. 이에 정부가 내놓은 해답은 위원회를 만들자는 것이었다. 15인으로 구성된 위원회 의장은 폭스바겐의 인사 책임자인 페터 하르츠Peter Hartz가 맡았다. 위원회는 직업훈련과 세금, 국민 보험 제도와 관련해서 많은 개혁안을 제안했고, 이는 논란의 여지가 없는 것들이었다. 그 개혁안의 다섯 가지 과제 중 네 번째인 복지 혜택은 가장 의견이 엇갈렸다. 슈뢰더는 개혁을 추진하는 과정에서 자신의 당보다 야당인 기독교민주연합(CDU)으로부터 더 많은 지지를 얻었다. 그는 사임하겠다고 위협함으로써 사회민주당(SPD)을 제압해야만 했다. 슈뢰더는 자신이 받은 모든 도움에 대해 고마워했다. 독일의 기독교 및 로마 가톨릭교회 지도자들은 정부가 내놓은 제안에 이례적으로 공식적인 지지 의사를 표명하면서, 사람들이 다시 일자리를 찾으려면 다른 방법이 없다고 주장했다.

그 프로그램은 2003년 12월에 하원을 통과했고, 2005년 1월에 본격적으로 시작되었다. 이는 지금도 뜨거운 논쟁의 주제로 남아 있다. 그 프로그램은 실업과 사회적 지원을 단일 시스템으로 연결하고, 조기 퇴직을 위한 인센티브를 억제했으며, 기업이 시간제나 계약직 근로자를 더 쉽게 채용할 수 있도록 허용했다. 가장 논란이 되었던 것은 실업 급여를 근로자 최종 급여의 3분의 2에서 50퍼센트로 삭감한 것이었다. 지급 기한도 최대 1년으로 줄였다. 예전에는 무기한으로 받을 수 있었다. 또한 고용 센터 회의에 한 번이라도 빠지면 급여가 깎일 수 있었다. 그 모토는 〈지원하고 요구하라 Fördern und Fordern〉였다. 슈뢰더는 그의 친구인 토니 블레어와 마찬가지로 국제적인 전문 용어를 좋아했다. 그 결과 개혁안에는 〈잡 센터〉나 〈미니 잡〉 같은 뎅글리시*로 가득했다.

슈뢰더는 글로벌 시장의 냉혹한 현실을 향해, 그리고 사회적 공감의 반대편을 향해 독일 사회를 밀어붙였다. 사회

---

* Denglisch. 영어의 영향을 받은 독일어.

민주당은 그 대가를 치러야 했다. 결국 슈뢰더는 2005년 선거에서 패했다. 좌파 진영의 많은 이들은 희생양을 찾았다. 사회민주당 대표 프란츠 뮌테페링Franz Müntefering은 선거 운동이 진행되는 가운데 해외 투자자들의 수익 극대화 전략이 민주주의를 위협하고 있다며 그들을 비난했다. 그는 이렇게 주장했다. 〈얼굴 없는 그들은 메뚜기 떼처럼 기업을 덮쳐서 모든 걸 갉아먹고서는 그다음 기업으로 넘어간다.〉[6] 메뚜기는 나치가 반유대주의 선전을 할 때 쓰던 용어였다. 이 발언에 대해 뮌테페링은 결국 사과를 해야 했다.

슈뢰더의 자리를 물려받은 메르켈은 경제적 이득을 수확하면서도, 전임 총리와는 정치적으로 거리를 두었다. 그녀는 슈뢰더의 작품에 자신을 온전히 끼워 맞출 만큼 어리석지는 않았다. 경쟁과 생산성이 높아졌다. 실업률은 떨어졌다. 투자는 다시 밀려들었다. 독일 기업들은 동유럽과 브릭스, 즉 경제가 성장하고 신용도가 상승하는 국가들과 직접 거래하기 시작했다. 수출은 다시 치솟았다. 금융 위기가 터지기 7년 전, 독일의 수출은 75퍼센트나 증가했다. 반면 다른 경쟁 국가들은 20퍼센트 수준에 머물렀다.[7] 다시 한번, 독일 기업들이 세계를 장악했다. 독일은 그들만의 자본주의 모델, 다시 말해 흠이 있음에도 불구하고 지속적인 경제 성장과 더 강력한 사회적 결속이라는 쌍둥이 목표를 추구했던 사회적 시장의 개념을 채택함으로써 그렇게 했다.

2005년 경제사학자 베르너 아벨스하우저Werner Abelshauser

는 『독일 산업의 역동성The Dynamics of German Industry』이라는 제목의 책을 출간했다. 학계에 많은 영향을 미친 이 책에서 아벨스하우저는 20세기를 지배한 두 경제 대국인 미국과 독일은 1980년대까지 서로 긴밀하게 얽혀 있었지만, 레이건과 대처, 그리고 그들의 스승인 밀턴 프리드먼Milton Friedman이 제시했던 규제 철폐와 일확천금 문화와 더불어 갈라서기 시작했다고 지적했다. 나중에 그는 「우리는 최고 갑부가 아닌가?」라는 제목의 『차이트』 인터뷰 기사에서 2008년 금융 위기는 독일의 접근 방식의 도덕성과 실효성을 모두 입증했다고 지적하면서, 독일인들은 다른 나라에 비해 만족을 위해 개인의 욕심에 크게 의존하지 않았다고 주장했다. 대신에 그들은 공통의 목적과 이익으로 결합된 공동체commonwealth에 주목했다. 그는 이렇게 말했다. 「독일 사람들은 전통적으로 국가를 보증인으로 여긴다.」[8]

증거가 이러한 생각을 뒷받침한다. 독일인은 다른 나라 사람들만큼 주식 시장에 열광하지 않는다. 그들은 저축하고, 또 저축한다. 이자율이 아무리 낮더라도, 혹은 마이너스 이자율이라고 해도 말이다. 저축의 대부분은 연금과 생명 보험으로 들어간다. 총 1억 건 이상의 보험이 판매되었다. 이는 인구보다 더 많은 수치다. 가치 창조는 고위험 투자로부터 비롯되지 않는다. 물론 다른 나라와 차이점만 있는 것은 아니다. 독일 은행들 역시 마찬가지로 탐욕적인 것으로 드러났다. 독일에도 탈세자는 많다. 독일인들 역시 집 안을 사치스럽게 꾸미고 휴가를 즐긴다. 그리고 자동차를 숭배한다. 그러나 이러한 점을 제외한다면, 앵글로색슨의 자유 시장 사고방식에 익숙한 이들은 독일이라는 사회적 국가에 문화 충격을 받을 것이다.

하르츠의 개혁 이후에도 모든 것은 위험을 완화하기 위해 설계되었다. 〈느리지만 확실하게Langsam aber sicher.〉이사회 회의실에서 합의를 추구하는 모습은 자발성과 속도를 방해하는 것으로 보일 수 있다. 그러나 독일인들은 경제적 성공과 사회적 연대 사이에서 아무런 모순을 느끼지 않는다. 독일에서 주목할 만한 모습은 몇몇 짧은 시기를 제외하고, 사람들이 일에 집착하지 않는 것처럼 보였음에도 경기는 지속적으로 강세를 보였다는 사실이다. 프랑스는 주 35시간 근로를 법으로 정하고 있다. 어떤 기업도 직원들에게 최대 시간을 초과해 일하도록 강요할 수 없다. 물론 상호 합의하에 일정량의 초과 근무를 통해 보충할 수는 있다. 이 법은 고용과 생산성을 높이기 위한 목적으로 2000년에 도입되었다. 그 결과는 평가 기준에 따라 혼합적으로 나타났다. 독일은 프랑스처럼 엄격하게 규정하고 있지는 않지만, 어떤 측면에서는 프랑스보다 한 걸음 더 나아갔다. 노동조합이 이사회에 참여하는 상황에서, 독일은 지난 수십 년 동안 프랑스의 노사 관계를 요약해 주는 〈끝없는 파업의 물결〉없이 발전해 나가고 있다. 독일에서 파업은 언제나 최후의 수단이다. 보통은 타협으로 끝이 난다.

그러나 2018년 초 근로자들은 새로운 출발을 의미하는 양보안을 얻어 냈다. 최대 노동조합인 이게 메탈IG Metall은 전자·금속 산업 부문의 모든 근로자가 자녀와 노인, 혹은 환자를 돌보기 위해서 2년 동안 주28시간 근무제를 선택할 수 있도록(시급의 대폭 인상과 더불어) 하는 타협안을 얻어 냈다.[9] 그 기간이 끝났을 때, 기업은 근로자가 원할 경우 정상 근무를 회복시켜 줘야 한다. 그 성과는 산업 전반에 걸쳐 도미노 효과를 나타냈다. 다음으로 철도와 수송 노동조합인 EVG가 이와 비슷한 타협안을 얻어 냈다. 도이치 포스트Deutsche Post의 근로자들은 2년에 걸쳐 5퍼센트 급여 인상, 혹은 약 100시간 추가적인 휴가 중에서 하나를 선택할 수 있다. 이들을 비롯해 다양한 서비스 근로자를 대표하는 노동조합이 조합원들을 대상으로 설문 조사를 실시했는데, 56퍼센트는 더 많은 휴가를 선택했고, 41퍼센트는 더 많은 급여를 원했다.

독일인들은 이를 〈감속Entschleunigung〉이라고 부른다. 말그대로 속도를 늦춘다는 뜻이다. 혹자는 이를 일과 삶의 균형을 의미한다고 말한다. 독일인들은 그 개념을 성과는 그대로 유지한 채 실현했다. 독일의 생산성은 오랫동안 다른 나라들로부터, 특히 오랜 시간 일하는 영국으로부터 많은 부러움을 샀다. 2017년 경제부 장관 그레그 클라크Greg Clark 는 이렇게 언급했다. 〈영국인이 5일 동안 생산할 수 있는 것을 독일인은 4일이면 만들어 낸다. 이 말은 독일인이 더 나

은 임금을 받는다거나, 혹은 더 적은 시간을 일한다는 의미다. 이는 영국 경제의 장기적인 숙제다.)[10]

사회적 시장에 자부심을 갖고 있는 나라로서는 이상하게도, 독일은 2015년에야 최저임금 제도를 도입했다. 프랑스보다 45년 늦은 것이었고, 궁지에 몰린 영국보다도 16년 늦은 것이었다. 그 결정에 대해 기업들은 저항했고(일반적으로 기업은 모든 정책에 대해 그렇게 한다), 노동조합도 똑같은 태도를 보였다. 독일 노동조합들은 그 제도를 노조의 교섭권을 위축시키려는 시도로 봤다. 그들의 주장에 따르면, 다른 나라의 경우에 근로자는 의지해야 할 보호 장치가 없기 때문에 최저임금이 필수적인 반면, 독일 근로자는 이미 공동 경영 제도에 의해 보호를 받고 있어 상황이 다르다. 하지만 다른 나라들보다 속도가 느리기는 해도 노동조합원의 수가 점점 줄어들고 있다는 사실을 감안할 때, 그러한 주장은 원칙보다 이기심에 따른 것이었다. 해당 법안이 2013년에 최종적으로 통과되고 2015년에 도입되기 전에 노동조합에 가입하지 않았던 10퍼센트에 달하는 독일 근로자의 시급은 9.9유로에도 미치지 못했다.

독일에서 개인적인 안락함과 사회적 안정의 의미는 단지 실소득에만 국한되지 않는다. 전통적으로 근로자들은 자신들이 일하는 기업에게 안내자이자 보호자의 역할을 기대했다. 기업은 근로자를 예측 불가능한 시장의 힘으로부터 보호하고, 보험과 사회적 모임, 소속감을 제공했다. 유럽 개혁 연구소Centre for European Reform의 크리스티안 오덴달Christian Odendahl은 이렇게 지적했다. 「사회적 시장 경제는 열심히 살아가는 시민을 위해 잘 작동하고 있습니다. 기업 울타리에서 벗어나게 될 경우에 사람들은 서비스 분야에 종사하게 되고, 거기서 그들은 2등급 근로자로 대우를 받습니다.」 여기서 2등급 근로자란 청소부나 경비원, 배달원처럼 비공식적인 계약이나 고용주의 필요에 따라 일하는 긱 경제 근로자를 의미한다. 독일인들은 자영업이나 프리랜서 근로를 위험한 방식으로 치부한다. 점점 더 많은 이들이 이러한 서비스 분야를 경시하고 있다. 물론 예외는 있다. 보험 산업은 성장세를 보이고 있다. 여론은 그리 긍정적이지 않지만, 은행 역시 전 세계적인 상황과 마찬가지로 성장하고 있다. 영국의 경우, 서비스 분야는 총생산에서 80퍼센트를 차지하며, 이는 대단히 높은 수치다. 또한 많은 이들이 서비스업을 미래의 경제로 생각하며, 기존 산업을 〈레거시legacy 산업〉이라고 말한다. 영국의 창조적인 산업은 전체 국가 경제에서 연 1천억 파운드 이상의 규모를 차지한다.[11] 독일의 경우, 엔터테인먼트가 바로 그러한 분야다. 그러나 상위 문화는 또 다르다. 예를 들어 클래식 음악가는 대단히 존경받지만, 그들의 가치는 경제적 효용이 아니라 예술적 재능에 달렸다.

독일은 혁신에 느리다. 현금이 필요 없는 결제 시스템에서 전자 행정에 이르기까지, 독일은 다양한 디지털 분야에서 뒤처져 있다. 지멘스 CEO인 케저는 내게 이렇게 말했다. 「일반적으로 우리는 현재에 주목합니다. 이러한 태도는 파괴적인 혁신에 직면해서 방어적인 환경을 조성합니다.」 우리는 실패의 사회적 오점에 대해 이야기를 나눴다. 나는 한 한국 기업가의 이야기를 꺼냈다. 아직 20대 중반이 안 된 그는 한 콘퍼런스 자리에서 다섯 번째 스타트업 기업을 설립했다고 자랑스럽게 말했다. 그전까지 모두 실패를 맛봤지만 이번에는 성공을 거뒀다. 오늘날 미국과 아시아의 이사회 회의실에서는 〈빨리 실패하라〉라는 말을 종종 쓴다. 미국인들은 지방 판사 사무실에서 파산 신청을 한 뒤 위층으로 올라가 곧바로 새 회사를 차릴 수 있다고 케저는 말했다. 그러나 독일은 그렇지 않다. 독일 DAX 지수에 상장된 기업 중 가장 젊은 기업은 소프트웨어 거물인 SAP이다. 그 기업은 1972년에 설립되었다. 이러한 사실은 왜 독일이 기술과 스타트업 문화를 받아들이는 데 그렇게 느린지 잘 설명해 준다. 세계 최대 기술 기업인 애플의 시장 가치는 DAX에 상장된 모든 기업을 합친 것과 맞먹는다.

그래도 독일은 따라잡고 있다. 2010년대 중반을 거치면서 베를린은 유럽의 모든 도시들 중 가장 높은 스타트업 비중을 기록했다. 독일에 기반을 둔 기술 기업에 대한 벤처 캐피털 투자 규모는 지난 몇 년 동안 평균 60~80퍼센트씩 증가하고 있다. 그 대부분은 베를린에 집중되고 있다. 오늘날 베를린은 유럽 최고의 인재를 놓고 런던과 경쟁을 벌이고

있다. 프랑크푸르트와 뮌헨 역시 투자자들에게 매력적인
도시로 성장하는 중이다. 특히 전자상거래와 블록체인 분
야에서 독일의 성공 스토리는 끝이 없다. 예를 들어 온라인
패션 유통 기업인 잘란도, 식품 서비스 기업인 딜리버리 히
어로, 음악 공유 서비스 기업인 사운드클라우드를 비롯해,
로켓 인터넷과 체리 벤처스 같은 엔젤 투자자를 그 사례로
꼽을 수 있다. 그중 가장 대표적으로 가격 비교 사이트인 아
이디얼로Idealo를 들 수 있다. 아이디얼로는 기술 분야에서
이렇다 할 성과가 없었던 2000년에 시작되었다. 이제 많은
이들이 독일로 몰려들고 있다. 빌 게이츠는 과학 네트워크
에 투자를 했으며, 그의 마이크로소프트 후계자인 스티브
발머는 베를린에서 스타트업 지원 프로그램을 시작했다.
독일 기업들 역시 흐름에 합류하고 있다. 한때 시대에 뒤떨
어졌던 뉴스 그룹인 슈프링어는 포르쉐와 손잡고 스타트업
지원 프로그램인 APX를 시작했다. APX 건물은 체크 포인
트 찰리*와 그리 멀지 않은 후미진 베를린 거리에 자리 잡고
있다. 그 안으로 들어서면 후드티와 티셔츠 차림의 밀레니
얼 세대와 X세대가 함께 일하는 모습을 볼 수 있다. 이들 모
두 영어를 쓰기 때문에 누가 독일인이고 누가 아닌지 구분
하기 어렵다. 스코틀랜드 출신 케이티 캠벨Katy Campbell은
매주 월요일 저녁에 여성 기업가들을 위한 프로그램을 이
끌고 있다. 그녀는 베를린을 다른 곳과 바꿀 수 없다고 말한

* 1989년까지 동서 베를린 사이에 있었던 동독 입국 검문소.

다. 다른 도시는 그녀의 안중에 없다.

베를린만의 독특한 분위기는 기술 분야에 상반된 영향을 미친다. 베를린 중심부에 자리한 구글은 뚜렷한 존재감을 드러내고 있지만, 그들은 더욱 확장하기를 원한다. 일곱 번째 캠퍼스(런던, 마드리드, 텔아비브, 바르샤바 등지에 있는 기술 기업가들의 허브) 건립을 위한 계획은 2년에 걸친 시위에 부딪혀 결국 수포로 돌아가고 말았다. 이후 구글은 크로이츠베르크에 있는 폐쇄된 변전소를 발견했다. 그곳은 완벽한 장소였다. 모질라나 위워크 같은 기업이 이미 인근에 자리하고 있었다. 그러나 구글은 실리콘밸리 공룡 기업이 그들의 공간에 침투하는 것을 거부했던 현지인들을 예상하지 못했다. 나는 마르틴 아이어러Martin Eyerer와 함께 과거 아그파 카메라 공장 지대를 거닐었다. 아이어러는 낮에는 팩토리 베를린 최고 혁신 책임자이지만, 밤에는 독일에서 유명한 DJ로 활동하고 있다. 그곳은 기업(지멘스, 아우디, 다임러)과 첨단 유행이 만나는 지점이다. 그 회의 장소에는 스쿼시 볼로 만든 침대가 놓여 있었다. 팩토리 베를린에 입주한 4천 명 중 3분의 1은 독일인이다. 나머지는 70개국으로부터 왔다. 크로이츠베르크의 토박이 히피들은 최근 유입된 힙스터들을 못마땅해 한다. 아이어러의 설명에 따르면, 그들은 지나치게 〈자본주의적〉으로 보인다. 그는 이렇게 덧붙였다. 「이곳은 1968년과 옛 동독이 만나는 지점입니다.」

그의 혼란은 충분히 이해할 만하다. 나이 많은 사람들뿐만이 아니라, 젊고 진보적인 이들 역시 변화에 저항한다. 그래도 나는 마음 한구석으로 베를린을 비롯한 다양한 도시에서 많은 지역 공동체가 스스로를 당연한 것으로 여기지 않는 태도를 존중한다. 사회적 시장, 즉 공동체에 속해 있다는 인식은 독일인들 내면에 깊숙이 뿌리를 내리고 있다.

독일은 많은 국가에 비해 평등한 편이지만, 그래도 생각만큼 평등한 나라는 아니다. 국가의 불평등 수준을 측정하는 지니 계수에서 독일은 OECD 36개국 중 대략 절반 아래에 위치하고 있다. 여기서 독일은 북유럽 국가들 바로 아래에 있지만 미국과 영국보다는 위에 있다. 프랑스보다는 살짝 위에 있다. 슈뢰더 시절에 있었던 하르츠 개혁 이후로 불평등은 높아졌다. 2019년에 『포브스』는 독일 억만장자 120명의 명단을 발표했다. 이 수치는 영국의 두 배 이상이며, 그 비중은 72만 7천 명 중 한 명꼴이다. 미국은 53만 9천 명 중 한 명이다. 1인당 소득이 독일보다 한참 아래인 아일랜드의 경우, 억만장자의 수는 여섯 명에 불과하다.[12] 최근 독일 경제 연구소(DIW)가 내놓은 보고서는 독일에서 가장 부유한 45가구의 부가 인구 절반이 차지하는 부와 맞먹는다는 놀라운 결과를 보여 주었다.[13] 미국을 비롯한 많은 국가에 포진한 슈퍼 갑부들은 『포브스』나 영국의 『선데이타임스』가 발표하는 목록을 장악하고 있다. 그들은 한 단계만 떨어져도 심한 모욕감을 느낀다. 그러나 독일의 경우는 다르다. 순위에 신경을 쓰건 안 쓰건 간에, 독일 갑부들은 대중의 눈에 띄지 않기 위해 안간힘을 쓴다.

그러한 부에서 〈옛날 돈〉은 거의 없다. 그중 상당 부분이 나치 독재와 두 번의 세계 대전으로 사라졌기 때문이다. 슈퍼 갑부 중 많은 이들은 중소기업을 운영해서 돈을 벌었다. 독일의 부자 목록에서 세 번째는 리들의 소유주 디터 슈바르츠Dieter Schwarz가 차지했다. 리들의 경쟁 기업인 알디의 소유주인 알브레히트Albrecht 가문은 5위에 이름을 올렸다. 10위는 뷔르트Würth 가문으로, 그들이 운영하는 기업은 바덴뷔르템베르크의 소도시인 퀸첼스아우에 기반을 두고 나사를 비롯한 다양한 장비를 생산한다. 이들 소유주 중 많은 이들은 기업 공개를 하지 않고 있다. 일부는 가족 신탁이나 재단을 운용한다. 그들은 여러 대의 차와 큰 집, 별장을 비롯해 많은 부를 축적하고 있지만, 공식적으로 돈을 자랑하는 법은 거의 없다. 그러한 행동은 대중에게 불쾌하게 비춰질 것이다.

독일에서 〈좋은 집〉이란 소란을 일으키지 않고, 너무 부유하거나 가난하지 않은 선하고 성실한 이웃으로 둘러싸인 멋진 가정집을 말한다. 거리도 너무 호화롭거나 초라하지 않아야 한다. 연간 1인당 평균 가구 순소득은 약 3만 유로로, OECD 평균보다 약 10퍼센트 높은 수준이다. 그러나 국내 소비는 이를 반영하지 않는다. 어디에나 있는 자동차, 실용적인 가정용 집기, 햇볕을 즐기는 여름휴가를 제외하고, 독일은 소비 지상주의 사회가 아니다. 제한적인 쇼핑 시간이 이를 말해 준다. 그들에게 중요한 것은 자원을 신중하게 아껴 쓰는 일이다. 독일의 가구는 미국과 영국 가구보다 두 배나 더 많은 돈을 저축한다. 일반적으로 독일 가구는 저축과 투자에 8,600파운드를 넣어 두고 있다. 반면 영국의 경우는 5천 파운드에 불과하다.

설문 조사에서 응답자의 절반 정도는 뭔가를 신용으로밖에 살 수 없다면 무척 당황스러울 것이라고 답했다. 이를 다른 국가들, 특히 미국이나 영국의 경우와 비교해 보자. 영국의 경우, 2019년 12월을 기준으로 총 개인 부채는 10년 사이에 1800억 파운드에서 2250억 파운드로 증가했다. 모든 성인은 평균 4,300파운드의 규모로 당좌 대월이나 개인 부채, 신용카드에 의존하고 있다.[14] 독일인에게 그것은 저주나 다름없다. 그들이 중요하게 여기는 것은 위험을 무릅쓴 자산 구매가 아니라(주택 소유는 서구권에서 가장 낮은 축에 속한다), 개인의 안전한 미래를 확실하게 만들어 나가는 것이다. 퇴직 제도는 세 가지 기둥이라 할 수 있는 의무적인 국가 연금과 기업 프로그램, 개인 플랜을 중심으로 비교적 표준화되어 있다. 독일 정부 역시 다른 나라와 마찬가지로 지나치게 많은 사회적 논란을 불러일으키지 않고서 노령 인구의 문제를 해결하기 위해 애쓰고 있다. 퇴직 연령은 점차적으로 67세에 근접하고 있으며, 혹자는 69세가 될 것으로 전망한다. 퇴직 연금에서 개인 분담금은 증가하는 반면,

최대 연금은 순 급여의 70퍼센트에서 67퍼센트로 줄어들 전망이다. 이와 관련된 결정은 상당한 숙고를 필요로 했다.

금융 위기 이후로 대중의 적대감을 촉발한 주요 원인은 임금 정체였다. 전체 급여 소득자 중 하위 절반이 가장 큰 고통을 겪었다. 근로자를 해고하지 않기로 한 의사결정 뒤에는 임금 동결에 대한 합의가 있었다. 1930년대 초에 일어난 대공황의 기억이 여전히 실직과 인플레이션에 대한 공포를 불러일으키고 있었다. 수출에 대한 집중 역시 영향을 미쳤다. 독일이 그렇게 넓은 시장을 지배할 수 있었던 한 가지 이유는 단위 노동 비용을 낮게 유지했기 때문이었다.

1993년에 첫 번째 〈타펠Tafel〉이 베를린에서 문을 열어 홈리스들에게 채소와 과일을 나눠 주었다. 테이블이라는 의미의 타펠은 독일 최초의 식량 은행이다. 타펠 설립자들은 하르츠 개혁 이후로 수요가 기하급수적으로 늘었다고 말한다. 타펠의 배급처를 통해 식량을 지원받는 이들의 절반은 연금 생활자와 아이들이다. 이를 위한 공적 기부가 꾸준히 늘고 있기는 하지만, 지원을 받는 이들의 규모가 더 빨리 증가하고 있다. 그 주요한 이유는 2015년 이민자 유입이었다. 갑작스러운 이민자 유입은 정치인들에게 이중의 도전 과제를 제시했다. 난민들이 실제로 필요로 하는 것을 공급하면서, 동시에 정치적 사안까지 해결해야 했다. 2018년 에센 지역의 식량 은행이 지역 주민들을 먼저 돌보기 위해 이민자에 대한 식량 지원을 중단했을 때, 격렬한 소동이 일었다.

메르켈까지 나서서 궁핍한 사람들을 분류하는 것은 〈좋지 않다〉고 지적했다.[15] 이에 화가 난 타펠의 대표 요헨 브륄 Jochen Brühl은 이렇게 맞받아쳤다. 〈총리의 정치적 결과 때문에 우리가 비난을 받을 수는 없다.〉 브륄은 메르켈에게 독일의 〈심각한 빈곤 문제〉와 〈믿기 힘든 저임금 분야〉, 〈불충분한 기본 복지〉, 그리고 〈허술한 이민 정책〉을 지적했다.[16]

한 달에 900유로 미만을 버는, 즉 소득이 가구 평균의 60퍼센트(국제 표준에 따라) 미만에 해당하는 이들은 독일에 약 1200만 명이 있으며, 이는 전체 인구의 15퍼센트를 약간 넘는 수치다.[17] 이는 통일 초기 시절 이후로 가장 높은 기록이다. 이들 중 많은 이들은 소위 워킹푸어에 해당한다. 사회 복지 제도는 그들의 소득을 보충해 주기는 하지만 충분한 수준은 아니다. 2015년 기준으로 300만 명에 가까운 독일의 아이와 젊은이들이 빈곤의 위험 속에서 살아가고 있으며, 이는 해당 인구의 5분의 1에 달하는 비중이다. 또한 노인의 빈곤은 실제로 잘 드러나지 않는다. 빈곤 속에서 살아가는 연금 생활자는 지난 10년 동안 33퍼센트나 증가했고, 이는 다른 집단에 비해 훨씬 더 높은 수준이다.[18]

영국의 존슨 행정부에서는 레벨링 업levelling up이라는 말이 유행했다. 투자와 생활수준에서 남부와 북부의 만성적인 격차를 해결한다는 의미다. 전후 독일 역시 지속적으로 레벨링 업을 해왔다. 그들은 중심과 지역 사이뿐만 아니라 지역들 간의 평등을 강화하기 위해 투자해 왔다. 나아가 통일은 평등의 문제를 연대세와 함께 완전히 다른 국면으로 몰고 갔다. 하지만 독일 정부의 노력에도 불구하고, 지역 간 불평등은 오히려 더 심화되고 있다. 비단 동과 서 사이에서만 나타나는 것도 아니다. 지난 10년에 걸쳐 95개 지역 중 35곳에서 빈곤 수준이 완화되었고, 여기에는 동부의 많은 지역도 포함되었다. 그러나 전체 지역 중 4분의 1에서는 같은 기간에 빈곤 수준이 20퍼센트 이상 증가했다.[19]

가장 작은 주인 브레멘주의 북부 도시인 브레멘은 22퍼센트로 가장 높은 빈곤율을 보이고 있다. 조선소들이 문을 닫고, 지역 내에서 새로운 일자리 공급이 지속적으로 이뤄지지 않았기 때문이다. 구동독의 주들을 제외하고, 빈곤율이 높은 또 다른 곳으로는 함부르크(몇몇 부유한 지역도 있다)와 북부의 슐레스비히홀슈타인, 북서부 지역이 있다. 중심에 위치한 헤센주는 비교적 부유한 지역에서 빈곤한 지역으로 추락했다. 독일에서 가장 인구 밀도가 높은 노르트라인베스트팔렌주는 문제가 가장 심각하다. 그 이유를 이해하기란 어렵지 않다. 이 장의 서두에서 소개했던 뮌헨글라트바흐 지역의 세 기업과 관련해 놀라운 점은 그들이 가난하고 전반적으로 중소기업을 찾아보기 힘든 지역에서 아주 잘 해나가고 있다는 사실이다. 과거에는 도르트문트, 보훔, 겔젠키르헨 등의 도시가 화학과 철강, 석탄 생산에 기반을 두고서 독일 산업의 중심에 있었다. 에센은 19세기 산업가와 철강 및 무기 생산자, 특히 알프레트 크루프Alfred Krupp

의 자랑스러운 고향이었다.

루르 지방은 연합군 폭격의 주요 표적이었다. 미국 재무 장관 헨리 모건소는 루스벨트에게 보내는 서한에서 이렇게 썼다. 〈이곳은 독일 산업 역량의 핵심이 자리 잡은 지역입니다. 이곳의 기존 산업을 모두 해체해서는 안 될 뿐만 아니라, 장래에 다시 한번 산업 지역으로 거듭날 수 없도록 무력화하거나 통제해서도 안 될 것입니다.〉[20] 그럼에도 불구하고 루르 지방은 수차례 폭격으로 큰 피해를 입었다. 건물의 5분의 2가 파괴되거나 심각한 손상을 입었다. 살아남은 주민들 중 많은 이는 다른 지역으로 이주했다. 전쟁 이후 〈라인강의 기적〉에도 불구하고 루르 지방의 도시들은 산업 후기의 빈곤과 도덕적 해이라는 전형적인 전철을 밟았다. 인구는 줄었고 실업률은 국가 평균의 두 배였다. 많은 지역이 접근 금지 구역이 되었다. 시의회들은 일반적인 해법을 적용했다. 기술 공단과 대규모 유통 아울렛을 짓거나, 새로운 연방 기관을 유치하기 위해 입찰을 추진했다. 이러한 계획 중 일부는 효과가 있었지만, 대부분은 그렇지 못했다.

반면 프랑크푸르트는 다른 도전 과제에 직면했다. 독일 금융의 중심지인 그 도시는 브렉시트 이후로 세계적인 은행을 끌어들이기 위해 최선을 다하고 있다. 그들은 화려한 마케팅을 펼치면서 그 도시의 비즈니스적·사회적·문화적 삶의 다양한 혜택을 강조하고 있다. 프랑크푸르트는 이제 조금씩 활기를 띠고 있다(비록 처음의 기준이 낮기는 했지만). 이 새로운 옛날 도시(누군가는 이 모순어법을 이해할 것이다)는 더욱 매력적으로 변해 가고 있다. 프랑크푸르트 공항은 사람들을 세상 어디에라도 데려다준다. 국제 학교의 수준은 높고, 주택 보급률은 넉넉하다. 시골 지역도 쉽게 이동할 수 있다.

그런데 한 가지 문제가 있다. 세계를 무대로, 혹은 국내에서 활동하는 독일 은행들의 상태가 엉망이다. 허술한 경영과 대출 결정, 낮은 기술 투자, 관료주의의 조합은 프랑크푸르트가 세계적인 금융 센터가 위치한 런던과 뉴욕을 오랫동안 넘보지 못하도록 가로막았다. 독일 은행들은 모든 측면에서 열악한 것으로 드러났다. 도이체 방크는 독일의 최고 은행으로 인정받고 있음에도 지난 10년 동안 국가적 골칫거리였다. 그들이 평판을 잃어버린 것은 전 세계 다른 은행의 경우와 비슷했지만, 그럼에도 오만과 무모함, 무능함이 독일의 방식이 되어서는 안 되었다. 1980년대 그들이 월스트리트 사기꾼들과 경쟁하기로 결심했을 때, 부패는 이미 시작되었다. 그 출발점은 귀족 가문에 뿌리를 둔 영국 상업 은행인 모건 그렌펠Morgan Grenfell의 인수였다. 이후 도이체 방크는 유럽 시장으로 진출했고, 마드리드 은행을 사들였다. 1999년에는 뉴욕에 기반을 둔 뱅커스 트러스트까지 덥석 물었다. 다음 수순은 뉴욕 주식 거래소에 상장하는 것이었다. 다음으로 도이체 방크는 다른 은행들 모두가 했던 일을 했고, 결국 서브프라임 모기지 사태에 휘말렸다. 그들은 시장이 무너지는 동안에도 모기지 기반의 악성 투자 상품을 계속해서 판매했다. 점점 더 가치가 떨어지는 상품에 거꾸로 도박을 했던 것이다.

잘못을 저지른 이들에 대한 수사망이 점점 좁혀 올 때, 도이체 방크는 사과하고 교훈을 배우는 것이 아니라, 내부 고발자를 위협하는 식으로 대응했다. 내부 수사 결과, 은행에 위협이 된다고 판단했던 인물을 염탐하기 위해 사설 탐정까지 고용했던 것으로 드러났다. 염탐 대상에는 주주와 기자뿐만 아니라 공적 인물까지 포함되었다. 2008년 도이체 방크는 50년 만에 처음으로 40억 유로 규모의 적자를 기록했다. 도이체 방크 최고경영자인 스위스인 요제프 아커만 Josef Ackermann은 절제된 표현과 책임 전가를 교묘하게 섞어서 이렇게 말했다. 「모두가 그러했듯이 우리도 실수를 저질렀습니다.」[21] 그는 물러났지만, 이미 10년 동안 조직을 이끈 후였다. 문제는 산더미처럼 쌓여 있었다. 2016년 도이체 방크는 국제 금융 시장의 기준 금리를 조작했다는 이유로 미국과 영국 규제 기관으로부터 20억 유로에 달하는 기록적인 벌금을 부과받았다. 이듬해, 러시아의 돈세탁을 막지 못했다는 이유로 또다시 5억 유로의 벌금을 맞았다. 2019년에 미국 하원은 도이체 방크를 소환해서 트럼프와의 거래와 관련된 문서를 제출하도록 했다. 도이체 방크는 트럼프에게 가장 많은 돈을 빌려준 은행 중 한 곳이었으며, 미국 은행들이 돈을 빌려주기를 거부한 이후로도 그 부동산 거물의 곁을 떠나지 않았다.

　한때 사회적 존경을 받았던 150년 역사의 도이체 방크는 매출 하락과 기술 노후화, 인재 유출, 무거운 벌금의 소용돌이 속으로 빨려들었다. 그래도 정부 승인을 등에 업고 코메르츠방크를 인수할 계획을 세웠다. 이는 하나의 바구니가 다른 바구니와 합쳐지는 경우였다. 하지만 도이체 방크는 합병이 두 은행 모두에 도움이 되지 않는다는 사실을 깨달았다. 그래서 합병 대신에 일련의 비용 절감 방안을 실행에 옮기면서, 전 세계 직원의 5분의 1 이상을 해고하고 투자 사업부를 축소했다. 도이체 방크와 코메르츠방크의 주가는 모두 절반이 되었고, 외부 투자자들에게는 잠재적으로 매력적인 먹잇감으로 보였다.

　문제에 빠진 것은 단지 다국적 기업인 도이체 방크만이 아니었다. 독일은 〈란데스방켄Landesbanken〉이라는 지역 은행 시스템에 큰 자부심을 갖고 있었다. 그러나 그들 역시 탐욕에 휩쓸려 결국 쓰레기로 드러난 것에 투자하고 말았다. 이들 은행의 역할은 지역 기업에 안정적으로 자본을 공급하는 일이었다. 많은 서민이 이 은행에 저축했다. 어느 누구도 그런 은행이 채무 불이행 상태에 빠지리라고는 상상하지 못했다. 그 은행들을 구하기 위해서 지방 정부가 나서서 구제 금융을 제공해야 했다. 그 과정에서 일부는 무너지고 다른 일부는 합병되거나 민영화되었다. 마이너스 이자율에 신용이 위축되고, 신중함이 다시 그 분야를 지배하면서 독일 은행들 대부분이 글로벌 게임에서 빠져나왔다. 이러한 은행 문제와 거의 무관하게 전반적으로 건강하고 유동성 높은 경제가 받쳐 줄 수 있었던 것은 독일 경제에는 그나마 다행스러운 일이었다.

또 다른 구조적 약점이 독일 경제와 국민의 생활수준에 영향을 미치고 있다. 대표적으로 독일의 사회 기반 시설이 삐걱거리고 있다. 문제는 분명하게 모습을 드러내고 있다. 노후화된 학교 건물, 허물어지는 다리(간선 도로와 고속도로에 연결된 4만 개의 다리가 여덟 개 중 한 개꼴로 기준 미달 상태인 것으로 드러났다), 불안정한 인터넷, 예산 부족을 겪고 있는 군대. 그다음으로 열차가 있다. 독일 열차는 절대 시간을 지키지 않는다. 나는 이것만큼은 분명하게 말할 수 있다. 독일에서 열차를 탈 때, 일곱 번 중 여섯 번은 20분, 혹은 그 이상 연착을 했다. 더 나쁘게도, 다른 승객들은 그저 어깨를 으쓱할 뿐 별다른 반응을 보이지 않았다. 시간 엄수에 대해 내가 초조한 마음으로 물으면, 대부분 이렇게 대답했다. 「항상 있는 일이죠.」 열차가 연착하는 이유는 주로 과적과 복잡한 네트워크다. 열차 서비스 규모는 지난 20년 동안 4분의 1이나 증가했지만 도시 간, 지역 내, 그리고 화물 운송 서비스는 기존 철도를 기반으로 이뤄지고 있다. 독일인들은 프랑스의 테제베를 부러운 눈으로 바라본다. 사람들의 설명에 따르면, 스페인 또한 고속 철도를 운행하고 있다. 철도 산업과 승객들은 서비스 산업이 열악한 나라에서나 하는 일을 하고 있다. 다시 말해 혹시 발생할지 모르는 지연 사태를 미리 감안해 일정을 짠다. 그러나 이는 결코 효과적인 방식이 아니며, 시간 엄수에 대한 독일의 집착과도 거리가 멀다. 그래도 객실 자체는 편안하기는 하다.

어느 나라에나 엄청난 예산을 쏟아붓고도 실패로 끝난 〈거대 프로젝트〉의 역사가 있다. 영국은 웸블리 스타디움에서 고속철 HS2, 더 돔, 크로스레일에 이르기까지 거대 프로젝트의 방대한 목록을 보유하고 있다. 스페인에는 지어 놓고 아무도 살지 않는 유령 마을들이 있다. 프랑스는 낭트 외곽에 거대 규모의 공항을 계획했지만 결국 완성하지 못했다. 독일은? 한 프로젝트는 너무도 악명이 높아서 보드게임의 소재로 쓰이고 있다. 「미친 공항 게임」의 목적은 최대한 많은 돈을 낭비하는 것이다. 이 게임에 참여한 사람은 〈아주 짧은 에스컬레이터를 만들어라〉와 같은 지시가 적힌 카드를 집어 든다. 여기서 카드에 적힌 각각의 사례는 모두 실제로 일어났던 일에 기반을 두고 있다.

그 이야기는 대단히 간단하다. 동서로 분할된 베를린에는 두 개의 공항이 있었다. 둘 다 전후에 세워진 것으로, 서쪽에 있는 테겔과 동쪽에 있는 쇠네펠트 공항은 둘 다 엄청나게 낡았다. 두 공항 모두 대형 여객기를 수용하지 못했다. 대륙을 잇는 주요 허브는 프랑크푸르트 공항이며, 두 번째로는 뮌헨 공항이다. 테겔 공항은 너무 작고 복잡해서 독일 정부는 공식 항공기를 쾰른 본 공항에 두었다가 필요할 때마다 가지고 와야 했다. 베를린에 건설 붐이 일었던 2006년에 중앙 정부와 지방 정부는 쇠네펠트 인근 동남쪽 지역을 새로운 공항 부지로 결정했다. 새 공항의 이름은 빌리 브란트 베를린-브란덴부르크 공항(줄여서 BER)으로 지어졌다. 새 공항은 2012년에 완공되었다. 화려한 개막식에 많은 인사가 참석했고, 메르켈 총리가 기조연설을 했다. 그런데 갑자기 공항 건물의 화재 안전을 책임지는 관리자가 행사 중단을 요청했다. 그는 연기 감지기와 자동 방화벽 시스템이 작동하지 않는다는 사실을 발견했다. 혼란 속에서 가동은 결국 연기되었다. 새로운 경영진이 투입되었다. 그들은 엄청나게 많은 결함을 발견했다. 가령 허술하게 설치된 케이블 네트워크는 모두 철거 대상이었다.

몇 년 사이에 BER은 웃음거리가 되었다. 그 공항은 멈춰서지 않기 위해 계속 달려야 하는 〈포템킨 도시〉*가 되었다. 공항 내 열차 정거장은 하루에 한 번 유령 열차를 운행한다. 공항 호텔에서는 당직 사원이 방 안 먼지를 털고, 수도 시설이 고장 나지 않도록 수도꼭지를 틀어놓는다. 수하물 컨베이어벨트는 매일 교체된다. 알림판은 켜졌다 꺼지기를 반복하고, 화면에 출발과 도착을 알리는 항공기 편을 보여 주

---

* 포템킨 빌리지의 비유적인 표현. 포템킨 빌리지는 러시아의 궁정 대신 그레고리 포템킨이 예카테리나 2세의 크림 반도 방문 당시 주변의 누추한 풍경을 감추려고 아름다운 마을 풍경을 그린 나무판을 강변에 세워놓고 눈속임을 했다는 일화에서 나온 표현이다.

지만, 그 정보조차 다른 도시의 공항에서 가져온 것이다. 새로운 출발일이 설정되었다가 그냥 폐기되었다. 브란트 가문은 너무도 화가 나서 자신들의 이름을 빼달라고 요청했다. 이처럼 거대한 실패의 원인을 둘러싸고 많은 논의가 이어졌다. 혼란의 대부분은 관리 체계가 여러 층으로 나뉘어 있었기 때문인 것으로 파악되었다. 실질적으로 일을 처리할 권한은 어느 누구에게도 없었다.

다음으로 새로운 기차역과 유럽의 주요 철도 허브 구축을 위한 프로젝트인 슈투트가르트21이 있다. 그 이름이 말해 주듯이 이는 21세기를 새롭게 맞이하는 프로젝트였다. 원래 계획은 1994년에 수립되었지만 실제 공사가 시작되기까지는 15년이 걸렸다. 기차역이 도심 지하로 들어가는 이번 프로젝트는 예전에 비해 훨씬 더 야심찬 것이었다. 공사의 핵심은 땅을 파서 40개 기둥이 떠받치는 새로운 기반 위에 1만 5천 톤에 달하는 7층짜리 건물을 얹는 것이었다. 주변 산을 파서 60킬로미터에 달하는 터널도 뚫어야 했다. 그러나 지역 주민들은 보다 작은 규모의 공사를 원했고, 기존 역사의 북쪽 부분을 철거하는 것에 반대하는 시위를 법원과 길거리에서 벌였다. 논란을 해결하기 위해서 결국 국민투표가 필요했다. 이 프로젝트는 2024년 이후에야 완성될 예정이다. 그동안 이 지역은 시끄럽고 엉망인 채로 남아 있을 것이다.

이들은 아마도 가장 악명 높은 두 가지 실패 또는 연기의 사례일 것이다. 하지만 독일에는 성공적인 재건 스토리도 있다. 인상적인 문화 구역 뮤지엄 마일과 더불어 본을 문화 중심지로 새롭게 브랜딩한 시도는 그 공사가 통일 이후 정부 청사를 옮기기 전에 시작되었다는 사실을 감안할 때, 국가와 시 정부의 현명한 선택이었다. 도로와 철도 시스템은 동부 전역의 여러 도시를 중심으로 크게 바뀌었다.

그중에서도 가장 인상적인 사례는 아마도 함부르크일 것이다. 항만 시설과 함께 완전히 새로운 도시가 모습을 드러냈다. 하펜시티HafenCity는 유럽의 최대 도시 내부 개발 사례로, 남쪽에 들어선 거대한 항만 구역과 더불어 슈파이허슈타트Speicherstadt라는 세계 최대의 창고 단지가 들어서 있다. 이곳의 건물은 모두 나무 말뚝으로 만든 기반 위에 세워져 있다. 이 지역의 랜드마크는 엘베 필하모니의 화려한 새 콘서트홀이다. 이 건물은 엘피Elphi라는 애칭으로 더 잘 알려져 있다. 주변에는 아직 크레인이 많이 보이지만, 모든 공사는 두 가지 엄격한 조건을 지켜야 한다. 홍수 보호 시설을 갖추는 것과 공공 주택을 공급하는 것이다. 독일에서 두 번째로 큰 도시인 함부르크가 매우 살기 좋은 곳이라는 사실은 공사 기간에 걸쳐 도시 설계자들에게 입증되었다. 참고로 과거 함부르크의 3분의 1은 1842년에 화재로 불에 탔고, 이후 전쟁 때 연합군의 폭격을 받아 도시 전체가 완전히 파괴되었다.

한때 세상의 부러움을 샀던 기반 시설은 이제 그렇지 않다. 일부 문제는 부실한 관리 탓으로, 다른 일부는 예산 지출을 거부한 중앙 정부 탓으로 돌릴 수 있다. 그러나 많은 이들은 문제의 원인으로 소위 〈슈바르체 눌schwarze Null〉(블랙 제로)을 꼽는다. 이는 재정적 정당성을 보장하기 위한 음침한 법률 용어다. 그 이야기는 2000년대로 거슬러 올라간다. 당시 독일은 높은 실업률과 부실한 공적 금융으로 힘든 시기를 보내고 있었다. 2008년 금융 위기 직후, 독일 정부는 16개 주에 대해 예산 적자를 운영하는 것을 금지하고 연방 정부의 구조적 적자를 GDP의 0.35퍼센트로 제한하는, 균형 재정에 기반을 둔 법안을 통과시켰다. 덕분에 2014년 이후로 독일 정부는 재정 균형을 맞춰 나가고 있다. 2018년의 경우, 재무부는 540억 유로 흑자를 기록했다.[22]

소수의 국가만이 체계적으로 도입했던 재정적 구속 장치인 부채 제동debt brake은 메르켈 행정부 시절에 보기 드문 보수적인 정책 중 하나였다. 이에 따라 지방 정부는 독일식 긴축 재정 프로그램을 받아들여야 했다. 여기서 가장 의아한 점은 대연정에서 메르켈의 파트너인 사회민주당이 그 정책을 승인했다는 것이다. 사회민주당은 하르츠 복지 개혁과 거리를 두기 위해 필사적으로 애를 썼던 정당이기도 하다. 이후 경제 발전이 둔화되면서 정책 방향을 수정해야 한다는 목소리가 높아졌다. 그러나 메르켈은 그럴 생각이 없었다. 속담에도 있듯이, 슈바벤 주부는 분수에 맞지 않는 지출을 하지 않는다. 메르켈은 점점 줄어드는 젊은 층이 〈증가하는 부채 부담을 짊어질 수 없다)[23]고 주장했다. 그러나 권력이 약화되면서 외부 압력이 거세졌다. 사회민주당의 재무장관 올라프 숄츠Olaf Scholz는 공공 서비스와 기반 시설에 돈을 제대로 지출하지 못하는 소도시들이 부채를 연방 정부에 떠넘기도록 허용함으로써 이들을 위한 자원을 더 확보하고 싶다는 뜻을 분명히 밝혔다. 지출이 아닌 절약의 주문(呪文)이 깨지려 하고 있었다.

이와 같은 문제를 두루 살펴볼 때, 우리는 독일이 추락을 향해 달려가는 것은 아닌지 의문을 갖게 된다. 물론 지속적으로 높은 성장의 세월은 분명히 끝났다. 독일이 경기 침체에 빠질 때마다 다른 나라들은 기뻐한다. 이번에도 예외가 아니다. 비판자들은 독일의 경제 모델이 고장 났다고 주장한다. 아니다. 그렇지 않다. 하지만 변화가 필요하기는 하다. 2019년 세계 경제 포럼이 내놓은 글로벌 경쟁력 보고서에서 독일은 네 단계나 하락한 7위를 차지했다(싱가포르가 미국을 제치고 1위에 올랐다. 유럽연합에서 가장 높은 국가는 네덜란드로서 4위를 했다. 영국은 9위였다). 지난 40년 동안 꾸준히 발표된 이 연례 보고서는 경제 안정과 의료, 사회 기반 시설, 혁신, 기술 등 열두 개 항목을 기준으로 성과를 측정한다. 분명하게도 독일은 기술 분야에서 더 좋은 성적을 기록해야 한다. 양자 컴퓨터와 인공지능 분야에서 독일의 발전 속도는 상당히 느리다. 그리고 금융 산업을 정리해야 한다. 올바른 형태의 위험은 장려할 필요가 있다. 즉 독일은 무모한 은행가가 아니라 디지털 혁신가를 지원해야 한다. 또한 중국과의 무역과, 트럼프와 중국 사이의 무역 전쟁이라는 험난한 파도를 헤치고 나아가야 한다. 다음으로 국내 소비와 사회 간접 자본을 위한 지출을 늘려야 한다. 더 중요하게, 미래의 흐름과 기술을 따라잡기 위해 기업 경영자와 노동조합에 경각심을 불어넣어야 한다. 독일 경제 연구소(DIW) 소장 마르셀 프라츠셔Marcel Fratzscher는 이렇게 주장했다. 〈앞으로 20년 동안 우리에게 필요한 것은 안정이 아니다. 지난 150년 동안 성공했다고 해서 지금도 먹힐 것이라고 장담할 수는 없다.〉

분명하게도 안정 그 자체만으로는 충분하지 않다. 하지만 그렇다고 해서 나쁜 출발점은 아니다. 독일은 내재적 탄력성을 바탕으로 앞으로 다가올 힘든 시기를 헤쳐 나갈 것이다. 연구·개발에 대한 지출은 비교 가능한 다른 국가보다 수십 년 동안 훨씬 더 높았다. 비록 굴곡은 있었으나 생산성도 여전히 높은 수준을 유지하고 있다. 독일인은 지나치게 복잡한 경향이 있다. 그들은 너무 깊게 고민하고 변화를 빨리 받아들이지 않는다. 그래도 독일은 산업 기반과 현금 보유고, 고숙련 노동력을 기반으로 흐름을 따라잡을 것이다. 나아가 지금은 뒤처져 있는 분야에서도 언젠가는 경쟁자들을 따라잡을 것이다. 독일의 인구 통계는 양방향으로 작동할 것이다. 고령화는 노동력에서 지속적인 생산성 증가와 지출 증가를 필요로 할 것이다. 다음 세대의 근로자는 선택지가 넓다는 점에서 유리한 상황을 맞이할 것이다. 경제적 차원에서는 해외 근로자를 통해 노동 시장의 부족분을 메워야 한다. 그러나 그러한 접근 방식은 분명하게도 정치적으로 위험하다.

영국 총리를 지낸 고든 브라운의 수석 자문 중 한 사람인 스튜어트 우드Stewart Wood는 2014년에 다음과 같은 비교 분석을 내놓았다.

우리는 독일의 경제를 베끼거나 기반이 되는 문화를 이식해 올 수는 없다. 하지만 임금과 기술 수준이 높은 성공적인 현대의 경제를 뒷받침하는 제도와 정책으로부터 많은 것을 배울 수 있다. 독일 경제와 관련해서 깊은 영감을 주는 대목은 독일이 추구했던 정책이 아니라, 그 경제가 기반을 두고 있는 가치의 공유다. 독일은 자유 시장 경제에 집중하면서도 체계적이고 책임을 지는 자본주의를 추구하고 있다. 독일의 〈사회적 시장〉은 널리 받아들여진 규칙과 관행에 기반을 두고 있다. 장기주의를 격려하고, 작업장에서 분쟁보다 협력을 강조하고, 근로자의 기술과 생산성에 투자하는 기업에 혜택을 제공하고, 번영을 이끌어 가기 위해 노력하는 것. 이 모두는 특정한 지역이 아닌 모든 지역의 독일인들에게 열려 있다.[24]

이 말에 전적으로 동감한다. 독일은 앵글로색슨 세상에서 유행이 되기 오래전부터 경제 성장과 사회적 포용을 동시에 추구했다. 독일은 규제받지 않는 자유 시장과 대처 정책의 과잉에 의존하지 않고서 부를 창출했다. 지역적 불균형이 해소되지 않았을 때 다른 나라들이 달성하지 못한 많은 목표를 오래전에 실현했다. 또한 통일 이후로 최고 수준의 고용률과 급증하는 세수와 더불어 반세기에 걸쳐 가장 긴 성장을 이어 왔다. 2014년 이후로 독일 정부는 지출을 늘리고 완전 고용에 가까운 상태를 유지하면서도 재정 흑자를 이어 오고 있으며, 부채의 상당 부분을 상환했다. 모든 우려에도 불구하고 독일은 경쟁자들을 계속해서 앞지르고 있다. 그리고 금융 위기를 비교적 쉽게 극복했다(지출을 줄이기보다 투자를 늘림으로써). 독일은 하나의 나라를 흡수했으며, 세계에서 가장 궁핍한 100만 명의 인구를 받아들였다. 기술적 기반과 장기주의, 교육과 견습에서 기술에 대한 강조, 업무를 통한 교육에서 경쟁력이 입증되었다는 점에서 독일은 변화와 혁신에 적응할 수 있다는 사실을 세상에 이미 보여 주었다. 샤덴프로이데schadenfreude(남의 불행에서 느끼는 행복)는 아마도 오래가지 못할 것이다.

6장 개는 개를 먹지 않는다
: 함께 뭉치는 사회

독일의 아카데미 프랑세즈라 할 수 있는 독일어 협회 Association of German Language는 지난 30년 동안 해마다 올해의 단어를 선정해 왔다. 1991년에 이 협회는 〈베서베시 Besserwessi〉(잘난 체하는 서독인)를 올해의 단어로 선정했다. 1998년에는 〈로트-그륀Rot-Grün〉(적-녹색, 녹색당을 포함시킨 첫 번째 연정의 색상)을, 2003년에는 〈다스 알테 유로파das alte Europa〉(구유럽, 조지 W. 부시가 이라크 참전을 거부한 유럽 나라들을 일컫기 위해 사용한 표현)를 꼽았다. 2007년에는 〈기후 재앙Klimakatastrophe〉을 선정했다(기후 재앙에 관한 이야기를 이처럼 일찍 꺼낸 나라가 있을까). 1982년에 올해의 단어는 〈팔꿈치 사회Ellbogengesellschaft〉였는데, 이는 은유적으로 말해서 〈개가 개를 먹는다(무자비한 경쟁)〉는 뜻이다. 1980년대는 월 스트리트와 고든 게코*, 그리고 탐욕이 추앙받던 시대였다. 미국과 영국에서는 자유

* 영화 「월 스트리트」에 등장했던 기업 사냥꾼.

시장 신봉자들이 담론을 지배했고, 오만으로 가득한 그들은 자신의 믿음을 전 세계에 퍼뜨리고자 했다. 독일은 유혹과 함께 두려움을 느꼈다. 부와 재화를 창조하는 하나의 원칙으로서 자본주의는 의심의 여지가 없었다. 그러나 독일 사회는 〈어떻게〉에 주목했다. 사회는 어떤 역할을 하는가? 사회적 시장의 창조자인 독일인들은 지나치게 온건하다는 말을 들었다. 이제는 용기를 내어 위험을 무릅쓰고, 가난하고 무능한 이들에 대한 걱정을 멈춰야 할 때였다. 달걀을 깨뜨리지 않고서는 오믈렛을 만들 수 없는 법이다.

그러나 독일인들은 그렇게 생각하지 않았다. 물론 자신들의 방식이 때로는 어리석게 보인다는 사실을 알고 있다. 독일에서 살아가는 동안, 나는 느려터진 변화의 속도에 종종 실망하곤 했었다. 나는 내가 생각했던 것보다도 더 대처의 자식이었던 셈이다. 오늘날 미국과 영국에서는 모두 공동체를 부활시키고, 지역 불균형을 해소하고, 기본 소득을 실시하고, 근로 시간을 단축하는 것에 대해 이야기한다. 그러나 독일인들은 가장 먼저 그러한 논의를 시작했다. 혹은 적어도 그들만의 입장을 고수해 왔다. 미국과 프랑스, 영국의 경우에 지역 간 불평등은 의식적인 무시, 즉 중공업의 몰락으로 황폐화된 공동체를 외면한 결과물이었지만, 독일에서 그러한 문제의 상당 부분(비록 전부는 아니라고 해도)은 통일로부터, 그리고 시들어 가는 동독 경제를 물려받는 것으로부터 비롯되었다.

소비는 주요한 여가 활동이 아니다. 독일의 지도자들은 영국 정치인 고든 브라운이 총리 시절에 말했던 것처럼 소비가 애국적 의무라고 말하지 않을 것이다. 독일인들은 필요할 때에만 물건을 산다. 독일의 쇼핑 제한법은 1956년으로 거슬러 올라간다. 그 법에 따르면, 매장은 평일에는 오후 6시 30분에, 토요일에는 오후 2시에 문을 닫아야 했다. 1980년대에 내가 본에서 그러한 상황을 실제로 맞닥뜨렸을 때 당혹감을 감출 수 없었다. 그 도시는 내 어린 시절을 떠올리게 했다. 어두컴컴한 겨울의 일요일 오후에 상점들이 모두 문을 닫고 길거리에 아무도 보이지 않았던 시절을 말이다. 토요일에도 상점들은 점심 직후에 문을 닫았다. 직장인들이 쇼핑할 수 있는 유일한 시간인 평일 저녁도 별반 다르지 않았다. 그래서 나는 종종 술집에서 울적한 마음을 달래곤 했었다. 최근에 다시 본을 찾았을 때, 그 도시가 조금은 더 역동적으로 바뀌었다는 사실을 발견하고 기뻤다. 1990년대에 정부 부처가 빠져나가면서 문화 구역인 뮤지엄 마일이 들어섰다. 그 프로젝트는 베를린 장벽이 무너지기 직전에 승인을 받았다. 당시 사람들은 그 상태가 한동안 유지될 것으로 예상했다. 물론 여전히 너무 조용하기는 했다.

1990년대부터 점진적인 개혁이 이어지면서 그 법은 어느 정도 완화되었다. 그래도 늦은 저녁 시간에 쇼핑을 하는 것은 일반적인 모습이 아니었다. 슈퍼마켓은 손님이 없을 때 일찍 문을 닫을 수 있었다. 일요일은 변한 게 없었다. 물론 항상 그랬던 것은 아니다. 시인이자 소설가, 셰익스피어 번역가이며 때로 여행 작가로 활동했던 테오도어 폰타네 Theodor Fontane는 그와 동시대를 살았던 하인리히 하이네 Heinrich Heine와 1850년대 영국을 그리 마음에 들어 하지 않았다. 거기서 느낀 많은 실망 가운데 최악은 안식일이었다. 〈위대한 폭군은 모두 죽었다. 영국에서는 오직 하나만이 살아남았다. 그것은 영국의 일요일이다.〉[1]

내가 살아가면서 만난 사람들 대부분 일요일의 신성함을 거역하는 것에 동의하지 않았고, 그러한 주장을 하는 데 굳이 종교적인 이유까지 들먹이지도 않았다. 대신에 그들은 삶의 질과 가족, 공동체에 관해 이야기했다. 다시 한번, 다른 이들이 변하는 동안 독일인들은 제자리에 머물러 있었다. 로버트 퍼트넘은 새천년 즈음에 출간된 중요한 저서인 『나 홀로 볼링』에서 공동체에 대한 소속감 없이 살아가고, 이를 피상적인 화려함의 매력으로 대체하고자 했던 미국과 같은 사회 속에 잠재된 불만을 드러내 보였다.

독일은 원자화된 사회 현상에 면역되지는 않았지만, 퍼트넘의 표현을 빌리자면 사회적 자본(비록 측정하기는 힘들다고 하더라도)이 다른 나라들만큼 빠른 속도로 줄어들지는 않았다는 사실을 보여 주는 뚜렷한 증거가 있다. 사회적 자본은 언제나 독일 정부의 의제에서 중심을 차지해 왔다. 어떤 다른 나라의 내무 장관이 공식 문서에서 사회적 결속을 최고의 우선순위로 꼽는단 말인가?

사회가 제대로 기능하자면 개인의 책임과 사회적 참여를 근간으로 하는 인간의 존엄성, 자유, 민주주의, 국민의 주권과 같은 가치를 공유해야 한다. 그렇기 때문에 내무부는 시민의 교육과 사회적 참여를 강조하는 것이다. 예를 들어 시골이나 낙후된 지역에 대한 참여를 통해 사회적 결속을 다지기 위한 프로그램은 다양한 조직과 단체를 장기적으로 지원함으로써 활기차고 민주적인 공동체를 강화한다.[2]

〈페라인Verein〉이라고 하는 사교 클럽은 지금도 독일인들의 일상생활에서 중요한 부분을 차지한다. 모든 도시에는 크고 작은 사교 클럽이 수십 개 있다. 부모들은 음악이나 핸드볼, 혹은 축제 준비를 위해 자녀를 여러 다양한 클럽에 보낸다. 다른 나라에서 이미 유행하는 북클럽은 물론, 견주, 싱글, 흡연자, 우표 수집가를 위한 클럽도 있다. 등록 요건을 충족하려면 적어도 일곱 명이 회원으로 가입해야 한다(이사회 구성을 위해). 그리고 규칙과 목적이 있어야 한다(가령 〈일요일에 산행을 하는 즐거움을 만끽하기 위해〉). 최근 이러한 사교 클럽은 크게 유행하고 있다. 1960년에는 8만 6천 개(서독 지역은 물론 동독까지 포함해서)가 있었으나 2016년에는 40만 개를 넘어섰다. 독일인 두 명 중 한 명(전체 인구의 44퍼센트)은 하나 이상의 클럽에 가입해 있다고 한다.[3]

다음으로 당연히 축구가 있다. 어느 추운 1월의 주중 저녁에 나는 안드레아스 파니차데Andreas Fanizadeh와 함께 그가 이끄는 축구 클럽인 블라우 바이스 베롤리나가 훈련하는 모습을 지켜보았다. 『타즈Taz』신문의 문화부 기자인 파니차데는 17세 이하 팀원들을 대상으로 일주일에 두 번 훈련을 시키고 있다. 주말에는 시합에도 참여한다. 이들 청소년 중 일부는 가난한 가정에서 자랐고, 다른 일부는 부유한 가정 출신이다. 멕시코 푸에블라 출신도 한 명 있고, 아프가니스탄 이민자도 한 명 있었다. 그들의 인조 잔디 구장은 베를린의 우아한 예술 구역인 쇼이넨 지구의 중심부에 있다. 구장의 한쪽에는 새롭게 들어선 고급 갤러리와 아파트 구역이 있고, 다른 쪽에는 전통적인 형태의 주택과 레스토랑이 자리하고 있다. 원래 그곳은 접근이 불가능한 장소였다. 폭탄이 떨어진 장소였기 때문에 동베를린 시의회는 그 지역의 재개발을 허락하지 않았다. 이후 통일된 베를린 당국역시 정책을 그대로 이어 나갔다. 개발을 통해 막대한 수익을 얻을 수 있음에도 개발 제안을 모두 거부했다. 재정이 부족한 얼마나 많은 다른 도시가 그런 선택을 할 수 있을까? 얼마나 많은 스포츠 구장이 다른 곳으로 팔렸을까? 어머니가 오스트리아인이고 아버지가 이란인인 파니차데는 그의 직장인 신문사가 그러하듯이 자신이 맡은 역할을 매우 진지하게 생각했다. 그는 자신의 역할을 한편으로 스포츠에 관한 것으로, 다른 한편으로 사회적인 것으로 바라봤다. 파니차데는 이렇게 말했다. 「제 목표는 소년들을 하나로 뭉치는 것입니다. 여기서는 누구도 집안 이야기를 하지 않습니다. 정치 이야기도 안 하고요.」 나는 그에게 다른 팀 트레이너, 특히 보다 거친 이웃 지역에서 온 트레이너도 그런지 물었다. 그는 누가 독일대안당(AfD) 당원인지 알고 있을까? 그는 말했다. 「우리는 서로 물어보지 않습니다. 그래도 알 수는 있죠. 어쨌든 저는 그들을 존중하려고 합니다.」

많은 나라에서 축구는 평등을 강화하는 기능을 한다. 독일에서는 바로 지역 소방서가 그런 역할을 한다. 2천 곳에 달하는 독일의 마을과 도시 중에서 전문적인 소방 인력을 제대로 갖춘 곳은 100군데에 불과하다. 나머지는 전적으로, 혹은 부분적으로 자원봉사자 인력에 의존한다. 무려 100만 명에 가까운 독일인이 소방 자원봉사자로 등록되어 훈련을 받고 있다. 놀라운 수치가 아닐 수 없다. 그들은 그저 그렇게 한다. 하지 못하게 하면 아마도 화를 낼 것이다. 지역 공동체에 대한 기여는 소속감에서 중요한 부분을 차지한다. 많은 마을이 새로 유입된 이민자들을 자원봉사자로 영입하기 위해 노력하고 있다. 이는 부분적으로 부족함을 메우기 위해서이며, 또한 부분적으로 두 집단이 조화를 이루도록 하기 위해서다.

가장 독일적인 관습으로 〈케어보헤Kehrwoche〉를 꼽을 수 있다. 청소 주간이라는 의미이지만 그 이상의 함의가 있다. 이 관습의 기원은 15세기 말 슈바벤 지방으로 거슬러 올라간다. 이는 오늘날 대략적으로 바덴뷔르템베르크를 포함하는 지역이다. 케어보헤는 국가적인 제도로서, 특히 대부분의 인구가 거주하는 아파트에 사는 사람들에게 중요하다. 케어보헤는 두 가지 형태를 띤다. 첫째, 주민들은 마을의 힘든 일을 처리하기 위해 1년에 일주일 동안 함께 협력한다. 두 번째는 보다 일반적인 경우로, 각 가구는 대략 1년에 일주일 동안 봉사를 해야 한다. 그 기간 동안에 해당 가구는 쓰레기를 치우고, 거리의 낙엽을 쓸고, 혹은 눈이 올 때 모래를 뿌리는 일을 한다. 공용 계단이나 로비 층을 청소하는 것처럼 실내 작업을 하기도 한다. 때로는 그 주간을 알리는 팻말이 지정된 가구의 대문에 걸리기도 한다. 작업의 세부 사항은 종종 온라인으로 공지된다. 이러한 봉사는 지역 공동체에 대한 의무감 또는 소속감의 한 가지 사례에 지나지 않는다. 독일인들은 행사와 축제를 매우 진지하게 여긴다. 축하 맥주나 와인, 슈납스(독일 전통주), 소시지, 혹은 온 나라가 열광하는 아스파라거스 등 그들은 언제나 모종의 행사를 통해 먹고 마실 것을 함께 나눈다.

〈슈파겔차이트Spargelzeit〉는 아스파라거스를 수확하는 시즌을 뜻한다. 독일 사람들은 땅속에서 자라 햇빛을 보지 못한 흰색 아스파라거스를 특히 좋아한다. 그것을 흰색 금이라고 부른다. 독일인들은 한 해 평균 12만 5천 톤에 달하는 아스파라거스를 소비한다.[4] 아스파라거스는 어디서나 먹을 수 있다. 고급 레스토랑(삶은 감자, 햄과 함께 버터를 발라 요리한)은 물론 줄을 서야 하는 옥외 기차역 가판대에서도 먹을 수 있다. 하지만 철 지난 아스파라거스를 내놓는 것은 신성 모독이다. 그 시즌은 4월에 시작해서 기독교 축제에 해당하는 성 요한 기념일인 6월 24일에 정확하게 끝난다.

〈축제Karneval〉의 전통은 지나간 시절을 반영한다. 축제는 재의 수요일 이전 목요일에 시작되는데, 이날을 할머니의 날, 혹은 여성의 날이라고 부른다. 그동안 여성은 손에 가위를 들고 온 동네를 돌아다니며 남자들의 넥타이를 과감하게 자른다. 그리고 남성들에게 키스를 한다. 이 전통은 그날 여성들이 세탁 일을 쉬었던 데에서 비롯되었다. 다음으로 〈장미의 월요일Rosenmontag〉에는 본격적인 볼거리가 펼쳐진다. 이날은 나이에 상관없이 모든 사람이 거리로 나와 행진을 하고, 시가행진 차량에 올라타고, 악단에서 연주를 하거나 춤을 춘다. 행진 차량은 최신 유행을 반영해서 꼼꼼하게 제작되며 종종 정치인을 풍자한다. 2020년 퍼레이드에서는 〈페이스북〉, 〈증오〉, 〈급진화〉 등의 단어가 적힌 괴물이 등장했다. 또 다른 행진에서는 독일대안당 튀링겐 지역 지도자인 비외른 호케Björn Höcke가 나치 경례를 하고, 메르켈의 기독교민주연합(CDU)과 자유민주당(FDP)이 그의 팔을 떠받치는 장면이 연출되었다. 보다 가벼운 풍자로, 영국 국기로 감싼 보리스 존슨 총리의 상체로부터 킬트 치마를 입고 유럽연합 양말을 신은 하체가 멀어져 가는 장면이 있었다. 축제는 참회의 화요일에 열리는 가장무도회로 절정에 이른다. 가장무도회는 독일 전역에서 볼 수 있지만 서부와 중부에서 더 쉽게 찾아볼 수 있으며, 특히 쾰른과 뒤셀도르프(한 사람이 겨자 냄비에서 나타나면 축제가 시작된다), 고대 대성당 도시인 마인츠에서 집중적으로 펼쳐진다.

이러한 전통은 정확하게 지켜지고 있다. 내가 생각하기에, 거기에는 여러 가지 이유가 있다. 첫째, 축구를 제외하고 독일인들은 국가적인 행사에 모일 수 없다고 생각한다. 둘째, 독일인들은 모두 바이에른이나 함부르크, 라인란트, 혹은 작센 등 특정한 지역에 뿌리를 두고 있다. 사투리뿐만 아니라 먹을거리와 마실 거리, 복장 등도 다양하다. 이를 축하하는 것은 지역적 자부심에서 중요한 부분을 차지한다. 셋째, 베르너 아벨스하우저가 지적했듯이 개인보다 공동체가 더 중요하다는 인식이 독일에서는 실질적으로 힘을 발휘한다.

물론 나라마다 지역 전통과 축제가 있다. 영국의 경우에 지역 주민들은 마을 축제나 세인트 조지 축일의 줄다리기, 혹은 치즈 굴리기, 마을 간 공놀이 등 다양한 행사를 벌인다. 그들은 그들만의 고유함을 축하하지만, 이러한 고유함은 다른 정체성과 경쟁하는 것이 아니라, 서로 보완하는 것으로 이해해야 한다. 1993년 당시 영국 총리 존 메이저John Major는 유럽연합 가입이 전통으로부터 그들을 멀어지게 만들지 않을 것이라고 유권자를 설득하고자 했다. 그는 영국

이 50년 뒤에도 여전히 〈카운티 크리켓 경기장에 긴 그림자
가 드리워진 나라, 따뜻한 맥주, 어느 곳보다 푸르른 시골
마을과 개를 사랑하는 사람들〉로 유명할 것이라고 주장했
다.[5] 메이저는 유럽연합을 둘러싼 논쟁에서 패했지만, 독일
인들은 자랑스러운 유럽인으로 남아 있으면서 동시에 모든
지역적 특색을 지켜 나가고 있다.

　여러 가지 측면에서 독일은 그들이 받은 페미니스트 신
임장을 기꺼이 자랑하고자 한다. 인디라 간디나 마거릿 대
처 이후로 단연코 가장 영향력 있는 여성 지도자인 앙겔라
메르켈은 특히 더 그러했다. 다른 나라와 마찬가지로 독일
에서도 여성은 대학에서, 경력 초기 단계에서 남성을 앞선
다. 독일의 차별 금지법은 범위와 세부 사항에서 북유럽 국
가에 뒤지지 않는다. 기업 이사회에서 여성이 차지하는 비
중은 안타깝게도 항상 낮은 수준에 머물러 있기는 하지만,
공공 부문에 해당하는 조직의 이사회에서는 30퍼센트가 넘
는 여성을 선발하도록 규정하는 법안이 2016년에 통과되
었다. DAX에 상장된 대표적인 기업들의 이사회에서, 남성
은 여전히 여성보다 350 대 40으로 더 많다. 하지만 여성 이
사를 영입하기 위한 경쟁이 날로 치열해지면서 여성 이사
의 보수가 남성보다 7퍼센트 더 빠르게 증가하고 있다. 비
록 그 출발점이 낮기는 하지만 말이다.[6]
　2013년에는 #Aufschrei(외침)라는 해시태그 운동이 트

위터에서 시작되었다. 이는 미국에서 시작된 훨씬 더 유명한 #MeToo 캠페인보다 4년 앞선 것이었다. 그 운동은 한 여성 기자가 전 경제부 장관 라이너 브뤼덜레Rainer Brüderle와 나눈 대화를 글로 쓰면서 시작되었다. 그녀는 브뤼덜레가 자신에게 성적으로 접근했으며 자신의 가슴을 쳐다보면서 〈던들(바이에른 지방의 여성들이 입는 전통 드레스)을 충분히 채우겠다〉고 말했다고 주장했다.[7] 2년 전에는 도이치 방크 CEO 요제프 아커만이 고위 경영진 자리에 여성 인재를 포함시키지 못해 안타깝다는 이야기를 하면서 이렇게 덧붙였다. 「그래도 언젠간 더 다채롭고 예뻐지기를 기대합니다.」[8]

또 한 가지 이상한 조합이 있다. 과세나 양육 같은 기본적인 사안과 관련해서 독일은 비교 가능한 국가보다 훨씬 뒤처져 있다. 세금에서 수업 시간에 이르기까지 모든 종류의 장애물이 일하는 엄마 앞에 놓여 있다. 이것이 더 이상 뜨거운 정치적 사안이 아니라는 사실이 놀라울 따름이다. 자녀 한 명을 키우는 독일 엄마들 중 겨우 14퍼센트만이, 그리고 두 명의 자녀가 있는 엄마들 중 6퍼센트만이 전일 근무를 한다. 이 수치는 유럽연합 평균에 한참 못 미치는 수준이다.[9] 일하는 엄마에 대한 압박이 대단히 높기 때문에 직업적으로 야심 있는 여성들은 아이를 갖지 않거나, 아니면 하루 중 많은 시간을 재택근무로 해야 한다. 여성의 노동 참여는 꾸준히 증가하고 있지만 대부분은 파트타임에 집중되어 있다. 문제는 사회적·경제적으로 나타나고 있다. 전통적인 독일 사회에서는 일자리로 〈너무 빨리〉 복귀한 여성을 부르는 말이 있다. 그것은 〈큰까마귀 엄마Rabenmütter〉라는 표현이다. 새끼를 둥지 안에 내버려 둔 어미 큰까마귀 같다는 의미다. 지금은 이 단어를 거의 사용하지 않지만, 작은 마을에서는 아직도 그러한 정서가 지배적이다. 여기에 더해 일상적으로 처리해야 할 과제가 있다. 최근에 들어서야 독일 정부는 반일half-day 학교 시스템을 손보기 시작했다. 유치원Kita의 경우, 정부로부터 많은 지원을 받고 교육 수준은 아주 높지만 수업 시간은 짧다. 민간 보육 시장은 거의 존재하지 않는다. 부모가 외부인을 고용할 경우, 그들이 추가적으로 벌어들이는 수입의 대부분을 세금으로 내야 한다. 그래도 최근 많은 남성이 육아 휴직을 활용하고 있다. 부모 중 한 사람은 12개월 휴가를 쓸 수 있으며, 배우자는 2개월을 쓸 수 있다. 많은 중산층 부모는 휴가 때 아이들을 데리고 떠난다. 비록 완전히 원하는 바는 아니지만 말이다.

세금 시스템 또한 해결해야 할 부분이 많다. 독일 경제 연구소(DIW)의 카타리나 브롤리히Katharina Wrohlich는 거의 20년째 경제적 성 평등에 주목해 오고 있다. 여성의 발목을 붙잡은 중요한 요소는 〈부부 분할〉과 관련된 법률이다. 이 개념을 간단하게 설명하자면, 부부의 소득이 서로 비슷할 경우 그들은 한 사람만 벌 때보다, 혹은 한 사람의 소득이 압도적으로 높을 때보다 훨씬 더 많은 세금을 내야 한다. 다시 말해 두 사람 모두 전일 근무를 할 경우에 상당한 불이익을 떠안게 된다는 것이다. 이와 관련해서 브롤리히는 이렇게 지적했다. 「오스트리아나 스웨덴, 이탈리아 같은 나라들은 이러한 분할 법률을 폐지했지만, 여기서는 아무것도 달라진 게 없습니다.」 어느 정당도 법을 바꾸기 위해 로비를 벌이지 않는 상황이 이어지고 있다며 그녀는 〈앞으로 나아질 전망도 거의 보이지 않는다〉라고 덧붙였다.

동독의 오랜 통치하에 있었던 여성들은 더 많은 해방을 누렸다. 아이들은 정부가 운영하는 유치원에 들어갔고 부모는 모두 일을 하러 나갔다. 이는 옛날 제도에서 몇 안 되는 장점 중 하나다. 메르켈은 여성 문제와 관련해서 자신의 이름이 언급되는 것을 항상 꺼렸다. 2019년 1월에 메르켈은 『차이트』를 통해 작가 야나 헨젤과 여성 문제와 관련해서 이례적인 인터뷰를 했다. 그 인터뷰는 전형적으로 메르켈다운 것이었다. 그녀는 여성들이 직면하는 장애물에 대해 언급했는데, 거기에는 그녀가 물리학자 시절에 직접 경험했던 문제도 포함되어 있었다. 그녀는 이렇게 덧붙였다. 「저는 단지 독일 여성을 위한 총리는 아닙니다. 또한 여성들 역시 제가 그들을 특별히 언급해 주길 기대한다고 생각하지 않습니다.」[10] 어쩌면 동독 출신이라 성 불평등의 문제가 그리 심각하게 와닿지 않았을지 모른다. 이와 관련된 변화가 세계적인 대도시를 중심으로 시작된다는 사실을 감안할 때, 독일이 소도시 중심 사회라는 사실은 불리한 측면이라하겠다. 그렇다고 해도 성 평등은 시대의 과제이며, 변화는 비록 느리더라도 분명히 찾아올 것이다.

생산적인 경제와 더 넓은 사회의 구성원으로 참여하기 위해 독일인들은 자신이 추구하는 경력에 따라 고등교육을 받거나, 혹은 기술 중심의 현장 실습을 거친다. 그들은 이른 나이에 교육 시스템을 선택한다. 공부에 소질이 있는 학생은 인문계 학교에 해당하는 김나지움에 진학한다. 기술직을 원하는 학생은 일반적으로 하웁트슐레Hauptschule에 들어가는 반면, 레알슐레Realschule는 그 중간에 해당하는 학생들의 수요를 충족시킨다. 10~11세 아동의 진로는 고정되지 않지만(학생들은 학교에서, 그리고 졸업 후 진로를 바꿀 수 있으며 실제로 그렇게 한다), 그래도 시스템은 지극히 관행적인 형태로 이뤄진다. 교육 정책에 대한 선택은 중앙 정부보다 주 정부의 몫이며, 그 결과 교육 시스템은 지역별로 큰 차이가 난다. 예를 들어 몇몇 지역에는 게잠트슐레Gesamtschule라는 학교가 있는데, 이는 김나지움과 레알슐레, 하웁트슐레 모두를 포괄하는 형태다. 일부 주는 아직 규모가 작지만 점점 증가하고 있는 사립학교에 보다 호의적이다. 교과 과정 역시 전국적인 차원에서 통일되어 있지 않다. 전통적인 바이에른주의 경우에 종교 과목은 두 가지로 나뉘어 있는데, 하나는 기독교를 위한 것이고, 다른 하나는 가톨릭을 위한 것이다. 비교적 자유로운 베를린 교과 과정에는 다양성과 성 평등, 〈민주주의 교육〉에 관한 과목이 개설되어 있다. 여기서 학생들은 갈등 해소와 이주에 관한 내용을 배운다. 그리고 독일 전역의 모든 학교는 유럽과 유럽연합을 주제로 한 과목을 가르치고 있다.

안드레아스 슐라이허Andreas Schleicher는 비교 교육 시스템의 세계적인 전문가로 인정받고 있다. 그는 파리에 있는 OECD 본부에서 브리핑을 하기도 했다. 또한 약 30개국을 대상으로 학업 성취도를 평가하는, OECD의 PISA (국제 학업 성취도 평가) 보고서를 책임지고 있다. PISA의 첫 번째 보고서가 2000년에 나왔을 때, 독일 사회는 충격에 빠졌다. 독일인들은 자신들의 국가가 정상을 차지할 것으로 기대했다. 하지만 수학과 과학, 독해 과목의 성적은 하위권에 근접해 있었고 학업 성과 역시 대단히 불평등한 것으로 드러났다. 이러한 충격은 사회적 논란으로 이어졌다. 많은 교육 전문가들이 교육 방법론에 문제를 제기했다. 이러한 분위기는 정책 결정자들이 실제로 행동에 옮기도록 자극했다. 이후 산업화된 나라 중 가장 짧았던 수업 일수가 늘어났다. 조기 교육에 더 많은 관심이 집중되었다. 학업 성취도가 낮은 학교들은 개선 지시를 받았다. 또한 더욱 다양한 형태의 종합 시험을 실시했고, 학업에서 어려움을 겪는 학생(모국어가 독일어가 아닌 22퍼센트의 학생을 포함해)들에게 더 많은 지원을 제공했다. 지방 정부가 책임지는 교육 시스템은 국가 기준을 반영하도록 했다. 그 결과, 3년에 한 번씩 실시되는 시험에서 독일의 순위는 즉각적이고 지속적으로 상승했다. 비록 가장 최근에 치러진 시험에서는 하락세를 보이기는 했지만 말이다.

슐라이허는 창조성과 인공지능이 각광받는 시대에 어린 학생들에게 더 도움이 될 고유한 재능을 발견하기보다 특정한 지역 기업의 수요에 초점을 맞춘 교육이 이루어지고 있다고 말했다.

최근 정책 결정자들은 다양한 형태의 새로운 개혁에 대해 논의하고 있다. 항상 그렇듯, 교육 분야 전반과 정당 간 합의를 추구하는 과정에서 많은 시간이 걸릴 것으로 보인다. 일반적으로 독일 교사들은 높은 수준의 자격을 갖추고 있고, 임금 수준도 높다. 반면 많은 학교 건물이 보수 및 현대화 작업을 필요로 한다. 그러나 지방 정부 지출에 대한 제약은 이러한 문제를 더 심화시키고 있다. 물론 슐라이허를 비롯한 많은 전문가가 지적하듯이 이 모두는 예산의 문제만은 아니다. 예를 들어 네덜란드의 학생 1인당 지출 규모는 독일과 프랑스, 혹은 영국보다 낮지만 21세기 기술에 더욱 집중하면서 보다 높은 성과를 보이고 있다.

독일에서 학교를 졸업한 사람의 약 절반은 직업훈련을 받는다.[11] 매장 점원도 무려 3년이나 이어지는 훈련을 받아야 한다는 말을 처음 들었을 때, 나는 그저 도시 괴담 정도로 여겼다. 하지만 그건 사실이었다. 슐라이허라면 그처럼 부조리한 현실에 코웃음을 칠 것이라고 생각했지만, 그는 그러지 않았다. 슐라이허는 빵집에서 일하는 점원도 저녁 시간을 이용해 고급 수학 과정을 밟는다는 이야기를 들려주었다. 「그건 그리 이상한 생각이 아닙니다. 현재 업무를 위한 학습은 단지 과제의 일부에 불과합니다. 독일의 접근 방식은 사람들에게 여정을 제시하고 장기적인 경력 과정에 주목합니다. 이와 관련해서는 중국과 일본이 가장 앞서 있죠.」 독일인들이 배우는 기술은 종종 직원의 입장에서 직접적으로 필요한 기술과는 거리가 멀 때가 많다. 독일에서는 〈지나치게 기술 수준이 높다〉는 말을 좀처럼 듣기 힘들다. 그 장점은 현재보다는 미래에 있다. 이 모든 생각은 직원이 한 직장에 잠시 머물 것이라는 가정에 기반을 둔다. 슐라이허는 이러한 상황을 영국의 경우와 비교했다. 「영국에서는 현재 업무에서 요구되는 것보다 더 높은 기술을 갖고 있는 노동력의 비중은 겨우 5퍼센트에 불과합니다. 이러한 사실은 생산성에 중대한 위협이 됩니다.」

2015년에 독일이 대부분의 지역에서 대학 등록금을 폐지하자 런던에 위치한 고등교육 정책 위원회는 「독일 따라잡기?」라는 제목의 팸플릿을 발행했다. 여기에는 독일의 대학 시스템과 영국을 비롯한 여러 다른 나라의 시스템을 자세히 비교하는 자료가 담겨 있었다. 실제로 이 팸플릿은 독일이 영국보다 스코틀랜드와 더 많은 공통점을 갖고 있다고 지적했다. 결론적으로 독일 대학들은 덜 자율적이고, 예산이 넉넉하진 않지만 보다 평등하다는 것이다. 물론 일부 대학(가령 하이델베르크와 뮌헨 대학)은 다른 대학에 비해 좀 더 높은 평판을 자랑한다. 그러나 옥스브리지와 러셀 그룹*의 수직 체계와 비할 바는 아니다. 유럽의 많은 국가와 마찬가지로, 독일 학생들 대부분 고향이나 인근 지역에 위치한 대학에 진학한다. 중퇴 비율이 높은 프랑스와는 달리, 독일 학생은 학교에 다니는 동안 해당 지역에 거주하는 경향이 강하다. 그러나 이러한 시스템은 글로벌 성적표에서 그다지 좋은 성과를 올리지는 못하고 있다. 그 이유는 서로 다른 특정 기관에 의해 조사가 이뤄지기 때문이다. 미국 아이비리그 대학들은 영국의 일부 대학(옥스퍼드와 케임브리지, 임페리얼)과 함께 성적표에서 최상위권을 차지하고 있다. 그러나 유럽 대륙의 많은 교육학자들은 그러한 성적표를 작성하는 방법론에 대해 논쟁을 벌인다. 다른 내재적 이점으로는 영어가 있다. 많은 독일 대학은 중국과 인도, 그 밖에 다양한 나라 출신의 학생들이 몰려드는 경쟁적인 시장에서 살아남기 위해 영어로 수업을 진행한다. 가장 최근에 나온 2016년 자료에 따르면, 25만 명 이상의 해외 유학생이 독일에서 공부하고 있으며, 이는 미국과 영국, 호주에 이어 네 번째로 높은 수치다.[12] 독일 내 유학생 규모는 꾸준히 증가하고 있으며, 이러한 흐름은 앞으로 계속될 것으로 보인다.

마틴 레너트Martin Rennert 교수는 베를린 예술 대학교에서

* 영국에서 일부 상위권 종합 대학교를 일컫는 말.

14년 동안 총장을 지낸 후 2020년 초에 퇴임했다. 내게 자랑스럽게 말했듯이, 브루클린 출신의 유대인인 레너트는 이후 뉴욕의 유명한 줄리어드 스쿨로 자리를 옮겼다. 그는 고등교육에 관한 독일의 접근 방식과, 특히 예술 교육에 관심이 많다. 베를린 예술 대학교에 입학하기 위해서는 치열한 경쟁을 이겨 내야 하지만, 일단 입학하면 모든 게 무료다. 이러한 특전은 해외 유학생에게도 마찬가지로 적용된다. 그는 내게 이렇게 말했다. 「이는 문화-정치적 노력입니다. 즉 전 세계를 향한 제안이자 국제관계에 대한 투자, 소프트 파워의 성공적인 발현이죠.」 독일 정부는 도개교를 들어 올리는 대신, 외국인 졸업생이 그 나라에 더 오래 머물 수 있도록 제한을 추가적으로 완화했다. 교육부 장관 아냐 카를리체크Anja Karliczek는 외국 유학생이 독일의 기술 수요를 충족시켜 줄 〈주요하고 점점 증가하는 잠재력〉이라고 말했다. 레너트 교수는 좀 더 현실적인 설명을 들려주었다. 「고등교육은 국가 전체에 도움이 되지 않나요? 굳이 교육의 가치에 대한 본질적인 논의까지 할 필요도 없을 겁니다.」 학생들이 학부를 거쳐 석사와 박사 과정에 진학하기 위해서는 오랜 세월이 걸린다. 그러다 보면 일부는 30대가 되어서야 사회에 진출한다. 이는 느리고 게으른 것일까, 아니면 신중하고 장기적인 것일까? 아마도 둘 다인 듯하다.

뮌헨글라트바흐에 있는 오래된 공장을 방문했을 때, 나는 1880년대에 그 마을의 온정주의 후원자들이 설립했던 복지 연합에 대해 들었던 이야기가 떠올랐다. 교육 및 주택을 포함하는 근로자의 권리는 그 시절로 거슬러 올라간다. 공공 정책의 영역에서 정부의 유연성과 장기적 관점을 가장 명확하게 보여 주는 분야는 아마도 의료 시스템일 것이다. 독일의 의료 시스템은 완벽과는 거리가 멀다. 우선 대단히 비싸고, 관료적이다. 프랑스와 마찬가지로, 독일은 영국의 효율적인 기초 의료 시스템을 갖추고 있지 않다. 하지만 유방암이나 자궁암, 혹은 대장암처럼 가장 보편적인 질병의 경우 생존율은 산업 국가들 사이에서 가장 높은 수준이다. 비록 그 수치가 최근에 다소 주춤한 모습을 보이고 있지만 말이다.

그 지출 규모는 GDP의 11퍼센트 정도로 상대적으로 높지만, 유럽에서 가장 높은 수준은 아니다. 의료보험은 의무적인 공공 보험의 형태로 이뤄진다. 직장인의 경우, 세전 연봉의 7퍼센트를 의료보험비로 납부하며, 그에 해당하는 금액을 기업이 공동 부담한다. 인구의 열 명 중 한 명에 해당하는 부자와 자영업자, 공무원 들(좀 의아한 조합이다)은 개인 보험 상품에 돈을 내지만, 똑같은 서비스를 누릴 수 있다. 사람들은 높은 수준의 의료 서비스를 기대하고, 오랫동안 기다리지 않고서 전문의를 만날 수 있으며, 검사와 약 처방은 거의 즉각적으로 받을 수 있다.

오늘날 유럽에서 가장 오래된 독일 정부의 의료 시스템은 국민에게 양질의 서비스를 제공하고 있다. 코로나19 전염병과 더불어 극단적인 도전 과제에 직면했을 때, 독일 의료 시스템은 다른 나라의 부러움을 샀다. 코로나 위기가 발생할 당시, 독일은 더 많은 검사 장비와 환기 시설, 충분한 보호 장비를 갖추고 있었다. 고도의 전문 기술을 요하는 응급 상황에 재빨리 대처할 능력이 있는 생명공학과 제약 기업이 강력한 네트워크를 이루어 장기적인 계획을 세워 왔고, 경제의 중심을 차지하는 산업 기반이 잘 갖추어져 있었기 때문에 가능했다.

또한 독일 의료 시스템은 충격을 보다 탄력적으로 흡수할 역량이 있다. 그것은 비교 가능한 대부분의 국가들보다 병상 수를 더 많이 확보하고 있기 때문이다. 독일의 경우에 그 비율은 천 명당 8.2개다. 프랑스는 7.2개, 유럽연합 평균은 5.2개다. 안타깝게도 영국은 2.7개에 불과하다. 그 부분적인 이유는 만성적인 예산 부족과 단기적인 계획 수립 때문이며, 또한 환자가 병상에서 완전히 회복하도록 여유를 주지 않고 병상 확보를 위해 최대한 빨리 퇴원을 종용하는 관행 때문이다. 영국 정부가 의료 시스템 관리자들에게 수십 년에 걸쳐 요구한 주문은 효율성과 비용 절감이었다. 겨울이면 영국 병원들은 계절 독감과 씨름을 한다. 그래서 더 심각한 질병을 다루기 위한 여유가 시스템 내에 없다.

독일에는 총 2만 8천 개의 집중치료 병상을 확보하고 있는 반면, 영국은 4,100개에 불과하다.[13] 환자가 몰리는 시기에 그 차이는 더욱 뚜렷하다. 의료진의 경우도 차이는 확실하다. 독일은 천 명당 4.1명의 의사를 확보하고 있으며, 유럽연합 평균은 3.5명, 영국은 2.8명이다. 간호사의 경우에 독일은 천 명당 13.1명, 영국은 8.2명이다. 이러한 객관적인 통계 수치 이면에서 우리는 효율적으로 돌아가는 독일 의료 시스템과, 그렇지 못한 다른 나라의 이야기를 듣게 된다. 그것도 단지 일상적인 경우에 해당하는 것이다.

중앙 권력의 견제와 균형, 그리고 강력한 권한 이양에 기반을 둔 전후 독일 헌법은 팬데믹 시대를 맞이해 혼란을 초래할 수 있었다. 하지만 메르켈은 합의된 의사결정을 보장하기 위해 재빨리 움직였다. 그리고 대부분의 경우에 성공을 거뒀다. 지역 지도자들은 자율성을 그대로 유지하면서 보다 탄력적으로 긴급 구호 물품을 공수했다. 동시에 이러한 노력은 모두 조율되었다. 개인 보호 장비(PPE)는 의료 현장에 신속하게 공급되었다. 지역에 따라 일부 차이는 있었지만 전반적으로 독일 시스템은 놀라운 대처 능력을 보여 주었다.

영국은 이제 70년이 넘은 NHS(국민 보건 서비스)에 대해 강한 자부심을 갖고 있다. 이는 영국이 함께 힘을 끌어 모을 수 있는 몇 안 되는 기관 중 하나다. 그러나 NHS는 관료적이고, 뚜렷하게 중앙집권화되어 있으며, 재정적으로 안정적이지 못하다. 영국 의료 시스템은 주요 장비가 부족하고, 긴급 상황에 대처하기 위한 계획 수립이 제대로 이뤄지지 않는 것으로 드러나고 있다. 존슨은 국가 전역에 8천 개

밖에 남지 않은 인공호흡기 장비를 보충하기 위해 기업들에게 생산을 시작하도록 요구했다. 그러면서 그 프로그램을 태연하게도 〈마지막 작전〉이라 불렀다. 그러나 그 시점에 독일은 이미 기존 생산 업체에 1만 개를 추가 주문함으로써 기존 2만 개의 재고를 보충했다. 바이러스 검사에 대해 말하자면, 두 나라는 대략적으로 보조를 맞춰 가며 위기에 대응했다. 그러나 몇 주가 흘렀을 때, 독일 연구소들은 영국보다 다섯 배 더 빠른 속도로 움직이고 있었다. NHS 근로자들은 영국의 국가적 영웅으로 인식되었다. 사람들은 매주 목요일 저녁마다 현관이나 발코니에 나와 그들을 응원했다. 처음에 그들은 충분한 보호를 받지 못한 채 방역 최전선에 투입되었다. 그러나 위기가 발발하고 한 달이 지나, 50만 명의 NHS 현장 근로자 중 검사를 받은 사람은 5천 명도 안 되는 것으로 드러났다.

각국 정부와 유권자들은 팬데믹 시대를 맞이해서 우선순위를 새롭게 조정했다. 전 세계적으로 정부는 코로나19의 경제적 피해를 완화하기 위해 수십억 달러를 쏟아부었다. 독일에서는 국민이 양질의 서비스를 받기 위해서 더 많은 부담을 해야 한다는 원칙을 둘러싼 합의가 오래전부터 이뤄져 있었다. 마찬가지로 더 높은 과세와 정부의 역할의 기반이 되는 원칙, 다시 말해 자기 자신과 가족의 혜택을 위해서뿐만이 아니라, 사회 전체의 요구를 충족시키기 위해 더 많은 부담을 떠안아야 한다는 주장이 광범위한 공감을 얻고 있다. 이러한 사고방식은 독일에서 이미 수십 년 전부터 자리 잡고 있었다.

지역 불균형, 즉 모든 것이 갖춰진 대도시에 비해 소도시는 뒤처져 있다는 인식이 독일에, 특히 동부 주들에서 만연하다. 그래도 한 가지 중요한 측면에서 독일은 다르다. 독일의 수도는 국가를 지배하지 않는다. 베를린의 힘은 런던이나 파리의 힘과 비교 자체가 되지 않는다. 런던과 파리는 국가의 정치와 비즈니스, 과학, 예술의 핵심으로서 투자와 자본, 인재를 불균형한 형태로 끌어들이고 있다. 더 작은 국가들 역시 비슷한 문제로 고심한다. 그리스에서 아테네가 사라진다면 GDP에서 20퍼센트를 잃게 된다. 슬로바키아에서 브라티슬라바가 사라지면 19퍼센트가 날아간다. 프랑스와 파리는 15퍼센트, 영국과 런던은 11퍼센트다. 반면 독일은 수도의 1인당 GDP가 국가 전체의 1인당 GDP보다 더 낮은 유일한 국가다. 베를린이 사라지면 독일은 0.2퍼센트 더 부유해진다.[14] 다시 말해 베를린은 국가 발전의 걸림돌이 되고 있는 셈이다. 양극화 현상이 나타나고 있다. 실제로 함부르크나 뮌헨 같은 부유한 도시에서 살아가는 사람들은 베를린을 비효율적이고 지저분한 도시라고 무시한다.

특히 한 장소는 베를린의 그러한 특성을 잘 보여 준다. 템펠호프 공항은 한때 세상에서 가장 중요한 공항이었다. 1893년에는 이곳에서 〈훔볼트Humboldt〉 열기구가 날아올랐고, 알베르트 슈페어Albert Speer는 여기서 새로운 나치 〈게르마니아〉로 나아갈 거대한 관문을 구상했으며, 연합군은 소련의 봉쇄를 피하기 위해 과감한 작전을 수행했다. 영국 건축가 노먼 포스터는 이곳을 〈공항의 어머니〉[15]라고 불렀다. 그 공항이 공식적으로 폐쇄된 지 한 달 후인 2008년 11월에 석 대의 비행기가 마지막으로 템펠호프에서 날아올랐다. 그 이후로 독일은 모나코 공국의 1.5배나 되는 그 땅을 가지고 무엇을 해야 할지 결정하지 못했다.

오늘날 이곳은 엉망인 상태로 방치되어 있다. 그럼에도 베를린 사람들은 이곳을 더없이 자랑스럽게 생각한다.

다른 글로벌 도시였다면 아마도 개발이 가능한 이 땅에 군침을 흘렸을 것이다. 높이 솟은 고급 아파트와 웅장한 호텔, 미술관, 또는 쇼핑몰을 상상해 보라. 통일 후 베를린은 넓은 토지를 절실하게 찾았고, 베를린에서 남쪽으로 그리 멀리 떨어져 있지 않은 이곳은 부동산 개발업자들에게 꿈의 장소였다. 2011년에 부동산 개발업자들은 사무실과 5천 세대에 달하는 주택(상당한 가격의 주택을 포함해서)과 대규모 공공 도서관으로 구성된 복합 개발 단지 계획을 제시했다. 그러나 당시 시장이던 클라우스 보베라이트Klaus Wowereit는 그 땅의 4분의 1만이 개발 가능하다고 못 박았다.[16] 그나마도 개발 프로젝트를 막기 위해 뭉친 지역 주민들에게는 과도한 것이었다. 2010년 5월에 그 프로젝트가 민간에 넘어가자마자, 그곳은 도시 정원사와 요가 마니아,

최신 유행을 추구하는 사람들, 대마초 흡연자, 멋쟁이 젊은 엄마, 바비큐를 즐기는 사람들, 스포츠 열광자 등으로부터 즉각적으로 관심을 끌었다. 그곳의 이름은 템펠호퍼 프라이하이트Tempelhofer Freiheit〉(템펠호프 자유)로 바뀌었다. 2014년 5월, 베를린은 오랜 내분 끝에 국민투표를 실시했다(대의 민주주의에 반대되는 직접적인 실행을 두려워하는 국가로서는 이례적이게도). 투표 결과 전체 유권자의 3분의 2에 조금 못 미치는 비중이 그곳을 바꾸지 않고 그대로 두는 방안에 찬성했다. 템펠호프 보존법은 이제 예전 비행장 부지에 어떠한 건설도 금하고 있으며, 적어도 2024년까지는 제한적인 개발만을 허용하고 있다.[17]

원래 공항 건물(도시공학적 차원에서 랜드마크라 할 수 있는) 중 일부가 현재 사용되고 있다. 72미터 높이의 레이더타워는 독일 육군이 항공 교통을 감시하기 위해 활용하고 있다. 기둥이 없는 지붕 아래로 1.6킬로미터 정도 뻗어 있는 곡선 형태의 격납고를 품은 나치 시대의 황량한 터미널 대부분은 현재 약 100개의 기관이 임대해 사용하고 있다. 베를린 경찰은 훈련 프로그램을 위해 터미널 일부를 활용하고 있다. 또한 거기에는 중앙 유실물 관리소, 유치원, 댄스 스쿨과 그 도시에서 가장 오래된 시사 풍자극 극장이 들어서 있다. 또한 템펠호프는 독일 최대 난민 피난처의 고향이기도 하다. 항공기 격납고 중 일부를 활용해, 그 부지의 측면을 따라 늘어선 백색 컨테이너들은 소규모 난민 마을을 이루고 있다. 이 마을은 난민들이 독일 전역으로 분산 배치되기 전에 머무는 곳이기도 하다.

45년의 분단 동안, 세 연합국이 도시의 서쪽 절반을 점령하다시피 했던 그 시기에 서베를린은 독일의, 혹은 전 세계의 어느 다른 도시와도 비슷하지 않았다. 베를린은 일종의 대안의 섬으로, 거기서 사람들은 서독의 나머지 지역처럼 병역을 치를 필요가 없었고, (몇몇 예외는 있었지만) 안정적이고 부유한 사람들은 굳이 그곳에서 살려고 하지 않았다. 물론 대부분은 〈정상normality〉의 마지막 30년 동안 바뀌었다. 통일 이후 대부분의 중심 지역에는 화려한(혹은 보는 관점에 따라 삭막한) 정부 청사가 들어섰다. 1990년대 초에 되살아난 포츠다머 광장은 세계화된 싸구려 상품들을 기리는, 유리로 뒤덮인 흉물스러운 기념물이다. 그러나 베를린은 계속해서 다른 모습과 다른 느낌을 전한다. 깔끔하게 정돈된 중간 규모의 마을을 선호하는 사람이라면 이 도시를 싫어할 것이다. 또한 다른 대도시들이 베를린보다 훨씬 더 효율적으로 기능하고 있다. 가령 함부르크와 뮌헨은『모노클』과『포브스』같은 화려한 잡지 속에서 삶의 질을 기준으로 유럽 최고의 자리를 놓고 빈이나 코펜하겐 등과 경쟁을 벌인다. 함부르크 주민들은 절제에 대해 자부심을 느낀다. 그리고 뮌헨의 여름은 후텁지근하고 나른한 행복감으로 충만하다.

베를린의 퉁명스러운 분위기는 다른 어느 도시에서도 찾

아볼 수 없다. 베를린은 두 번에 걸쳐서 탈산업화 과정을 겪었다. 한 번은 전쟁이 끝나고 분할되면서, 다른 한 번은 신탁 관리 공사에 의해 동독 경제가 해체되면서였다. 새롭게 등장하는 기술 분야를 제외하고 베를린은 뭔가를 〈만들거나〉, 〈하는〉 것으로는 알려져 있지 않지만, 정치인이나 기자, 로비스트, 예술가, 학생, 히피에게 평판이 좋다. 다시 말해 국가 보조금으로 먹고사는 사람들을 타락시키고 있다. 적어도 바이에른 출신의 많은 부르주아 주민은 그렇게 생각한다. 베를린의 매력은 독일의 전반적인 장점과 완전히 상반된다. 기본을 하는 것은 쉬운 일이 아니다. 독일의 다른 모든 곳에서 시계 장치처럼 정확하게 기능하는 관료주의는 종종 기대에 못 미친다. 최근 베를린으로 들어온 많은 사람들뿐만 아니라 심지어 일부 베를린 원주민조차 비효율성에 관한 다양한 일화들을 일상적으로 주고받는다. 가장 공통적인 한 가지 주제는 자동차 등록에 관한 것이다. 분명하게도 차라리 하루 휴가를 내고 함부르크까지 가서 자동차 등록 업무를 보는 게 더 빠르다. 현재 베를린 시장 미하엘 뮐러 Michael Müller는 이렇게 말했다. 〈우리는 더 이상 가난하지 않지만, 여전히 섹시하다.〉 베를린은 이제 전 세계 다른 수도와 점점 더 닮아 가고 있지만 여전히 갈 길이 멀다. 베를린의 많은 주민들, 혹은 적어도 유입자보다 많은 원주민들은 지금의 방향대로 나아가야 한다고 믿는다. 그들의 주요 전쟁터는 주택으로서, 그곳에서는 젠트리피케이션에 대한 본능적인 적대감이 만연하다.

독일인은 주택 사다리에 집착하지 않는다. 아이를 낳기 전에 집을 사는 사람은 거의 없다. 그들에겐 의미가 없다. 일반적으로 집을 쉽게 빌릴 수 있고, 집들이 비교적 잘 관리되어 있기 때문이다. OECD 국가 중 독일은 스위스를 제외하고 주택 소유 비율(전체 주택에서 소유주가 살고 있는 주택의 비율)이 가장 낮다. 그 비중은 50퍼센트를 살짝 넘는 정도다. 반면 영국과 미국, 프랑스는 3분의 2에 달한다(금융 위기 이후로 모두 소유주 거주 비중이 줄고 임대 비중은 늘고 있다). 유럽에서 최고 수치를 기록하는 나라는 뜻밖에도 루마니아로 96퍼센트에 이른다. 베를린의 경우에 소유주 거주 비중은 15퍼센트에 불과하며, 주택을 가족의 보금자리가 아니라 투자 대상으로 바라보는 사람은 거의 없다.[18] 물론 집주인은 많다(일부는 개인이며, 다른 일부는 주택 연합과 같은 조직이다). 그밖에 에어비앤비나 이와 비슷한 형태의 아파트도 많다. 하지만 품격 있는 사회에서는 〈임대〉 수익에 관한 이야기를 좀처럼 듣기 힘들다. 임대로 돈벌이에 탐닉하는 이들은 친구들에게 그런 이야기를 거의 하지 않는다. 심지어 부끄럽게 생각한다. 반면 미국이나 영국에서 소득과 자산의 비율은 오래전부터 정상이 아니었고, 성장 지역에서 건물을 소유한 이와 비교할 때 연봉 차이는 별의미가 없게 되었다.

세상 어느 곳에서, 혹은 적어도 서구 세계 어느 곳에서 부동산 수용이 보편적인 현상이 될 수 있을까? 2019년 베를린에서 부동산 수용은 진지한 정치적 목표가 되었고, 그 도시를 위한 하나의 선택지로서 여전히 남아 있었다. 주민들(『타게스슈피겔』에 따르면, 주민들 중 대다수)은 민간 부동산을 압류하는 방안을 놓고 국민투표를 실시하는 시민 프로젝트를 지지했다. 〈임대 광풍〉 시위에서 시작된 그 프로젝트의 목표는 3천 개가 넘는 부동산 물건을 소유한 기업들이 그것을 시에 되팔도록 해야 하는지를 놓고 시 차원의 투표를 추진하기 위한 서명을 모으는 것이었다. 이는 보상으로 수십억 유로의 비용을 발생시키겠지만, 그 목적은 공공위원회가 그 부동산을 운영하도록 만드는 것이었다. 그 주요 대상은 민간 개발 업체인 도이체 보넨Deutsche Wohnen이었다. 그 기업은 독일 전역에 걸쳐 16만 7천 채를 소유하고 있었고, 그중에는 1990년대 중반부터 베를린에서 사들인 10만 채 이상의 아파트도 포함되어 있었다. 당시 예산이 부족했던 시 위원회는 수도 시설에서 전력 시설의 절반에 이르기까지 다양한 사회 기반 시설을 민영화하기 시작했다. 그리고 6만 5천 채의 주택을 4억 유로라는 낮은 가격에 매각함으로써 상당한 규모의 시 정부 부채를 민간 투자자에게 넘겼다. 각각의 아파트는 겨우 약 3만 유로로 평가되었다. 전체적으로 1989년부터 2004년 사이에 20만 채를 매각했다. 그 덕분에 도이체 보넨은 쭉쭉 성장했다. 그 기업은 2017년에 20억 달러의 수익을 올렸고, 냉철한 자본주의의 적들을 대신해 비난을 받았다.

〈수용-Enteignung〉이라는 개념은 헌법의 두 조항에 대한 새로운 해석에 기반을 둔다. 이를 지지하는 사람들은 헌법 제14조에 의해 부동산이 잘못 사용될 경우에 공공 소유로 되돌릴 수 있다고 주장한다. 〈부동산에는 책임이 따른다. 그 사용은 또한 공공의 이익에 부합해야 한다.〉 제15조 역시 이러한 생각을 보충적으로 뒷받침한다. 〈토지와 천연 자원, 그리고 생산 수단은 사회화라는 목적을 위해 보상의 본질과 범위를 정하는 법에 따라 공공 소유, 혹은 다양한 공공 기관으로 이전될 수 있다.〉 그러나 높은 발행 부수를 자랑하는 『빌트』 타블로이드는 이러한 생각에 강력하게 맞섰다. 그들은 이렇게 외쳤다. 〈망령이 독일에 출몰하고 있다. 수용이라는 망령이.〉[19] ARD의 토크쇼 「하르트 아버 페어Hart aber Fair」의 사회자 프랑크 플라스베르크Frank Plasberg는 그러한 논의가 이루어지고 있다는 사실을 믿을 수 없다고 언급했다. 보수주의 평론가들은 동독 시절의 사회주의라며 싸잡아 비난했다. 그러나 이에 대한 논의는 진지하게 이뤄졌고, 실제로 많은 이들이 그 개념을 지지했다. 이는 독일인들이 사회와 자본주의라는 개념에 대해 얼마나 다양한 생각을 갖고 있는지 외부자의 시선으로 깨닫게 되면서 눈을 깜빡거리게 되는 순간 중 하나였다. 그러나 베를린시 연정에서 최대 지분을 차지하는 사회민주당(SPD)이 더 이상 논의하지 않기로 결정했을 때, 그 개념은 (적어도 일시적으로) 종적을 감췄다. 그 결정 이후 두 협력자인 좌파당과 녹색당과의 관계가 틀어졌다.

여러 부동산 기관의 조사에 따르면, 지난 10년에 걸쳐 베를린 지역 임대료는 100퍼센트 넘게 상승했다. 최근 연 상승률은 20퍼센트에 이르며, 이는 세계에서 가장 높은 수준이다. 다른 한편으로, 베를린 인구는 연간 4만 명 규모로 증가하고 있다. 대부분 독일의 다른 지역이나 해외에서 경제적으로 성공한 사람들이다. 그 결과 저소득 거주민이 외곽으로 내몰리고 있다.

이는 전 세계적으로 그리 낯설지 않은 풍경이다. 맨해튼의 많은 지역은 실제로 〈일반인〉이 접근하기 힘든 곳들이다. 런던의 경우, 개발 업체는 공공 주택의 요건에 대해 입에 발린 소리를 한다. 하지만 그들은 비교적 저렴한 주택의 공급량을 최소한으로 줄인다. 심지어 그러한 주택의 거주자들을 위한 입구를 따로 만드는 경우도 있으며, 사람들은 이를 〈가난한 문〉이라고 부른다. 부유한 동네는 러시아, 중국인, 아랍에미리트 갑부들의 안전한 은신처가 되면서 황량해져 버렸다. 그들의 저택은 몇 주 동안 계속 비어 있는 반면, 직장인들은 도심으로 출퇴근하기 위해 매일 두 시간씩 씨름을 하고 있다. 파리의 경우, 〈교외banlieue〉 지역의 사회적 긴장은 유명하다.

베를린 사람들은 그들이 다르다는 사실에, 그리고 그들이 세계화의 최악의 과잉으로부터 스스로를 지켜 냈다는 사실에 자부심을 느꼈다. 어떤 측면에서 그들은 지금도 그렇게 생각한다. 동시에 부동산 수용이 보류되면서, 베를린 당국은 임대료 제한에 관한 논쟁적인 법안에 동의했다. 그 법안의 내용은 베를린에 있는 150만 채에 이르는 주택의 임대료를 5년 동안 동결한다는 것이었다. 이 법안에 따르면, 집주인은 이전 임차인이 지불했던 것 이상으로 임대료를 높일 수 없다. 임대료가 정해진 기준을 넘어설 때, 임차인은 그 법에 근거해 인하를 요구할 수 있다. 임대료를 제한하는 법률이 베를린에만 있는 것은 아니다. 지난 몇 년 동안에 스페인과 네덜란드는 국가 차원에서 임대료 통제 방안을 도입했으며, 미국의 캘리포니아와 뉴욕, 뉴저지, 메릴랜드 역시 같은 방안을 실행에 옮기고 있다. 캐나다 역시 2006년부터 여러 가지 형태의 임대료 규제 정책을 실시하고 있으며, 파리는 베를린의 실험이 얼마나 효과가 있는지 확인하고 난 이후로 규제 방안을 모색하고 있다. 베를린은 법률에 〈과도한 임대료〉를 정의하고 있다. 그것은 법률로 정한 임대료를 기준으로 120퍼센트를 넘어서는 것을 의미한다. 임대료가 그것보다 높을 때, 임차인은 계약 내용과 상관없이 소송을 통해 임대료를 낮추고, 초과로 지불한 돈을 돌려받을 수 있다.

베를린 주택 부족 사태의 상당 부분과 가격 상승으로 인한 압박은 2000년대 들어서 정책 결정자들이 인구 증가(거주 혹은 방문을 위한 유입)에 따른 수요 상승을 제대로 예측

하지 못했기 때문이었다. 베를린은 이미 유럽의 주말 여행자들에게 가장 인기 있는 목적지 중 하나가 되었다. 베를린시 정부는 방문자의 약 3분의 1이 클럽 문화를 즐기기 위해서 오는 것으로 파악하고 있다. 관광객의 유입은 숙박과 서비스에 대한 추가적인 압박으로 작용한다.

뮌헨은 주택 가격과 임대료가 가장 비싼 도시다. 다음으로 프랑크푸르트와 함부르크, 슈투트가르트가 뒤를 잇는다. 베를린은 다섯 번째다. 몇 년 전만 해도 베를린은 연간 조사에서 열네 개 도시 중 8위에 불과했다. 구동독의 두 도시가 그 목록에 이름을 올렸고 예전 서독 지역의 도시 중 일부를 넘어섰다. 드레스덴은 10위, 라이프치히는 12위에 올랐다. 물론 베를린 사람들은 주택에 대한 경제적 접근성에 불평을 하지만, 그것도 유럽 및 전 세계에서 비교 가능한 수도와 집값을 비교할 때까지다.

나는 프렌츨라우어베르크 같은 곳보다는 젠트리피케이션이 덜 진행된, 베를린의 떠오르는 지역인 모아비트에 위치한 국영 부동산 기업 게보바크Gewobag를 방문했다. 그 이름은 노동조합과 주택, 그리고 건축 협동조합을 상징한다. 그렇다고 해서 1968년 사회 운동을 계기로 설립된 기업은 아니다. 얼마 전 게보바크는 비교적 저렴한 가격에 집을 짓고 임대를 주는 베를린시 정부의 산하 기관으로서 100년의 역사를 기념했다. 그들은 수익 전부를 새로운 개발 사업에 투자한다. 게보바크는 데게보Degewo, 게소바우Gesobau 등

의 국영 기업과 함께 복합 개발 부동산에 주력하고 있다. 그
들은 다른 수도와는 비교가 되지 않게 대규모로 사업을 추
진하고 있다. 요하네스 노스케Johannes Noske는 내게 베를린
의 주택 문제에 관한 정확한 현실을 알려 주었다. 그는 베를
린이 앞으로 계속해서 성장함에 따라 그 위원회는 제한된
자원으로 많은 일을 해야 할 것이라고 지적했다. 그가 언급
했던 한 가지 문제는〈위축되고 초라했던 1970년대에 샤를
로텐부르크 같은 지역으로 이주했던 사람들〉인 베이비붐
세대다.〈이들 지역은 이제 세련되고 대단히 매력적이며,
앞으로도 계속해서 그렇게 남아 있을 것이다.〉

　주로 가정을 꾸리기 시작하는 밀레니얼 세대로 이뤄진
30만 명이 넘는 인구가 교외나 그 너머 지역으로 이주했다
는 사실은 이러한 현실을 어느 정도 완화해 주고 있다. 베를
린은 브란덴부르크주로 둘러싸인 도넛 형태의 중심부다.
베를린의 일부는 아직 시골이거나 준시골 지역으로서 황야
지대와 숲, 수십 개의 호수를 포함하고 있다. 그중에서 유명
한 지역 중 한 곳은 남동쪽에 위치한 슈프레발트다. 하지만
이곳의 일부는 덜 매력적이며 이미 개발이 끝난 상태다. 독
일 사람들이 통근 벨트를 부르는 말이 있다. 이는〈스펙귀르
텔Speckgürtel〉이라는 용어로 원래는 삶에 너무 편해진 사람
을 의미한다. 교외 지역 인구는 여느 도시 이상으로 빠르게
성장하고 있으며, 이러한 상황은 모두를 만족스럽게 내버
려 두지는 않는다. 노스케는 이렇게 덧붙였다. 「빈 공터는

예전에 비해 훨씬 줄어들었습니다. 독일인들은 그러한 공간을 사랑하는데 말이죠.」

브란덴부르크주에 자리 잡은 비텐베르게는 휴일 여행객이 꼭 들러야 하는 목록의 상위에 있는 도시는 아니다. 나는 베를린 장벽 붕괴 30주년을 축하하는 의미 있는 기간에 이 도시를 방문하기로 결심했다. 통근 벨트 너머에 있는 비텐베르게는 반세기 가까운 세월 동안 엘베강 오른쪽에 요새화된 독일 내부 경계에 위치해 있었고, 니더작센주에 있는 도시와 마을로부터 멀리 떨어져 있었다. 13세기 작센의 왕 오토 1세가 세운 이 도시는 거대한 직물 공장과 착유 공장, 베를린과 함부르크를 오가는 철도를 위한 기술 공장과 더불어 번영하는 산업 지역으로 19세기에 전성기를 누렸다. 기차역은 이곳에서 경제적으로 중요한 곳 중 하나였다. 그 시절을 떠올리게 하는 대표적인 건물은 거대한 재봉틀 공장이다. 멀찍이 떨어진 곳에서도 쉽게 보이는 공장 건물은 유럽 대륙에서 가장 높은 시계탑을 자랑한다(런던의 빅벤보다는 조금 낮다). 그 시계탑은 20세기로 넘어가는 시점에 미국 기업인 싱어Singer가 해외에서 가장 중요한 공장 건물의 일부로서 세운 것이다. 1904년부터 1943년까지 그 공장에서 650만 대의 재봉틀이 생산되었다고 한다. 전쟁이 끝나고 그 공장의 설비는 소련이 배상의 차원에서 차지했고, 나중에 모스크바 인근의 포돌스크의 재봉틀 공장으로 이전되었다. 결국 그 공장은 1950년대 들어 동독 국영 기업인 베리타스Veritas라는 이름으로 새로 설비를 들이고 재출발했다. 통일 이후로 비텐베르게에서는 전체 인구의 3분의 1이 서독으로 빠져나갔다. 이제 문 닫은 공장과 시계탑은 잃어버린 시절을 떠올리게 하는 기념물로 그 자리를 지키고 있다.

나는 프레데리크 피셔Frederik Fischer와 도심에 늘어선 황량한 건물을 따라 걷고 있었다. 비가 억수같이 쏟아져 거리는 더욱 음산했다. 젊은 바이에른 기업가인 피셔는 주택과 관련해서 이 지역에 도움이 될 만한 아이디어를 떠올렸다. 몇 개의 허브를 구축해 보면 어떨까? 아니면 베를린에서 빠져나온 디지털 유목민을 위한 조용한 시골 마을을 조성해 보면 어떨까? 그들은 아마도 많은 사람이 빠져나가면서 쇠락한 공동체를 다시 살릴 수 있을 것이다. 그래서 피셔는 창조적인 허브 구축 계획을 담은 공개서한을 동부 지역의 시장들에게 보내 그들의 관심을 자극하고자 했다. 젊은 인재들은 지역 주민의 기술 개발에 도움을 주고, 그 대가로 값싼 주거와 사무 공간을 얻음으로써 지역에 수월하게 접근할 수 있을 터였다. 피셔는 내게 말했다. 「메일함이 폭발했습니다.」 다음으로 그는 자신이 개척자라고 부른 사람들로부터 신청을 받았고, 이 황량한 땅에서 함께할 스무 명을 선발했다.

지역 위원회는 피셔에게 폐쇄된 착유 공장의 뒤쪽 공간을 내주었다(공장의 앞 공간은 호텔로 바뀌었다). 피셔의 개척자들 중 몇몇은 이미 이주했고, 현재 6개월의 시범 기간 동안 지역 당국으로부터 보조를 받아 월 150유로만 내면서 거주하고 있다. 피셔는 도시의 기반 시설을 그곳으로 가져오면서, 동시에 자신의 기술 전문가들에게 공동 작업 공간과 더불어 자연을 만끽할 수 있는 기회를 주고 싶다고 설명했다. 그는 〈공동 마을Co-Dorf〉이라는 말을 새롭게 만들어 냈다. 지금 그 공동 마을에는 엘베강 변 비치 바(무더운 여름 동안 운영하는)가 있으며, 누구나 비치된 자전거를 타고 10분이면 마을 어디든 갈 수 있다. 이곳은 여전히 인구 밀도가 아주 낮은 지역이지만, 그럼에도 철도망은 대단히 중요했다. 비텐베르게는 베를린에서 함부르크로 가는 고속 열차 ICE 간선역이 있는, 옛 동독 지역의 유일한 마을이었다. 덕분에 새롭게 유입된 주민들은 원하기만 하면 주말에 도심 번화가로 나갈 수 있었다. 피셔는 이렇게 말했다. 「이곳은 농촌 지역의 쇠퇴와는 정반대되는 이야기를 들려주고 있습니다.」 그는 그 비슷한 프로젝트를 실행하기 위해 다른 마을을 열다섯 군데나 돌아다녔고, 지금은 베를린 남서부의 비젠부르크에서 두 번째 프로젝트를 추진 중이다. 거기서 그는 기차역 옆에 위치한 폐쇄된 목재 공장 건물을 활용했다.

피셔와 그의 프로젝트는 언론으로부터 많은 관심을 받았다. 지난 30년 동안 부정적인 기사로 가득했던 비텐베르게의 미래가 달라지고 있었다. 피셔는 내게 동부 지역 사람에게서는 찾아보기 힘든 전염성 강한 낙관적인 표정을 지어보이며 이렇게 말했다. 「지역 주민들은 믿지 못했죠. 그들은 결국에는 한두 명밖에 남지 않을 것이라고 예상했어요. 하지만 지금 많은 사람들이 그곳에서 삶을 누리고 있습니다. 새로운 미래가 열리고 있죠.」

2013년 4월 데이비드 캐머런이 앙겔라 메르켈을 방문했다. 캐머런은 베를린 북쪽에 위치하고 있으며 메르켈의 고향인 템플린에서도 그리 멀지 않은 슐로스 메제베르크에 유럽의 정상으로서는 세 번째로 초대받은 인물이 되었다. 이번 행사는 일종의 주말 가족 모임으로, 캐머런의 아내 서맨사와 세 자녀, 메르켈의 남편도 참석했다. 그들과 더불어 두 나라와 관련 있는 문화계, 정치계 인사도 몇몇 자리를 함께했다. 몇 달 전 캐머런은 영국이 유럽연합에 계속 남을지를 결정하기 위해 국민투표를 실시하겠다고 발표했었다. 때문에 이번 모임에서는 논의할 것이 많았다. 메르켈은 최대한 우호적이고 비공식적으로 이야기를 나누길 원했다.

토요일 저녁 만찬에서 담소를 나누는 동안 메르켈은 예술 이야기를 꺼냈다. 그녀는 바이로이트에서 봤던 오페라 공연 이야기를 했다. 이어 직접 관람한 연극과 예술 전시회도 언급했다. 그러고는 런던에 가면 무엇을 보면 좋을지 캐머런에게 물었다. 그는 말을 더듬으며 자신은 그냥 TV 보는 것을 좋아한다고 대답했다. 물론 공연 관람도 좋아하지만, 그럴 때면 영국 총리는 엘리트주의자라며 언론으로부터 질타를 받는다고 해명했다. 이 대화는 정치적 현실과 관련해서 독일과 그밖의 세상 사이에 놓인 심연을 뚜렷하게 보여 주었다. 독일인들은 문화, 특히 상류 문화에 대해 거리낌 없이 이야기한다. 독일에서는 예술과 정치인의 관계가 용인될 뿐만 아니라, 요구되기까지 한다.

이러한 차이에 실망한 사람들 중에는 영국 건축가 데이비드 치퍼필드David Chipperfield도 있다. 2011년에 나는 영국 마게이트의 아트 갤러리인 터너 컨템퍼러리와 관련해서 그와 함께 작업을 했다. 이번 건은 그의 회사로서는 보기 드물게 맡은 프로젝트였다. 한편으로, 치퍼필드는 독일에서 유명 인사로서 독일 전역에 걸쳐 많은 주요 건물의 설계를 맡았으며, 가장 유명한 작품으로 베를린 신박물관이 있다. 치퍼필드는 이 건물로 메리트 훈장을 받았다. 그가 최근에 선보인 베를린의 제임스 사이먼 갤러리의 개관식에는 메르켈도 참석했다. 베를린 서쪽에 위치한 베를린 현대 미술 박물관 재건 사업도 그가 맡았던 많은 프로젝트 중 하나였다. 그 프로젝트를 마무리하는 날 저녁 만찬에는 예술계와 정계의 인사들이 참석했다(독일 문화부 장관 모니카 그뤼터스도 참석했다. 영국 문화부 장관은 초대를 받았으나 불참했다). 그 자리에서 치퍼필드는 독일에서 공공 분야가 차지하는 중요성에 대해 이야기했다. 그는 영국의 상황을 아쉬워하면서 이렇게 언급했다. 「건축물이 그처럼 분명한 논의 대상이 된다는 사실은 대단히 신선한 것입니다. 그러한 논의는 사실 큰 부담으로 작용합니다. 당시에는 고통스럽죠. 하지만 작품을 위해서는 더 좋습니다.」그는 이렇게 덧붙였다. 「독일이 전쟁을 치렀고, 물리적으로는 물론 정신적으로 스스로를 다시 일으켜 세워야 한다는 사실은 우리보다 훨씬 더 숭고적인 사회라는 것을 의미합니다. 우리는 성공 중심의 문화입니다. 반면 독일에서는 그 의미에 대한 논의가 활발하게 이뤄지고 있습니다.」

독일에서는 문화에 대한 공적 지원이 뚜렷하고 지속적인 형태로 이뤄진다. 베를린시 정부는 모든 분야의 예술가에게 작업실 임대료를 지원하고 있다. 그 규모는 무려 연간 700만 유로에 달한다. 하지만 이는 응급처방으로 보이기도 한다. 최근 임대료가 급격하게 상승하면서 베를린에서 활동하는 8천 명에 달하는 예술가들 중 많은 이들이 급박한 상황을 맞이하고 있기 때문이다. 비록 상당수가 소도시로, 혹은 다른 나라의 도시로(아테네와 리스본은 특히 인기가 높다) 옮겨 갔지만, 그럼에도 베를린은 여전히 음악가와 미술가, 디자이너, 건축가를 비롯해 뉴욕, 파리, 혹은 런던에서 장기적으로 활동할 수 없는 많은 예술가에게 매력적인 도시로 남아 있다. 독일의 다른 도시들은 예산이 넉넉하지 못한 베를린보다 예술가 한 명당 훨씬 더 많은 돈을 지출하고 있다(동시에 관객에게도 보조금을 지원한다). 많은 작업이 문화 중심적 재건 사업을 기반으로 프랑스와 영국(마게

이트, 낭트, 게이츠헤드, 마르세유)에서 이뤄지고 있기는 하지만, 독일의 탈중심화 정책은 애초에 예산과 인재를 보다 평등한 방식으로 배분하고 있다. 문화와 교육 정책은 지자체의 소관이며, 연방 정부는 조율하는 역할만 맡는다. 독일의 중소 도시에는 유명한 박물관과 극장, 공연장이 많다. 문화 관련 기관과 중소기업들은 주민들이 지역에 대한 자부심을 갖도록 노력하고 있다. 가령 인구가 300만 명에 불과한 작센 지방에서는 라이프치히 게반트하우스 관현악단과 드레스덴 국립 관현악단이라는 세계적인 수준의 오케스트라가 활동하고 있다.

내가 생각하기로, 문화 공동체는 영국이나 유럽의 많은 나라에서보다 독일에서 더 급진적이다. 예술가에 대한 미학적·정치적·지성적 기대는 더 높다. 바로 이러한 이유로 영국의 극장 감독인 케이티 미첼Katie Mitchell은 10년도 더 전에 쾰른과 베를린으로 넘어왔다. 그녀는 〈고전에 대한 의도적인 무시〉[20]를 드러냈다고 한 비평가로부터 비난을 받았다. 독일이라면 아무런 문제가 되지 않을 일이었다. 미첼은 영국 청중은 향수와 안락함을 선호하는 반면, 그녀가 선택한 새로운 고향의 청중은 도전받기를 원하며, 또한 자신의 생각과 감성이 위협받기를 기대한다고 주장했다. 그녀는 이렇게 지적했다. 「연극이 지나치게 세련되면, 독일 평론가들은 항상 본능적으로 회의적인 반응을 드러냅니다. 그들은 그것이 깊이의 부족을 감추기 위함이라고 우려하죠.」[21]

나는 문화계 지도자들과 나누었던 여러 논의에서 많은 공통적인 요소를 확인할 수 있었다. 독일에서도 그러하듯 장점과 약점은 분명하고, 각각은 서로 반대되는 측면이 있다. 독일의 예술 단체는 계속해서 조직을 운영해 나갈 수 있을지에 대해 몇 년에 한 번씩 조바심을 낼 필요가 없다. 실제로 많은 예술 단체는 기업이나 특정 가문으로부터 후원을 받고, 그렇기 때문에 대표와 이사회는 미국이나 영국을 비롯한 세계 많은 곳에서 그러하듯이 기금 모금에 지나치게 많은 시간을 허비할 필요가 없다. 이들 단체는 상업주의에 대한 압박으로부터 비교적 자유롭기 때문에 보다 적극적으로 새로운 작품에 도전할 수 있다. 독일에 있을 때, 특히 베를린에 머물 때, 나는 예술가들 사이에서 충동적인 열정과 정치적 행동주의에 대한 갈망을 확인할 수 있었다. 안타깝게도 영국에서는 거의 느끼지 못했던 것이다. 분명하게도 정체성이라는 지극히 개인적인 주제에 대해 많은 글이 발표되고 공연이 상연되었지만, 지난 수십 년 동안 가장 중대한 사안이라 할 수 있는 브렉시트와 관련해서 영국 문화계는 지레 겁을 먹었고, 정부의 환심을 사고 후원자와 마찰을 빚지 않기 위해 필사적으로 애를 써야만 했다.

독일에서는 문화계 지도자가 정치적 입장을 드러내고 정부에 영향력을 행사하는 모습이 지극히 적절한 것으로 인정받는다. 동시에 정부는 문화계에서 정당한 역할을 차지한다. 우리는 이러한 측면을 베를린에 위치한 폴크스뷔네

Volksbühne 극장의 사례에서 정확하게 확인할 수 있다. 이는 독일의 최고이자 동시에 최악의 이야기 중 하나다. 폴크스 뷔네는 1914년에 설립되었다. 극장 정문 위에는 이러한 슬로건이 붙어 있다. 〈예술을 민중에게Die Kunst dem Volke.〉 바이마르 공화국 시절에 이 극장은 실험적인 공연이 시도되는 온실이었으며, 입장료를 낮춰서 노동자 계층 관객을 끌어들이고자 했던 명백히 진보적인 공간이었다. 막스 라인하르트Max Reinhardt 감독과 같은 위대한 인물들이 바로 여기서 일했다. 그 극장은 정권이 승인하는 한계를 벗어나지 않음으로써 동독 시절을 견뎌 냈지만, 정권의 막바지에 이르러 반체제 인사들이 암묵적으로 비판적인 공연을 제작하기 위해 몰려들었다. 통일 이후로 폴크스뷔네는 새로운 활력을 얻었고, 열정적인 감독인 프랑크 카스토르프Frank Castorf를 영입했다.

카스토르프는 폴크스뷔네를 1992년부터 25년간 이끌면서 독일에서 가장 혁신적인 극장 중 하나로 변모시켰으며, 그 과정에서 관행이나 상업적 성공과는 일체 타협하지 않았다. 카스토르프는 평론가들이 자신의 작품을 혹평하는지, 혹은 청중이 이해하지 못하는지 신경 쓰지 않았다. 그는 교훈주의 예술을 추구했으며, 나머지는 무시했다. 2013년, 카스토르프는 오페라의 요람인 바이로이트에서 바그너의 「니겔룽겐의 반지」 4부작의 개작을 올렸을 때 마지막에 청중으로부터 야유를 받았다. 오페라 공연을 찾는 부유한 관객들이 거세게 항의할수록 그는 엄지를 들어 보이고 아이러니한 박수를 보내면서 오히려 그 상황을 즐기는 듯 보였다. 결국 베를린시 정부는 2015년에 그를 해고했다. 전통주의자와 급진주의자들(독일에서는 종종 같은 부류를 의미한다)은 충격에 빠졌다. 크리스 더컨Chris Dercon이 그의 후임으로 내정되었을 때, 그들의 충격은 분노로 바뀌었다. 벨기에 출신의 전설적인 인물인 더컨은 런던의 시각예술 세계에서는 쉽게 찾아볼 수 있는 인물이었지만, 베를린에서는 많은 이들에게 문제가 되었던 그런 존재였다.

더컨이 취임하기 전, 150명이 넘는 배우와 직원들이 그의 임명에 대해 〈깊은 우려〉를 담은 공개서한을 발표했다. 그 서한에 따르면, 그의 임명은 〈역사적 평준화와 정체성의 붕괴〉를 의미하는 것이었다.[22] 의아하게도 그들은 더컨이 이전에 몸담았던 테이트를 앵글로-아메리칸의 문화적 지배를 위한 트로이 목마로 봤다. 기존 직원들 입장에서 그의 임명은 말하자면 적대적 매수이자 〈협동조합주의자〉 접근 방식의 시작이었던 것이다. 가장 나쁜 것은 그가 〈신자유주의자〉라는 사실이었다. 카스토르프는 식민지화와 점령을 주제로 한 자신의 고별 작품으로 「파우스트」를 무대에 올림으로써 그의 예비 후임자를 조롱했다. 더컨은 자신이 향수(鄕愁)로 이해한 것을 외면함으로써 대의명분에 별 도움을 주지 못했다. 〈베를린은 끝났다. 이곳은 평범한 문제가 있는 평범한 도시가 되어 가고 있다.〉[23] 더컨이 출근했을 때, 일부 직원은 그가 건물 안에 들어오지 못하도록 막았고 6일간의 농성에 돌입했다. 4만 명의 사람이 그의 임명을 반대하는 청원에 서명했다. 결국 더컨은 1년을 버티지 못했다.

더컨은 첫 시즌을 대안의 공간인 템펠호프 공항 격납고에서 춤 공연으로, 그리고 사뮈엘 베케트의 연극으로 막을 올렸지만, 그다지 순조롭게 흘러가지 못했다. 2017년 8월에는 누군가 그의 아파트 문 앞에 배설물을 투척하는 사건이 있었다. 어떤 남성은 파티에서 더컨의 머리에 맥주를 들이붓기도 했다. 또 다른 사람은 길거리에서 그에게 〈개자식〉이라고 소리쳤다. 더컨은 정체성이 뚜렷한 것 못지않게 변화에 대한 거부감도 뚜렷한 극장에 들어왔던 것이다. 결국 더컨은 그곳을 떠나 파리에 있는 그랑팔레 미술관에서 만족스러운 일자리를 찾았다.

영국의 박물관과 관련해서 치퍼필드처럼 위대한 인물 중한 사람인 닐 맥그리거Neil MacGregor는 독일에서 인지도가 상당히 높다. 그가 대영박물관에서 선보였던 「국가의 기억 Memories of a Nation」이라는 제목의 전시회에는 독일 역사 600년을 한눈에 보여주는 200점의 물품이 전시되었다. 이후 그 전시회는 베를린에 있는 마르틴-그로피우스-바우 미술관으로 옮겨졌다. 맥그리거는 전시회와 동명의 책을 출간해서 마찬가지로 많은 호평을 받았다. 대영박물관을 떠난 뒤(그의 후임은 독일인 하르트비히 피셔Hartwig Fischer가 맡았다) 맥그리거는 〈유럽에서 가장 중요한 미술관 프로

젝트〉작업에 착수했다. 베를린에 있는 훔볼트 포럼은 아마
도 유럽에서 최대 규모로 인류학 및 민족학 자료, 전 세계 예
술품을 전시해 놓은 공간일 것이다. 전시품 대부분은 독일
소유는 아니지만, 미술관 건물 전체는 프로이센의 바로크
풍 궁전인 베를린 성의 양식을 본떠 재건되었다. 베를린 성
은 전쟁 때 폭격을 당한 뒤 소련에 의해 철거되기까지 그 자
리를 지켰다. 소련 당국은 1970년대에 바로 그 자리에 공화
국궁을 지었다. 거기에는 아주 많은 혼란과 논쟁의 원천이
잠재해 있다. 전면이 유리로 된 기념비적인 현대식 건물 안
에는 허수아비 노릇을 했던 동독 의회인 인민 의회가 자리
잡고 있다. 다소 의아하게도 이 건물은 동베를린 사람들이
자부심을 느꼈던 곳이다. 현재 그 건물의 로비는 커피 약속
을 잡기에 좋은, 그 자체로 우아한 공간이다. 볼링장과 공연
장도 있다. 많은 이들은 통일 이후에 공화국궁 건물을 석면
때문에 허물어야 한다는 주장을 믿지 않았다. 사람들은 그
게 단지 공화국궁을 철거하기 위한 핑계라고 생각했다. 그
리고 몇 년 뒤 실제로 철거 작업이 시작되었을 때, 시위대는
크레인의 출입을 막아섰다. 내부 전시품 중 일부는 보존되
어 나중에 로스토크에 있는, 동독 시절에 건립된 유일한 미
술관인 쿤스트할레Kunsthalle에 전시되었다.

　새로운, 혹은 다소 오래된 베를린 성의 복구 작업은 이후
10년 동안 시작되지 못했다. 많은 동독인은 왜 독일의 힘과
식민주의를 과시하는 건물을 6억 유로나 들여서 복원해야

하는지 납득하지 못했다. 맥그리거가 맡은 과제는 적어도 쉬운 일은 아니었다. 그는 1905~1907년 탕가니카(현재 탄자니아) 폭동 진압 및 나미비아 토착 부족 학살을 〈20세기 첫 번째 대량 학살〉이라고 평가했다. 〈이제 거기서는 나치까지 들먹이는 독일의 식민지 범죄를 공식 인정하고 동일한 수준의 조사가 이뤄져야 한다는 요구가 높아지고 있다.〉[24] 나치가 약탈한 예술품에 대한 조사를 맡았던 독일 유실 예술품 재단The German Lost Art Foundation은 조사 범위를 확대하고, 예술품의 출처를 조사하기 위해 참여하는 박물관을 대상으로 보조금을 지원하겠다고 발표했다. 캐나다와 호주 역시 똑같은 노력을 하고 있으며, 특히 마크롱 대통령은 프랑스가 식민지로부터 약탈해 온 문화재를 반환하는 데 앞장서야 한다고 역설했다. 영국의 경우에도 그러한 관점에서 대영제국에 대한 논의가 시작되고는 있지만, 공적 논의에서는 여전히 근시안적 숭배물로서 언급되고 있다.

맥그리거는 또 다른 급박한 과제에 직면해 있었다. 그는 하나의 우산 아래 다섯 곳의 독립 박물관을 통합해야 하고, 복잡한 지배 구조와 거물급 인사를 다뤄야 했다. 그는 연방 정부가 그랬던 것처럼 무료 관람할 수 있는 새로운 공간을 원했지만(영국을 비롯한 다른 많은 국가의 박물관처럼) 도시 당국의 생각은 달랐다.

나는 맥그리거와 함께 독일 박물관 세계의 구체적인 사안과 보다 보편적으로 예술 세계 전반에 대해 이야기를 나넜다. 그는 연구와 교육에 여전히 집중하고 있다고 말했다. 큐레이터는 왕이다. 그들에겐 〈해석의 권한〉이 있다. 다시 말해 그들은 박물관에서 전시할 내용을 정한다. 그렇기 때문에 예술 기관의 수장처럼 의사결정을 일방적으로 지시할 수는 없다고 덧붙였다. 마지막 한 사람까지 설득해야 하고, 대부분이 공무원인 조직에서 사람들을 움직이기란 대단히 힘들다. 우리는 〈페어하름로젠verharmlosen〉라는 용어에 대해서도 이야기를 나누었다. 이 개념은 〈사안의 심각성을 완화하다〉라는 말로 가장 잘 설명할 수 있다. 공연 예술과 마찬가지로 시각 예술에서도 변화는 점진적인 형태로 이뤄지고 있다.

베를린 도심에서 맨 북쪽에 위치한 자연사 박물관은 아마도 독일에서 가장 공들인 곳일 것이다. 양끝이 위로 솟은 콧수염의 소유자인 요하네스 포겔Johannes Vogel이 이곳의 관장이다. 찰스 다윈의 후손인 세라 다윈Sarah Darwin과 결혼한 포겔은 수년 동안 런던의 박물관에서 일을 했었다. 그는 더컨이나 맥그리거와는 다른 급박한 문제에 직면해 있었다. 자연사 박물관은 말 그대로 허물어져 가고 있었다. 새와 벌레를 점점 잃어 가고 있었다. 건물 전체가 위태로워지고 있었다. 전체 공간에서 전시로 활용하는 부분은 10분의 1에도 미치지 못했다.

그는 나를 건물 내 보관소로 데려갔다. 동독 정치 지도자 에리히 호네커의 포스터가 그대로 벽에 걸려 있었고, 더 이상 쓰이지 않는 책상 위에 공산주의 청년당 깃발이 놓여 있는 곳이었다. 「이 건물을 보수하고 뭔가 환상적인 것을 만들어 내기 위해 4억 유로가 필요하다고 말했습니다. 의회를 세 차례나 방문했었죠. 그러나 아무 소용이 없었어요. 그 후 2018년 4월부터 11월까지 독일에는 비가 오지 않았습니다. 그런데 리우에 있는 박물관(브라질 국립 박물관)에 화재가 났죠.」그 비극적인 사건이 있고 며칠 후, 포겔은『파이낸셜 타임스』에 박물관의 안전과 공공 지원 사이의 관계를 집중적으로 조명하는 글을 기고했다. 이후 하룻밤의 치열한 협상 끝에 포겔은 2030년까지 7억 4천만 유로를 지원받기로 확답을 받았다. 그 지원금은 연간 운영 예산이 겨우 1700만 유로에 불과한 박물관으로서는 엄청난 규모였다. 이제 포겔은 자연사 박물관을 디지털 학습과 상호 작용에 역점을 둔, 과학과 자연을 위한 세계적인 산실 중 하나로 변모시킬 구상을 하고 있다.

독일에서는 순수 예술에 대한 논의가 캐머런이 메르켈과 저녁을 먹으면서 당황했듯이 과시적인 것으로 여겨지지 않는다. 독일 예술 단체는 그들의 매력을 강조하기 위해 특별히 노력하지 않는다. 일부 단체는 일요일 무료입장과 좌석 할인, 학교 봉사활동과 함께 변화를 시작하고 있지만, 많은 단체는 지극히 협소한 사회적 계층의 청중에게 의존하고 있다. 다양성과 접근성을 향한 여정은 아직 갈 길이 멀다. 문화(혹은 다른 주제) 콘퍼런스에서 토론자들은 종종 특정

연령과 배경의 백인 남성일 때가 많다.

독일의 정치적·문학적 공간에서는 논쟁이 풍성하게 펼쳐지고 있다. 프랑스나 이탈리아 사람들과 마찬가지로, 독일인들 역시 대중 지식인이라는 개념에 별 거부감이 없다. 신문과 잡지는 판매 부수에 집착하기보다 엄격함과 지성을 더 중요하게 여긴다. 좋건 나쁘건 간에 그 점은 오랜 세월 동안 크게 변하지 않았다. 신문의 평론 지면인 문예란은 수준을 그대로 유지하고 있다. 예전에 한 일요일 신문에서 유럽 연합-아프리카 정상회담을 앞두고 아프리카 개발에 관한 분석 기사를 전면에 실었던 것을 본 기억이 난다. 독일이나 프랑스를 제외하고 이런 모습을 세계 어디서 볼 수 있을까?

1980년대 후반으로 돌아가서, 나는 평일 저녁에 TV에서 퀴즈 프로그램을 본 적이 있다. 그 프로그램은 일반인들끼리 겨루는 시합이었다. 이런 질문이 나왔다. 「영국의 야당 대표는 누구입니까?」두 팀 모두 재빨리 외쳤지만 한 팀이 조금 더 빨랐다. 「닐 키녹!」얼마나 많은 영국인과 미국인이 다른 나라의 야당 대표(혹은 총리나 대통령)의 이름을 알고 있을까? 내가 이 말을 하는 이유는 누군가를 조롱하기 위해서가 아니라, 독일에서는 보다 진지해지고 세상일에 관심을 가져야 한다는 요구가 더 높다는 사실을 설명하기 위해서다(물론 독일에서도 토요일 밤 프로그램에는 브라스 밴드와 축구공을 후프 안으로 차 넣기 위해 애쓰는 유명인, 그리고 그들만의 「러브 아일랜드」가 등장한다). 영국이 단일 언어를 사용하고 그 관심이 미국 정도에 국한되어 있는 반면, 독일인은 학교에서 두 가지 외국어를 배운다. 그래서 그들은 국제적인 차원에서 문화에 대한 관심이 대단히 높다. 나는 이 사실에 항상 깜짝 놀라곤 한다.

독일 언론의 긍정적인 측면이 지적 논쟁을 배제하지 않는 점이라면, 부정적인 측면은 깊이 있게 파고들지 못한다는 점이다. 2019년 메르켈이 공식 행사에서 적어도 세 번이나 휘청거리는 모습을 보였을 때, 대부분의 독일 신문은 추가적인 취재가 부적절하다고 판단을 내렸다. 이러한 입장에 대한 변명으로서 편집자와 TV 경영자의 일반적인 반응은 개인적인 측면(건강과 연애)과 공적인 측면(예산 활용과 정책 결정)을 구분해야 한다는 것이었다.

독일에서의 삶이 대부분 그러하듯 현재는 과거로부터 지대한 영향을 받는다. 정치적인 것이든 상업적인 것이든 간에 프라이버시에 영향을 미치는 모든 요소는 매우 진지하게 받아들여진다. 10년 전 나는 사회민주당의 싱크탱크인 프리드리히 에베르트 재단이 주최했던, 표현의 자유를 주제로 한 콘퍼런스에서 연설을 한 적이 있었다. 그때 한 참석자가 실리콘밸리에서 만든 것이 아니라 공공의 차원에서 운영되는 소셜 미디어 플랫폼이 있으면 좋겠다고 말했을 때, 나는 깜짝 놀랐다. 그녀는 개인 정보와 관련해서 페이스북이나 구글을 믿을 수 없다고 말했다. 당시에 나는 그러한 생각이 시대에 뒤떨어진 것이라고, 혹은 독일인의 지나친 조심성을 보여 주는 사례라고 생각했다. 하지만 프라이버시에 대한 우려가 높아지는 오늘날, 그때의 지적은 일종의 선견지명이었다. 독일에서는 정치인들이 유명한 트위터나 페이스북 계정을 관리하는 사례가 많지 않다. 그들이 게시하는 글은 종종 딱딱하거나 공식적이다. 상황이 변하고는 있지만, 독일의 유명 정치인 중 어느 누구도 트럼프가 했던 일을 따라 하지는 않을 것이다. 가령 침대에 누워 「폭스 앤드 프렌즈」를 보면서 정부의 기존 발표 통로 대신에 소셜 미디어에서 중대 선언을 하지는 않을 것이다.

메르켈의 수석 보좌관을 지낸 울리히 빌헬름은 언론과 정치 양쪽에 모두 몸담았던 인물이다. 그는 이렇게 말한다. 「허풍 떠는 언론은 민주주의를 강화하는 게 아니라 위협하고 있다고 인식되고 있습니다. 히틀러는 자신의 권력을 키워 나가는 동안에 언론을 민주주의에 대한 공격과 적대의 수단으로 사용했습니다.」 그는 나치 선동가들이 바이마르 공화국 시절에 언론을 통해 고위급 인사를 인신공격했다고 주장했다.

여론 조사 결과는 독일에서 전통적인 언론에 대한 신뢰도가 비교 가능한 다른 국가들보다 더 높다는 사실을 말해 준다. 독일대안당이 주요 언론에 대한 신뢰를 허물어뜨리기 위해 안간힘을 쓰는 상황에서도 말이다. 로이터스 인스티튜트Reuters Institute가 실시한 최근 설문 조사에서는 독일인의 47퍼센트가 온라인, 오프라인으로 읽는 내용을 신뢰한다고 응답했다. 이는 세계 다른 곳들과 마찬가지로 약간 떨어진 수치이기는 하지만, 그래도 비교 가능한 다른 나라에 비해 훨씬 높다. 38개 국가 중 독일 언론에 대한 대중의 신뢰는 12위를 차지했다. 영국은 21위, 미국은 32위였으며, 37위인 프랑스의 경우에 응답자의 24퍼센트만이 그들이 읽는 내용을 신뢰한다고 답했다. 영국인의 70퍼센트 정도가 가짜 뉴스를 걱정한다고 응답한 반면, 독일인은 38퍼센트만이 그렇게 답했다.[25] 그래도 우려할 부분은 여전히 많이 남아 있다. 독일의 기성 정당들은 소셜 미디어와 관련해서 대단히 무력한 모습을 보여 주고 있다.

독일은 세계에서 가장 부유한 나라 중 하나임에도 불구하고, 많은 독일인은 앵글로색슨 사람들이 소비에 집착하는 모습을 저속하다고 생각하는 경향이 있다. 상점들이 항상 열려 있지 않다는 사실은 저주받은 불편함(나의 첫 반응)이 아니라, 우선순위에 대한 균형 잡힌, 그리고 공동체를 중심에 두는 사고방식을 드러내는 것으로 여겨진다. 독일 시내 중심가는 많은 다른 나라들과는 달리 대단히 특이한 느낌을 준다. 높은 임대료 때문에 상점들이 시장에서 밀려나는 경우는 없다. 독일의 많은 중소 도시에서 공연장이나 미술관을 따라 걷다가 그 지역의 자부심을 상징하는 책방으로 들어갈 수 있다는 사실은 또 하나의 즐거움이다.

저술과 관련해서 말하자면, 얼마나 많은 나라가 철학을

주제로 여러 편의 글을 발표한 국가 지도자를 자랑할 수 있겠는가? 메르켈처럼 최고의 자리에 오른 몇 안 되는 동독 출신 인사 중 한 사람인 요아힘 가우크는 대통령 자리에서 물러나고 나서 2년 후 관용의 계몽적 가치와, 관용이 왜 중요하고 어떻게 위협받고 있는지를 다룬 책을 펴냈다. 여기서 그는 17세기 종교전쟁으로부터 시작해 볼테르와 밀, 칸트, 괴테에 이르기까지 폭넓은 역사를 조망한다. 또한 개인화의 한계와 공동의 노력에 대한 보다 광범위한 개념의 필요성을 집중적으로 살핀다. 이 책은 베스트셀러가 되었다. 독일 말고 어느 나라에서 그럴 수 있을까?

7장 더 이상 대수롭지 않은 일이란 없다
: 기후 문제와 자동차

　세계에서 가장 오래되고 가장 영향력 있는 운동 중 하나인 독일의 녹색 운동은 독일 남서부에 있는 카이저스툴의 포도 재배 지역 끝자락에 위치한 빌에서 반세기 전에 시작되었다.

　1960년 서독은 원자력 에너지 활용을 장려하기 위해 마련된 핵에너지 법안을 통과시켰다. 관련 분야 전문가들은 1950년대 말부터 그 신기술을 어떻게 개발할 것인지에 대해 논의를 이어 오고 있었지만, 1970년대 초 석유 파동이 일어나고 나서야 당면 과제로 떠오르게 되었다. 이들 전문가는 적합한 장소를 물색하기 시작했고, 프랑스와 국경을 맞대고 있는 바덴뷔르템베르크의 한적한 지역인 빌을 완벽한 장소로 선정했다. 그들은 지역 주민들의 불안감과 맞닥뜨렸지만 쉽게 극복할 수 있을 것이라고 확신했다. 그 계획은 신속하게 승인되었다. 그곳은 즉각 통제되었고, 1975년 2월에 첫 공사가 시작되었다. 그러나 곧바로 문제가 시작되었다. 다음 날 지역 주민들이 그곳을 점거했다. 경찰이 농부들과 그들의 아내를 강제로 끌어내는 장면이 TV를 통해 전국적으로 방송되었다. 지역 성직자와 와인 생산 농민들은 프라이부르크에 있는 인근 대학에서 온 학생들의 요청과 도움에 힘입어 그 땅을 되찾았다. 시위자를 해산시키기 위한 계획은 무산되었다. 그로부터 한 달 후 계획 승인은 철회되었다. 결국 발전소는 들어서지 못했고 그 지역은 자연 상태 그대로 보존되었다.

빌의 시위가 성공을 거두면서 원자력 발전소 건립은 많은 이들의 관심을 받게 되었다. 이후 시민들은 핵 프로젝트가 제기되거나 핵폐기물 운송 계획이 나올 때마다 결집했다. 독일의 접근 방식을 다르게 만들어 준 것은 반핵과 광범위한 환경 의제 사이의 연계였다. 프랑스와 영국, 미국은 핵 문제에 큰 관심을 보이지 않았다. 실제로 많은 사람이 보기에, 프랑스와 영국의 핵 억제력은 두 나라가 계속해서 스스로를 글로벌 강국으로 여기게 만들어 주었다. 유엔 안전보장이사회에서 그들이 차지한 자리(1945년 당시에는 적절했지만 75년이 흐른 지금은 다분히 시대착오적인)는 상당 부분 핵 보유에 따른 것이다. 핵전쟁과 에너지에 관한 독일의 관심은 기후 변화 논의보다 한참 앞섰다. 오늘날 두 사안은 나란히 진행 중이다. 덕분에 생존에 대한 불안감이 두 배로 커졌다.

2019년 초여름, 뮌헨글라트바흐에 있는 한 학교를 지나

현대 미술관으로 걸어가고 있는데 굉음이 반복해서 들렸다. 깜짝 놀란 나는 지나가던 사람에게 무슨 일인지 물었다. 그는 핵 경보 사이렌이라고 아무렇지 않게 말했다. 그 훈련은 한 달에 한 번, 토요일에 있었다. 독일은 핵 훈련을 대단히 진지하게 실시했다. 시 정부가 2018년 10월에 발행한 22면짜리 훈련 안내문에는 이러한 지시 사항이 들어 있었다. 〈문과 창문을 꽉 닫으세요. 냉난방기의 전원을 끄세요. 요오드 알약을 복용하세요. 라디오를 청취할 수 있는 지하실이나 실내 공간으로 빨리 이동하세요.〉[1] 이 안내문은 책자 혹은 온라인으로도 볼 수 있다. 벨기에와 인접한 이 인구밀집 지역에 사는 주민들은 항상 훈련에 대비하며, 생수와 상하지 않는 음식을 상비해 둔다. 어떤 이들은 방호복을 찬장이나 침대 아래에 보관해 두기까지 한다.

위이라는 벨기에 소도시에서 남서쪽으로 약 110킬로미터 떨어진 곳에 티앙주Tihange 원자력 발전소가 들어서 있다. 그 거대한 시설은 오랫동안 지역 주민들을 불안에 떨게 했다. 2012년 티앙주를 비롯해 안트베르펜 인근에 위치한 돌Doel 원자력 발전소의 원자로 압력 용기에 대한 초음파 검사가 있었다. 그 결과 철강 내부 깊숙한 곳에서 미심쩍은 균열이 발견되었다. 2014년 3월에는 두 발전소가 각각 하나의 원자로를 폐쇄했다. 원자로 압력 용기는 핵 발전소에서 대단히 중요한 부분이다. 간단하게 말하자면 연료봉을 담고 있는 강철 보호막이며 그 안에서 핵 연쇄 반응이 이뤄진다. 검사 결과 균열이 1만 6천 개로 증가한 것으로 나타났다. 이들 용기 중 하나가 폭발할 경우에 노심 용해가 일어나게 된다. 만약 그런 사고가 터진다면, 불과 몇 시간 만에 강한 서풍이 방사능 구름을 네덜란드와 독일로 날려 보내게 될 것이다.

지역 주민들은 손상된 티앙주 원자로의 가동을 중지해야 한다고 생각했다. 그러나 벨기에의 연방 핵 통제청Federal Agency for Nuclear Control은 판단을 유보했다. 2015년 11월 연방 핵 통제청은 주민들의 우려에도 불구하고 티앙주 2기의 재가동을 승인했다. 이후 연방 핵 통제청과 티앙주 원자력 발전소 운영 기업인 엘렉트라벨Electrabel은 균열에 대한 새로운 해명을 내놓았다. 그들은 균열이 애초부터 존재해 왔으며 발전소를 가동한 결과가 아니라고 주장했다. 그 발표에 따르면, 균열은 〈단조 공정forging process 동안 생성된 수소 플레이크hydrogen flake〉[2]였다. 균열의 수가 증가한 것은 시험 장비의 민감도가 계속해서 향상되었기 때문이라고 했다. 또한 연방 핵 통제청은 해당 원자로의 구조적 완결성이 〈단지 조금 감소했을 뿐〉이며 법률이 규정하는 한계치의 1.5배 수준을 여전히 유지하고 있다고 주장했다. 그러나 티앙주 원자로가 이미 40년이 넘었다는 사실은 언급하지 않았다. 사실 그 원자로는 30년 수명을 기준으로 설계되었다.

국가 전력 수급에서 절반을 원자력 발전에 의존했던 벨기에 정부는 2025년까지 탈원전 방향으로 나아갈 것이라고 약속했다. 그러나 뮌헨그라트바흐 주민들은 그전에 붕괴가 일어나지 않을까 걱정했다. 그들은 벨기에 정부의 판단을 믿지 못했다. 결국 그 지역은 최대 규모의 반핵 운동이 시작된 발원지의 하나가 되었다. 뮌헨그라트바흐에서는 노란색 바탕에 검정 글씨로 쓴 〈티앙주를 중단하라〉라는 슬로건을 차량 스티커나 아파트 창문에 내건 깃발에서 쉽게 찾아볼 수 있다. 아름다운 대성당의 도시인 아헨 역시 티앙주로부터 불과 64킬로미터 떨어져 있다. 벨기에 내부 여론은 엇갈렸다. 프랑스의 경우처럼, 벨기에의 많은 유권자는 핵에너지를 중요하고 깨끗한 기술이라고 생각했다. 그런데 독일과 네덜란드 정부가 안전성에 의문을 제기함으로써 정치적 쟁점으로 삼고 있다고 주장했다. 그럼에도 원자력 발전소에 대한 불신의 목소리는 점점 더 높아졌다. 네덜란드 안전 위원회Dutch Safety Board는 보고서를 통해 잠재적으로 영향을 받을 수 있는 국가들이 만약의 사고에 대비한 방안을 제대로 조율하지 못하고 있다고 주장했다. 그 결과 〈혼란과 불안〉[3]을 가중시킬 뿐이라고 언급했다. 이와 관련해서 독일 정치인들도 한목소리를 내지 못했다. 당시 메르켈은 벨기에와의 문제 외에도 유럽 통합과 관련해서 많은 골칫거리를 떠안고 있었다. 독일의 해당 지역 정부는 티앙주 폐쇄를 요구했다. 그리고 그들의 연기금이 채권과 인덱스 증서의 형태로 그 발전소를 소유한 기업에 230억 유로를 투자했다는 사실을 알고는 즉각 매도해 버렸다.

독일인들은 원자력 발전소를 생각할 때, 체르노빌과 후쿠시마를 떠올린다. 두 재앙은 다른 나라보다 독일인들의 마음에 더 중대한 영향을 미쳤다. 어쨌든 분단된 독일은 두 핵 세력이 냉전을 벌였던 접점이다. 그것은 아마도 보편적인 위험 회피 성향과 대기업에 대한 의심(역사의 교훈)이 조합된 것일지도 모른다. 독일 사람들은 핵무기와 핵 발전이 인류에게 끔찍한 피해를 입힐 수 있는 무제한의 힘을 허락한다고 믿는다.

독일 사회에 영향을 미친 첫 번째 원자력 사고는 세상의 반대쪽에서 일어났다. 1979년 펜실베이니아주 해리스버그에서 멀지 않은 스리마일섬의 원자로에서 부분적인 노심용해가 일어났을 때, 약 12만 명의 주민이 본에 있는 정부 청사 앞에서 시위를 벌였다. 그러나 대규모 시위에도 불구하고, 일찍이 빌에서 거뒀던 성공에도 불구하고 이번 시위는 그 목적을 달성하지 못했다. 많은 기업이 오랜 기간에 걸쳐 정부를 상대로 로비 수위를 높였고, 결국 지금까지 독일에는 열일곱 곳에 원자력 발전소가 들어섰다. 발전소 건설에 반대하며 벌어졌던 가장 격렬한 충돌은 독일 북서부 해안 지역에서 있었다. 1981년 2월 약 10만 명의 시민이 함부르크 북서쪽에 위치한 브로크도르프에서 경찰과 대치했다. 이들 시위대를 진압하기 위해 만 명이 넘는 병력이 동원되었으며 그때까지 독일에서 있었던 최대 규모의 치안 작전이 벌어졌다. 당시 시민과 경찰 양측에서 수십 명의 부상자가 나왔지만, 5년 후 발전소 건설은 강행되었다.

그러나 1986년에 일어난 체르노빌 재앙은 흐름을 완전히 바꿔 놓았다. 그 사건은 유럽 대륙 전체에, 특히 동쪽에서 흘러 들어오는 방사능 구름의 직접적인 경로에 속해 있던 독일에 공포의 그림자를 드리웠다. 당시 나는 모스크바에 있었다. 그 며칠 동안 소련 시민들 대부분 무슨 일이 일어났는지도 몰랐다. 체르노빌 사고가 일어나고 한 달이 흘러 밀라노 공항에 도착했을 때, 나는 승객들 모두 한 사람씩 비행장 외딴 곳에서 내려야 한다는 사실에 깜짝 놀랐다. 방호복을 입은 사람들이 손에 방사능 측정기를 들고 승객을 일일이 점검하고 있었다. 방사능 구름이 유럽 전역을 휩쓸고 지나갈 때, 독일인들은 오염 문제에 대처하기 위해 최선을 다했다. 지방 정부와 시 정부는 공동 비상 계획을 수립했다. 가장 먼저 농작물을 모두 불태웠다. 방호복을 입은 소방관들이 인접 국가로부터 국경을 넘어오는 차들을 세척했고, 학교 운동장 모래도 모두 교체했다. 이 사건 이후로 새로운 핵 시설의 구축은 정치적 차원에서 거의 불가능한 일이 되었다.

체르노빌은 독일의 녹색 운동에 강력한 원동력으로 작용했다. 1980년에 녹색당이 출범했고 약 250개의 시민 단체가 카를스루에라는 마을에 집결했다. 생태학자와 페미니스트, 학생과 반문화 네트워크로 다양하게 이뤄진 이들 조합은 바르샤바 조약 기구와 나토의 해체, 유럽의 비무장화와 더불어 대기업 분할을 촉구하는 성명을 발표했다. 그들은 당 조직이 전통적인 구조에서 벗어나 〈정당에 반대하는〉 정당이 되길 원했다. 평등과 수평적 권력 구조를 확실하게 보장하기 위해서 주나 연방 의회에 선출된 사람은 임기 중반에 사퇴를 하고 다음 순번 인사에게 자리를 물려주도록 했으나, 이 정책은 나중에 중단되었다. 성 평등의 원칙은 엄격하게 지켜졌으며, 여성이 간부직의 50퍼센트를 차지하도록 했다. 이 정책은 지금도 그대로 유지되고 있다. 이후 당원 수는 꾸준히 증가했다. 녹색당은 서로 다른 두 세력, 즉 급진적인 도시민과 학생, 그리고 비교적 보수적인 시골 주민들이 하나로 뭉치면서 모습을 드러냈다. 그들은 산업 자본주의로부터의 소외 속에서, 다소 느리고 보다 전통적인 삶의 방식을 추구하면서 연대를 형성했다. 그러나 그 조직은 주변부에 머물러 있었다. 전통적인 삶의 방식을 추구하면서 여전히 주류에 속하지 못했다. 그 정치 혁명은 이후로 난관에 부딪혔지만, 많은 나라에서 찾아보기 힘든 움직임이 독일에서 시작되었다는 사실만큼은 분명했다.

1980년대 중반에 나는 그곳에서 처음으로 환경에 대한 진지한 논의를 접했다. 나는 한편으로 흥미로우면서도, 다른 한편으로 약간 짜증이 났다. 독일은 일찍이 쓰레기 재활용 제도를 실시했지만, 겉보기엔 간섭을 위한 구실이나 사소한 규칙의 강요처럼 보였다. 하루는 현관 벨이 울려 나가 보니 두꺼운 장갑을 낀 청소부가 서 있었다. 그는 내가 유리와 플라스틱, 종이를 제대로 분리하지 않았다며 심각한 어조로 일장 연설을 늘어놓았다. 당시 영국은 재활용 제도를 실시하지 않았기 때문에 나는 그가 왜 그렇게 흥분하는지 이해하지 못했다. 내 눈엔 유모 국가의 명백한 가식처럼 느껴졌다. 세계에서 가장 열렬한 자동차 문화를 가진 나라가 어떻게 환경을 보호하는 국가로서의 신임장까지 탐낸단 말인가?

나는 뮌헨글라트바흐에서 뮌헨으로 넘어갔다. 내 나이쯤 되는 사람들은 아마도 1980년대에 나왔던 아우디 TV 광고를 기억할 것이다. 그 광고는 이런 슬로건으로 끝난다. 〈기술을 통한 진보Vorsprung durch Technik.〉하지만 이것보다 독일인들의 자동차 사랑을 더 잘 표현해 주는 슬로건은 BMW의 〈운전의 즐거움Freude am Fahren〉이다. 이를 이해하려면 뮌헨 올림픽 공원 끝자락에 위치한 자동차의 성전이라 할 수 있는 BMW 월드를 방문해 볼 필요가 있다. 그곳은 바이에른을 찾은 관광객이 가장 많이 방문하는 장소이자 독일에서 가장 유명한 곳 중 하나다. 2007년에 문을 연(독일 월드컵보다 1년 늦게) BMW 월드는 박물관이면서 테마 공원이자 쇼룸으로서 〈다가온 미래, 바로 지금〉 같은 당혹스러운 마케팅 슬로건으로 가득한 곳이다.

나는 어느 무더운 여름날에 잔뜩 들뜬 독일 가족들과 중국인 및 아랍에미리트 관광객 그룹과 함께 그곳을 찾았다. 그들은 다양한 자동차 모델을 넋이 나간 듯 바라봤고 손가락으로 자동차 표면을 문질러 보았다. 야외에 전시된 오토바이에 올라타 보기도 했다. 그들은 매장에서 기념품을 샀지만 실제 비즈니스는 위층 회의실에서 벌어지고 있었다. 거기서 잠재 고객들(영업 사원은 그냥 구경하러 온 사람과 진지한 방문객을 구분할 줄 안다)이 그들의 꿈의 자동차와 세부적인 사양에 대해 논의를 했다. 그렇게 계약은 이뤄졌다.

슈투트가르트 북쪽의 교외 지역인 추펜하우젠에 자리 잡은 포르쉐 본사 역시 유명하다. 멀티터치로 작동하는 벽과 증강현실 스크린이 설치된 박물관 옆 공간에서 사람들은 자동차를 살 수 있다. 하지만 포르쉐를 받기 위해서는 오래 기다려야 한다. 구체적인 사양이 정해져야 자동차를 제작하기 때문이다. 포르쉐는 빠른 속도로 성장하고 있지만 공급은 여전히 수요를 따라잡지 못하고 있다. 2015년 새로운 전기차 모델로 타이칸을 출시했을 때, 이미 많은 사람이 10만 유로가 넘는 그 차를 사기 위해 대기 줄에 서 있었다. 포르쉐 직원은 회사에서 많은 보조금을 지원받아 자동차를 리스할 수 있다. 독일 자동차 기업은 이런 식으로 유능한 엔지니어를 붙잡아 두기 위해 최선을 다한다.

베를린에 있는 생태학 연구소Ecologic Institute의 설립자인 안드레아스 크레머Andreas Kraemer는 내게 독일인의 자동차 사랑에 대해 들려주었다. 그는 먼저 역사로부터 시작했다. 1876년에 니콜라우스 오토Nikolaus Otto라는 엔지니어가 새로운 내연 기관을 발명했는데 이는 휘발유 엔진의 전신이었다. 오토는 디자이너인 고틀리프 다임러Gottlieb Daimler와 함께 작업을 했지만 나중에 둘은 갈라져 치열한 경쟁을 벌이게 되었다. 그 이후로 독일 자동차 산업의 역사가 펼쳐졌다. 다음으로 엔지니어 루돌프 디젤Rudolf Diesel이 연비가 높은 새로운 차원의 엔진을 출시했다. 그 엔진은 한 세기가 넘도록 개발자의 이름을 간직했으나 이제는 오명의 대상이 되었다. 크레머에 따르면, 지위의 상징으로서 자동차 심리학을 이해하기 위한 가장 좋은 장소는 기업의 주차장이다. 「많은 분야에서 사람들은 이렇게 생각합니다. 〈내가 최신형 BMW를 몰지 않으면 아무도 나를 진지하게 대하지 않을 거야.〉 자동차는 서열을 정합니다. 또한 신뢰와 존경을 의미하죠. 의사는 환자에게, 건설 엔지니어는 비즈니스 파트너에게 이렇게 말합니다. 〈저를 믿어도 좋습니다. 메르세데스를 몰고 있으니까요.〉 수십 년 동안 자동차는 일종의 통과 의례였습니다. 자동차는 자유를 상징합니다. 또한 자부심의 원천이죠.」

독일 가구의 절반 이상은 자동차 연맹인 ADAC에 가입해 있다. 거기서 발행하는 구독 잡지의 발행 부수는 1100만 부로, 이는 독일의 모든 출판물 중에서 최대 규모를 자랑한다. 자동차는 열여덟 살이 되었거나 고등학교 졸업시험인 〈아비투어Abitur〉를 통과한 젊은이를 위한 일반적인 선물이다. 그들은 대개 열일곱 살에 미리 운전면허 시험을 본다.

이러한 모습은 최근에 바뀌고 있다. 크레머는 자신의 딸과 그 친구들이 자동차 대신에 컴퓨터를 사거나 해외여행을 간다고 말한다. 하지만 이러한 변화도 대부분 대도시 지역에 국한된 것이다. 뉴욕과 파리, 혹은 런던에서 운전을 하는 것이 머리 아프고, 속 터지고, 비용이 많이 드는 것처럼, 베를린의 경우도 별반 다르지 않다. 반면 소도시나 작은 마을은 예전 그대로다.

숨 막힐 듯한 독일의 규칙이 사라지는 곳은 다름 아닌 아우토반이다. 1만 2천 킬로미터에 이르는 콘크리트 주행 도로는 많은 이들에게, 특히 나이 많은 세대에게 다른 곳에서 맛볼 수 없는 자유를 만끽하게 해준다. 속도 제한을 부과하기 위한 노력이 지금까지도 이어지고 있지만 모두 실패로 돌아갔다. 물론 도시에서는 소음 제한과 안전 속도 제한이 있다. 그러나 이는 전체 도로망에서 30퍼센트 미만에 불과하다. 속도 제한이 있는 도로에서 사망률은 4분의 1만큼 낮다. 비영리 환경 단체인 도이체 움벨트힐페Deutsche Umwelthilfe의 도로테 자어Dorothee Saar는 이렇게 말한다. 「이는 모든 개별적인 방법 중에서 환경에 가장 많은 영향을 미칠 수 있는 것입니다. 게다가 비용도 들지 않죠. 그런데도 자동차에 관한 논의는 비합리적인 방향으로 흐르는 경향이 있습니다.」[4] 오랫동안 유럽 의회 의원을 지낸 미하엘 크라머Michael Cramer는 내가 다른 사람들, 특히 젊은이들에게서 종종 들었던 이야기를 들려주었다. 「미국인에게 총기류와 총기 로비가 있다면, 독일인에게는 가속 페달과 자동차 로비가 있습니다.」[5]

독일의 비즈니스 리더와 정치인 및 경제학자들은 자동차 산업이 흥하면 독일 경제도 흥한다는 주장에 동의한다. 미국이나 영국에서 금융 산업이 그 기준이 되는 것처럼 독일에서는 자동차 산업이 국가 경제의 척도인 것으로 보인다. 바로 이러한 관점에서 우리는 폭스바겐 사건을 이해할 수 있다. BDI(독일 산업 연맹)의 슈테판 마이어는 이렇게 언급했다. 「자동차 기업들은 그들이 정부에게 의존하는 게 아니라 정부가 그들에게 의존한다고 믿었습니다. 누구도 꺾을 수 없는 기세가 있었죠.」 그러나 이제 많은 독일의 기업과 정치인, 소비자들은 폭스바겐을 외면하고 있다. 미국이 아니었다면 배출 가스 조작 스캔들은 어쩌면 세상에 드러나지 않았을지 모른다. 2015년 9월 미국 환경보호국은 특정 디젤 차량이 실험실 테스트 동안에만 배기가스 제어 기능이 작동하도록 조작되었다는 사실을 밝혀냈다. 이들 차량이 실험실 밖을 벗어나면 제어 프로그램이 작동을 멈추면서 해로운 질소 산화물을 미국 당국이 허용하는 기준치 이상으로 배출했다. 6년에 걸쳐 총 1100만 대의 차량이 바로 이러한 〈임의 조작 장치〉 소프트웨어를 설치한 상태로 전 세계 시장에 판매되었다.[6]

결국 폭스바겐의 최고경영자 마르틴 빈터코른Martin Winterkorn이 자리에서 물러났다. 그는 미국에서 사기와 공모 혐의로 기소되었지만 그곳 법정에 서지는 않을 것으로 보인다. 독일 검찰은 빈터코른과 폭스바겐의 자매 기업인 아우디의 회장 루퍼트 슈타들러Rupert Stadler를 수사했다. 슈타들러와 그의 CEO 자리를 물려받은 빈터코른은 문제를 은폐함으로써 주가를 조작한 혐의를 받았다. 검찰은 적어도 속임수가 밝혀지기 1년 전에 빈터코른은 그 사실을 알았다고 주장했다. 반면 빈터코른 측 변호사는 그가 관련 이메일을 받기는 했지만 읽지 않았을 수도 있다고 항변했다. 폭스바겐은 지금까지 벌금 및 비용으로 전 세계에 걸쳐 300억 유로를 지불했다.[7] 2019년 9월에 폭스바겐은 전례 없는 법적 문제에 직면했다. 독일 사법 시스템은 처음으로 미국의 집단소송 사례를 그대로 따랐다. 독일 소비자 연합(VZBV)이 제기한 소송에서 수만 명에 달하는 소비자들이 폭스바겐을 부실 판매로 고소했다. 그러나 폭스바겐은 속임수에 사용된 기술을 바로잡기 위한 비용 지불을 거부했다. 현재 그 비용은 독일 정부가 부담하고 있다. 이 같은 스캔들은 많은 기업을 파멸로 몰아갈 수 있다. 하지만 폭스바겐과 관련 기업의 경우, 그들은 큰 어려움을 겪기는 했지만 치명적인 타격은 입지 않았다.

독일 자동차 산업의 미래 전망이 한층 더 어두워진 것은 그들이 현실에 안주했다는 사실에 있다. 이들 기업은 언제나 세계 최강자로 군림할 것이라고 믿었고, 경쟁에 대한 우려를 망각했다. 미국과 아시아 시장에서 하이브리드 및 전기차에 대한 연구 개발이 치열하게 이루어지는 동안에 폭스바겐과 메르세데스, BMW, 아우디는 잠을 자고 있었다. 그로부터 10년이 흘러 이들 독일 브랜드는 신기술 부문에서 새로운 시장 지위를 얻기 시작했지만 상황은 만만치 않다. 상류층 소비자를 겨냥한 미국의 혁신 기업인 테슬라는 베를린 동부에 〈기가팩토리Gigafactory〉 건설을 계획하고 있다. 이는 독일 내 여론을 갈라놓았다. 지지자들은 테슬라 진출이 가져올 1만 2천 개의 일자리 창출과 최신 친환경 기술을 활용한 매년 5만 대 차량의 생산을 언급한다. 반면 반대자들은 대규모 삼림 훼손을 비롯한 여러 다양한 환경 피해를 거론한다. 미국이 독일 한복판에 차세대 자동차 공장을 설립한다는 계획은 아마도 일부에게는 가슴 아픈 일일 것이다. 그럼에도 많은 독일 소비자는 그 자동차에 점점 더 많은 관심을 보이고 있다.

수십 곳에 달하는 도심 지역의 공기 질이 심각하게 나빠지면서 법원은 디젤 차량에 대한 잠정적인 운행 금지를 명령하기에 이르렀다. 이들 차량으로부터 가장 많이 영향을 받은 도시는 자동차의 메카인 슈투트가르트였다. 2004년에 그곳 시민들은 법적 행동을 통해 시정 조치를 취하고자 했다. 슈투트가르트 정부는 트럭의 도심 운행을 금했다. 그러나 별 효과가 없었다. 이후 많은 소송이 이어졌지만 실질적으로 변화된 것은 거의 없었다. 여론은 찬반으로 나뉘었다. 공기 질을 걱정하는 사람들만큼 많은 이들이 디젤 차량 운행 금지에 분노했다. 2013년 슈투트가르트는 녹색당 출신의 시장을 선출했다. 그 시장은 본격적인 행보를 시작하면서 가장 먼저 미세먼지 경보기를 도입했다. 시 정부는 공기 오염 수준이 유럽연합 기준치를 넘어서는 날에 시민들에게 화목난로 사용을 중단하고, 자가용 대신에 대중교통을 이용하도록 촉구했다. 이때 대중교통 요금은 인센티브 차원에서 절반으로 할인되었다. 그러나 다시 한번, 이러한 방안 역시 기대에 못 미쳤다. 결국 2018년 슈투트가르트는 유럽연합이 정한 하루 미세먼지 기준치를 63일 동안 초과했다. 이는 연간 허용 일수인 35일의 두 배에 가까운 기간이다.[8] 물론 이는 예외적인 경우에 해당했다. 슈투트가르트는 삼면이 산으로 둘러싸인 분지 형태이고, 도심 교통량을 분산할 수 있는 순환도로도 없기 때문이다. 하지만 독일 전역의 여러 도시들 역시 이와 비슷한 경험을 하고 있으며, 심각성은 크게 다르지 않다. 최근 SUV를 비롯해 연비 효율이 낮은 차를 타는 대도시 운전자들은 〈당신의 차는 너무 크다〉라거나 〈당신의 에고는 이렇게 화려한 차를 필요로 하는가?〉라고 적힌 쪽지를 차량에서 종종 발견하곤 한다.

환경은 언제나 독일에서 중요한 정치적 사안이었다. 이제 이 문제는 문화 전쟁의 전면으로 대두되고 있다.

2018년 8월 그레타 툰베리Greta Thunberg가 스웨덴에서 학교 시위를 벌이는 동안에 〈미래를 위한 금요일Fridays For Future〉 운동은 젊은이들을 자극하기 시작했다. 그 기구의 독일 지부는 대단히 활동적인 조직으로 주요 도시에 걸쳐 정기적으로 시위를 주도하고 있었다. 2019년 11월 미친 듯이 물건을 사는 블랙 프라이데이에 500곳이 넘는 독일의 도시와 마을에서 수만 명이 시위에 참여했다. 툰베리는 종종 독일을 방문하여 집회에서 연설할 뿐만 아니라 쾰른 서부의 함바흐에서처럼 오래된 삼림 지역을 훼손하는 개발을 막기 위해 직접행동에 참여하기도 한다. 툰베리는 가는 곳마다 군중의 환호를 받는다. 독일에도 툰베리와 같은 활동가가 있다. 그는 확신에 가득 찬 스물세 살의 루이자 노이바워Luisa Neubauer다. 노이바워는 2020년 1월에 지멘스의 CEO 조 케저로부터 그들이 계획하고 있던 지속 가능성 위원회Sustainability Board에 합류할 것을 공식적으로 제안받을 만큼 영향력이 있는 인물이다. 그녀는 이 제안에 대해 똑같이 공식적으로 거절 의사를 밝히면서 지멘스가 호주에서 진행되고 있는 세계적인 규모의 석탄 채굴 프로젝트에 참여하기로 했다는 사실을 지적했다. 호주는 영토의 상당 부분이 기후 변화에 따른 삼림화재로 황폐화되고 있다. 노이바워는 어떤 경우든 간에 타협할 생각이 없었다. 독일 기업들은 새롭게 발견한 친환경 신입장을 과시하고 싶은 마음에 재빨리 유리한 쪽에 서고자 했다. 가령 마드리드에서 열린 유엔 기후 콘퍼런스를 마치고 스웨덴의 집으로 돌아가는 서른 시간의 여정 동안에 툰베리가 자신의 500만 팔로워에게 비좁은 독일 열차의 복도에 앉아 있는 사진을 트위터에 올렸을 때, 독일 철도 기업인 도이치반은 즉각적으로 그녀에게 일등석 자리를 내어줘야 한다고 주장했다. 그 철도 회사는 기후 시위 덕분에 승객의 수가 꾸준히 증가하고 있다는 점을 지적했다. 그러고는 2019년 총 승객 수는 1억 5천만 명으로 이는 4년 사이에 25퍼센트 증가한 수치이며, 삐걱대는 철도 시스템이 이미 겪고 있는 부담을 더하고 있다고 덧붙였다. 반면 독일의 국내 항공 여행자 수는 12퍼센트 감소했다.[9]

독일에서 벌어지는 금요일 시위의 분위기는 뜨거우면서도 질서 정연하다. 동조하는 지역 당국은 시위대에게 무대와 음향 시스템까지 지원한다. 부모들은 자녀도 참석할 수 있게 허가증을 써준다. 시위 현장에서 학생들은 교사와 예술가, 과학자들과 함께한다. 첫 번째 금요일 시위는 역사를 품은 장소인 베를린 상이군인 공원에서 열렸다. 예전에 베를린 장벽을 감시했던 동독의 인민 경찰이 그곳을 막사로 사용했었다. 지금 그곳에는 기후 및 교통 관련 부처와 다양한 경제·과학 관련 연구소가 들어서 있다. 자연사 박물관 관장 요하네스 포겔은 내게 이렇게 말했다. 「여기에는 베를린의 두뇌가 모여 있습니다.」 그러고는 미소를 지으며 해외 정보기관인 BND의 감찰 훈련소도 멀지 않은 곳에 있다고 설명했다. 포겔은 자연사 박물관이 기후 운동에서 중요한 역할을 맡은 것을 자랑스럽게 생각한다. 박물관은 미래를 위한 금요일뿐 아니라 미래를 위한 과학자의 시위가 끝나고 나서 토론회를 벌인다. 「젊은 시위자들이 과학자들과 함께하는 시간을 갖습니다. 매번 네 시간 동안 집중적인 토론을 이어 나갑니다.」 그는 박물관에서 주요 저녁 TV 뉴스에 등장하는 활동가들의 국제적인 기자회견도 주최했다고 언급했다. 「이제 이곳은 혁명을 기리는 장소입니다.」

〈미래를 위한 금요일〉과 더불어 이제는 〈마력을 위한 금요일Fridays for Horsepower〉이라는 페이스북 그룹도 생겨났다. 이는 자동차 정비공인 크리스토퍼 그라우Christopher Grau가 만든 것으로, 〈자동차에 미친 사람〉을 자처하는 그는 기후 시위에 대한 좌절감을 표현한 영상을 게재했다. 화면은 흔들리고 음향은 열악했지만 15만 명이 넘는 사람이 그의 길고 신랄한 비판 영상을 시청했다. 그 페이스북 그룹의 설명에 따르면, 그들의 목적은 〈통제 불능의 기후 마니아들과 즐거운 마음으로 맞서는 것〉이다. 그 폐쇄적인 그룹의 회원 수는 며칠 사이에 50만 명을 훌쩍 넘어섰다. 그라우는 갑작스럽게 찾아온 유명세를 활용해서 여러 차례 언론 인터뷰에 임했다. 그 그룹은 전기화electrification가 앞으로 나아가야 할 방향은 아니라고 주장한다. 대신에 수소나 바이오디젤과 같은 대체 연료를 적극적으로 받아들여야 한다고 말한다. 이 그룹은 이제 보다 기후 친화적인 내연기관에 대해 연구를 하고 있다고 주장한다. 그의 인기 뒤에는 자유주의(〈정부는 물러서라〉)와 반(反)대도시주의의 조합이 있다. 그의 〈비스트 팩토리Beast Factory〉 자동차 워크숍은 가장 가까운 기차역에서 6킬로미터나 떨어진 노르트키르헨이라는 작은 마을 외곽에 위치해 있다. 이곳에서 이동하려면 간헐적으로 운행되는 자원봉사 버스를 이용해야 한다. 여기서 남쪽으로는 도르트문트가, 북쪽으로는 뮌스터가 상당히 멀리 떨어져 있다. 다시 말해서 마을 가까이에는 아무것도 없다.「여기서는 차가 없으면 밖에 나갈 수 없어요.」그라우는 자동차 운행을 제한하는 정책이 그의 공동체 생활 방식을 허물어뜨린다고 말한다. 그는 자신이 기후 변화에 반대한다거나, 혹은 독일대안당(AfD)이 그의 그룹에 침투해 있다는 주장을 부인했다. 물론 그가 그 사실을 부인한다고 해도 그들이 그를 선택할 가능성은 여전히 남아 있다.

그라우의 활동은 비교적 무해하지만 다른 경우는 그렇지 않다. 툰베리와 노이바워를 비롯한 많은 환경 운동가들은 비난과 욕설에 끊임없이 시달린다. 독일대안당은 기후 문제가 이민과 유럽 통합 다음으로 세 번째로 중요한 기본적인 사안이라는 가정에서 출발한다. 당 내부에서 발행한 자료에는 대도시 환경 운동가들이 뭔가를 지지하기 위해 나설 때, 〈독일대안당은 자동적으로 이에 반대해야 한다. 그 역도 마찬가지다〉라고 나와 있다.[10]

이제 기후 변화를 부정하는 이들 역시 그들이 자랑하는 대표적인 존재를 내놓고 있다. 그는 바로 나오미 자이브트 Naomi Seibt라는 인물로 열아홉 살의 뮌스터 출신이다. 자이브트는 사회주의와 페미니즘, 그리고 〈기후 변화 히스테리〉를 반대하는 영상을 유튜브에 올린 이후로 미국과 독일을 비롯한 많은 나라의 우파 단체로부터 뜨거운 호응을 얻었다. 2020년 2월에 그녀는 미국 우파 싱크탱크인 하트랜드 인스티튜트Heartland Institute로부터 초청을 받아 메릴랜드에서 열린 미국 보수주의 정치 행동 콘퍼런스에 참석해 연설을 했다. 그 자리에는 다름 아닌 도널드 트럼프와 마이크 펜스 부통령이 참석했다. 미국의 경우와 마찬가지로, 독일에서도 화석 연료 로비 집단과 대안 우파 집단은 공동의 목적을 발견했다.

독일의 동쪽 끝에 위치한 콧부스라는 도시에는 오래된 특이한 마을과 열정적인 관장이 이끄는 인상적인 미술관이 있다. 그밖에 별다른 구경거리는 없다. 가장 유명한 건물은 폴란드 국경에 인접한 도시 외곽에 있다. 사람들은 그 건물의 존재를 주변 모든 곳에서 확인할 수 있다. 가령 하늘에 떠 있는 두꺼운 흰 구름 사이에서도 말이다. 그 건물은 다름 아닌 옌슈발데Jänschwalde로서, 이는 갈탄을 태워서 전기를 생산하는 화력 발전소다. 일부 측정 자료에 따르면, 그 발전소는 유럽에서 이산화탄소를 네 번째로 많이 뿜어내고 있다.[11] 또 다른 보고서에 따르면, 오염으로 악명 높은 유럽의 5대 발전소 중 네 곳이 독일에 있다고 한다. 옌슈발데를 폐쇄해야 한다는 환경 차원의 주장에는 반론의 여지가 없지만, 이곳에서도 역시 정치가 개입하고 있다. 그 바로 위쪽에는 독일 최대 태양광 발전소 중 하나인 리베로제Lieberose가 들어서 있다. 10년 전에 문을 연 리베로제는 예전에 군부대 연병장으로 쓰던, 축구장 스무 개 면적에 달하는 부지를 차지하고 있다. 이 발전소는 1만 5천 가구가 사는 작은 마을을 위해 충분하면서도 깨끗한 전기를 생산한다. 발전소의 운영은 향후 10년간 더 유지되는 조건으로 계약이 이뤄졌다. 그후에 시설물을 해체하고 부지는 다시 목초지로 돌아가게된다. 발전소 운영비는 민간과 공공이 공동 부담한다. 지금까지는 대단히 깨끗하고 실질적인 효과를 보여 주고 있다. 문제는 전체 공장 운영에 필요한 인원이 단 열두 명뿐이라는 사실이다. 반면 옌슈발데에는 8천 개가 넘는 일자리가달려 있다.

독일(혹은 주로 서독)은 1970년대부터 석탄 의존에서 벗어나기 시작했다. 그러나 2038년까지 완전히 벗어나지는못할 것으로 보인다. 독일에는 주요 석탄 채굴 지역이 세 곳있다. 그들은 콧부스가 위치한 라우지츠 지방과 중부에 위치한 하르츠 지방, 서부에 위치해 있으면서 고도로 산업화가 진행된 루르 지방이다. 이들 지역은 가난하고 정치적으로 불안정하다. 정부가 보조금을 중단한다면 모든 탄광은향후 5~10년 내에 파산할 것이다. 하지만 독일 정부는 이들 탄광의 생명을 늘리고 있다. 대규모 고용 창출이 힘든 이들 지역에서 기존 일자리를 보호하기 위해서다. 이는 전 세계적으로 낯설지 않은 모습이다. 진정한 남자를 위한 진짜일자리. 유명 독일 제약 기업이 문을 닫으면 주로 여성으로구성된 1만 명이 일자리를 잃게 된다. 그러나 정치인이나언론은 이와 관련해서 별다른 언급을 하지 않는다.

그들이 자랑하는 에너지 개혁에도 불구하고, 독일은 지금 주요 목표, 즉 〈1990년을 기준으로 2030년까지 이산화탄소 배출량을 40퍼센트 줄이기〉를 따라잡지 못하고 있다. 사실 독일 정부는 원래의 목표를 포기했다. 그들은 이제 30퍼센트 정도만으로도 만족하려 한다. 지난 10년간 탄소 배출량은 줄어들지 않았고, 자동차 배기가스 역시 1990년 이후로 떨어지지 않았다. 독일은 여전히 세계에서 여섯 번째로 이산화탄소를 많이 내뿜는 국가로서 전 세계 배출량의 2퍼센트를 차지한다. 포츠담 기후 영향 연구소Potsdam Institute for Climate Impact Research 대표인 오트마르 에덴호퍼 Ottmar Edenhofer는 이렇게 말했다. 「우리는 대단히 냉철하게 대차대조표를 작성해야 합니다. 실제로 우리는 지난 10년을 통째로 잃어버렸습니다.」[12] 심지어 거대한 석유 소비국인 미국이 최근 들어 독일보다 더 높은 비율로 탄소 배출을 줄인 것으로 드러나고 있다.[13]

포퓰리즘 정치와 과학이 충돌하고 있다. 독일에는 세계에서 가장 오래되고 가장 존경받는 환경 연구소들이 포진하고 있다. 천 명 이상의(어느 나라보다 많은) 연구원이 비정부 정책 기관에서 환경과 기후를 연구하고 있으며, 그와 비슷한 수가 대학에서 연구를 하고 있다. 가장 대표적인 기구로 응용 생태학 연구소인 외코 인스티튜트Öko-Institut는 무려 40여 년 전인 1977년에 프라이부르크의 남서쪽 마을에서 일어난 반핵 운동으로부터 시작되었다. 그로부터 3년 후에 외코 인스티튜트는 〈에너지 전환Energiewende〉이라는, 시대에 앞선 개념을 내놓았다. 이는 석유와 우라늄 없는 성장과 번영을 의미한다. 〈전환Wende〉이라는 용어는 위험을 무릅쓰고 중요한 변화에 도전했던 통일의 시기를 설명하기 위해서도 사용된 바 있다.

그래서 무슨 일이 벌어졌던가? 메르켈은 〈기후 총리〉로 알려진 인물이 아니었던가? 독일은 녹색당에게 통치의 역할을 허락한 국가 중 하나가 아니었던가? 독일은 최초로 친환경 정책을 실시하고, 재생 가능한 에너지, 재생과 재활용 등 환경에 관한 모든 시도를 허용했던 국가가 아니었던가?

문제의 일부는 다급하고 가시적인 위협이 없었다는 사실에 있었다. 오랫동안 기후 변화는 독일 사회 내부에서 주요 사안이 아니었다. 사실 기후 변화에 따른 영향은 먼 미래의 일이었다. 더 다급한 위협은 해수면 상승이었다. 하지만 그것마저도 덴마크나 네덜란드처럼 독일의 북쪽과 서쪽에 이웃한 국가들에게 더 급박한 문제였다. 대부분의 문제는 정치적인 것이었다. 메르켈은 핵과 자동차, 석탄을 두고 로비를 벌이는 세력에 맞서야 했다. 또한 통일이 우선순위를 재조정함으로써 기후 변화에 관련된 프로젝트 추진의 발목을 잡았다. 동독 지역의 정치와 경제는 많은 비용을 들여서라도 고용 유지와 사회적 안정에 다시 초점을 맞춰야 했다. 다른 한편으로, 메르켈의 연정 파트너인 사회민주당(SPD)은 분열되었다. 그들은 핵심 근로 계층 유권자의 요구를 충족시키면서, 동시에 보다 젊고 도회적인 유권자를 소외시키지 말아야 했다.

독일은 에너지 자원이 부족하고 인구 밀도가 높은 나라다. 영국이나 프랑스, 혹은 스페인이나 포르투갈, 네덜란드와 달리 독일은 과거에 식민지로부터 가져온 무제한적인 자원을 활용할 수 없었다. 전쟁 이전에 석탄은 독일이 사용할 수 있는 전략적 자원이었다. 석탄은 그들에게 자연의 보물이었다. 또한 독일을 강력하게 만들어 준 원동력이었다. 그러나 1945년 이후로 미국은 독일이 그전에 통제하지 못했던 석유와 가스의 공급에, 그리고 해상 교통로에 의존하도록 만들었다. 독일은 서방 연합에 결속되었다. 에너지 안보는 모든 국가에 필수적인 문제다. 한 세기에 무려 두 번이나 파괴와 처벌을 목격한 그 사회는 자신이 가지고 있는 것을 아껴서 사용하는 데 능했다.

2000년에 독일은 풍력과 태양력에 사활을 건 최초의 대규모 경제 시스템으로 거듭났다. 그들은 재생 가능한 에너지에 대한 높은 가격을 보장하는, 많은 나라들이 따라 한 법안을 통과시켰다. 독일 의회는 사실 기후 변화보다는 핵 발전에 따른 위험성을 제거하는 데 더 많은 관심을 갖고 있었다. 2년 후〈전기의 상업적 생산을 위한 핵에너지 활용의 체계적인 중단에 관한 법〉이 발효되었고, 이후로 원자력 발전소를 운영하는 기업들과의 오랜 협상이 이어졌다. 그 법은 약 2021년까지 모든 핵 시설의 폐쇄를 규정하고 있었다. 대략적으로 기대 수명과 안전 기록에 따라 여러 원자력 발전소가 가동을 조기 중단했다.[14] 2005년을 기준으로 재생 가능한 에너지가 총 전기 생산에서 차지하는 비중은 10퍼센트 정도에 불과했다.[15] 투자자들은 육지와 해상에 풍력 발전 시설을 건설하는 프로젝트에 몰려들었다. 태양광 발전 설비는 무려 150만 개 이상 설치되었다. 대단한 낙관주의 시절이 시작된 것이다. 이러한 기대는 부분적으로 현실로 드러났다. 재생 에너지가 차지하는 비중은 꾸준히 증가했다. 현재 재생 에너지가 총 전기 생산에서 차지하는 비중은 40퍼센트를 넘어선다. 이는 세계적으로도 상당히 높은 수치다. 독일 정부는 그 비중을 2030년까지 65퍼센트, 2050년까지 80퍼센트로 끌어올리는 것을 목표로 삼았다. 물론 이를 위해서는 많은 예산이 필요하다. 독일 정부는 매년 약 250억 유로를 재생 에너지 산업에 쏟아붓고 있으며, 재원의 대부분은 소비자가 지불하는 할증 요금으로 마련하고 있다.[16]

풍력 발전 분야에만 16만 명가량의 인력이 일하고 있다. 이는 석탄 산업에 종사하는 근로자 수의 여덟 배에 달하는 규모다. 재생 가능한 에너지 산업의 붐은 다른 압박과 동시에 일어났다. 2000년 중반 푸틴이 서방 세계에 등을 돌리면서 독일 정부는 러시아로부터 가스와 전기를 안정적으로 공급받을 수 있을지 걱정하기 시작했다. 아직 태양열과 풍력 발전으로는 그 간격을 메울 수 없었기 때문에 그들은 핵을 포기하는 방안에 대해 다시 의문을 품게 되었다. 2008년

『슈피겔』은 표지 기사에서 이렇게 주장했다. 〈핵 발전: 무시무시한 회귀.〉[17] 2010년 말 메르켈과 연정 파트너인 중도파 자유민주당(FDP)은 여전히 가동 중인 원자력 발전소의 운영 기간을 연장하는 법안을 갑작스럽게 내놓았다. 이 교묘한 전략은 환경 분야에서 놀라운 배신과 공격으로 기록되었다. 이후 많은 시위가 일어났고 많은 소송이 잇달았다. 연방 부처들이 주 정부와 논의하지 않고 의회에서 밀어붙였다는 점에서 위헌 소지가 제기되었다. 이러한 상황에서 녹색당이 그 존재감을 드러냈다. 그들은 여론 조사에서 무려 30퍼센트의 지지율을 기록하며 1위를 차지했다. 이는 전 세계적으로 전례 없는 사건이었다. 응답자의 4분의 3은 핵 발전에 반대한다고 말했다. 정부 내 전문가들조차 그 조치를 비난했다.

그때 후쿠시마 사태가 터졌다. 일본에서 일어난 핵 재앙은 메르켈에게 체면을 세울 수 있는 기회를 주었다. 새로운 법안이 채택되고 3개월 후, 구체적인 핵 포기 시점을 2021년으로 정한 새로운 법안이 통과되었다. 핵 발전에 대한 적대감은 대단히 강력했고 정치적 역풍 또한 강력했기에 메르켈에게는 다른 선택지가 없었다. 그러나 기후 변화의 관점에서 그 움직임은 잘못된 전환이었다. 독일은 석탄을 비롯해 이산화탄소를 대량 발생시키는 원천을 먼저 폐쇄했어야 했다. 현재 이산화탄소 배출 감축에서 독일을 앞지르고 있는 나라들인 영국, 프랑스, 스웨덴은 에너지 포트

폴리오에서 핵을 그대로 포함시키고 있다. 메르켈은 그 전환을 급진적인 선택이라고 설명했지만, 사실 그럴 수밖에 없는 상황이었다.

환경 운동가들은 아직 끝나지 않은 중요한 조각이 남았다고 말한다. 그것은 티앙주와 그 인근의 원자력 발전소를 말한다. 독일이 비핵화의 미래를 향해 나아가고 있는 동안에도 유럽연합이 생산하는 에너지의 약 30퍼센트는 14개국에 위치한 130개의 원자력 발전소에서 나오고 있다. 1957년에 유럽 경제 공동체(EEC) 설립 회원국들은 평화적인 핵 발전 개발을 위한 합의안인 유럽 원자력 공동체 조약Euratom Treaty에 서명했다. 이 조약의 목적은 〈협력을 강화〉하고 양립 가능한 안전 기준을 마련하는 것이었다. 유럽 원자력 공동체를 비롯한 여러 다른 국제 협약은 핵 사고에서 비롯된 국제적 책임을 제한하고 있다. 그러나 환경 운동가들은 이렇게 묻는다. 2021년에 독일의 마지막 원자력 발전소가 문을 닫게 되는 상황에서 왜 이러한 조약을 폐기하지 않는가? 왜 독일 정부는 프랑스나 벨기에에서 핵 사고가 발생할 경우 그로 인한 피해에 대해 시민들이 소송을 제기할 수 있는 권리를 가로막고 있는가? 그러나 독일이 유럽 조약에서 탈퇴하는 것은 아마도 대단히 비독일적인 처사가 될 것이다.

2018년 여름, 독일은 처음으로 기후 변화에 따른 대규모 위기를 겪었다. 독일인들은 위험스러우리만치 높은 기온으로 심각한 고통을 경험했다. 작물은 시들고, 강물은 말라 버렸다. 그해 후반에는 라인강 수위가 너무 낮아지는 바람에 처음으로 화물 운송이 중단되었다. 이는 산업 심장부에 타격을 가했다. 루르 지방을 장악하고 있는 티센크루프 제강소는 생산 규모를 줄여야 했다. 다국적 화학 기업인 바스프와 바이엘은 강의 유속이 느려지면서 물 온도가 상승하는 바람에 공장의 열기를 식히기 위해 보조 냉각 시설을 가동해야 했다. 같은 해에 독일 역사상 여태껏 보지 못했던 규모의 산불이 집중적으로 발생했다. 이는 이전에 기후 변화에 관심이 없었던 많은 독일인의 경각심을 일깨웠다. 독일 문화에서 산림이 차지하는 부분은 결코 간과할 수 없다. 타키투스의 게르마니아에 관한 이야기와 로마에 승리를 거둔 토이토부르크 숲의 전투로부터 그림 형제를 거쳐, 〈영혼이 머무르는 신성한 곳〉에 대해 언급했던 폰 아이헨도르프의 낭만 시에 이르기까지 독일인에게 숲은 태고의 공간이었다.

한편으로는 자신이 물려받은 유산을 바라보며, 메르켈은 이제 행동해야 할 시간이 왔음을 깨달았다. 그녀는 더 이상 〈대수롭지 않은 일〉이란 없다고 말했다. 2019년 6월 메르켈은 당원들에게 이렇게 연설을 했다. 「이제 꾸물거릴 시간이 없습니다. 북극 동토층의 해빙, 산불, 홍수, 혹서, 그리고 생명을 위협하는 공기 오염 등의 기후 위기 상황에서 행동을 하지 않는 것이 더 이상한 선택입니다.」 하지만 그러한 비판은 어쩌면 자기 자신을 향한 것인지도 몰랐다.

기후 보호법을 제정한 의도는 메르켈의 친환경 시도를 더욱 돋보이게 하려는 것이었다. 공감대를 형성하기 위해, 독일 정부는 항상 그랬듯이 먼저 위원회에 조사를 의뢰했다. 그 위원회는 2038년까지 모든 화력 발전소를 폐쇄하는 방안을 내놓았다. 이에 따르면, 대형 에너지 기업은 2022년까지 스무 곳에 달하는 대규모 발전소를 폐쇄해야 한다. 석탄 생산량은 2030년까지 절반 이상으로 줄여야 한다. 2019년 9월, 열다섯 시간 동안 밤늦게 이어졌던 석탄 파트너들과의 긴 협상을 마친 후, 메르켈은 540억 유로 규모의 프로그램을 발표했다. 휘발유와 석탄, 난방유를 포함해 이와 비슷한 연료를 생산하는 기업은 그들의 제품으로부터 배출되는 이산화탄소를 상쇄하기 위해 증명서를 구입해야 한다. 사실 이러한 방식은 이미 유럽연합 차원에서 실시되고 있다. 비록 중공업과 항공, 에너지 분야에만 국한되어 있기는 하지만 말이다. 그러나 독일의 탄소세는 상당히 낮을 것이다. 2021년 톤당 10유로를 시작으로 2025년까지 35유로로 높일 전망이다. 기독교사회연합(CSU)이 톤당 20유로로 잡혔던 초기 가격에 반발하며 성공적으로 버텼다.

또한 정부는 다양한 방안을 통해 기업과 가정에서 탄소 배출량을 줄이도록 유도하고 있다. 가령 부가세를 인하함으로써 철도 요금을 낮추고, 항공 요금에는 더 무거운 과세를 하고, 기름으로 가동하는 난방 시스템을 2026년부터 신축 건물에서 금지하고, 오염물질을 많이 내뿜는 자동차에 높은 세금을 물리고 있다. 반면 전기차는 우대를 받게 된다. 2030년까지 100만 곳의 전기차 충전소가 설치될 계획이다. 이 프로그램에서는 또한 나무 심기가 중요한 부분을 차지한다. 경제 각 분야는 이를 실행할 법적 의무를 갖게 되며, 정부 부처는 그 과정을 감독하게 된다.

　이 프로그램은 대단히 복잡하며, 모든 항목이 법으로 제정될지는 미지수다. 그러나 독일 정부는 그 프로그램의 효과를 극대화하기를 희망했다. 그 발표는 환호 속에서 이뤄졌다. 환경부 장관 스베냐 슐체Svenja Schulze는 이 프로그램을 〈독일 기후 정책의 새 출발〉이라고 정의했다.[18] 그러나 많은 이들은 특히 10유로 탄소세와 관련해서 좋은 기회를 놓친 것으로 인식했다. 가격이 너무 낮게 책정되어서 소비 습관을 바꿀 수 없을 것이라는 지적이다. 전문가들은 또 다른 결함을 꼬집었다. 그들은 석탄 산업에 대한 지속적인 보조금 지급은 생산 과잉, 그리고 이웃 국가에 대한 값싼 에너지 수출로 이어질 것으로 내다봤다. 논의가 충분히 이뤄지지 않은 사안 중 하나는 내륙 풍력 발전 생산을 늦추는 것에 관한 문제였다. 많은 지역의 주민들은 법 개정을 요구하고 있다. 그들은 모든 형태의 〈정착지〉(의도적으로 사용한 애매모호한 표현)로부터 반경 1킬로미터 내에 터빈을 설치하지 않도록 요구했다. 현재 많은 1세대 터빈의 수명이 다해가는 가운데, 대체가 이뤄질 것으로는 보이지 않는다. 이제 관심을 모으는 것은 해상 재생 에너지다. 이 시설은 오직 다국적 기업에 의해서만 건설이 가능하다.

2020년 새해 연설에서 메르켈은 자신에게 주어진 과제를 숙고하면서 임기 마지막 기간 동안에 기후 위기를 최우선순위로 삼을 것이라고 약속했다. 그녀는 국민들에게 이렇게 말했다. 「예순다섯 살인 저는 정치인들이 움직이지 않는다면 일어나게 될 기후 변화의 모든 결과를 경험하지는 않을 것입니다. 지금 우리가 하거나 하지 않을 일의 결과를 떠안고 살아가야 할 사람들은 우리의 자녀와 손자입니다. 그래서 저는 독일이 생태적·경제적·사회적 차원에서 기후 변화를 통제 가능하도록 만들기 위해 최선을 다하고자 합니다.」[19] 이 연설에서 메르켈은 임기를 시작할 무렵에 친환경 의제와 관련해서 개척자임을 자처했지만 최근 성과에는 실망했다는 인식을 드러내 보였다.

석탄과 자동차 로비, 동부 지역 우파로부터의 압력이 아무리 거세다고 해도, 메르켈의 후임자는 새로운 길을 개척할 기회가 독일에게 주어져 있다는 사실을 깨달아야 할 것이다. 독일은 기술적 우위를 점하고 있다. 정치적 시스템도 갖추고 있다. 비록 추진력을 잃어버렸다고 해도, 독일은 다른 나라들이 하지 못했던 방식으로 환경 보호주의를 공동체의 중심에 뿌리내리게 했다.

무엇보다 중요하게, 독일은 메르켈이 자리에서 물러난 이후로 새로운 시대에 첫 번째 녹색당 총리와 함께할 수 있었다. 2년 전 공동으로 녹색당 대표를 맡은 이후로, 로베르트 하베크Robert Habeck와 아날레나 베어보크Annalena Baerbock 의 인기는 크게 올랐다. 이제 녹색당은 지역 선거에서 사회 민주당을 계속해서 앞지르고 있으며, 전국 선거에서도 지속적인 우위를 보이고 있다. 두 사람은 누가 총리가 될 것인 지를 놓고 딜레마에 직면했다. 미국 잡지 『포린 폴리시』는 얼마 전 하베크를 일컬어 〈마크롱에 대한 독일의 대답〉이라 고 표현했다.[20] 이는 녹색당에 대한 인식이 얼마나 많이 바 뀌었는지를 말해 주는 다소 과장된 증언이었다.

많은 독일 정치인과 마찬가지로, 그리고 미국이나 영국의 많은 정치인과는 달리 하베크는 학자로서의 과거에 대해 당 혹스러워하지 않는다. 그는 문학적 미학에 대한 이론을 갖 추고 있으며, 계몽 시대 시인인 카지미르 울리히 뵐렌도르 프Casimir Ulrich Boehlendorff에 관한 책을 쓰기도 했다. 그는 2009년까지 꾸준히 소설을 썼고, 북부 시골 지역인 슐레스 비히홀슈타인 의회에 입성했다. 그리고 거기서 부총리와 에너지 장관을 맡았다. 그는 개방적인 정치 시스템과 폐쇄 적인 정치 시스템 사이에서 정치를 새롭게 정의하는 과제에 대해 이야기를 했다. 「이제 우리는 공격을 선도하는 새로운 선수가 되기 위해 노력하고 있습니다. (……) 녹색당은 또 한 전통적인 좌파 진영에 어울리지 않는 중요한 질문을 해 결할 수 있습니다. 우리는 어떻게 다양한 사회에서 공감대 를 형성할 수 있을까요?」[21] 그는 사람들의 삶에 대한 판단이나 과도한 개입으로는 기후 위기 문제를 해결할 수 없다고 덧붙였다. 「뭔가를 금지하지 않는 정치는 없습니다. 우리에게는 고속도로 법과 민법이 있습니다. 세상은 우리의 자유를 지키기 위한 금지로 가득합니다. 광범위한 정치적 차원에서 기준을 마련한다면 그것은 좋은 일입니다. 하지만 동물성 단백질 섭취를 위한 개인의 예산에 대해서까지 국민들에게 말한다면 그건 좋지 않은 생각입니다.」[22] 배후 해결사에 좀 더 가까운 베어보크는 국제법 전문가다. 2013년 이후로 포츠담 연방 하원 의원을 지낸 베어보크는 녹색당 대표를 선출하는 선거에서 역대 최고의 득표율인 97.1퍼센트를 기록했다.

둘 중 하나가 총리가 될 가능성은 여전히 낮지만, 가능성이 있다는 사실 자체로 놀랍다. 최대의 당으로 떠오르든 아니든 간에, 녹색당은 다음 정부에서 틀림없이 중요한 역할을 맡게 될 것이다. 이는 1990년대 말과 2000년대 초 게르하르트 슈뢰더와 코소보 사태 시기 이후로 권력의 자리에 오르게 된 첫 번째 시점이다. 그들은 메르켈 후계자의 기독교민주연합(CDU)과의 연정을 선택할 것이다. 이는 독일 역사상 최초의 흑-녹 연정이다(물론 헤센과 바덴뷔르템베르크에서 좋은 성과를 거둔 적이 있기는 하지만). 아니면 베를린과 브레멘, 튀링겐 지방 정부에서 그러했던 것처럼 사회민주당과 좌파당을 끌어들여 3당 중도 좌파 연정을 형성할 수도 있다.

많은 급진적인 젊은 환경 운동가들은 녹색당이 기세를 잃어 간다고, 혹은 주류에 편승한다고 비난하고 있다. 분명하게도 녹색당은 독일 정치의 정신, 즉 타협과 가능성을 모색하는 기술을 받아들였다. 다른 한편에서, 독일 기업들은 기존 비즈니스 모델을 다시 한번 생각하도록 압박을 받고 있다. 불명예의 나락으로 떨어진 자동차 산업은 전기화의 흐름을 따라잡기 위해 나서기 시작했지만 아직 갈 길이 멀다. 환경 위기에 앞서 대처했으며, 그 의제를 정치적·사회적 주류로 만들었던 국가인 독일은 아마도 과거의 명성을 되찾을 것이다. 녹색당이 새로운 권력으로 떠오르고 있는 가운데, 이 어두컴컴한 시기에 독일과 비슷한 긍정적인 이야기를 들려줄 나라는 좀처럼 보이지 않는다. 독일만큼 진지하게 정치에 접근하는 나라는 찾아보기 힘들다.

결론
: 독일은 왜 잘하는가

　세계는 지금 전후 시대 어느 때보다 더 많은 위협을 느끼고 있다. 독일인들은 바로 눈앞에서 포퓰리즘과 전염병, 기후 위기를 맞이하고 있다. 코로나19의 영향은 앞으로 몇 년 동안 이어질 것으로 보인다. 환경 위기는 그 너머 수십 년 동안 계속될 것이다. 제2차 세계 대전이 끝난 이후로 독일인들은 분단과 베를린 장벽, 그리고 냉전 시대를 겪었다. 그래도 그들은 안보와 관련해서 항상 기댈 곳이 있었다. 그러나 이제 국가의 안전을 외부에 의존할 수 없게 되었다. 오히려 많은 나라들이 독일을 바라보고 있다.

　오늘날 독일의 회복력은 앙겔라 메르켈이라는 한 여성의 인격으로 드러나고 있다. 2021년 말로 예정되었던 다음 선거에 총리 후보로 나서지 않을 것임을 발표하기 직전에 메르켈은 독일이 〈새로운 장을 써야 한다〉라고 말했다.[1] 그녀는 즉각 사임을 하지는 않았고, 일부 비판자는 그녀가 받은 환영 이상으로 너무 오래 머물렀다고 주장한다. 그러나 메르켈의 개인적인 인기는 모든 세계 지도자 중 최고 수준이었고 그녀가 속한 기독교민주당보다 훨씬 더 높았다. 그녀가 남긴 유산에 관해 질문을 받았을 때, 메르켈은 그저 이렇게 답했다. 「역사에서 제가 맡은 역할에 대해서는 고민하지 않습니다. 다만 제 일을 할 뿐입니다.」[2] 많은 이들은 〈무티〉 이후의 삶을 걱정한다. 그들의 우려는 일리가 있다. 상황이 힘들수록 그녀의 차분함은 다른 세계 지도자들 사이에서 단연 돋보였다. 물론 대부분은 그녀를 성실한 인물이라 생각하지만, 어떤 이는 그녀에게서 음침한 인상을 받았을 것이다. 하지만 그건 그녀만의 스타일이다. 그녀는 절대 변하지 않을 것이다.

새로운 세대의 지도자들은 무거운 짐을 지게 될 것이다. 그들은 독일을 어떠한 나라로 이끌어 갈 것인가? 지난 몇 년간 세계적으로 일어난 혼란이 우리에게 가르쳐 준 것이 있다면, 절대적인 예측을 하지 말라는 것이다.

기독교민주연합(CDU)의 후임 대표로 메르켈이 선택한 아네그레트 크람프카렌바워의 총리 불출마 선언은 수개월 동안 정치의 맨 꼭대기에 커다란 구멍을 남겨 놨다. 기독교민주연합이 코로나19로 인해 당 대표 선거를 연기하겠다고 결정하자 관망세가 이어졌다. 여러 당파가 그 자리를 놓고 경쟁을 벌였고, 모두들 그 승자가 2021년 총선 시점에 총리 자리를 차지하게 될 것이라고 예상했다.

우승 후보는 가장 인구가 많은 노르트라인베스트팔렌주

의 총리인 아르민 라셰트Armin Laschet였다. 그는 독일 정치인의 전통적인 이미지, 즉 협상가에 어울리는 인물이었다. 2020년 초 라셰트는 또 다른 경쟁자인 옌스 슈판과 공동 출마할 것임을 전략적으로 발표함으로써 느긋하게 선두로 앞서 나갔다. 두 사람은 기독교민주연합에서 양 날개를 대변한다. 슈판은 우파를, 라셰트는 중도파를 맡고 있다. 슈판은 난민 유입이 한창일 무렵에 독일의 개방 정책을 비판하면서 메르켈에 맞섰다. 하지만 이후 두 사람은 즉각 화해를 했고, 메르켈은 슈판에게 의사결정에서 중요한 역할을 맡겼다. 이제 마흔 살인 슈판은 아직 기다릴 여유가 있기는 하지만, 팬데믹이 한창인 시기에 보건부 장관 자리를 맡음으로써 일찌감치 확고한 정치적 기반을 마련했다.

메르켈과 마찬가지로 라셰트는 정확한 감각으로 내각을 구성하고 광범위한 정치적 스펙트럼에 걸쳐 연정을 구성하는 데 능하다. 1990년대 하원 의원 시절에 그는 당시 연방 의회가 자리 잡은 본에 있는 한 이탈리안 레스토랑의 와인 저장고에서 양당의 공통분모를 확인하기 위해 모임을 가졌던 기독교민주당과 녹색당 그룹인 피자 커넥션의 일원이었다. 당시 그러한 움직임은 기이한 것, 심지어 불온한 것으로 보였다. 지금은 양당이 행정부에서 함께 살아가기 위해 적극적인 준비를 했던 탁월한 선견지명으로 인식된다. 라셰트는 지금은 주도적 위치에 있는 많은 정치인과 함께 피자 커넥션 인맥을 계속 유지하고 있다. 유럽 의회와 연방 의회에 잠시 몸을 담은 이후로, 라셰트는 2017년에 노르트라인베스트팔렌주 총리가 되어 소규모 진보 정당인 자유민주당(FDP)과 함께 주 정부를 이끌어 나가고 있다. 그는 신뢰감을 주는 태도로 많은 존경을 받았다. 많은 유럽 국가보다 GDP가 더 높은 노르트라인베스트팔렌주는 그에게 국가 지도자로서의 유용한 시험 무대가 되어 줄 것으로 보인다.

그의 주요 경쟁자인 프리드리히 메르츠Friedrich Merz는 강경한 자본주의를 몸소 보여 주고 있다. 그가 이끄는 기독교민주연합은 더욱 뚜렷한 모습을 보여 줄 것이다. 그는 독일대안당(AfD)으로 넘어갔던, 불만 가득한 일부 우파 유권자를 다시 데려올 수 있겠지만, 중도파에 속한 많은 유권자를 소외시킬 것이다. 다음으로 미래를 위해 중요한 또 다른 인물로 바이에른주 총리이자 기독교민주연합의 자매 정당인 기독교사회연합(CSU) 대표인 마르쿠스 죄더Markus Söder가 있다. 전통적으로 두 당은 국가 정치에서 연정을 구성해 단일 총리 후보를 냈다. 라셰트-슈판 공동 후보가 여론 조사에서 앞서 나가지 못할 경우, 죄더는 출사표를 던질 것이다. 그렇지 않는다고 해도 죄더는 차기 행정부에서 중요한 역할을 맡게 될 것이다.

메르켈이 결국에는 성공하지 못할 것이라는 드러나지 않은 의심이 있었다(코로나19에 대한 효과적인 대처로 여론 조사 성적은 몇 년 동안 좋았지만). 그러나 누가 차기 정부를 이끌게 되건 정책적 합의점은 이미 옮겨졌다. 코로나19

위기는 메르켈이 전성기 동안에 전체 지역과 비즈니스 분야를 강화하기 위해 나섰던 것보다 더욱 강력하게 독일 정부가 개입하도록 압박을 가하고 있다.

영국의 정부 각료와 많은 언론은 블리츠 정신이 코로나19를 〈격파〉했다고 환호했다. 영국인이 집착하는 바로 그 제2차 세계 대전의 표현이 다시 돌아왔다. 이번에는 어느 정도 존재감을 갖고 말이다. 더욱 감동적으로 영국 여왕은 1939년 베라 린Vera Lynn의 전쟁 노래인 「우리는 다시 만날 거예요We'll Meet Again」를 다시 한번 상기시켰다. 그러나 팬데믹이 길어지고 향수가 자라나면서 1939~1945년 시절이야말로 영국이 국가적 차원에서 사회적 단결을 경험했던 마지막 시간이었다는 사실이 명백해졌다. 그 시절은 다시 돌아올 것인가? 한 세대의 정치 지도자들은 영국의 경제적 분열을 더 악화시켰고, 공동체를 향한 열망이 다른 나라와 크게 다르지 않은 국민들을 외면했다.

2020년 여름, 축구 경기에서 페널티킥을 얻어 내는 놀라운 기술 말고는 독일에 대해 좀처럼 긍정적인 이야기를 하지 않는 몇몇 영국 신문은 고통스럽게도 이러한 질문을 던졌다. 왜 독일은 더 잘하는가? 독일에서 차츰 정상적인 삶을 회복하기 시작하면서, 팬데믹은 허둥대는 영국의 모습을 더욱 뚜렷하게 전 세계에 각인시켰다. 최악으로 치닫는 몇몇 국가(미국과 브라질)의 경우, 그 특성이 비슷한 포퓰리즘 정치인이 정권을 잡고 있다는 사실을 사람들은 확인했다. 이들 지도자(보리스 존슨과 트럼프, 보우소나루)들은 선동가로서 권력의 자리에 올랐고, 국가 안에서, 그리고 국경을 넘어서 문화 전쟁을 촉발했다. 그들은 분열을 이용하는 법을 알았지만, 국민을 결속시키는 데는 서툴렀다. 많은 독일인이 숙고적인 그들의 정치 문화를 둔하다고 비판하는 주변국들의 목소리에 익숙하다. 그러나 팬데믹으로 인해 다시 한번 그들의 장점을 인식하게 되었다.

전쟁 이후로 독일인의 국민 의식은 나치 유산에 대한 공포와 수치, 그리고 배워야 할 교훈에 기반을 두었다. 이러한 국민 의식 덕분에 독일은 지난 몇십 년 동안 직면했던 다양한 위기를 잘 극복할 수 있었다. 앵글로색슨 세상이 시대에 뒤처진 것으로 치부했던 가치(가족과 책임, 국가의 역할)를 21세기 세 번째 10년이 시작되는 시점에 독일에서 굳이 새롭게 불러일으킬 필요는 없었다. 독일에서는 그러한 가치가 사라진 적이 없기 때문이다.

금융적 관점에서 이미 시들어 가고 있는 경제는 더욱 어려움을 겪게 되겠지만, 그래도 독일에는 다른 국가에 없는 보험증권이 있다. 블랙 제로 정책, 즉 연방 정부와 지방 정부가 재정 균형을 맞추도록 했던 이 긴축 정책은 국고를 과잉 흑자로 돌려놓았다. 메르켈은 독일 경제가 힘차게 달려나가는 동안에 더 많이 지출을 하지 않았다고 오랫동안 공격을 받았다. 그러나 그녀는 흔들리지 않았다. 메르켈의 모토는 절약이었다. 개인이 가능한 모든 곳에서 절약을 해야 하는 것처럼, 국가도 긴급한 상황에 대비해 절약을 해야 한다. 코로나19가 발생했을 때 독일 정부는 국가 경제를 살리기 위해 7500억 유로를 일찌감치 퍼부었다. 이는 놀라운 규모이면서, 동시에 예전에 돈을 더 많이 낭비했던 국가들보다 더 쉽게 흡수할 수 있는 규모이기도 했다. 물론 블랙 제로 정책은 완전한 실패로 돌아갈 수도 있었다. 하지만 메르켈은 정당성을 입증받았다. 팬데믹이 유럽 전역을 휩쓸 때, 전 세계 사람들은 독일의 모습을 지켜봤고, 또한 왜 독일이 다른 나라보다 더 잘 대처하는지 궁금하게 여겼다. 독일은 외국인들이 고향으로 돌아갈 수 있도록 전세기까지 동원했다. 또한 이탈리아와 스페인, 프랑스 환자들까지 돌보고 있다. 독일의 코로나 검사 비율은 다른 나라들을 부끄럽게 만들고 있다. 다음의 질문은 영국 정치인들에게는 무척 뼈아픈 것이었다. 독일은 왜 더 잘하는가?

이웃 국가들과 마찬가지로 독일은 팬데믹으로 인해 파산 직전에 내몰린 기업들을 최대한 많이 구제하기 위해 노력하고 있다. 그러나 차이는 독일 정부가 훨씬 더 많은 전략적 여지를 확보하고 있다는 것이며, 그 덕분에 독일은 경제적·사회적 충격을 크게 입지 않고 이 세계적인 혼란 속에서 살아남을 수 있을 것으로 보인다. 그들은 결속을 호소해 극단주의 정치에 타격을 가하면서 독일대안당의 거침없는 상승세를 제어할 수 있을 것으로 보인다. 2020년 2월에 함부르크에서 치러진 선거에서는 독일대안당이 처음으로 주춤하는 모습을 보이면서 사회민주당과 녹색당 연정이 다시 세력을 얻었다. 몇 주 후 비록 코로나19 위기로 가려지기는 했지만, 중대한 발표가 있었다. 독일의 연방 헌법 수호청이 독일대안당의 한 조직(〈더윙the Wing〉이라고 하는)을 공식적인 감시 대상에 포함시켰다. 그러고는 즉각적으로 이를 해산시켰다. 처음으로 자유 민주주의를 추구하는 정부가 맞서 싸웠던 것이다. 물론 독일대안당의 몰락을 선언하기에는 너무 이르기는 하지만(어쩌면 지속적인 침체가 다시한번 반등으로 이어질 수 있다), 그럼에도 그들의 전성기가 지나갔다고 말하기에는 충분하다.

독일의 장기적 도전 과제는 예전만큼 뚜렷하다. 방법론적 차원에서 그 경제 모델은 차세대 기술을 제대로 받아들이지 못하고 있다. 독일은 전기차와 인공지능, 컴퓨터 학습의 분야에서 미국과 중국을 따라잡기 위해 충분한 노력을 기울이고 있는가?

독일은 세계에서 어떤 위치를 차지하고 있는가? 『포린 폴리시』는 메르켈의 마지막 몇 달 동안에 워싱턴 내부 보수주의자들 사이의 전통적인 관점을 바탕으로 그녀의 전체 임기에 대해 혹평을 가했다. 그들은 〈비정한 대연정〉이 〈이해하기 힘든〉 외교 정책을 추진한다고 주장했다.[3] 그 비판 중 일부는 적어도 메르켈의 네 번째이자 마지막 행정부에 대해서는 정당한 평가라고 볼 수 있다. 도널드 트럼프가 혼란을 부추기고 영국이 유럽연합을 떠나 주변 세력으로 나아가는 상황에서, 독일이 국가의 이해관계뿐만이 아니라 도덕적 리더의 차원에서 보다 강력한 존재감을 드러낼 가능성은 여전히 활짝 열려 있다. 메르켈은 그 가능성을 향해 어느 정도 나아갔지만, 충분히 더 멀리 나아갈 수 있었다. 그리고 이제 앞으로 더 많은 길을 걸어가야 한다. 러시아와 중국이 각기 다른 중대한 위협을 가하고 있는 상황에서 독일은 보다 분명한 태도를 취해야 한다. 메르켈은 지금까지 러시아에 강하고 중국에 약한 모습을 보였다. 걱정스럽게도 라셰트는 러시아 정부에 우호적인 반면, 중국 정부에는 적대적인 태도를 취하고 있다.

브렉시트와 관련해서 전 경제부 장관 카타리나 발리가 했던 경고는 우리의 상상보다 훨씬 더 빨리 현실로 다가왔다. 브렉시트 이후 몇 주 만에 독일과 프랑스는 안보 문제와 관련해서 영국과의 접촉을 제한하기 시작했다. 2020년에 영국은 지난 한 세대 사이에 처음으로 대단히 중요한 뮌헨 안보 회의에 보낼 고위급 각료를 선발하지 못했다. 영국은 독일에게 세 번째로 중요한 수출 시장에서 일곱 번째로 내려왔다. 한때 전후 독일의 모델이었던 영국은 바다 건너 골치 아픈 존재가 되어 버렸다. 영국의 적대적 태도는 독일뿐만 아니라 여전히 강력한 통합을 유지하고 있는 유럽연합 26개국의 태도마저 적대적으로 만들어 버렸다. 트럼프가 〈적〉이라고 언급[4]했던 유럽을 떠나면서, 영국은 국제적 가치에 대한 인식을 위해 필사적으로 의존했던 소위 미국과의 〈특별한 관계〉를 부활시키지 못했다. 트럼프는 아프가니스탄 탈레반과의 평화 협정에 대해, 그리고 이란 최고 사령관인 카셈 솔레이마니를 바그다드 공격을 통해 제거하기로 했던 2020년 1월 결정에 대해 그의 친구 보리스 존슨에게 이야기하는 것을 깜박 잊고 말았다.

다른 한편으로, BBC와 정부 기관 및 대학의 전문가들과 〈엘리트〉 집단을 향한 초기 존슨 행정부의 유치한 트럼프식 공격은 위기관리라고 하는 현실에 맞닥뜨리게 되었다. 독일이 관용적이고, 혁신적이고, 동정적이고, 개방적인 사회라고 존경했던 합리적인 영국의 모습을 우리는 언제 다시 찾아볼 수 있을까? 다만 너무 늦지 않기를 바랄 뿐이다. 영국이 유럽을 떠나던 날, 독일의 저자 베티나 슐츠Bettina Schulz는 『차이트』의 한 기사에서 많은 이야기를 늘어놨다. 〈30년 전 영국에 도착했을 때, 런던은 내게 자유 그 자체이자 전 세계 모두가 함께 살아가고, 일하고, 사랑하는 법을 보여 주는 모범이 되는 살아 있는 유토피아였다. 그곳에 이방인은 없었다. 모두가 소속감을 갖고 있었다.〉[5] 슐츠는 브렉시트 기간 동안에 영국에서 일어난 혼란이 그 국민이 아니라, 정치 때문이라는 사실을 한탄했다.

새로운 시대의 정치는 어떤 경우든 간에 독일을 비롯한 모든 나라에서 더 복잡한 양상을 띠게 될 것이다. 독일은 계속 실수를 저지를 것이다. 〈느리지만 확실하게.〉 이것은 바로 독일의 방식이다. 규칙에 대한 지나친 집착은 즉각적인 반감을 불러일으킬 수 있다. 혁신을 일으키고, 위험을 감수하고, 과감한 행동을 취하는 시도에 대한 저항은 치명적인 부작용을 초래할 수 있다. 하지만 치밀하면서도 신중한 접근 방식은 독일 사회를 갑작스러운 동요로부터 지켜 주었으며, 전후 역사에서 네 번의 중요한 순간을 헤쳐 나가도록 했다. 그리고 독일 사회가 나치의 공포를 겪은 이후로 재건 사업을 벌이고, 1949년 기본법을 바탕으로 새로운 민주주의의 근간을 마련하도록 도움을 주었다. 또한 이는 1968년 저항 운동에서 1989년 베를린 장벽 붕괴, 2015년 난민 위기, 그리고 이미 10년 동안 직면해 있었지만 본격적으로 시작되지도 않은 도전 과제에 이르기까지 독일 사회의 충격 흡수제로 작용했다.

코로나19가 터지고 몇 주가 흘러, 메르켈은 한 TV 연설에서 독일 지도자들이 좀처럼 보여 주지 않는 모습을 드러냈다. 그녀는 전쟁을 언급했지만, 이번에는 죄책감을 자극하기 위함이 아니었다. 「우리 모두 하나 된 협력에 이처럼 크게 의존해야 하는 도전 과제는 통일 이후로, 아니 제2차 세계 대전 이후로 우리 나라에 없었습니다.」[6] 다음으로 메르켈은 이동 제한과 병력 소집, 사람들의 활동에 대한 정부의 감시와 관련해서 엄중한 이야기를 했다. 「자신 있게 말씀드리지만, 저와 같은 사람에게, 그리고 이동의 자유가 최고의 권리인 이들에게 이러한 제한은 절대적으로 필요할 때

라야만 정당화될 수 있습니다. 이 제한은 결코 가볍게 실행되어서는 안 됩니다. 민주주의 사회에서는 오직 일시적으로만 부과되어야 합니다. 그럼에도 사람들의 목숨을 살려야 하는 지금, 그러한 제한은 반드시 필요합니다.」 공산주의와 베를린 장벽의 시대를 살았던 여성으로서 비상 수단은 쉽게 결정할 수 있는 일이 아니었다.

하지만 걱정과 숙고에 대한 집착은 다른 나라의 오만(더 잘 안다고 생각하지만 실은 그렇지도 않은)을 따라가는 것보다 미래를 위한 훨씬 더 나은 보험이다. 영국 건축가 데이비드 치퍼필드는 내게 이렇게 말했다. 「독일인들은 우리 모두가 느껴야 할 불안감을 분명하게 보여 줍니다.」 혹은 브루클린 출신 유대인으로 베를린 예술 대학 총장을 지냈으며, 독일에서 35년째 살고 있는 마틴 레너트는 이렇게 표현했다. 「모든 단점에도 불구하고 저는 여기서 일을 처리하는 방식을 존중합니다. 의사결정을 내리는 합리적인 방식을 말이죠. 그러한 방식이 올바른 판단을 보장하지는 않지만, 그래도 그 절차를 신뢰합니다.」 또한 독일 주재 영국 대사관을 지낸 폴 레버Paul Lever는 이렇게 말했다. 「제가 5년 동안 운 좋게 그랬던 것처럼 오늘날 독일에서 살아간다는 것은 유럽, 그리고 서구 문명의 숭고한 가치를 온전히 경험한다는 것을 의미합니다.」

독일인들은 많은 측면에서 그들이 더 잘하고 있다는 주장에 여전히 동의하지 못한다. 그들은 자신들이 누군가에게 교훈을 줄 수 있다는 바로 그 생각에 깜짝 놀란다. 내가 처음으로 그런 생각을 떠올렸을 때, 사실 나는 그것이 사실에 대한 주장이라기보다 검증해야 할 명제라고 생각했다. 그러나 그들이 최근 역사를 극복해 나간 방식, 정치하는 방식, 기업을 운영하는 방식, 위기를 관리하는 방식, 서로를 또는 세상을 대하는 태도를 살펴보면 볼수록 그 생각에 더욱 확신을 갖게 되었다. 특히 이처럼 어려운 시기에 현명한 국가라면 독일의 감정적 성숙함과 견고함을 결코 외면하지 못할 것이다.

전체적으로 지난 75년의 독일 역사는 대단히 성공적인 이야기였다. 독일은 미국과 프랑스, 그리고 내 나라인 영국과 같은 비교 가능한 국가들이 여러 다양한 이유로 이루지 못했던 안정을 위한 새로운 패러다임을 완성했다. 현재와 맞서 싸우는 국가는 실제든 상상이든 과거의 영광에 대한 향수로부터 위안을 찾는다. 그러나 독일은 그들의 역사 때문에 그럴 수 없다.

독일은 국가주의와 반계몽주의, 그리고 두려움의 시대에 유럽 최고의 희망이다. 영국과 미국은 지금까지 등대와 같은 나라로 인정받았다. 그러나 지금 두 나라는 더 넓은 세상에 대한 책임을 유기하고 있다. 누가 급속하게 변하는 세상에서 유럽의 가치를 대변할 것인가? 누가 권위주의 국가에 맞서 일어설 것인가? 누가 자유 민주주의를 위해 앞장설 것인가? 독일만이 그럴 수 있다. 그것은 국가가 역사의 교훈을 배우지 못할 때 무슨 일이 벌어지는지 그들이 너무도 잘 알고 있기 때문이다.

감사의 말

독일은 내가 살았던 1980년대와 1990년대에 큰 변화를 겪었다. 지난 몇 년 동안 다시 독일로 돌아와서 보낸 시간은 내게 자극이 되었을 뿐 아니라 대단히 즐겁고 흥미로웠다.

「들어가며」에서 언급했듯이 내가 오랜 친구와 새로운 지인들에게 이 책의 주제를 이야기했을 때 그들은 깜짝 놀랐다. 특히 독일 사람들은 내가 거기서 더 오래 머무를수록 더 많은 것을 깨닫게 될 것이라고 생각했다. 그러나 나는 객관적인 증거를 따르고자 했다. 나는 기회가 있을 때마다 새로운 사람을 만나고 행사에 참여했다. 예전에 가지 못했던 곳을 방문하고 오래전에 자주 갔던 곳들을 다시 한번 찾아갔다.

다양한 분야의 많은 이들이 내게 그들의 경험과 지혜, 의견을 전했고, 또한 나와 함께 시간을 보내면서 그들의 인맥을 소개해 주었다. 그들이 없었다면 나는 지금의 방식대로 이 책을 쓰지 못했을 것이다.

혹시라도 빠뜨린 사람이 있다면 미리 사과의 말을 전한다.

영국에서 감사해야 할 분들: 캐시 애슈턴, 조너선 찰스, 데이비드 치퍼필드, 크리스토프 덴크, 앨런 던컨, 앤서니 드워킨, 나이절 에드워즈, 얀 아이히호른, 알렉스 엘리스, 도러시 피버, 피터 포스터, 수전 프레인, 울리케 프랑케, 사이먼 프레이저, 찰스 그랜트, 스티븐 그린, 존 구머, 데이비드 핼편, 닉 힐먼, 사이언 자비스, 한스 쿤드나니, 폴 레버, 닐 맥그리거, 미셸 매클레이, 위르겐 마이어, 존 메이저, 데이비드 매닝, 앤드루 피터스, 비키 프라이스, 카타리나 폰 룩트셀카테, 나이절 셰인월드, 필 토머스, 마크 블레싱, 피터 위티그.

베를린: 토마스 바거, 로넌 바넷, 아네테 폰 브뢰커, 앨러스테어 부컨, 프랑크 알바 뷔헬러, 토비아스 부크, 로비 불로흐, 바르바라 부르크하르트, 하르디 슈미츠, 케이티 캠벨, 마틴 아이러, 안드레아스 파니차데, 우베 페호너, 옌스 피셔와 하인츠 슐테, 마르셀 프라츠셔, 벤야민 괴클라흐, 아우구스트 하닝, 안케 하셀, 볼프강 이싱거, 맥스 재럿, 조 케저, 레이철 킹, 안드레아스 크레머, 뤼디거 렌츠, 슈테판 마이어, 클라우디아 메이저, 수전 네이먼, 요하네스 노스케, 톰 너틸, 필리프 올터만, 헤르만 파르칭거, 알란 포제너, 마틴 레네트, 비프케 리드, 콘스탄틴 리히터, 노르베르트 뢰트겐, 조피아 슐레테, 카리나 슈미트와 야누시 하머스키, 베티나

슈미츠, 울리히 슈미츠, 줄리 스미스, 레베카 스트로마이어, 얀 테하우, 베티나 베스트링과 주디 뎀프시, 요하네스 포겔과 세라 다윈, 베아테 베데킨트, 얀 바이덴펠트, 토마스 비골트, 서배스천 우드, 카타리나 브롤리히, 아스트리트 치바르트.

　그밖의 지역: 울리히 빌헬름, 마티아스 뮐링, 알렉스 실, 클라우스 고에츠(뮌헨). 안트예 헤르메나우, 헬무트 하스, 토마스 바이딩거, 알프 툼, 파울라 귀스(라이프치히). 디르크 부르크하르트, 마르셀 툼(드레스덴). 울리케 크레마이어(콧부스), 헤르만 밀덴베르거(바이마르). 프레데리크 피셔(비텐베르게). 베티나 레츠(포츠담). 닉 예프코트, 롤프 크레머, 요하네스 린드너, 안드레이 쿠페츠, 아만다 디엘, 에릭 멘게스(프랑크푸르트). 안드레아스 뢰더(마인츠). 티나 그로트호프, 볼프강 베너슈미츠(본). 톰 볼첸, 로저 브란츠, 팀 회르네만(뮌헨글라트바흐). 에릭 쇠플러(뒤셀도르프). 요하네스 플루크, 마르틴 알레르스(뒤스부르크). 만프레트 폰 홀툼, 귄터 슐테(아헨). 치한 수에구르(슈투트가르트). 마르쿠스 실(만하임). 올라프 바르텔스(함부르크). 캐서린 마이어스코프(하노버). 헤더 그라베(브뤼셀). 안드레아스 슐라이허(파리).

　이 책의 다양한 버전을 읽고 조언해 준 이들에게 특별한 감사를 표한다. 로베르트와 모니카 비른바움, 슈테파니 볼첸, 가이 차찬, 루퍼트 글래스고, 코르넬리우스 후페르츠,

라이너 크나이펠하버캄프, 베네데타 레이시, 크리스티안 오덴달, 다니엘 테틀로프, 스튜어트 우드.

이번 여섯 번째 책의 시작은 25년 전으로 거슬러 올라간다. 『블레어의 전쟁』을 쓸 무렵에 나는 편집자인 앤드루 고든과 함께 대부분의 시간을 보냈다. 다음 세 권을 쓸 때에 그는 데이비드 하이엄 사에서 내 에이전트로 일해 주었다. 이번에는 애틀랜틱과 마이크 하플리 편집자와 함께 일할 수 있어서 기뻤다. 윌 앳킨슨과 그의 팀원들인 케이트 스트레이커, 제이미 포레스트, 앨리스 레이섬, 마이크 존스, 데이비드 잉글스필드, 제임스 풀퍼드에게 감사를 드린다. 그들 모두 코로나 위기 속에서도 맡은 과제를 완벽하게 처리해 주었다.

내 연구 조수인 샘 피츠기번에게 무한한 감사를 드린다. 그는 문서를 찾고, 인터뷰 약속을 잡고, 매 단계마다 원고에 대해 조언을 해주었다. 그는 정말로 특별한 인재다.

마지막으로 내 가족인 루시와 알렉스, 콘스턴스에게 고마움을 전한다. 그들은 이 책을 비롯해 모든 여정에서 항상 내 곁을 지켜 주었다.

주

들어가며

1 G. Wheatcroft, 'England Have Won Wars Against Argentina and Germany. Football Matches, Not So Much.', *New Republic*, 12 July 2014, newrepublic.com/article/118673/2014-world-cup-england-have-won-wars-against-both-argentina-germany (accessed 10 September 2019).

2 P. Morgan, 'Mirror declares football war on Germany', *Daily Mirror*, 24 June 1996.

3 M. Sontheimer, 'Gefangene der Geschichte', *Spiegel*, 16 December 2002, spiegel.de/spiegel/print/d-25940368.html (accessed 25 September 2019).

4 D. Woidke, speaking at Chatham House conference, Berlin, 7 November 2019.

5 P. Oltermann, 'Beach towels and Brexit: how Germans really see the Brits', *Guardian*, 30 September 2019, theguardian.com/world/2019/sep/30/beach-towels-and-brexit-how-germans-really-see-the-brits (accessed 30 September 2019).

6 S. Schama and S. Kuper, 'Margaret Thatcher 1925-2013', *Financial Times*, 12 April 2013, ft.com/content/536e095c-a23e-11e2-8971-00144feabdc0 (accessed 5 October 2019).

7 F. O'Toole, 'The paranoid fantasy behind Brexit', *Guardian*, 16 November 2018, theguardian.com/politics/2018/nov/16/brexit-

paranoid-fantasy-fintan-otoole (accessed 20 November 2019).

8　Nicholas Ridley, in an interview with Dominic Lawson, then editor of the *Spectator*. See J. Jones, 'From the archives: Ridley was right', *Spectator*, 22 September 2011, spectator.co.uk/article/from-the-archives-ridley-was-right (accessed 28 October 2019).

9　A. Hyde-Price, 'Germany and European Security before 1990', in K. Larres (ed.), *Germany since Unification: The Development of the Berlin Republic*, Basingstoke, Palgrave, 2001, p. 206.

10　H. Young, *This Blessed Plot: Britain and Europe from Churchill to Blair*, London, Macmillan, 1998, p. 359.

11　M. Thatcher, *The Downing Street Years*, London, HarperCollins, 1993, p. 813.

12　D. Auer, D. Tetlow, Guest Blog: More Britons willing to leave UK to escape Brexit uncertainty, 28 October 2019, https://www.compas.ox.ac.uk/2019/brexit-uncertainty-motivates-risk-taking-by-brits-who-decide-to-leave-the-uk-and-theres-usually-no-turning-back/#_ftn1 (accessed 1 November 2019).

13　G. Will, 'Today's Germany is the best Germany the world has seen', *Washington Post*, 4 January 2019, washingtonpost.com/opinions/global-opinions/todays-germany-is-the-best-germany-the-world-has-seen/2019/01/04/abe0b138-0f8f-11e9-84fc-d58c33d6c8c7_story.html (accessed 5 October 2019).

1장 재건과 기억

1　F. Stern, *Five Germanys I Have Known*, New York, Farrar, Straus and Giroux, 2006, p. 425.

2　앞의 책, p. 4.

3　A. J. P. Taylor, *The Course of German History: A Survey of the Development of Germany since 1815*, London, Hamish Hamilton, 1945, p. 13.

4　G. Orwell, 'Creating Order out of Cologne Chaos', *Observer*, 25 March 1945.

5　N. MacGregor, *Germany: Memories of a Nation*, London, Allen Lane, 2014, p. 484.

6 앞의 책.

7 앞의 책에서 인용, p. 484.

8 S. Crawshaw, *Easier Fatherland: Germany and the Twenty-First Century*, London, Continuum, 2004, pp. 23–24.

9 J. F. Byrnes, Restatement of Policy on Germany, Stuttgart, 6 September 1946, usa.usembassy.de/etexts/ga4–460906.htm (accessed 15 October 2019).

10 G. C. Marshall, 'The Marshall Plan Speech', Harvard University, Cambridge, MA, 5 June 1947, marshallfoundation.org/marshall/the-marshall–plan/marshall–plan–speech (accessed 1 November 2019).

11 T. Wurm, H. C. Asmussen, H. Meiser et al., 'Stuttgarter Schulderklärung', Evangelischen Kirche in Deutschland, 19 October 1945, ekd.de/Stuttgarter–Schulderklarung–11298.htm (accessed 1 November 2019).

12 D. R. Henderson, 'German Economic Miracle', in D. R. Henderson (ed.), *The Concise Encyclopedia of Economics*, Liberty Fund, 2007, econlib. org/library/Enc/GermanEconomicMiracle.html (accessed 5 November 2019).

13 U. Greenberg, 'Can Christian Democracy Save Us?', *Boston Review*, 22 October 2019, bostonreview.net/philosophy–religion/udi–greenberg–christian–democracy (accessed 30 Novmber 2019).

14 H. Lübbe, 'Der Nationalsozialismus im Bewußtsein der deutschen Gegenwart', *Frankfurter Allgemeine Zeitung*, 24 January 1983.

15 S. Friedländer, *Memory, History and the Extermination of the Jews of Europe*, Bloomington and Indianapolis, Indiana University Press, 1993, p. 8.

16 K. Kuiper, *The 100 Most Influential Women of All Time*, Britannica Educational Publishing, New York, NY, 2009, p. 277; S. Kinzer, 'Dietrich Buried in Berlin, and Sentiment Is Mixed', *New York Times*, 17 May 1992, nytimes.com/1992/05/17/world/dietrich–buried–in–berlin–and–sentiment–is–mixed.html (accessed 20 November 2019).

17 R. Gramer, 'Sales of Hitler's "Mein Kampf" Skyrocketing in Germany – But It's Not Why You Think', *Foreign Policy*, 3 January 2017, foreignpolicy.com/2017/01/03/sales–of–hitlers–mein–kampf–skyrocketing–in–germany–but–its–not–why–you–think (accessed 19

November 2019).

18 H. Arendt, 'Eichmann in Jerusalem – V', *New Yorker*, 16 March 1963.

19 K. Wiegrefe, 'The Holocaust in the Dock: West Germany's Efforts to Influence the Eichmann Trial', *Spiegel*, 15 April 2011, spiegel.de/ international/world/the-holocaust-in-the-dock-west-germany-s-efforts-to-influence-the-eichmann-trial-a-756915.html (accessed 20 November 2019).

20 F. Kaplan, 'A Match That Burned the Germans', *New York Times*, 12 August 2009, nytimes.com/2009/08/16/movies/16kapl.html (accessed 20 November 2019).

21 W. Brandt, *Erinnerungen*, Propyläen-Verlag, Frankfurt am Main, 1989, p. 214.

22 R. von Weizsäcker, Speech during the Ceremony Commemorating the 40th Anniversary of the End of War in Europe and of National-Socialist Tyranny, Bonn, 8 May 1985.

23 J. M. Markham, 'Facing Up to Germany's Past', *New York Times*, 23 June 1985, nytimes.com/1985/06/23/magazine/facing-up-to-germany-s-past.html (accessed 20 November 2019).

24 'Hausbacken, aber erfolgreich', *Spiegel*, 19 November 1990.

25 H. Kohl, speech to the Knesset, Jerusalem, 24 January 1984.

26 E. Nolte, 'Vergangenheit, die nicht vergehen will: Eine Rede, die geschrieben, aber nicht mehr gehalten werden konnte', *Frankfurter Allgemeine Zeitung*, 6 June 1986.

27 M. Stürmer, 'Geschichte in einem geschichtslosen Land', *Frankfurter Allgemeine Zeitung*, 25 April 1986.

28 R. J. Evans, *In Hitler's Shadow: West German Historians and the Attempt to Escape from the Nazi Past*, New York, Pantheon Books, 1989, pp. 103–4.

29 H. Engdahl, Permanent Secretary of the Swedish Academy, 'Günter Grass', Nobel Prize for Literature 1999, 30 September 1999, nobelprize. org/prizes/literature/1999/press-release (accessed 10 November 2019).

30 'Zeitgeschichte: "Ein bisschen Spät"', *Spiegel*, 14 August 2006.

31 P. Lever, *Berlin Rules: Europe and the German Way*, London, I.B.Tauris,

2017, p. 45.

32 A. Beevor, 'Letter to the Editor: A Woman in Berlin', *New York Times*, 25 September 2005.

33 W. G. Sebald, *On the Natural History of Destruction*, trans. A. Bell, London, Penguin, 2004, p. viii.

34 J. Banville, 'Amnesia about the Allied bombing', *Guardian*, 6 March 2003.

2장 무티의 따뜻한 포옹

1 'Mitschrift Pressekonferenz: Podiumsdiskussion mit Bundeskanzlerin Merkel an der Prälat-Diehl-Schule', Groß-Gerau, 30 September 2014, www.bundesregierung.de/breg-de/aktuelles/pressekonferenzen/podiumsdiskussion-mit-bundeskanzlerin-merkel-an-der-praelat-diehl-schule-845834 (accessed 28 April 2020).

2 앞의 자료.

3 K. Connolly, 'Angela Merkel: I took a sauna while Berlin Wall fell', *Guardian*, 5 November 2009, theguardian.com/world/2009/nov/05/merkel-berlin-wall-sauna-1989 (accessed 24 November 2019).

4 'Sauna and oysters: Merkel remembers Berlin Wall fall', The Local (AFP), 8 November 2019, thelocal.de/20191108/sauna-and-oysters-merkel-recalls-berlin-wall-fall (accessed 28 April 2020).

5 Connolly, 'Angela Merkel: I took a sauna while Berlin Wall fell'.

6 앞의 자료.

7 M. Amann and F. Gathmann, 'Angela Merkel on the Fall of the Wall: "I Wanted to See the Rockies and Listen to Springsteen"', *Spiegel*, 7 November 2019, spiegel.de/international/europe/interview-with-angela-merkel-on-the-fall-of-the-berlin-wall-a-1295241.html (accessed 20 November 2019).

8 R. Pfister, 'The Reckoning: Kohl Tapes Reveal a Man Full of Anger', *Spiegel*, 14 October 2014, spiegel.de/international/germany/helmut-kohl-tapes-reveal-disdain-for-merkel-and-deep-sense-of-betrayal-a-997035.html (accessed 5 November 2019).

9 M. Orth, 'Angela's Assets', *Vanity Fair*, January 2015.

10 앞의 자료.

11 C. Drösser, 'Gorbis Warnung', *Zeit*, 13 October 1999, zeit.de/
stimmts/1999/199941_stimmts_gorbatsc (accessed 25 November
2019); 'Die Geduld ist zu Ende', Spiegel, 9 October 1989, spiegel.de/
spiegel/print/d-13497043.html (accessed 25 November 2019).

12 C. Drösser, 'Geflügeltes Wort', *Zeit*, 5 November 2009, zeit.
de/2009/46/Stimmts-Brandt-Zitat (accessed 26 November 2019).

13 H. A. Winkler, *Germany: The Long Road West, Volume 2: 1933-1990*,
trans. A. J. Sager, Oxford, Oxford University Press, 2007, p. 468.

14 F. Stern, *Five Germanys I Have Known*, New York, Farrar, Straus and
Giroux, 2006, p. 470.

15 H. Kohl, 'Der entscheidende Schritt auf dem Weg in die gemeinsame
Zukunft der Deutschen', Presse-und Informationsamt der Bundesregierung,
Bulletin No. 86, pp. 741-2, 3 July 1990, www.bundesregierung.de/breg-
de/service/bulletin/der-entscheidende-schritt-auf-dem-weg-in-die-
gemeinsame-zukunft-der-deutschen-fernsehansprache-des-
bundeskanzlers-zum-inkrafttreten-der-waehrungsunion-am-1-
juli-1990-788446 (accessed 26 November 2019).

16 Interview with Angela Merkel, *Bild*, 29 November 2004. See M.
Ottenschlaeger, 'Sind wir noch ganz dicht?', *Zeit*, 9 December 2004,
zeit.de/2004/51/Sind_wir_noch_ganz_dicht_ (accessed 27 April 2020).

17 C. Rietz, 'Großbritannien: Fürs Heizen zu arm', *Zeit*, 28 November 2013,
zeit.de/2013/49/grossbritannien-heizungsarmut-boiler-energie
(accessed 17 November 2019).

18 C. Kohrs and C. Lipkowski, '40 Jahre Grüne: Von der Protestpartei in die
Mitte der Gesellschaft', *Süddeutsche Zeitung*, 11 January 2020, sueddeutsche.
de/politik/gruene-buendnis-90-parteigeschichte-1.4750533 (accessed 15
January 2020).

19 Rezo, 'Die Zerstörung der CDU', YouTube, 18 May 2019, youtube.
com/watch?v=4Y1lZQsyuSQ&t=830s (accessed 20 September 2019).

20 'Birgit Breuel: Frühere Treuhandchefin räumt Fehler ein', *Zeit*, 21 July
2019, zeit.de/politik/deutschland/2019-07/birgit-breuel-treuhand-
chefin-fehler-privatisierung-ddr-betriebe (accessed 30 July 2019).

21 T. Buck, 'Lingering divide: why east and west Germany are drifting
apart', *Financial Times*, 29 August 2019, ft.com/content/a22d04b2-

c4b0-11e9-a8e9-296ca66511c9 (accessed 29 August 2019).

22 S. Neiman, *Learning from the Germans: Race and the Memory of Evil*, London, Allen Lane, 2019, p. 82.

23 앞의 책.

24 G. Grass, trans. D. Dollenmayer, 'On Christa Wolf', *New York Review of Books*, 17 January 2012, nybooks.com/daily/2012/01/17/gunter-grass-christa-wolf-what-remains (accessed 10 November 2019).

25 M. Leo, trans. S. Whiteside, *Red Love: The Story of an East German Family*, London, Pushkin Press, 2003, p. 230.

26 앞의 책.

27 A. Riding, 'Behind the Berlin Wall, Listening to Life', *New York Times*, 7 January 2007, nytimes.com/2007/01/07/movies/awardsseason/07ridi.html (accessed 30 October 2019).

28 'Germans still don't agree on what reunification meant', *Economist*, 31 October 2019.

3장 물티쿨티

1 'Global Trends: Forced Displacement in 2018', UNHCR, 20 June 2019, unhcr.org/5d08d7ee7.pdf (accessed 10 October 2019).

2 J. Delcker, 'The phrase that haunts Angela Merkel', Politico, 19 August 2016, politico.eu/article/the-phrase-that-haunts-angela-merkel (accessed 2 February 2020).

3 'One in every four German residents now has migrant background', The Local, 1 August 2018, thelocal.de/20180801/one-in-every-four-german-residents-now-has-migrant-background (accessed 30 November 2019); L. Sanders IV, 'Germany second-largest destination for migrants: OECD', Deutsche Welle, 18 September 2019, dw.com/en/germany-second-largest-destination-for-migrants-oecd/a-50473180 (accessed 30 November 2019).

4 S. Boniface, 'It's starting to look like Germany won WW2 in every way bar the fighting', *Mirror*, 7 September 2015, mirror.co.uk/news/uk-news/its-starting-look-like-germany-6397791 (accessed 1 December 2019).

5 앞의 자료.

6 A. Taub, 'Angela Merkel should be ashamed of her response to this sobbing Palestinian girl', Vox, 16 July 2015, vox.com/2015/7/16/8981765/merkel-refugee-failure-ashamed (accessed 29 April 2020).

7 'Pressekonferenz von Bundeskanzlerin Merkel und dem österreichischen Bundeskanzler Faymann', Berlin, 15 September 2015, www.bundesregierung.de/breg-de/aktuelles/pressekonferenzen/pressekonferenz-von-bundeskanzlerin-merkel-und-dem-oesterreichischen-bundeskanzler-faymann-844442 (accessed 1 December 2019).

8 K. Richter, 'Germany's refugee crisis has left it as bitterly divided as Donald Trump's America', Guardian, 1 April 2016, theguardian.com/commentisfree/2016/apr/01/germany-refugee-crisis-invited-into-my-home-welcoming-spirit-divided (accessed 1 December 2019).

9 앞의 자료.

10 'Ausgelassene Stimmung – Feiern weitgehend friedlich', POL-K: 160101-1-K/LEV, 1 January 2016, presseportal.de/blaulicht/pm/12415/3214905 (accessed 29 April 2020). See also '"Ausgelassene Stimmung-Feiern weitgehend friedlich"', Süddeutsche Zeitung, 5 January 2016, sueddeutsche.de/panorama/uebergriffe-in-koeln-ausgelassene-stimmung-feiern-weitgehend-friedlich-1.2806355 (accessed 2 December 2019).

11 'Germany shocked by Cologne New Year gang assaults on women', BBC, 5 January 2016, bbc.co.uk/news/world-europe-35231046 (accessed 2 December 2019).

12 Y. Bremmer and K. Ohlendorf, 'Time for the facts. What do we know about Cologne four months later?', Correspondent, 2 May 2016, thecorrespondent.com/4401/time-for-the-facts-what-do-we-know-about-cologne-four-months-later/1073698080444-e20ada1b (accessed 2 December 2019).

13 앞의 자료.

14 Journalist speaking at 'Brown Bag Lunch: "Populism and its Impact on Elections: A Threat to Democracy?"', Aspen Institute, Berlin, 4 September 2019.

15 T. Abou-Chadi, 'Why Germany-and Europe-can't afford to accommodate the radical right', Washington Post, 4 September 2019, washingtonpost.

com/opinions/2019/09/04/why-germany-europe-cant-afford-accommodate-radical-right (accessed 20 November 2019).

16 M. Fiedler, 'Alexander Gauland und der "Vogelschiss"', *Tagesspiegel*, 2 June 2018, tagesspiegel.de/politik/afd-chef-zum-nationalsozialismus-alexander-gauland-und-der-vogelschiss/22636614.html (accessed 3 December 2019).

17 J. Wells, 'Leader of German Anti-Muslim Group Reinstated After Hitler Photo Controversy', BuzzFeed News, 23 February 2015, buzzfeednews.com/article/jasonwells/leader-of-german-anti-muslim-group-reinstated-after-hitler-p (accessed 29 April 2020).

18 'Pegida mobilisiert Tausende Demonstranten', *Süddeutsche Zeitung*, 6 October 2015, sueddeutsche.de/politik/dresden-pegida-mobilisiert-tausende-demonstranten-1.2679134 (accessed 29 April 2020).

19 M. Bartsch, M. Baumgärtner et al., 'Is Germany Lurching To the Right?', *Spiegel*, 31 July 2018, spiegel.de/international/germany/german-immigration-discourse-gets-heated-after-footballer-s-resignation-a-1220478.html (accessed 3 December 2019).

20 C. Erhardt, 'Hasswelle: Kommunalpolitik – Aus Hetze werden Taten', Kommunal, 25 June 2019, kommunal.de/hasswelle-alle-Zahlen (accessed 3 December 2019).

21 In an interview with the *Guardian*: P. Oltermann, 'Germany slow to hear alarm bells in killing of Walter Lübcke', *Guardian*, 2 July 2019, theguardian.com/world/2019/jul/02/germany-slow-to-hear-alarm-bells-in-killing-of-walter-lubcke (accessed 3 December 2019).

22 Thomas Haldenwang, speaking at a press conference for the presentation of the annual Report on Constitutional Protection (Verfassungsschutzbericht), Berlin, 27 June 2019. See H. Bubrowski and J. Staib, 'Mord an Walter Lübcke: Versteckt im braunen Sumpf', *Frankfurter Allgemeine Zeitung*, 28 June 2019, faz.net/aktuell/politik/inland/was-der-mord-an-luebcke-mit-dem-nsu-zu-tun-hat-16257706.html?printPagedArticle=true#pageIndex_2 (accessed 3 December 2019).

23 M. Hohmann, MdB, 'Hohmann: Ein missbrauchter politischer Mord', 25 June 2019, afdbundestag.de/hohmann-ein-missbrauchter-politischer-

mord (accessed 3 December 2019).

24 P. Oltermann, 'Germany slow to hear alarm bells in killing of Walter Lübcke', *Guardian*, 2 July 2019, theguardian.com/world/2019/jul/02/germany-slow-to-hear-alarm-bells-in-killing-of-walter-lubcke (accessed 3 December 2019).

25 M. Eddy, 'German Lawmaker Who Called Muslims "Rapist Hordes" Faces Sanctions', *New York Times*, 2 January 2018, nytimes.com/2018/01/02/world/europe/germany-twitter-muslims-hordes.html (accessed 4 December 2019).

26 J. C. M. Serrano, M. Shahrezaye, O. Papakyriakopoulos and S. Hegelich, 'The Rise of Germany's AfD: A Social Media Analysis', SMSociety '19: Proceedings of the 10th International Conference on Social Media and Society, July 2019, 214-23, p. 3, doi.org/10.1145/3328529.3328562 (accessed 4 December 2019). See also J. Schneider, 'So aggressiv macht die AfD Wahlkampf auf Facebook', *Süddeutsche Zeitung*, 14 September 2017, sueddeutsche.de/politik/gezielte-grenzverletzungen-so-aggressiv-macht-die-afd-wahlkampf-auf-facebook-1.3664785-0 (accessed 4 December 2019).

27 Heute Journal, ZDF, 15 August 2017. See also T. Escritt, 'In Charlottesville, Germans sense echoes of their struggle with history', Reuters, 18 August 2017, reuters.com/article/us-usa-trump-germany/in-charlottesville-germans-sense-echoes-of-their-struggle-with-history-idUSKCN1AY1NZ (accessed 3 December 2019).

28 P. McGee and O. Storbeck, 'Fears over far-right prompt Siemens chief to rebuke AfD politician', *Financial Times*, 20 May 2018, ft.com/content/046821ba-5c17-11e8-9334-2218e7146b04 (accessed 3 December 2019).

29 Joe Kaeser, @JoeKaeser, Twitter, 20 July 2019, twitter.com/JoeKaeser/status/1152502196354859010 (accessed 22 July 2019).

30 K. Proctor and S. Murphy, 'Andrew Sabisky: Boris Johnson's ex-adviser in his own words', *Guardian*, 17 February 2020, theguardian.com/politics/2020/feb/17/andrew-sabisky-boris-johnsons-ex-adviser-in-his-own-words (accessed 17 February 2020).

31 Mesut Özil, @MesutOzil1088, Twitter, 22 July 2018, twitter.com/MesutOzil1088/status/1021093637411700741 (accessed 6 December

2019).

32 J. Spahn, 'Berliner Cafés: Sprechen Sie doch deutsch!', *Zeit*, 23 August 2017, zeit.de/2017/35/berlin-cafes-hipster-englisch-sprache-jens-spahn (accessed 6 December 2019).

33 G. W. Leibniz, 'Ermahnung an die Deutschen, ihren Verstand und Sprache besser zu üben, samt beigefügten Vorschlag einer Deutsch-gesinten Gesellschafft', *Sämtliche Schriften*, vierte Reihe, dritter Band, Berlin, Akademie-Verlag, 1986, p. 798.

34 W. Thierse, 'Von Schiller lernen?', Die Kulturnation, *Deutschlandfunk Kultur*, 3 April 2005.

35 S. Hattenstone, 'Ai Weiwei on his new life in Britain: "People are at least polite. In Germany, they weren't"', *Guardian*, 21 January 2020, theguardian.com/artanddesign/2020/jan/21/ai-weiwei-on-his-new-life-in-britain-germany-virtual-reality-film (accessed 21 January 2020).

36 'Antisemitismus: "Kann Juden nicht empfehlen, überall die Kippa zu tragen"', *Zeit*, 25 May 2019, zeit.de/gesellschaft/zeitgeschehen/2019-05/judenfeindlichkeit-antisemit-felix-klein-kippa (accessed 6 December 2019).

37 앞의 자료.

38 A. Merkel, 'Rede zum zehnjährigen Bestehen der Stiftung Auschwitz-Birkenau', Auschwitz, 6 December 2019, www.bundesregierung.de/breg-de/aktuelles/rede-von-bundeskanzlerin-merkel-zum-zehnjaehrigen-bestehen-der-stiftung-auschwitz-birkenau-am-6-dezember-2019-in-auschwitz-1704518 (accessed 7 December 2019).

39 E. Reents, 'Morde in Hanau: Böser, als die Polizei erlaubt', *Frankfurter Allgemeine Zeitung*, 20 February 2020, faz.net/aktuell/feuilleton/morde-in-hanau-jetzt-ist-der-staat-am-zug-16644270.html (accessed 28 February 2020).

40 'Bundesinnenminister Seehofer: "Wir müssen den Rassismus ächten"', Bundesministerium des Innern, für Bau und Heimat, 21 February 2020, bmi.bund.de/SharedDocs/kurzmeldungen/DE/2020/02/pk-hanau.html (accessed 23 February 2020).

4장 더 이상 아이가 아니다

1 T. Barber, 'Germany and the European Union: Europe's Reluctant Hegemon?', *Financial Times*, 11 March 2019, ft.com/content/a1f327ba-4193-11e9-b896-fe36ec32aece (accessed 10 December 2019); H. W. Maull, 'Germany and Japan: The New Civilian Powers', *Foreign Affairs*, vol. 69, no. 5, Winter 1990/91, foreignaffairs.com/articles/asia/1990-12-01/germany-and-japan-new-civilian-powers (accessed 10 December 2019).

2 G. Will, 'Today's Germany is the best Germany the world has seen', *Washington Post*, 4 January 2019, washingtonpost.com/opinions/global-opinions/todays-germany-is-the-best-germany-the-world-has-seen/2019/01/04/abe0b138-0f8f-11e9-84fc-d58c33d6c8c7_story.html (accessed 5 October 2019).

3 'Schröder on Kosovo: "The Goal Was Exclusively Humanitarian"', *Spiegel*, 25 October 2006, spiegel.de/international/schroeder-on-kosovo-the-goal-was-exclusively-humanitarian-a-444727.html (accessed 15 December 2019).

4 J. Fischer in a speech to the Green Party Conference, Bielefeld, 13 May 1999. See 'Auszüge aus der Fischer-Rede', *Spiegel*, 13 May 1999, spiegel.de/politik/deutschland/wortlaut-auszuege-aus-der-fischer-rede-a-22143.html (accessed 13 December 2019).

5 'Stenographischer Bericht: 186: Sitzung', Deutscher Bundestag, Berlin, 12 September 2001, dipbt.bundestag.de/doc/btp/14/14186.pdf (accessed 15 December 2019).

6 G. Schröder, 'The Way Forward in Afghanistan', *Spiegel*, 12 February 2009, spiegel.de/international/world/essay-by-former-chancellor-gerhard-schroeder-the-way-forward-in-afghanistan-a-607205.html (accessed 15 December 2019).

7 J. Gauck, 'Speech to open 50th Munich Security Conference', Munich, 31 January 2014, bundespraesident.de/SharedDocs/Reden/EN/JoachimGauck/Reden/2014/140131-Munich-Security-Conference.html (accessed 16 December 2019).

8 F. Steinmeier, 'Speech by Foreign Minister Frank Walter Steinmeier at the 50th Munich Security Conference', Munich, 1 February 2014,

auswaertiges-amt.de/en/newsroom/news/140201-bm-muesiko/ 259556 (accessed 16 December 2019).

9 'Schröder lobt Putin erneut', *Spiegel*, 11 December 2006, spiegel.de/ politik/ausland/staatsaufbau-schroeder-lobt-putin-erneut-a-453795.html (accessed 15 December 2019).

10 H. Gamillscheg, 'Denkmalstreit in Tallinn eskaliert', *Frankfurter Rundschau*, 28 April 2007.

11 T. Paterson, 'Merkel fury after Gerhard Schroeder backs Putin on Ukraine', *Telegraph*, 14 March 2014, telegraph.co.uk/news/worldnews/europe/ ukraine/10697986/Merkel-fury-after-Gerhard-Schroeder-backs-Putin-on-Ukraine.html (accessed 15 December 2019); 'Der Altkanzler im Interview: Schröder verteidigt Putin und keilt gegen Merkel', *Bild*, 22 December 2017, bild.de/politik/ausland/gerhard-schroeder/vertraut-wladimir-putin-54277288.bild.html (accessed 15 December 2019).

12 'Das "Wall Street Journal" stellt eine unbequeme Frage: Warum gibt es keine Sanktionen gegen Schröder?', *Bild*, 18 March 2018, bild.de/ politik/inland/gerhard-schroeder/warum-gibt-es-keine-sanktionen-gegen-schroeder-55137570.bild.html (accessed 15 December 2019). .

13 S. S. Nelson, 'Why Putin's Pal, Germany's Ex-Chancellor Schroeder, Isn't on a Sanctions List', NPR, 18 April 2018, npr.org/sections/ parallels/2018/04/18/601825131/why-putins-pal-germanys-ex-chancellor-hasnt-landed-on-a-sanctions-list (accessed 16 December 2019).

14 J. D. Walter and D. Janjevic, 'Vladimir Putin and Angela Merkel: Through good times and bad', Deutsche Welle, 18 August 2018, dw.com/en/vladimir-putin-and-angela-merkel-through-good-times-and-bad/g-45129235 (accessed 18 December 2019).

15 G. Packer, 'The Quiet German: The astonishing rise of Angela Merkel, the most powerful woman in the world', New Yorker, 24 November 2014, newyorker.com/magazine/2014/12/01/quiet-german (accessed 18 December 2019).

16 앞의 자료.

17 A. Merkel, Lowy Lecture, Sydney, 17 November 2014, www. lowyinstitute.org/publications/2014-lowy-lecture-dr-angela-

merkel-chancellor-germany (accessed 19 December 2019).

18 C. Hoffmann, T. Lehmann, V. Medick and R. Neukirch, 'Relations with Moscow Emerge as German Election Issue', *Spiegel*, 29 July 2019, spiegel. de/international/germany/east-german-politicians-see-advantage-in-pro-putin-views-a-1279231.html (accessed 19 December 2019).

19 앞의 자료.

20 'White Paper 2016: On German Security Policy and the Future of the Bundeswehr', Berlin, Federal Ministry of Defence, 2016, p. 32.

21 S. Thévoz and P. Geoghegan, 'Revealed: Russian donors have stepped up Tory funding', Open Democracy, 5 November 2019, opendemocracy. net/en/dark-money-investigations/revealed-russian-donors-have-stepped-tory-funding (accessed 6 November 2019).

22 Donald Trump, @realDonaldTrump, Twitter, 9 December 2015, twitter. com/realDonaldTrump/status/674587800835092480 (accessed 19 December 2019); S. B. Glasser, 'How Trump Made War on Angela Merkel and Europe', *New Yorker*, 17 December 2018, newyorker.com/ magazine/2018/12/24/how-trump-made-war-on-angela-merkel-and-europe (accessed 19 December 2019).

23 G. Will, 'Today's Germany is the best Germany the world has seen'.

24 I. Traynor and P. Lewis, 'Merkel compared NSA to Stasi in heated encounter with Obama', *Guardian*, 17 December 2013, theguardian.com/ world/2013/dec/17/merkel-compares-nsa-stasi-obama (accessed 20 December 2019).

25 R. Hilmer and R. Schlinkert, 'ARD-DeutschlandTREND: Umfrage zur politischen Stimmung im Auftrag der ARD-Tagesthemen und DIE WELT', Berlin, 2013, infratest-dimap.de/fileadmin/_migrated/content_uploads/dt1311_bericht.pdf (accessed 19 December 2019). See also 'Bürger trauen Obama und den USA nicht mehr', *Spiegel*, 7 November 2013, spiegel.de/politik/deutschland/ard-deutschlandtrend-mehrheit-der-deutschen-ist-mit-obama-unzufrieden-a-932455.html (accessed 19 December 2019).

26 J. Borger and A. Perkins, 'G7 in disarray after Trump rejects communique and attacks "weak" Trudeau', *Guardian*, 10 June 2018, theguardian.com/world/2018/jun/10/g7-in-disarray-after-trump-

rejects-communique-and-attacks-weak-trudeau (accessed 21 December 2019).

27 Donald Trump, @realDonaldTrump, Twitter, 18 June 2018, twitter. com/realDonaldTrump/status/1008696508697513985 (accessed 19 December 2019).

28 K. Martin and T. Buck, 'US ambassador to Germany backs European right wing', *Financial Times*, 4 June 2019, ft.com/content/3b61a19e-67c7-11e8-b6eb-4acfcfb08c11 (accessed 19 December 2019).

29 J. Poushter and M. Mordecai, 'Americans and Germans Differ in Their Views of Each Other and the World', Pew Research Center, March 2020.

30 G. Allison, 'Less than a third of German military assets are operational says report', *UK Defence Journal*, 21 June 2018, ukdefencejournal.org. uk/less-third-german-military-assets-operational-says-report/ (accessed 22 December 2019). See also T. Buck, 'German armed forces in "dramatically bad" shape, report finds', *Financial Times*, 20 February 2018, ft.com/content/23c524f6-1642-11e8-9376-4a6390addb44 (accessed 22 December 2019).

31 L. Barber and G. Chazan, 'Angela Merkel warns EU: "Brexit is a wake-up call"', *Financial Times*, 15 January 2020, ft.com/content/a6785028-35f1-11ea-a6d3-9a26f8c3cba4 (accessed 16 January 2020).

32 'PESCO: The Proof is in the Field', *European Defence Matters*, no. 5, 2018, eda.europa.eu/webzine/issue15/cover-story/pesco-the-proof-is-in-the-field (accessed 22 December 2019).

33 U. von der Leyen, 'Europe is forming an army', *Handelsblatt*, 1 October 2019, handelsblatt.com/today/opinion/ursula-von-der-leyen-europe-is-forming-an-army/23851656.html?ticket=ST-166577-7jifWCpsKUzfXhWetQ0v-ap2 (accessed 22 December 2019).

34 P. Köhler, 'China continues German shopping spree', *Handelsblatt*, 25 January 2018, handelsblatt.com/today/companies/international-investments-china-continues-german-shopping-spree/23580854. html?ticket=ST-5042-VvXmnInrGnIliTrJj0IW-ap5 (accessed 28 December 2019).

35 D. Weinland and P. McGee, 'China's Midea makes offer for German robotics group Kuka', *Financial Times*, 18 May 2016, ft.com/

content/90f9f7ae-1cd4-11e6-b286-cddde55ca122 (accessed 28 December 2019).

36 S. Mair, F. Strack and F. Schaff (eds.), *Partner and Systemic Competitor-How Do We Deal with China's State-Controlled Economy?*, Bundesverband der Deutschen Industrie, 10 January 2019. See also B. A. Düben, 'The souring mood towards Beijing from Berlin', The Interpreter, The Lowy Institute, 15 April 2019, www.lowyinstitute.org/the-interpreter/souring-mood-towards-beijing-berlin (accessed 29 December 2019).

37 'KfW erwirbt im Auftrag des Bundes temporär Anteil am deutschen Übertragungsnetzbetreiber 50Hertz', Bundesministerium für Wirtschaft und Energie, 27 July 2018, bmwi.de/Redaktion/DE/Pressemitteilungen/2018/20180727-kfw-erwirbt-im-auftrag-des-bundes-temporaer-anteil-am-deutschen-uebertragungsnetzbetreiber-50hertz.html (accessed 29 December 2019).

38 '"Wir Europäer müssen unser Schicksal in unsere eigene Hand nehmen"', *Süddeutsche Zeitung*, 28 May 2017, sueddeutsche.de/politik/g-7-krise-wir-europaeer-muessen-unser-schicksal-in-unsere-eigene-hand-nehmen-1.3524718 (accessed 30 December 2019).

39 L. Barber and G. Chazan, 'Angela Merkel warns EU'.

40 J. Lau and B. Ulrich, 'Im Westen was Neues', *Zeit*, 18 October 2017, zeit.de/2017/43/aussenpolitik-deutschland-usa-transatlantische-beziehungen-werte (accessed 30 December 2019).

41 T. Bagger, 'The World According to Germany: Reassessing 1989', *Washington Quarterly*, vol. 41, no. 4, 2018, p. 55.

42 K. Pfeiffer, 'Vortrag von Dr. Kurt Pfeiffer', Aachen, 19 December 1949, karlspreis.de/de/karlspreis/entstehungsgeschichte/vortrag-von-dr-kurt-pfeiffer (accessed 30 December 2019).

43 L. Barber and G. Chazan, 'Angela Merkel warns EU'.

5장 기적

1 R. Zitelamann, 'The Leadership Secrets of the Hidden Champions', *Forbes*, 15 July 2019, forbes.com/sites/rainerzitelmann/2019/07/15/the-leadership-secrets-of-the-hidden-champions/#54b7640e6952

(accessed 6 January 2020).

2   D. R. Henderson, 'German Economic Miracle', in D. R. Henderson (ed.), *The Concise Encyclopedia of Economics*, Liberty Fund, 2007, econlib.org/library/Enc/GermanEconomicMiracle.html (accessed 5 November 2019).

3   H. C. Wallich, *Mainsprings of the German Revival*, New Haven, Yale University Press, 1955, p. 71.

4   'The sick man of the euro', *Economist*, 3 June 1999, economist.com/special/1999/06/03/the-sick-man-of-the-euro (accessed 6 January 2020).

5   C. Odendahl, 'The Hartz myth: A closer look at Germany's labour market reforms', Centre for European Reform, July 2017, p. 3, cer.eu/sites/default/files/pbrief_german_labour_19.7.17.pdf (accessed 6 January 2020).

6   U. Deupmann and B. Kellner, 'Manche Finanzinvestoren fallen wie Heuschreckenschwärme über Unternehmen her', *Bild am Sonntag*, 17 April 2005.

7   V. Romei, 'Germany: from "sick man" of Europe to engine of growth', *Financial Times*, 14 August 2017, ft.com/content/bd4c856e-6de7-11e7-b9c7-15af748b60d0 (accessed 10 January 2020).

8   E. von Thadden, 'Sind wir nicht die Reichsten?', *Zeit*, 27 March 2013, zeit.de/2013/14/europa-reichtum-werner-abelshauser (accessed 30 April 2020).

9   W. Martin, 'Workers at BMW, Mercedes and Porsche can now work a 28-hour week', Business Insider, 7 February 2018, businessinsider.com/german-workers-can-now-work-a-28-hour-week-2018-2?r=US&IR=T (accessed 11 January 2020).

10 G. Clark, *Question Time*, BBC One, 23 November 2017.

11 N. Adams, 'UK's Creative Industries contributes almost £13 million to the UK economy every hour', Department for Digital, Culture, Media and Sport, 6 February 2020, gov.uk/government/news/uks-creative-industries-contributes-almost-13-million-to-the-uk-economy-every-hour (accessed 12 February 2020).

12 'Germany's business barons are finding it harder to keep a low profile', *Economist*, 15 June 2019.

13 S. Bach, A. Thiemann and A. Zucco, 'Looking for the missing rich: Tracing the top tail of the wealth distribution', German Institute for Economic Research, 23 January 2018, diw.de/documents/publikationen/73/diw_01. c.575768.de/dp1717.pdf (accessed 15 January 2020). See also F. Diekmann, '45 Deutsche besitzen so viel wie die ärmere Hälfte der Bevölkerung', *Spiegel*, 23 January 2018, spiegel.de/wirtschaft/soziales/vermoegen-45-superreiche-besitzen-so-viel-wie-die-halbe-deutsche-bevoelkerung-a-1189111.html (accessed 15 January 2020).

14 R. Wearn, '"Drowning" in debt as personal borrowing tops £180bn', BBC News, 20 January 2016, bbc.co.uk/news/business-35361281 (accessed 15 January 2020).

15 'Merkel kritisiert Aufnahmestopp für Ausländer – Dobrindt widerspricht', *Zeit*, 27 February 2018, zeit.de/politik/deutschland/2018-02/tafel-essen-angela-merkel-aufnahmestopp-auslaender (accessed 17 January 2020).

16 '"Wir lassen uns nicht von der Kanzlerin rügen"', *Süddeutsche Zeitung*, 1 March 2018, sueddeutsche.de/politik/debatte-um-essener-tafel-wir-lassen-uns-nicht-von-der-kanzlerin-ruegen-1.3888853 (accessed 17 January 2020).

17 N. Sagener, trans. E. Körner, 'Minimum wage unlikely to remedy rising poverty in Germany', Euractiv, 20 February 2015, euractiv.com/section/social-europe-jobs/news/minimum-wage-unlikely-to-remedy-rising-poverty-in-germany (accessed 17 January 2020).

18 N. Sagener, trans. S. Morgan, 'Child poverty in Germany increasingly the norm', Euractiv, 13 September 2016, euractiv.com/section/social-europe-jobs/news/child-poverty-in-germany-increasingly-becomes-the-norm/ (accessed 17 January 2020).

19 'Pressemeldung: Paritätischer Armutsbericht 2019 zeigt ein viergeteiltes Deutschland', Der Paritätische Gesamtverband, 12 December 2019, der-paritaetische.de/presse/paritaetischer-armutsbericht-2019-zeigt-ein-viergeteiltes-deutschland (accessed 17 January 2020).

20 H. Morgenthau, 'Suggested Post-Surrender Program for Germany', 1944, Franklin D. Roosevelt Presidential Library and Museum, Hyde Park, NY. Scans of the memorandum can be viewed at docs.fdrlibrary.

marist.edu/PSF/BOX31/t297a01.html (accessed 17 January 2020).

21 'Ackermann räumt Mitschuld der Bankmanager ein', *Spiegel*, 30 December 2008, spiegel.de/wirtschaft/finanzkrise-ackermann-raeumt-mitschuld-der-bankmanager-ein-a-598788.html (accessed 17 January 2020).

22 M. Hüther and J. Südekum, 'The German debt brake needs a reform', VoxEU, 6 May 2019, voxeu.org/content/german-debt-brake-needs-reform (accessed 17 January 2020).

23 'Sommerpressekonferenz von Bundeskanzlerin Merkel', Berlin, 19 July 2019, www.bundesregierung.de/breg-de/aktuelles/sommerpressekonferenz-von-bundeskanzlerin-merkel-1649802 (accessed 17 January 2020).

24 S. Wood, 'Whisper it softly: it's OK to like Germany', *Guardian*, 13 July 2014, theguardian.com/commentisfree/2014/jul/13/germany-world-cup-final-football (accessed 17 January 2020).

6장 개는 개를 먹지 않는다

1 T. Fontane, 'Richmond', *Ein Sommer in London*, Dessau, Gebrüder Katz, 1854, p. 75.

2 'In Profile: The Federal Ministry of the Interior', Bundesministerium des Innerns, October 2016, bmi.bund.de/SharedDocs/downloads/DE/publikationen/themen/ministerium/flyer-im-profil-en.html (accessed 10 February 2020).

3 M. Großekathöfer, 'Früher war alles schlechter: Zahl der Vereine', *Spiegel*, 15 April 2017, p. 50; A. Seibt, 'The German obsession with clubs', Deutsche Welle, 6 September 2017, dw.com/en/the-german-obsession-with-clubs/a-40369830 (accessed 10 February 2020).

4 C. Dietz, 'White gold: the German love affair with pale asparagus', *Guardian*, 14 June 2016, theguardian.com/lifeandstyle/wordofmouth/2016/jun/14/white-gold-german-love-affair-pale-asparagus-spargelzeit (accessed 10 February 2020).

5 J. Major, 'Speech to the Conservative Group for Europe', London, 22 April 1993.

6 'Mixed Compensation Barometer 2019', Ernst & Young, November 2019, p. 4, ey.com/de_de/news/2019/11/gehaltseinbussen-fuer-

deutsche-vorstaende (accessed 15 February 2020).

7   L. Himmelreich, 'Der Herrenwitz', *Stern*, 1 February 2013, stern. de/
politik/deutschland/stern-portraet-ueber-rainer-bruederle-der-
herrenwitz-3116542.html (accessed 17 February 2020).

8   'Kritik an Deutsche-Bank-Chef: Ackermann schürt die Diskussion um
die Frauenquote', *Handelsblatt*, 7 February 2011, handelsblatt.com/
unternehmen/management/kritik-an-deutsche-bank-chef-
ackermann-schuert-die-diskussion-um-die-frauenquote/3824928.
html?ticket=ST-957390-MTISlcC9d2pPjTw9uzYC-ap1 (accessed 20
February 2020).

9   K. Bennhold, 'Women Nudged Out of German Workforce', *New York
Times*, 28 June 2011, nytimes.com/2011/06/29/world/europe/29iht-
FFgermany29.html?_r=1 & src=rechp (accessed 20 February 2020).

10 J. Hensel, 'Angela Merkel: "Parität erscheint mir logisch"', *Zeit*, 23
January 2019, zeit.de/2019/05/angela-merkel-bundeskanzlerin-cdu-
feminismus-lebensleistung (accessed 20 February 2020).

11 'The German Vocational Training System', Bundesministerium für
Bildung und Forschung, bmbf.de/en/the-german-vocational-
training-system-2129.html (accessed 20 February 2020).

12 F. Studemann, 'German universities are back in vogue for foreign
students', *Financial Times*, 22 August 2019, ft.com/content/a28fff1c-
c42a-11e9-a8e9-296ca66511c9 (accessed 21 February 2020).

13 G. Chazan, 'Oversupply of hospital beds helps Germany to fight virus',
Financial Times, 13 April 2020, ft.com/content/d979c0e9-4806-
4852-a49a-bbffa9cecfe6 (accessed 13 April 2020).

14 M. Diermeier and H. Goecke, 'Capital Cities: Usually an economic
driving force', Institut der deutschen Wirtschaft, 20 October 2017,
iwkoeln.de/presse/iw-nachrichten/beitrag/matthias-diermeier-
henry-goecke-capital-cities-usually-an-economic-driving-
force-366303.html (accessed 21 February 2020).

15 R. Mohr, 'The Myth of Berlin's Tempelhof: The Mother of all Airports',
Spiegel, 25 April 2008, spiegel.de/international/germany/the-myth-
of-berlin-s-tempelhof-the-mother-of-all-airports-a-549685.html
(accessed 21 February 2020).

16 C. Fahey, 'How Berliners refused to give Tempelhof airport over to developers', *Guardian*, 5 March 2015, theguardian.com/cities/2015/mar/05/how-berliners-refused-to-give-tempelhof-airport-over-to-developers (accessed 21 February 2020).

17 S. Shead, 'The story of Berlin's WWII Tempelhof Airport which is now Germany's largest refugee shelter', *Independent*, 20 June 2017, independent.co.uk/news/world/world-history/the-story-of-berlins-wwii-tempelhof-airport-which-is-now-germanys-largest-refugee-shelter-a7799296.html (accessed 21 February 2020).

18 L. Kaas, G. Kocharkov, E. Preugschat and N. Siassi, 'Reasons for the low homeownership rate in Germany', Research Brief 30, Deutsche Bundesbank, 14 January 2020, bundesbank.de/en/publications/research/research-brief/2020-30-homeownership-822176 (accessed 25 February 2020); 'People in the EU – statistics on housing conditions', Eurostat, December 2017, ec.europa.eu/eurostat/statistics-explained/index.php/People_in_the_EU_-_statistics_on_housing_conditions #Home_ownership (accessed 25 February 2020).

19 T. Lokoschat, 'Kommentar zur Enteignungsdebatte: Ideen aus der DDR', *Bild*, 8 March 2019, bild.de/politik/kolumnen/kolumne/kommentar-zur-enteignungsdebatte-ideen-aus-der-ddr-60546810.bild.html (accessed 25 February 2020).

20 C. Higgins, 'The cutting edge', *Guardian*, 24 November 2007, theguardian.com/books/2007/nov/24/theatre.stage (accessed 25 February 2020).

21 P. Oltermann, 'Katie Mitchell, British theatre's true auteur, on being embraced by Europe', *Guardian*, 9 July 2014, theguardian.com/stage/2014/jul/09/katie-mitchell-british-theatre-true-auteur (accessed 25 February 2020).

22 'Open Letter', Volksbühne, Berlin, 20 June 2016, volksbuehne.adk.de/english/calender/open_letter/index.html (accessed 25 February 2020).

23 C. Dercon, speaking at the Goethe-Institut London, video posted on Facebook, 27 April 2018, facebook.com/watch/live/?v=10160588326 450529&ref=watch_permalink (accessed 30 April 2020).

24 N. MacGregor, 'Berlin's blast from the past', The World in 2019,

London, The Economist Group, 2018, p. 133, worldin2019.economist. com/NeilMacGregorontheHumboldtForum (accessed 26 February 2020).

25 S. Hölig and U. Hasebrink, 'Germany', in N. Newman, R. Fletcher, A. Kalogeropoulos and R. K. Nielsen (eds.), *Reuters Institute Digital News Report 2019*, Reuters Institute, 2019, pp. 86-7, reutersinstitute.politics. ox.ac.uk/sites/default/files/inline-files/DNR_2019_FINAL.pdf (accessed 26 February 2020).

7장 더 이상 대수롭지 않은 일이란 없다

1 'Information für die Bevölkerung in der Umgebung des Kernkraftwerkes Tihange', Fachbereich Feuerwehr der Stadt Mönchengladbach, October 2018. See also H. Hintzen, 'Neue Broschüre in Mönchengladbach: Stadt erklärt Verhalten bei Atomunfall', RP Online, 8 February 2019, rp-online.de/nrw/staedte/moenchengladbach/moenchengladbach-verhaltenstipps-bei-unfall-im-atomkraftwerk-tihange_aid-36550915 (accessed 1 March 2020).

2 C. Parth, 'Tihange Nuclear Power Plant: Fear of a Meltdown', *Zeit*, 1 June 2018, zeit.de/wirtschaft/2018-06/tihange-nuclear-power-plant-residents-opposition-english (accessed 1 March 2020).

3 'Cooperation on nuclear safety', Dutch Safety Board, 31 January 2018, onderzoeksraad.nl/en/page/4341/cooperation-on-nuclear-safety (accessed 1 March 2020). See also D. Keating, 'Belgium's Neighbors Fear a Nuclear Incident', *Forbes*, 4 February 2018, forbes.com/sites/davekeating/2018/02/04/belgiums-neighbors-fear-a-nuclear-incident/#55c658216ca2 (accessed 1 March 2020).

4 K. Bennhold, 'Impose a Speed Limit on the Autobahn? Not So Fast, Many Germans Say', *New York Times*, 3 February 2019, nytimes. com/2019/02/03/world/europe/germany-autobahn-speed-limit.html (accessed 1 March 2020).

5 앞의 자료.

6 'Abgasaffäre: VW-Chef Müller spricht von historischer Krise', *Spiegel*, 28 September 2015, spiegel.de/wirtschaft/unternehmen/volkswagen-chef-mueller-sieht-konzern-in-historischer-krise-a-1055148.html

(accessed 2 March 2020).

7   J. Miller, 'VW offers direct payouts to sidestep emissions lawsuit',
    Financial Times, 14 February 2020, ft.com/content/f41adade-4f24-
    11ea-95a0-43d18ec715f5 (accessed 14 February 2020).

8   P. Nair, 'Stuttgart residents sue mayor for "bodily harm" caused by air
    pollution', *Guardian*, 2 March 2017, theguardian.com/cities/2017/
    mar/02/stuttgart-residents-sue-mayor-bodily-harm-air-pollution
    (accessed 2 March 2020).

9   'DB 2019: Long distance patronage over 150 million for the first time',
    DB Schenker, 26 March 2020, dbschenker.com/global/about/press/
    db2019-631574 (accessed 29 March 2020); 'German domestic air
    travel slump points to increase in "flight shame" and carbon awareness',
    AirportWatch, 19 December 2019, airportwatch.org.uk/2019/12/
    german-domestic-air-travel-slump-points-to-increase-in-flight-
    shame-and-carbon-awareness (accessed 29 March 2020).

10 'Fridays for Horsepower: The German Motorists Who Oppose Greta
    Thunberg', *Spiegel*, 15 October 2019, spiegel.de/international/
    germany/fridays-for-horsepower-german-motorists-oppose-
    fridays-for-future-a-1290466.html (accessed 5 March 2020).

11 K. Gutmann, J. Huscher, D. Urbaniak, A. White, C. Schaible and M.
    Bricke, 'Europe's Dirty 30: How the EU's coal-fired power plants are
    undermining its climate efforts', Brussels, CAN Europe, WWF
    European Policy Office, HEAL, the EEB and Climate Alliance
    Germany, July 2014, awsassets.panda.org/downloads/dirty_30_report_
    finale.pdf (accessed 5 March 2020).

12 S. Kersing and K. Stratmann, 'Germany's great environmental failure',
    Handelsblatt, 19 October 2018, handelsblatt.com/today/politics/climate-
    emergency-germanys-great-environmental-failure/23583678.
    html?ticket=ST-1141019-0RgHHhpypfii593mjbq0-ap1 (accessed 5
    March 2020).

13 앞의 자료.

14 'Germany 2020: Energy Policy Review', International Energy Agency,
    February 2020, pp. 27-8, bmwi.de/Redaktion/DE/Downloads/G/
    germany-2020-energy-policy-review.pdf?__blob=publicationFile&

v=4 (accessed 5 March 2020).

15 'Entwicklung des Anteils erneuerbarer Energien am Bruttostromverbrauch in Deutschland', Bundesministerium für Wirtschaft und Energie, March 2020, erneuerbare-energien.de/EE/Navigation/DE/Service/Erneuerbare_Energien_in_Zahlen/Entwicklung/entwicklung-der-erneuerbaren-energien-in-deutschland.html (accessed 31 March 2020).

16 앞의 자료.

17 *Spiegel*, 7 July 2008.

18 T. Buck, 'Germany unveils sweeping measures to fight climate change', *Financial Times*, 20 September 2019, ft.com/content/26e8d1e0-dbb3-11e9-8f9b-77216ebe1f17 (accessed 25 September 2019).

19 A. Merkel, 'Neujahrsansprache 2020', 31 December 2019, www.bundesregierung.de/breg-de/service/bulletin/neujahrsansprache-2020-1709738 (accessed 10 February 2020).

20 P. Hockenos, 'How to Say Emmanuel Macron in German', *Foreign Policy*, 8 December 2019, foreignpolicy.com/2019/12/08/robert-habeck-greens-merkel-emmanuel-macron-in-german (accessed 11 March 2020).

21 P. Oltermann, 'Robert Habeck: could he be Germany's first Green chancellor?', *Guardian*, 27 December 2019, theguardian.com/world/2019/dec/27/robert-habeck-could-be-germany-first-green-chancellor (accessed 11 March 2020).

22 앞의 자료.

결론

1 'Angela Merkels Erklärung im Wortlaut', *Welt*, 29 October 2018, welt.de/politik/deutschland/article182938128/Wurde-nicht-als-Kanzlerin-geboren-Angela-Merkels-Erklaerung-im-Wortlaut.html (accessed 15 March 2020).

2 L. Barber and G. Chazan, 'Angela Merkel warns EU: "Brexit is a wake-up call"', *Financial Times*, 15 January 2020, ft.com/content/a6785028-35f1-11ea-a6d3-9a26f8c3cba4 (accessed 16 January 2020).

3 N. Barkin, 'You May Miss Merkel More Than You Think', *Foreign Policy*, 9 March 2020, foreignpolicy.com/2020/03/09/armin-laschet-

merkels-pro-russia-china-friendly-successor (accessed 9 March 2020).

4 *Face the Nation*, CBS, 15 July 2018. See also 'Donald Trump calls the EU a foe during interview in Scotland - video', *Guardian*, 15 July 2018, theguardian.com/us-news/video/2018/jul/15/donald-trump-calls-the-eu-a-foe-video (accessed 15 March 2020).

5 B. Schulz, 'British Hypocrisy', *Zeit*, 31 January 2020, zeit.de/politik/ausland/2020-01/great-britain-brexit-alienation-eu-withdrawal-english (accessed 1 February 2020).

6 'Fernsehansprache von Bundeskanzlerin Angela Merkel', Tagesschau, Das Erste, 18 March 2020

찾아보기

옮긴이 **박세연** 고려대학교 철학과를 졸업하고 글로벌 IT기업에서 10년간 마케터와 브랜드 매너저로 일했다. 현재 전문번역가로 활동하면서 번역가 모임인 〈번역인〉 공동 대표를 맡고 있다. 옮긴 책으로 『죽음이란 무엇인가』, 『플루토크라트』, 『이카루스 이야기』, 『디퍼런트』, 『더 나은 세상』, 『OKR』, 『어떻게 민주주의는 무너지는가』, 『실리콘밸리의 팀장들』, 『슈퍼 펌프드』, 『행동경제학』, 『변화는 어떻게 촉발되는가』, 『불만 시대의 자본주의』 등이 있다.

독일은 왜 잘하는가

발행일   2022년 5월 15일 초판 1쇄
　　　　 2022년 7월 15일 초판 4쇄

지은이   존 캠프너
옮긴이   박세연
발행인   홍예빈·홍유진
발행처   주식회사 열린책들

경기도 파주시 문발로 253 파주출판도시
전화 031-955-4000 팩스 031-955-4004
www.openbooks.co.kr